Thomas Maschke

SMART BOOKS

Das SmartBook zu

Microsoft Office:mac v.X

Microsoft Office X (Version 10) produktiv nutzen

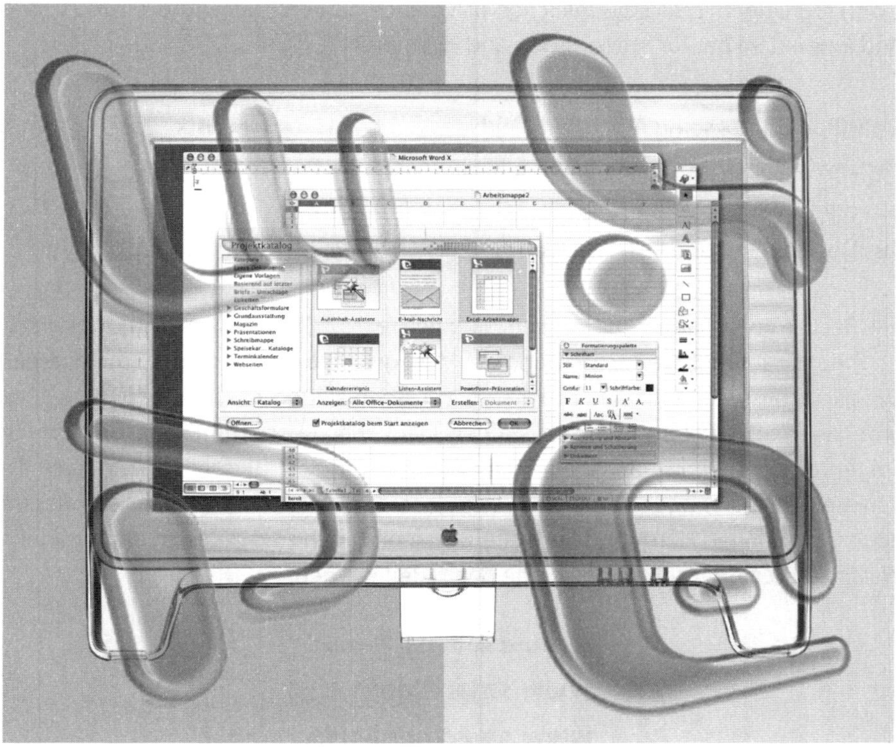

SMART BOOKS

Das SmartBook zu Microsoft Office:mac v.X

Bibliografische Information der Deutschen Bibliothek
Die Deutsche Bibliothek verzeichnet diese Publikation in der Deutschen Nationalbibliografie; detaillierte bibliografische Daten sind im Internet über http://dnb.ddb.de abrufbar.

ISBN 3-908492-19-X
1. Auflage 2003

Konzeption / Koordination:	Daniel Mandl & Michael Schwarz – Lektorat & Layout GbR, Husum Nordsee info@mandl-schwarz.de
Cover-Illustration:	Daniel Mandl & Michael Schwarz
Druck und Bindung:	Kösel, Kempten

Trotz sorgfältigem Lektorat schleichen sich manchmal Fehler ein. Autoren und Verlag sind Ihnen dankbar für Anregungen und Hinweise!

SmartBooks Publishing AG	Dorfstrasse 147, CH-8802 Kilchberg,
http://www.smartbooks.ch	E-Mail: smartbooks@smartbooks.ch
Aus der Schweiz:	Tel. 01 716 14 24, Fax 01 716 14 25
Aus Deutschland und Österreich:	Tel. 0041 1 716 14 24, Fax 0041 1 716 14 25

Besuchen Sie uns im Internet!

www.smartbooks.ch

www.smartbooks.de

Übersicht

Inhaltsverzeichnis

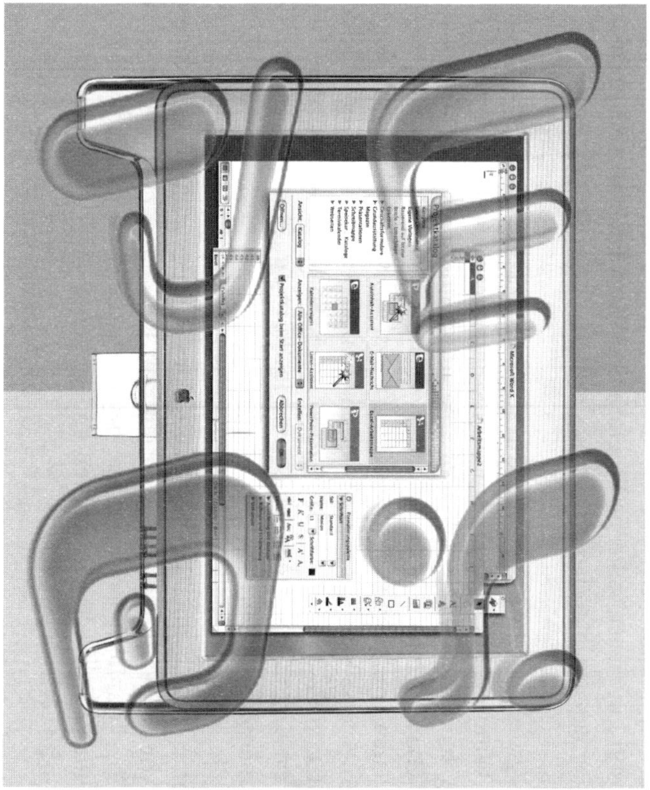

Office und der Mac – Vorwort

Office und der Mac

Office X – der offizielle Name ist *Office:mac v.X* – gehört zweifellos zu den wichtigsten Programmpaketen für den Macintosh. Das liegt vor allem daran, dass Microsoft mit den enthaltenen Programmen *Word*, *Excel* und *PowerPoint* mehr oder weniger den Standard setzt und die Massstäbe vorgibt.

Vordergründig ist eine Ursache darin zu sehen, dass dieselben Programme auch unter Windows auf dem PC laufen und dass die Datenformate seit *Office 98* (Mac) respektive *Office 97* (Windows) identisch sind und sich seither auch nicht mehr geändert haben. Selbstredend ist dies für alle *Office*-Anwender mit verschiedenen Versionen (*Office* wie Betriebssystem) von Vorteil, denn die *Office*-Dokumente müssen nicht mehr eigens konvertiert werden, um gelesen, geändert und geschrieben werden zu können. So kann beispielsweise jemand Zuhause seinem Mac treu bleiben und im Büro am PC mit denselben *Office*-Dokumenten arbeiten.

Es gibt aber noch einen tieferen Grund für die Bedeutung der *Office*-Suite, der wohl vor allem alle Mac-Enthusiasten ganz besonders freuen wird: *Word* und auch *Excel* waren in der Form und Eleganz zuallererst auf einem Macintosh zu bewundern, denn damals wollten andere von Fenster- und Mausbedienung noch nichts wissen.

Excel gab es einst ausschliesslich für den Macintosh, und *Word* war – dank der grafischen Möglichkeiten des Macintosh (WYSIWYG) – das seiner Zeit leistungsfähigste und dabei sehr einfach zu bedienende Textverarbeitungsprogramm, das es in dieser ausgefeilten Form eben nur für den Macintosh gab.

Man kann es Microsoft nicht verdenken, dass sich die Firma irgendwann auch einmal ihres eigenen Betriebssystems *DOS* (Disk Operating System) annahm, dieses mit Windows hinsichtlich der Benutzerführung entscheidend verbesserte und dann auch *Word* und *Excel* für Windows herausbrachte. Dass der Macintosh dabei Pate gestanden hat, kann uns doch eigentlich nur freuen, zumal sich die grössere Erfahrung von Apple auch heute noch an allen Ecken und Enden des Mac OS (Operating System) bemerkbar macht.

Die Bedeutung von *Office* hat also durchaus Mac-historische Gründe. Die Programme von Microsoft begleiten den Mac nahezu seit Anbeginn. *Excel* war immer die führende Tabellenkalkulation und ist seit langer Zeit die nahezu einzige professionellen Zuschnitts, die es für den Macintosh gibt – lediglich das Kalkulationsmodul von *RagTime* kann dem etwas entgegensetzen. Und *Word* ist nach wie vor das auf dem Macintosh am meisten benutzte Textprogramm – und das nicht zu Unrecht.

Obwohl es durchaus Alternativen gibt, die in Teilbereichen mehr zu leisten vermögen, erweisen sich die *Office*-Programme in der Summe doch meist als die bessere Wahl. Es fehlt auch nicht an Versuchen, den Programmen von Microsoft Konkurrenz zu machen, doch es ist bis jetzt noch nie gelungen, die Marktführerschaft ernstlich anzukratzen. Am «günstigen» Preis kann es im Fall von *Office:mac* nicht liegen, denn die meisten Alternativen sind deutlich preiswerter (*Office* gab es für den Mac noch nie zu Schleuderpreisen). Der Grund der unangefochtenen Marktführerschaft liegt zweifelsohne in der Qualität der Programme, auch wenn es durchaus noch einiges zu verbessern gibt.

Das Programmpaket *Office:mac v.X* wurde recht bald nach der Einführung von Mac OS X angeboten. Und bis auf ein paar kleinere Ärgernisse – so unterstützen beispielsweise die *Office*-Programme die *Dienste* leider (noch) nicht – ist die Suite rundum gelungen: Das Aussehen (die *Aqua*-Anmutung) und die Bedienung (und dieser Punkt ist vielleicht noch wichtiger) entsprechen weitgehend den auf dem Macintosh gewohnten Konventionen:

- Die Richtlinien zur Benutzeroberfläche werden hier so konsequent verwirklicht wie seit *Word* 5.1 nicht mehr. So finden sich nach jedem, aber auch wirklich jedem Befehl, der zu einer Dialogbox verzweigt, endlich drei Pünktchen. Der Befehl *Öffnen…* ist nur ein Beispiel. Das gibt Apple mit guten Gründen so vor, weiss man doch sogleich, ob ein Befehl direkt ausgeführt wird oder nicht.
- Die Trennstrich-Manie, die eine Zeit lang auch die Eindeutscher bei Microsoft befallen hatte (*Seiten-Layout, Formatvorlagen-Typ*), ist Geschichte. Jetzt heisst so etwas glücklicherweise wieder *Seitenlayout* und *Formatvorlagentyp.*

Kurz, wenn Sie mit *Office* arbeiten, haben Sie ein sehr gutes, Mac-typisches Programmpaket an der Hand und damit eine gute Basis für Texte, Kalkulationen und Präsentationen. Mit *Entourage* und *Internet Explorer* können Sie zudem das Internet in seiner ganzen Weite erforschen.

Dieser Band möchte Ihnen helfen, die Programme zu erkunden und auszuloten.

Was nicht in diesem Buch steht

In diesem Buch fehlt eine komplette Funktionsauflistung, denn dafür gibt es schliesslich die ausführliche Online-Hilfe. Ich habe stattdessen sehr viel Wert darauf gelegt, Ihnen die Vor- und Nachteile wichtiger Funktionen ans Herz zu legen und Sie zu inspirieren, kreativ mit dem Office-Paket umzugehen. Im Verlaufe der vielen Kapitel werden Sie sicherlich verstehen, was ich damit bezwecke.

Informationen, die Sie über die Online-Hilfe von *Office X* erhalten können, sollten Sie auch dort suchen. Wenn es um die reine Funktionsbeschreibung geht, ist die Online-Hilfe schnell und meist auch ausführlich und wird deshalb von uns nur in dem Fall aufgegriffen, sofern sie etwas unverständlich ist – abgesehen davon, dass es für den Autor unbefriedigend wäre, dies mehr oder weniger genau abzuschreiben.

Das Buch soll Ihnen Anregungen mit an die Hand geben und konkrete Projekte vorstellen sowie auf weniger offensichtliche Einsatzmöglichkeiten von *Office X* hinweisen. Es geht hier weniger darum, *wie* eine Funktion benutzt wird, sondern vielmehr um das *Einsatzgebiet* der jeweiligen Funktion. Denn die Funktion ist das eine, der praktische Einsatz das andere.

Thomas Maschke, Reckendorf, im Winter 2002/2003

1 Grundlagen zu Office:mac v.X

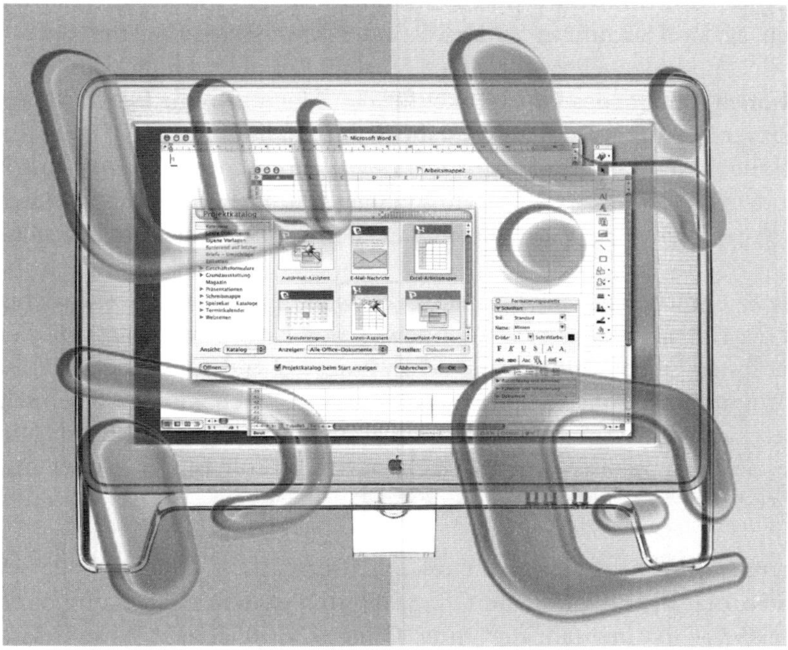

Grundlagen zu Office:mac v.X

In diesem ersten Kapitel geht es um die Gemeinsamkeiten der Applikationen von *Office*. Um Sinnvolles und Nützliches, das Sie immer gut gebrauchen können, egal, ob Sie nun in *Word, Excel* oder *PowerPoint* arbeiten.

Traditionell umfasst das *Office*-Paket für den Macintosh die Programme *Word* zur Textverarbeitung, *Excel* für die Tabellenkalkulation und *PowerPoint* für Präsentationen. Weiterhin findet sich das E-Mail-Programm *Entourage* im Paket, das zudem als Projekt- und Terminplaner genutzt werden kann. Auch der *Internet Explorer* ist beigelegt, den gibt es allerdings auch separat kostenlos.

Schade eigentlich, dass keine Datenbankanwendung mitgeliefert wird, obwohl es mit der Datenbank *Access* für Windows schon lange so etwas gibt. Dabei sind wir der festen Überzeugung, dass nicht wenige liebend gerne auf das Präsentationsprogramm zugunsten einer Datenbank verzichten würden. Noch schöner wäre es natürlich, wenn das *Office*-Paket auch auf dem Macintosh alle vier Komponenten enthalten würde. Doch laut Microsoft ist der Portierungsaufwand zu hoch.

Übrigens: *Office X* führt kein neues Datenformat ein, sondern speichert im selben Format wie *Office 98* und *Office 2001* und ist damit datenkompatibel mit allen *Office*-Dokumenten, die unter *Office 97/2000/2002* (Windows) sowie *Office 98/2001/X* (Mac) erstellt wurden.

Der richtige Rechner fürs Office

Office X gibt sich im Vergleich zu früheren Versionen (wie etwa dem leistungshungrigen *Office 98*) fast schon bescheiden, was die Voraussetzungen an die Rechner-Hardware angeht. Das Software-Paket ist somit auch auf weniger leistungsfähigen Systemen lauffähig und setzt nicht, wie viele andere Programme, das Beste vom Besten voraus, um gut zu funktionieren.

Hier die Anforderungen im Einzelnen:

- Mac OS X-kompatibles System mit PowerPC-Prozessor (mindestens G3).
- Mac OS X-Version 10.1 oder höher.
- Mindestens 128 Megabyte Hauptspeicher.
- Mindestens 196 Megabyte freier Festplattenspeicher für die Standardinstallation. Festplatte im HFS+-Format formatiert (= Standard).

- Bei Installation des Zusatzpaketes 120 Megabyte für ClipArt, 40 Megabyte für Vorlagen und Assistenten und 140 Megabyte für Hilfe-Dateien und andere Komponenten.
- CD-ROM-Laufwerk oder Anschluss an ein lokales Netzwerk, falls über das Netzwerk installiert wird.
- Monitor mit einer Auflösung von mindestens 600 x 800 Bildpunkten bei 256 Farben.

Wenn Sie sich mit dem Gedanken an das Aufrüsten Ihres Systems tragen, um *Office* noch besser nutzen zu können, geben Ihnen die folgenden Systemkonfigurationen Hinweise, wo bei Ihnen noch Handlungsbedarf besteht.

Ausbaustufe 1 – Textverarbeitung, Kalkulation und Internet-Zugang

- 15-Zoll-Monitor, am besten ein TFT-Display, denn das ist flimmerfrei, strahlungsarm und ebenso scharf wie kontrastreich.
- Farbtintenstrahldrucker – aber Achtung, die Verbrauchsmaterialien (gute Papiere, Tinten) sind nicht eben billig. Bei mittlerem bis grossem Druckaufkommen (mehr als 30–50 Seiten pro Monat) ist die Anschaffung eines Laserdruckers überlegenswert.
- Ein Wechselplattenlaufwerk (Zip, Jaz, CD-Brenner, ...) für die Datensicherung.
- 56K-Modem oder ISDN.

Ausbaustufe 2 – beruflicher Einsatz von Office

- Laserdrucker zusätzlich zum Tintenstrahldrucker: Der Laserdrucker ist bei häufigem Druck preiswerter (geringere Verbrauchskosten), kann aber meist keine Farbe. Für Farbausdrucke kommt deshalb der Tintenstrahldrucker zum Einsatz.

Ausbaustufe 3 – Office-Komponenten optimal nutzen

- Eventuell grösserer Monitor (17 Zoll oder besser); die Übersichtlichkeit bei Layouts nimmt zu, es lassen sich auch mehr Symbolleisten anzeigen, ohne das eigentliche Dokument zu verdecken. Auch hier gilt: Das TFT-Display ist flimmerfrei und strahlungsarm sowie scharf und kontrastreich.
- Ergonomische (verstellbare) Tastatur wie beispielsweise das *Natural Keyboard Elite* von Microsoft. Die ergonomische Tastatur sollten Sie vorher unbedingt einmal ausprobieren: Sie eignet sich nur für geübte Zehn-Finger-Schreiber, für deren Handhaltung sie optimiert wurde, und selbst die müssen sich erst einmal daran gewöhnen. Das geht aber recht schnell – und dann ist die ergonomische Tastatur für Vielschreiber eine echte Arbeitserleichterung.

- Zwei-Tasten-Maus für schnellere Befehlseingaben (*Control-Mausklick* auf der rechten Taste) beziehungsweise Zwei-Tasten-Trackball, der zusätzlich für schnellere Bewegungen auf dem Bildschirm sorgt (wenn man sich erst einmal daran gewöhnt hat).
- Ein schnelles Laufwerk (zweite Festplatte, Jaz, …) für die tägliche Datensicherung.

Ganz einfach: Office-Installation

Was die Installation angeht, kehrt *Office* gewissermassen zu den «guten alten Zeiten» zurück. Zu jenen Zeiten nämlich, als noch kein Installationsprogramm mit mehr oder weniger diffizilen Optionen notwendig war.

Die Installation des *Office*-Paketes ist so einfach, dass es sich kaum lohnt, hier noch gross Worte darüber zu verlieren. Sie ziehen einfach den *Office*-Ordner von der CD auf das Laufwerk oder in den Ordner, wohin das Programm installiert werden soll – und nach dem Kopieren dieser Dateien ist Ihr Teil des Installationsvorgangs auch schon erledigt.

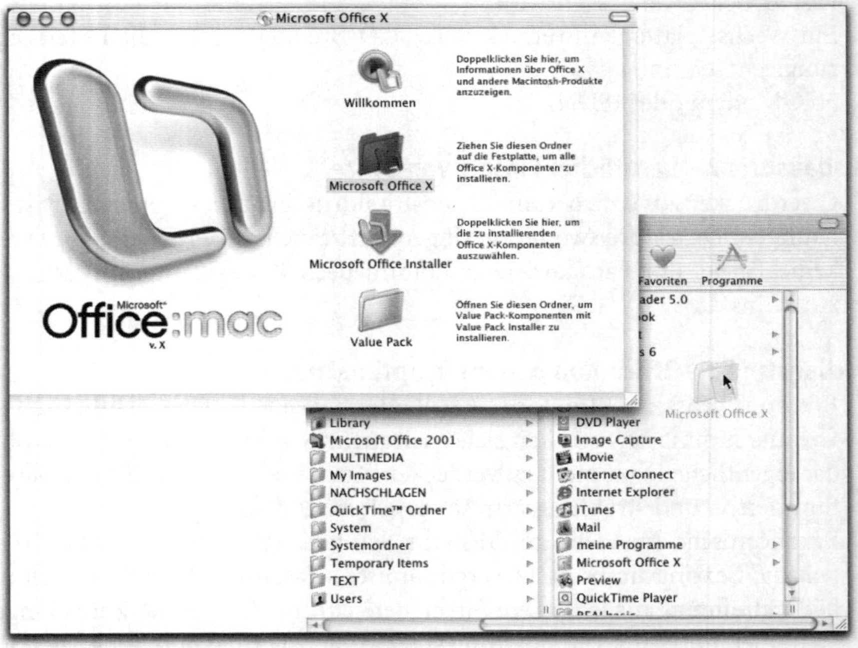

Wohin Sie den *Office*-Ordner legen, steht Ihnen dabei völlig frei. Unter Mac OS X hat sich der Ordner *Programme* auf dem Startvolume eingebürgert, und der Übersichtlichkeit halber ist es sicherlich keine schlechte Idee, auch *Office* hier abzulegen. Wirklich wichtig ist das aber nur bei den Programmen, die *Dienste*

zur Verfügung stellen respektive nutzen. Denn nur, wenn sie im Ordner *Programme* – oder einem Unterordner davon – liegen, funktionieren die *Dienste*. Da *Office X* (leider) noch keine Dienste unterstützt, spielt auch der Speicherort letztlich keine Rolle.

Nach der Installation können Sie sich auch gleich registrieren. Wie so oft bei Microsoft ist das ein «Bundle» – wenn Sie A wollen, müssen Sie B nehmen. In dem Fall müssen Sie sich erst bei *Passport* anmelden, bevor Sie Ihr Produkt registrieren können.

So übersichtlich und aufgeräumt sieht *Office* nach der Installation aus: 23

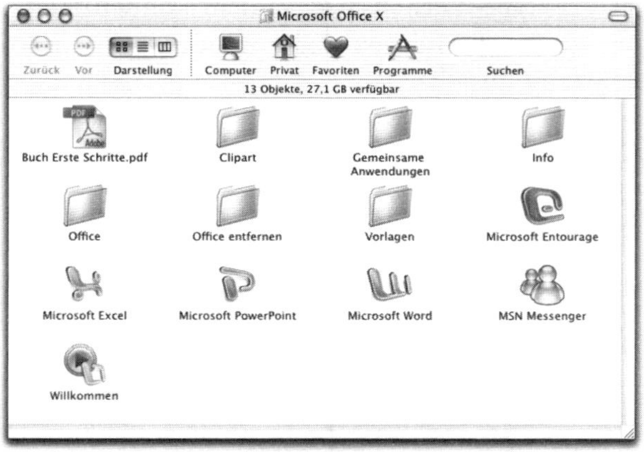

Starten Sie dann eins der *Office*-Programme das erste Mal auf, fragt es nach Name und Seriennummer. Anschliessend wird das gesamte *Office*-Paket automatisch konfiguriert. Deshalb dauert der erste Start etwas länger.

Benutzerdefinierte Installation

Sie können aber auch – nach Start des Programms *Microsoft Office Installer* – eine manuelle Installation einleiten und dabei die Komponenten auswählen. Wir empfehlen dieses Vorgehen.

Hiermit können Sie *Einfache Installation* oder *Manuelle Installation* auswählen. Sinn macht vor allem die *Manuelle Installation*, denn damit können Sie sich die Komponenten ganz nach Wunsch zusammenstellen.

Das wertvolle Zusatzpaket

HEISSER TIPP

Schauen Sie auf jeden Fall einmal in den Ordner *CD-Zugaben*, denn dort findet sich eine ganze Reihe Nützlichkeiten, die Sie unter Umständen gut gebrauchen können – beispielsweise über 50 *TrueType*-Zeichensätze. Zudem können Sie weitere Wörterbücher für die Rechtschreibung oder auch zusätzliche Dateienkonverter installieren.

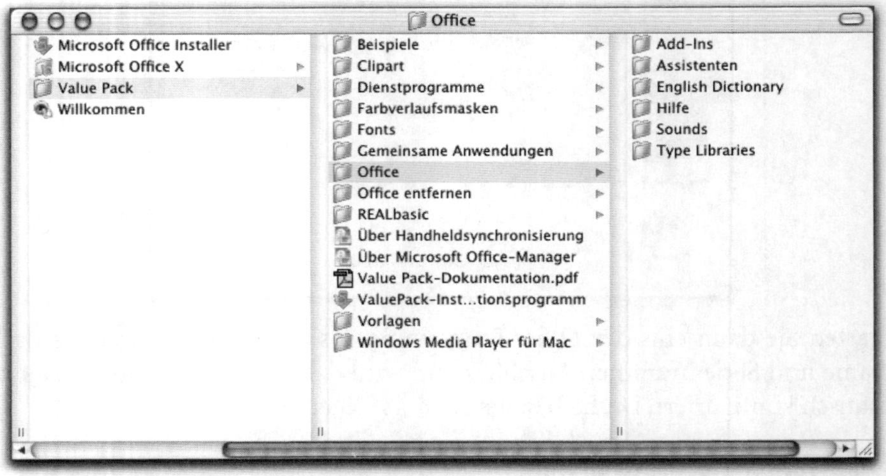

Eine Übersicht, was enthalten ist und wofür es dient, gibt das Dokument *Value Pack-Dokumentation.pdf*.

Alte Einstellungen übernehmen

Das Dokumentenformat ist seit *Word 98* nicht mehr geändert worden, was bedeutet, dass Sie – sofern *Word 98* oder *Word 2001* installiert ist – die Dokumentvorlage *Normal* ganz einfach übernehmen können: Kopieren Sie das Dokument *Normal* in den Pfad */Programme/Microsoft Office X/Vorlagen.* Damit behalten Sie viele nützliche Dinge, die Sie im Laufe der Zeit definiert haben: Standardschrift, Tastenkürzel für Menübefehle, *AutoText*-Einträge, Makros, Symbolleisten…

Eigene Vorlagen und benutzerdefinierte Wörterbücher allerdings müssen Sie für alle drei *Office*-Programme manuell aus dem alten *Office*-Ordner in den neuen schieben.

Alte Office-Version entfernen

Es spricht – technisch gesehen – nichts dagegen, neben der neuen *Office X*-Version auch ein älteres *Office* installiert zu lassen. Die beiden vertragen sich problemlos, programminterne Komplikationen sind nicht zu erwarten. Sie könnten also durchaus *Excel 98* und *Word X* starten. Die Frage ist allerdings, inwieweit das Sinn macht, ist doch *Office X* leistungsfähiger, unserer Meinung nach schöner und nach unseren Erfahrungen stabiler und zuverlässiger als ältere Versionen.

Wer eine alte Installation komplett entfernen möchte, findet das Programm *Office entfernen* im Ordner *Value Pack.*

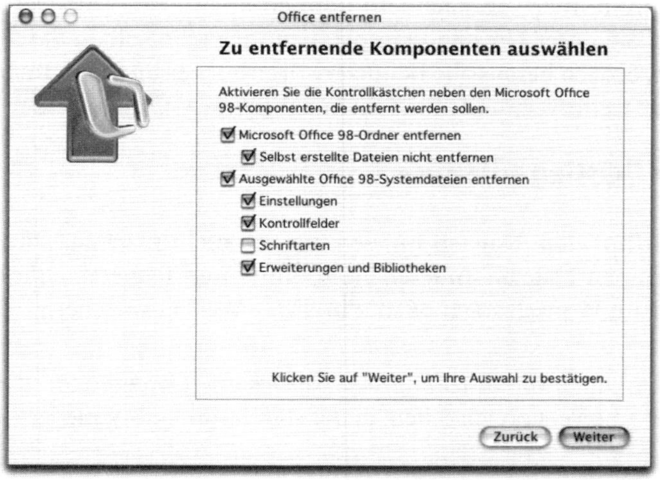

Nach dem Aufstarten des Programms wird eine Warnmeldung ausgegeben. Bestätigen Sie diese, werden die entsprechenden *Office*-Komponenten gesucht und in den Papierkorb gelegt.

Weiterhin legt es auf dem Schreibtisch einen Ordner an, in dem die persönlichen Vorlagen gesichert werden.

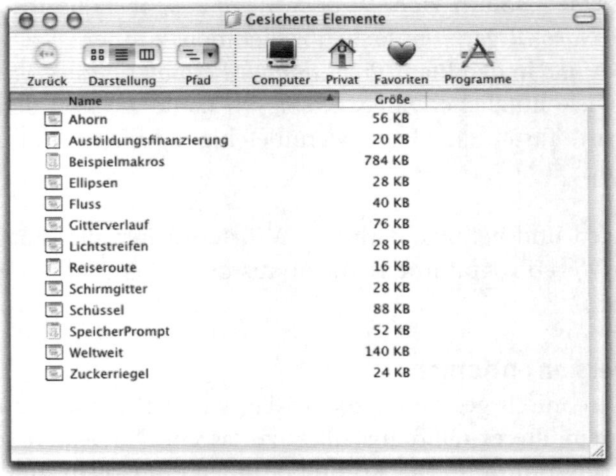

FEHLERTEUFEL

Jene Dateien, die der Entferner da drin ablegt, sind aber nicht unbedingt das, was Sie auch gerne behalten wollen! Er legt Unnötiges ab und vergisst Wichtiges. Bevor Sie das Programm starten, sollten Sie deshalb die eigenen Einstellungen (Dokumentvorlagen, insbesondere *Normal*) an einen sicheren Ort verschieben.

Leeren Sie den Papierkorb nicht sofort, sondern überprüfen Sie, ob alles reibungslos funktioniert. Je nachdem können auch Microsoft-Daten gelöscht werden, die Sie unter Umständen noch benötigen. So sollten Sie noch einmal überprüfen, ob sich bereits alle Benutzerwörterbücher und Dokumentvorlagen, die Sie gerne weiterverwenden möchten, im *Office X*-Ordner finden.

Nahtloser Umstieg auf Office X

Sorgen um Ihre alten Dateien müssen Sie sich nicht machen: Die *Office*-Programme können Dateien anderer Programme und früherer *Office*-Versionen öffnen und auf Wunsch sogar wieder in dieser Version speichern.

HEISSER TIPP

Unter *Voreinstellungen… | Speichern | Datei speichern als* lässt sich die Version vorgeben, in der standardmässig gesichert werden soll.

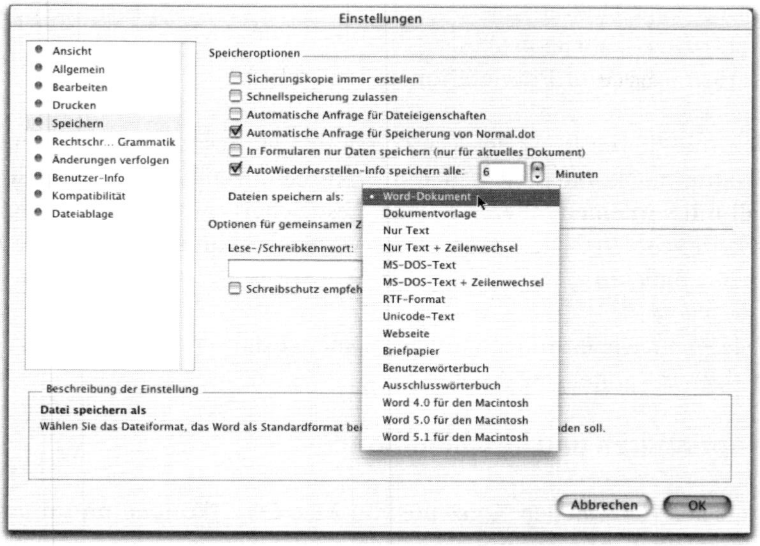

Sie können aber auch – direkt vor dem Speichern – ein spezielles Speicherformat für das jeweilige Dokument festlegen, wenn Sie den Menübefehl *Datei | Speichern unter...* aufrufen:

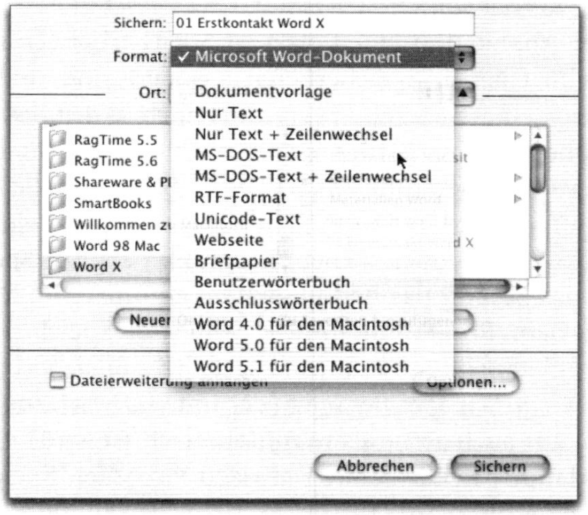

Besonders einfach haben Sie es seit 1998 mit den Datenformaten: Da seit *Office 98* das Datenformat nicht mehr verändert worden ist, lesen alle Office-Programme von Microsoft alle älteren Dokumente problemlos ein – und das geht auch rückwärts (ein mit *Word X* gespeichertes Dokument kann *Word 98* problemlos lesen). Gleiches gilt für die etwa zeitgleich erschienenen PC-Versionen wie *Office 2000* und folgende – die brauchen lediglich die richtige Endung, damit sie das Dokument erkennen:

.doc – für *Word*-Dokumente.
.xls – für *Excel*-Tabellen.
.ppt – für *PowerPoint*-Präsentationen.

Lediglich mit älteren PC- oder Mac-Versionen gibt es kleinere Probleme: Die alten Programme können die neueren Dokument-Versionen nicht einlesen. In dem Fall muss in einem älteren Format gespeichert werden. Umgekehrt ist es wieder kein Problem: Die neuen *Office*-Versionen können auch ältere *Office*-Dokumente einlesen.

Wenn Sie mehr wissen möchten: Dem Datenaustausch (Connectivity) haben wir ein eigenes Kapitel gewidmet.

Office optimieren und beschleunigen

Aufgrund der völlig neuen Konzepte von Mac OS X können und müssen Sie *Office* selbst gar nicht mehr mit mehr oder weniger ausgefeilten Tricks optimieren. Das Betriebssystem erledigt das automatisch, und was Sie dem Gutes tun, kommt dann ebenso *Office* – wie allen anderen Programmen auch – zugute:

- *Darwin* – der Kernel von OS X – benutzt eine geschützte Speicherarchitektur, die jeder Applikation einen eigenen Speicherbereich zuweist. Da die Programme im eigenen Speicherbereich isoliert sind und weder in den Speicherbereich eines anderen Programms noch in den des Systems schreiben können, betrifft ein Absturz (so ärgerlich er auch immer sein mag) lediglich dieses eine Programm. *Darwin* beendet einfach die fragliche Applikation, der Rest des Systems kann nahtlos weitergenutzt werden.
- Unter Mac OS X muss auch keinem Programm explizit Speicher zugewiesen werden: das besorgt das Betriebssystem automatisch. Es kümmert sich darum, dass dem Programm immer genügend Speicher zur Verfügung steht. Und es bietet eine wesentlich ausgefeiltere Speichertechnik, wobei es voll auf den *Virtuellen Speicher* setzt (der unter UNIX/Linux respektive bei den «Fachleuten» auch gerne als *swapfile* bezeichnet wird). Neben dem physikalischen Hauptspeicher benutzt es dazu virtuellen Speicher – das sind Speicherbereiche, die auf die Festplatte ausgelagert und nach Bedarf (in 0,8-Megabyte-Schritten) angepasst werden. Die Grösse des virtuellen Speichers passt ein Hintergrundprozess *dynamic_pager* an. Sinkt der von den Programmen benötigte Speicherbedarf, dann werden überflüssige Swap-Dateien gelöscht.

- Dank präemptivem Multitasking verteilt das System Zeitscheiben an die Programme und überwacht deren Priorität. Einzelne Programme lähmen nicht mehr das gesamte System (unter dem alten Mac OS legte eine einzelne Dialogbox, die bestätigt werden wollte, das System erstmal lahm).
- Programme im Hintergrund werden (weitgehend) auf Festplatte ausgelagert und beanspruchen kaum RAM oder Rechenzeit. Prinzipiell ist es unter Mac OS X egal, ob ein einziges oder 100 Programme gestartet wurden. Alles, was nicht aktiv ist, frisst auch keine Ressourcen.
- Es kann sich aber lohnen, alle Fenster zu schliessen, wenn man erstmal woanders weitermachen möchte. *Word* etwa beansprucht 50% der Rechenleistung und mehr für sich – auch im Hintergrund. Die Funktion *Rechtschreibung/Grammatik während der Eingabe prüfen* (in den *Voreinstellungen*) scheint dafür verantwortlich zu sein. Werden alle Fenster geschlossen (oder die Voreinstellungen geändert), sinkt der Ressourcenverbrauch dramatisch.
- Einen Überblick über den Ressourcenverbrauch der Office-Programme erhalten Sie, wenn Sie den *Prozess-Monitor* aufrufen:

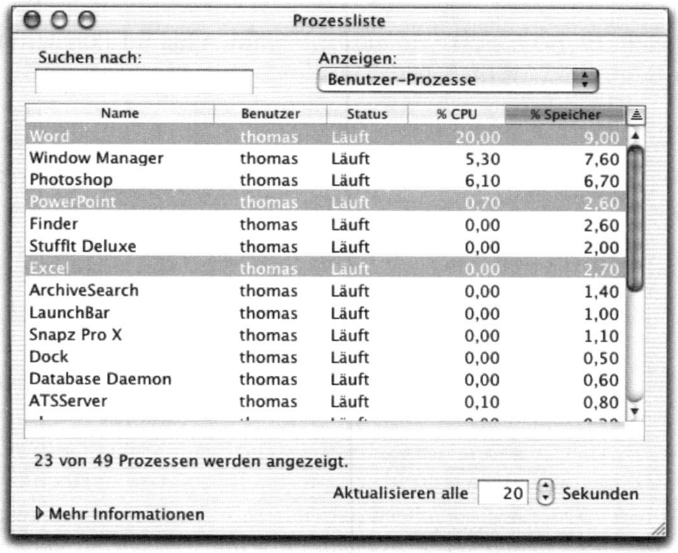

Hilfe allerorten

Leider hat Microsoft von einem vernünftigen Handbuch Abstand genommen. Auf der anderen Seite ist *Office* jedoch mit umfangreichen Hilfefunktionen ausgerüstet – und dieser Hilfen sollten Sie sich auch intensiv bedienen, denn dafür sind sie schliesslich gedacht.

Gehen Sie immer davon aus, dass *Office X* all das kann, was Ihr heiss geliebtes *Office 5.1* (oder *98* oder *2001*) auch konnte. Und noch mehr. Gehen Sie auch davon aus, dass eine Funktion, die Ihnen in *Office X* fehlt, das nicht wirklich tut. Sie haben diese nur noch nicht gefunden.

Wenn Sie also nach einer bestimmten Funktion suchen, so ist es eine gute Idee, sich ein paar Minuten Zeit für die Hilfefunktion von *Office* zu nehmen und dort ein wenig herumzustöbern. Die Chancen stehen sehr gut, dass sich das Passende findet. Ausserdem gibt es da ja noch den netten kleinen Assistenten, der Ihnen auch immer wieder mal weiterhilft, sofern Sie ihn aktiviert haben. Das können Sie im Menü *Hilfe* unter *Assistenten aktivieren* tun (mehr dazu siehe weiter hinten).

Einen fantastischen Überblick über den Befehls- und Leistungsumfang von *Word* erhalten Sie so:

HEISSER TIPP

1. Menübefehl *Extras | Makro | Makros...* Wählen Sie im Pop-Up neben *Makros in:* den Punkt *Word-Befehlen* aus.

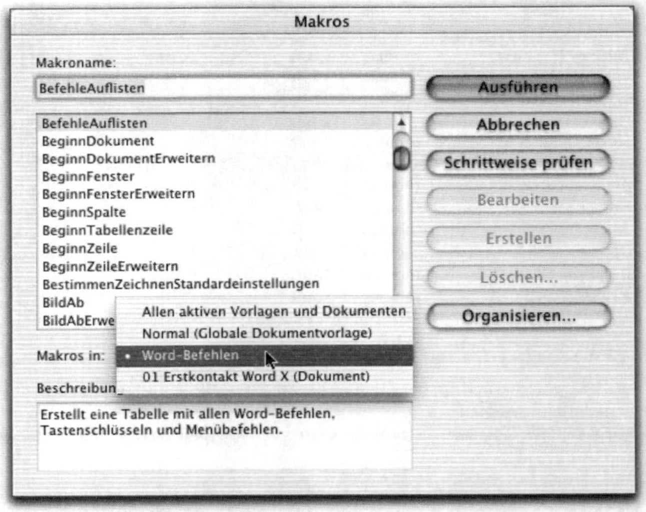

2. Rufen Sie nun das Makro *BefehleAuflisten* auf (Tipp: Tippen Sie oben «bef» ein, dann springt *Word* diesen Befehl direkt an).
3. Klicken Sie auf *Ausführen*, und nach Abfrage, ob Sie die definierten Tastenkombinationen oder alle Befehle sehen möchten, öffnet oder druckt *Word* ein neues Dokument mit einer Tabelle der Befehle und Tastenkombinationen.

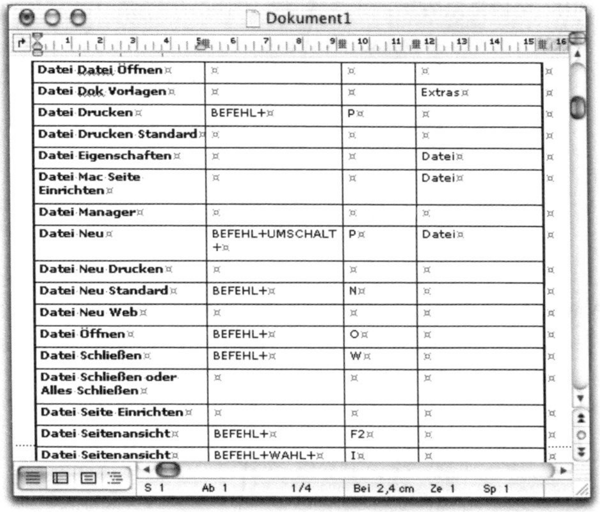

Datei Datei Öffnen			
Datei Dok Vorlagen			Extras
Datei Drucken	BEFEHL+	P	
Datei Drucken Standard			
Datei Eigenschaften			Datei
Datei Mac Seite Einrichten			Datei
Datei Manager			
Datei Neu	BEFEHL+UMSCHALT +	P	Datei
Datei Neu Drucken			
Datei Neu Standard	BEFEHL+	N	
Datei Neu Web			
Datei Öffnen	BEFEHL+	O	
Datei Schließen	BEFEHL+	W	
Datei Schließen oder Alles Schließen			
Datei Seite Einrichten			
Datei Seitenansicht	BEFEHL+	F2	
Datei Seitenansicht	BEFEHL+WAHL+	I	

Hier können Sie nun bequem blättern und nach Stichworten suchen.

QuickInfo

HEISSER TIPP

Wenn Sie unter *Voreinstellungen...* | *Ansicht* | *QuickInfo* abhaken, werden Ihnen zu verschiedenen Knöpfen und Elementen des Dokumentfensters und der Symbolleisten Kurztexte angezeigt, die die Funktion erläutern, wenn der Mauszeiger ein wenig länger dort verweilt.

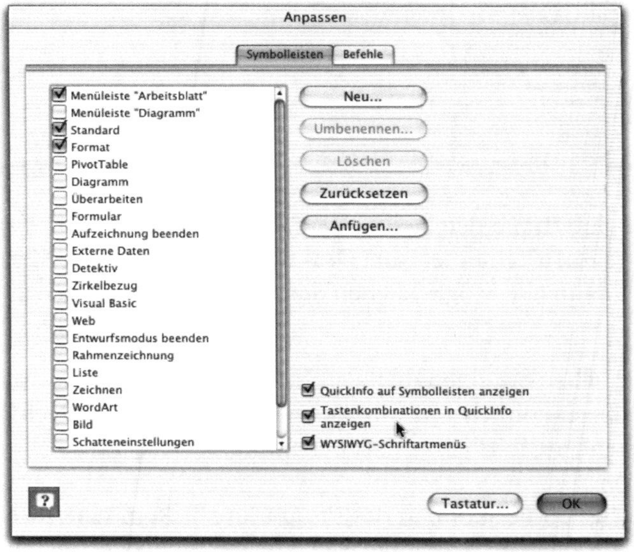

Auf weitere Hilfefunktionen können Sie im Menü *Hilfe* zugreifen:

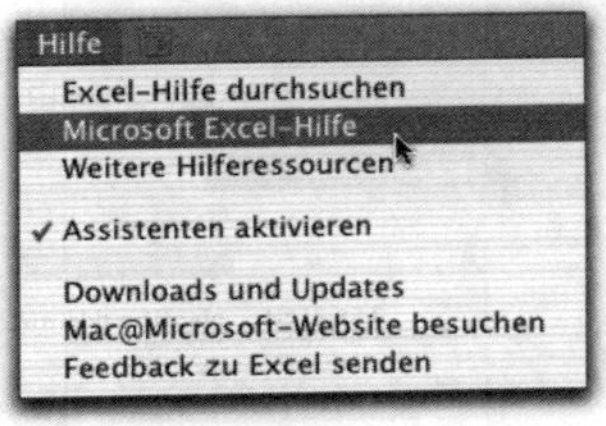

Office-Hilfe

Hinter dem Menüpunkt *Hilfe | Hilfe durchsuchen* verbirgt sich das komplette Handbuch. Wenn Sie diesen Menüpunkt aufrufen, dann zeigt sich folgendes Bild:

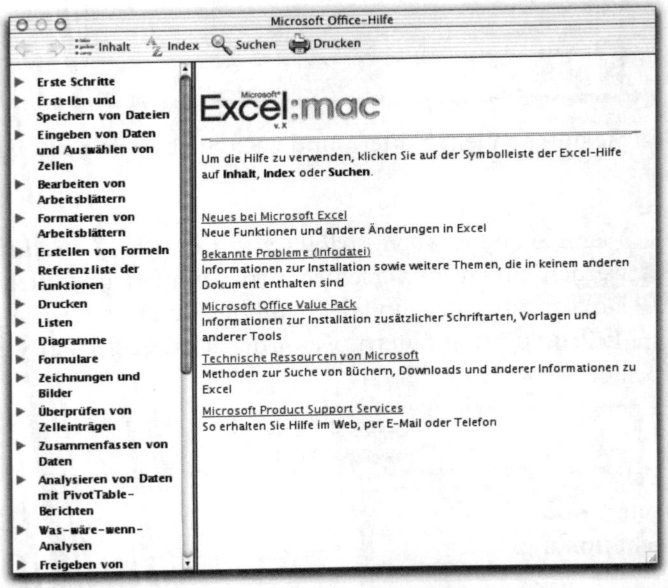

HEISSER TIPP

Sofern Sie den Assistenten aktiviert haben, zeigt erst einmal der die Hilfethemen an. Deaktivieren Sie ihn im Menü *Hilfe*, um dann alle Möglichkeiten der Hilfefunktion nutzen zu können.

Mit der *Hilfe* haben Sie einen digitalen Index vorliegen, den Sie nach Herzenslust durchstöbern können und wo Sie wirklich vieles meist recht verständlich und ausreichend ausführlich erklärt bekommen.

Zu den wichtigsten Funktionen des Programms bekommen Sie schon einmal stichpunktartig die Themen aufgelistet und können sich mit grundlegenden Funktionen schnell vertraut machen.

Suchen Sie nach einer bestimmten Funktion, so klicken Sie oben auf den Knopf *Suchen*, woraufhin Folgendes erscheint:

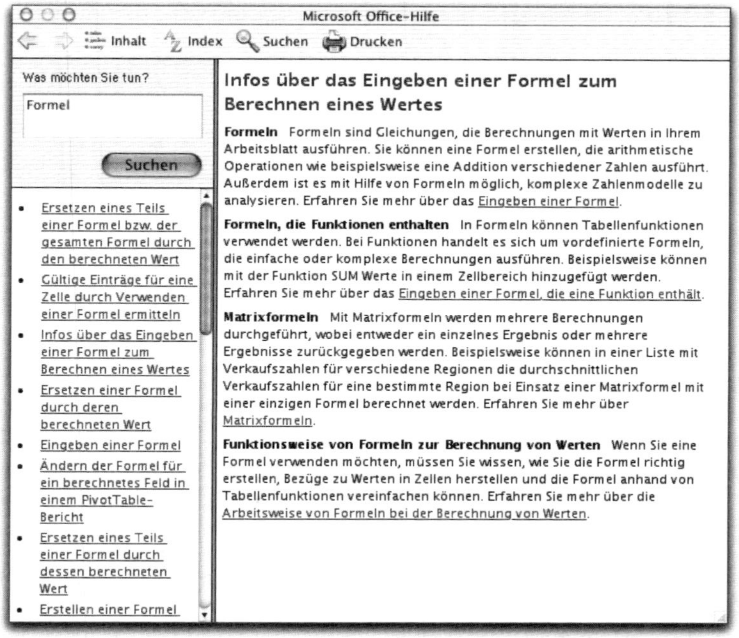

In die oberste Zeile können Sie ein Stichwort eingeben, nach dem gesucht werden soll. Möchten Sie also beispielsweise etwas über das Importieren von Daten wissen, so geben Sie *Import* ein.

Im oberen Fensterbereich sehen Sie dann eine Auflistung all der vorhandenen Erläuterungen. Und wenn Sie dann auf so ein Thema klicken, erscheint ein in der Regel recht umfangreicher und meist auch verständlicher Hilfetext.

Der Assistent

Wählen Sie den Menüpunkt *Assistenten aktivieren* im Menü *Hilfe*, so taucht ein kleiner Helfer auf, der ständig auf dem Bildschirm bleibt, Ihre Aktionen beobachtet und versucht, Ihnen möglichst nützliche Tipps zu geben. Das klappt sogar überraschend gut. Bloss mir will er ständig beim Schreiben eines Briefes assistieren – obwohl ich doch gerade ein Buch schreibe…

Doch sei's drum. Der kleine Kerl, der da seine Turnübungen vollführt und mehr oder minder kluge Ratschläge von sich gibt, kann besonders in der ersten Zeit durchaus hilfreich sein. Zudem sieht er einfach lustig aus:

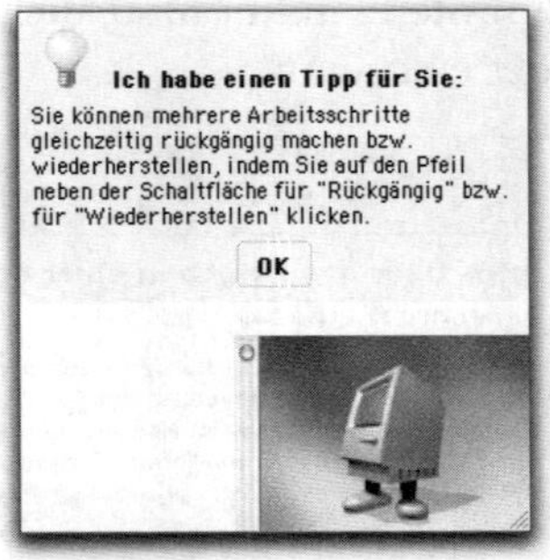

Das kleine Wesen, das sich tummelt, heisst übrigens Max. Er ist nicht nur für die Tipps und Tricks zuständig, sondern ab und an erfreut er den Benutzer auch mit gelungenen Animationen.

Hin und wieder hat der kleine Helfer auch einen Geistesblitz, dann taucht eine Glühbirne neben ihm auf, womit er signalisieren möchte, dass er glaubt, Ihnen einen guten Tipp geben zu können. Per Mausklick auf die Glühbirne gibt er ihn preis.

Wahrscheinlich wird Sie der Assistent bei vielen Aktionen darauf aufmerksam machen, dass es auch einfachere Lösungen gibt, um zum selben Resultat zu kommen. Alle gezeigten Tipps werden gespeichert und kein zweites Mal angezeigt.

Ein einfacher Mausklick in das Fenster Ihres kleinen Helferleins öffnet eine Dialogbox:

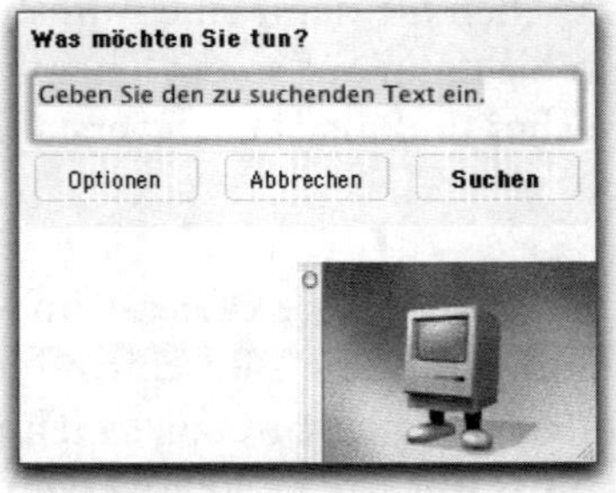

Haben Sie eine konkrete Frage, dann können Sie die stellen, und der Kleine wird versuchen, sie zu beantworten. Sie können umgangssprachlich formulierte Fragen eingeben. Das Programm versucht dann mit Hilfe eines so genannten «Parsers», Ihre Frage aufzuschlüsseln und nach bestimmten Stichworten zu durchsuchen. Daraufhin präsentiert er Ihnen eine Antwort, sofern er eine gefunden hat.

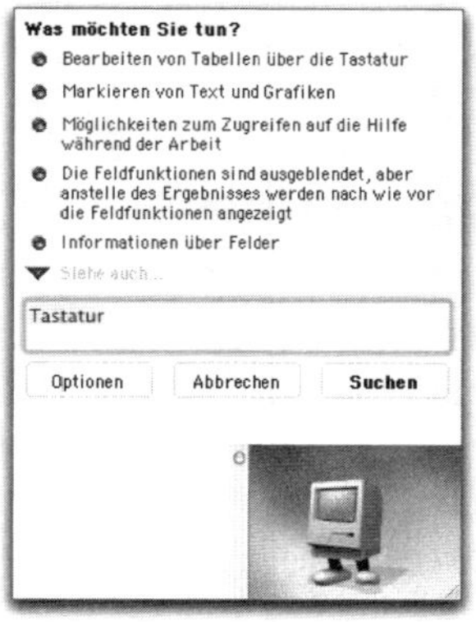

Da Sie jetzt aber wissen, dass der Assistent Ihre Frage sowieso nur auf bestimmte Schlüsselwörter hin untersucht, können Sie sich einiges an Tipparbeit ersparen. Statt also «Ich möchte gerne etwas über die Tastatur wissen» zu schreiben, genügt es völlig, das Stichwort «Tastatur» einzugeben.

Klicken Sie auf *Optionen*, so erscheint eine Karteikarte, auf der Sie etliche Voreinstellungen ankreuzen können:

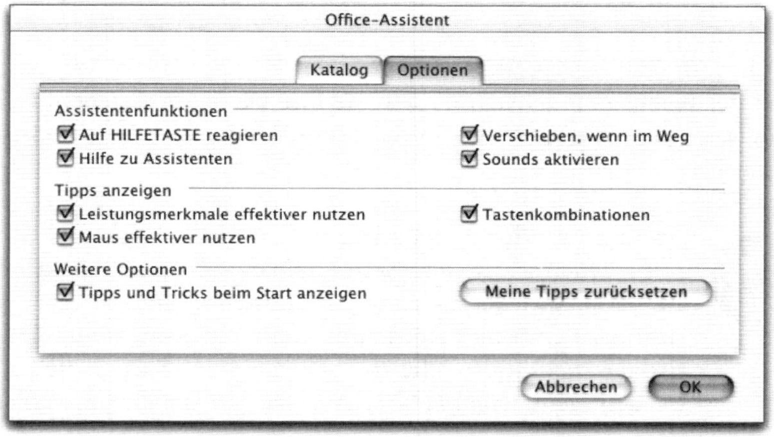

Beispielsweise legen Sie hier fest, welche Tipps Ihnen angezeigt werden sollen – und ob beim Aufstarten ein Tipp gewünscht ist.

Wenn Sie möchten, dass er mit seinen Hinweisen von vorne beginnt, klicken Sie auf den Reiter *Optionen* und dort auf den Knopf *Meine Tipps zurücksetzen.*

Doch der kleine Kerl kann noch mehr. Wenn Sie mit gedrückter *Control-Taste* in das Fenster des Assistenten klicken, erscheint auch hier ein kontextsensitives Menü:

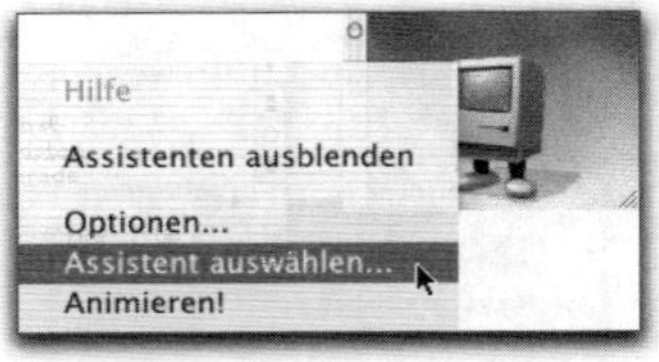

Hier können Sie auch einen anderen Assistenten auswählen, sofern Sie weitere Assistenten von der CD installiert haben (im Ordner */Volumes/Microsoft Office X/ Value Pack/Office/Assistenten* zu finden). Statt Max begleitet Sie dann ein treuer Hund, oder ein Roboter, oder…

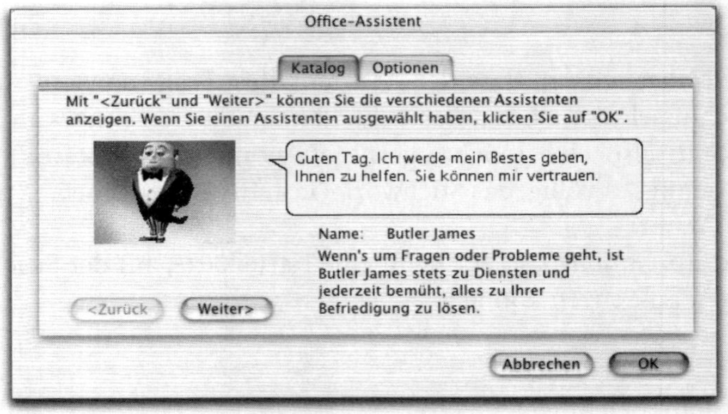

Nett ist der Befehl *Animieren!*, mit dem Sie Ihre kleinen Assistenten veranlassen, ein wenig aktiver zu werden. Eine willkommene Abwechslung während der Arbeit.

RAFFINIERT

So nett das kleine Helferlein anfangs ist – bald wird es vielen lästig. Doch selbst dann, wenn man es ausblendet, meldet es sich immer mal wieder in den unpassendsten Momenten, ganz besonders gern etwa mit Tipps zum Briefeschreiben, wenn Sie gerade just das nicht tun! Völlig abschalten können Sie den Helfer, wenn Sie den Menübefehl *Hilfe | Assistenten deaktivieren* anwählen.

Sie können ihn aber auch teilweise lahm legen und sich nur bestimmte Tipps anzeigen lassen, indem Sie auf der Registerkarte *Optionen* unter *Tipps anzeigen* nur jene Tipps abhaken, die Sie auch interessieren – künftig meldet sich der Diener nurmehr sporadisch, kann aber jederzeit über das Hilfe-Menü wieder belebt werden.

Ganz Radikale, die sicher sind, ihn keinesfalls mehr zu brauchen, können auch die entsprechenden Dateien aus dem Unterordner */Programme/Microsoft Office X/ Office/Assistenten* löschen – der Assistent ist für immer weg.

Hilfe im Web

Rufen Sie den Befehl *Mac@Microsoft-Website besuchen* auf, wird automatisch Ihr Browser aufgerufen und zu den entsprechenden Hilfs- und Supportseiten von Microsoft im Internet verbunden:

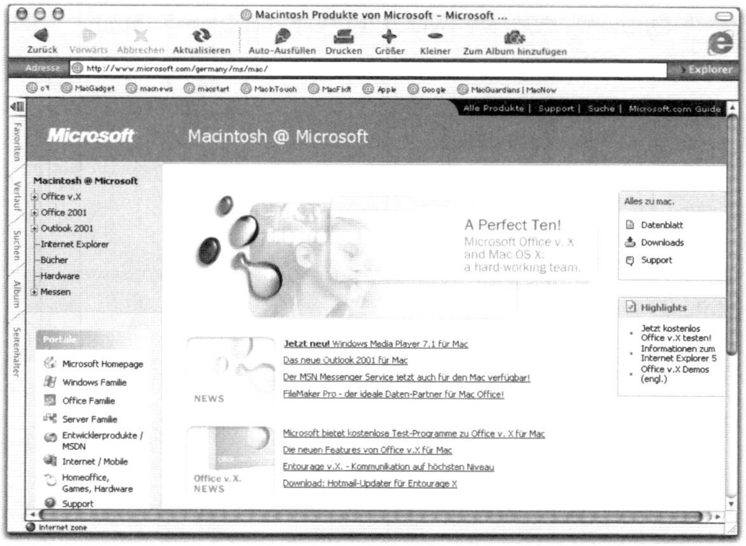

Und mit dem Befehl *Downloads und Updates* gelangen Sie gleichfalls ins Internet – direkt zu Mactopia, und dort zu den Seiten mit aktuellen Updates zu allen neueren Office-Programmen:

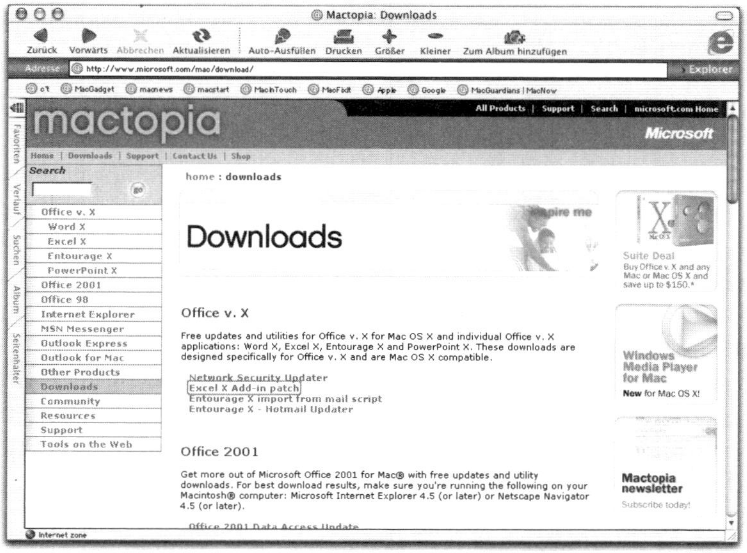

Wir können Ihnen zudem folgende Webseiten empfehlen, die aktuelle Informationen und oft auch Problemlösungen bereithalten.

HEISSER TIPP

Denken Sie daran, dass *Office 97, 2000, 2002* (Windows) und *Office 98, 2001, X* (Mac) weitgehend identisch sind. Viele Tipps lassen sich deshalb plattform- und versionsübergreifend nutzen.

Offizielle Site für *Office* und *Word*:

`http://www.microsoft.com/germany/ms/mac`

Hilfestellung und Updates zu Microsoft-Produkten und Verweis auf andere wichtige Sites:

`http://www.microsoft.com/germany/support/`
`http://www.microsoft.com/germany/`
`http://www.eu.microsoft.com/germany/Office/` – klicken Sie hier auf die Reiter *Produkterweiterungen* und *Tipps & Tricks*.
`http://www.eu.microsoft.com/germany/download/updates/` – hier finden sich mit ein wenig Suchen auch Updates und Tipps für *Office*; bei unserer Suche oft mehr und aktuellere als auf den offiziellen Mac-*Office*-Seiten.

Problemreports rund um den Mac:

`http://www.macfixit.com`

Täglich deutschsprachige Mac-News:

`http://www.macgadet.de`
`http://www.macnews.de`

Office-Dokumente öffnen, verwalten und gestalten

Definiert aufstarten

Im Ordner *Office* in Ihrem *Microsoft Office X*-Ordner finden Sie den Ordner *Start* – und darin wiederum Unterordner für die *Office*-Programme. Alles, was Sie hier hineinlegen, versucht *Office* beim Start des entsprechenden Programms auszuführen. Das können Makros oder Dokumente sein.

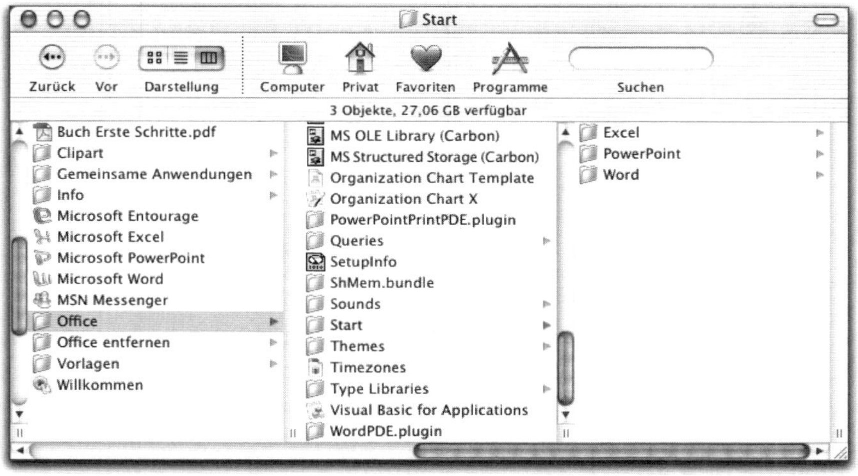

Installieren Sie beispielsweise das Makro *Speicher-Prompt*, dann wird eine Makrodatei in diesem Ordner angelegt, die beim Aufstarten von *Word* einen neuen Menübefehl im Menü *Datei* installiert, mit dem sich dann einstellen lässt, ob und wann eine automatische Nachfrage zur Speicherung der Dateien erfolgen soll.

Um den Befehl zu installieren, ziehen Sie das Dokument *Beispielmakros* von der *Office*-CD auf Ihre Festplatte und doppelklicken darauf. Daraufhin startet *Word* auf und es erscheint eine Makroleiste, mit der Sie viele schöne Dinge installieren können. Zum Beispiel den *SpeicherPrompt.*

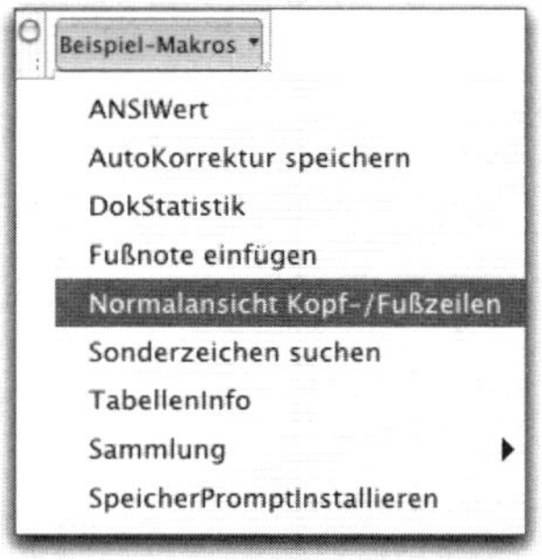

Los werden Sie diesen Befehl auch einfach: Entfernen Sie einfach die Datei *SpeicherPrompt* aus dem Startordner *Word.*

Dokumente öffnen

Öffnen lassen sich *Office*-Dokumente über den Menübefehl *Datei | Öffnen* bzw. per einfachem Doppelklick, neu gestaltete Dokumente erhalten Sie über den *Projektkatalog* im Menü *Datei.*

VORSICHT FALLE

Der Doppelklick hat aber so seine Tücken, wenn Sie ein bereits geöffnetes Dokument ein zweites Mal doppelklicken:

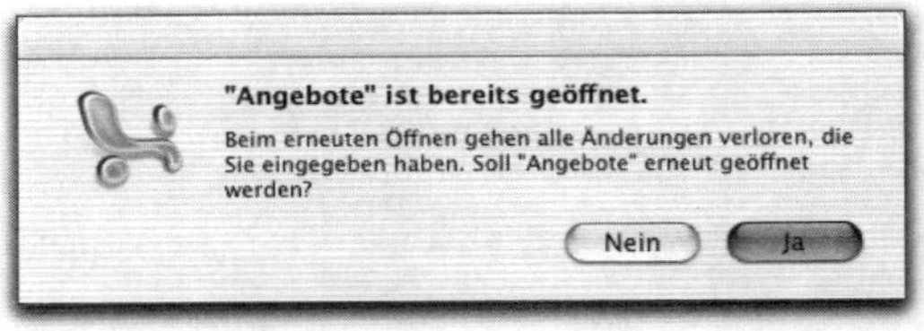

Das Programm nimmt dabei an, dass Sie auf das gespeicherte Dokument zurückgreifen und allfällige (noch nicht gespeicherte) Änderungen rückgängig machen möchten, fragt aber glücklicherweise und sicherheitshalber nach.

Dokumente verwalten

Unter *Voreinstellungen…* | Register *Allgemein* | *Liste zuletzt geöffneter Dateien* legen Sie fest, wie viele Dokumente (maximal neun) im Menü *Datei* aufgelistet werden sollen. Diese Liste wird ständig aktualisiert und enthält die Dokumente, an denen Sie zuletzt gearbeitet haben.

HEISSER TIPP

Und wenn Sie sich Dokumente auf Termin legen möchten, dann finden Sie die notwendigen Funktionen in *Entourage*, wo sich Dokumente und Daten verknüpfen lassen. In der Standard-Symbolleiste der *Office*-Programme müssen Sie dazu nur den Knopf *Zur Nachverfolgung kennzeichnen* drücken:

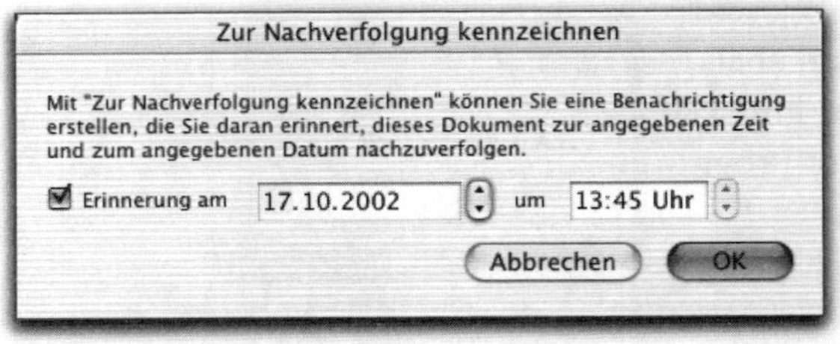

Projektkatalog

Über den Menübefehl *Datei* | *Projektkatalog…* respektive mit der Tastenkombination *Befehl-Shift-P* greifen Sie auf den Projektkatalog von *Office X* zu.

RAFFINIERT

Was in den Projektkatalog aufgenommen wird, bestimmen Sie: Hier werden alle Dokumentvorlagen und Assistenten angezeigt, die sich im Ordner */Programme/Microsoft Office X/Vorlagen* befinden.

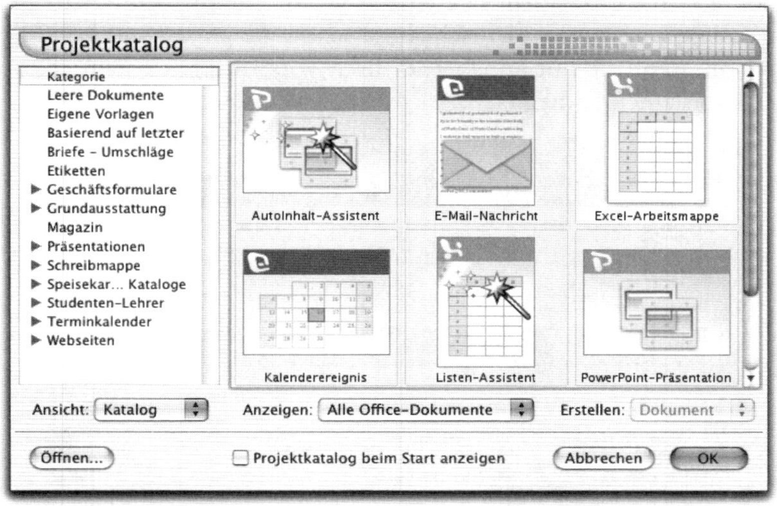

Für jedes *Office*-Programm können Sie unter *Voreinstellungen...* | *Allgemein* unten im Dialog festlegen, ob der *Projektkatalog* beim Start angezeigt werden soll oder nicht. Ist die Option abgehakt (= aktiv), dann erscheint der *Projektkatalog* jedes Mal, wenn Sie dieses *Office*-Programm aufstarten. Öffnen Sie allerdings ein *Office*-Dokument per Doppelklick oder mit dem *Finder*-Befehl *Ablage* | *Öffnen*, starten Sie das Programm also indirekt, dann erscheint der *Projektkatalog* nicht.

Mit *Office* werden eine ganze Reihe Mustervorlagen und Dokument-Assistenten installiert (weitere finden sich auf der *Office*-CD) – und die sind nicht nur bequem, um eben mal schnell ein fertig formatiertes Dokument zu erstellen, sondern an ihnen werden auch ganz hervorragend die wichtigsten Fähigkeiten der *Office*-Programme deutlich.

Bereiten Sie sich ruhig einmal das Vergnügen und schauen Sie sich die vielen mitgelieferten Vorlagen und Assistenten in Ruhe an, die schön übersichtlich sortiert auf einer Karteikarte angezeigt werden:

Hier können Sie sich Dokumentvorlagen aus verschiedenen Arbeitsbereichen aussuchen. Und wenn Sie jetzt ein neues Dokument mit dieser Dokumentvorlage anlegen, besitzt es bereits alle notwendigen Formatierungsinformationen. In einem Vorschaufenster können Sie sogar in etwa erahnen, wie das Dokument formatiert sein wird. Ist das nicht klasse?

Möchten Sie einen Brief oder eine Bewerbung verfassen oder einen Stundenplan erstellen (um nur einige wenige der vielen Möglichkeiten aufzuzählen), dann kann es nicht schaden, sich einmal genauer unter den bereits mitgelieferten Vorlagen umzutun: vielleicht ist ja schon die passende dabei. Es genügt auch schon, wenn sie nur annähernd Ihren Vorstellungen entspricht. Ändern lässt sie sich schnell und einfach.

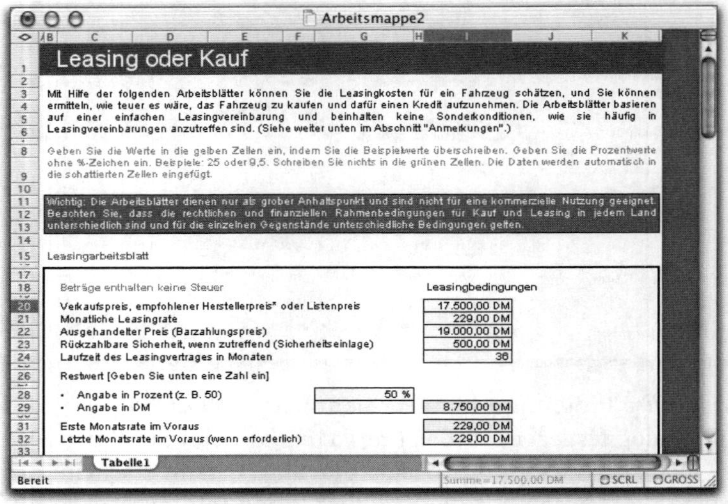

POWER USER

Wenn Sie ein selbst gestaltetes Dokument als Vorlage abspeichern, können Sie jederzeit wieder auf diese *Formatierungen* zugreifen. Wählen Sie dazu aus dem Menü *Datei* den Befehl *Speichern unter…* aus und wählen als Dateiformat *Dokumentvorlage* (*Word*), *Mustervorlage* (*Excel*) respektive *Entwurfsvorlage* (*PowerPoint*).

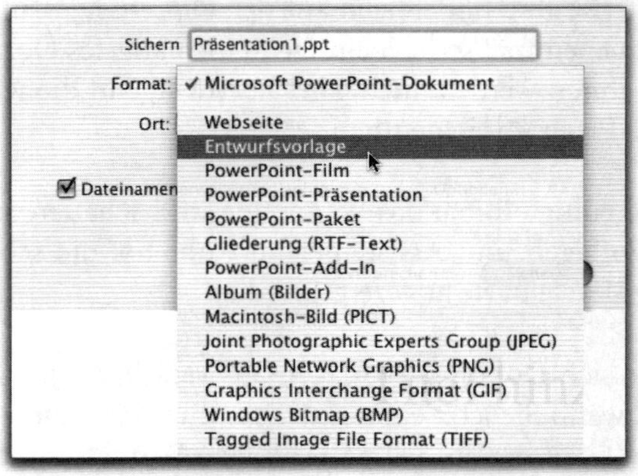

Gekonnt formatieren mit Dokumentvorlagen

Formatvorlagen heissen sie in *Word* und *Excel*, *PowerPoint* sagt *Entwurfsvorlage* dazu. Wie auch immer, mit ihnen lässt sich das Aussehen eines ganzen Dokuments bestimmen und steuern – auch nachträglich!

Wenn Sie eins der Programme aufstarten, öffnet sich ein Fenster mit einem leeren Dokument. Dafür wird immer die normale Formatvorlage genutzt. Gleiches gilt, wenn Sie mit der Tastenkombination *Befehl-N* ein neues Dokument-Fenster öffnen (Ausnahme: *PowerPoint* fragt immer nach einer Vorlage).

Sie heisst für *Word* «Normal» und für *PowerPoint* «Leere Präsentation» – nur *Excel* hat keine. Die Vorgaben dieser Standard-Formatvorlage können Sie ändern, indem Sie das betreffende Dokument öffnen (es ist im Ordner *Vorlagen* im *Office*-Ordner zu finden), wie gewünscht gestalten und wieder sichern.

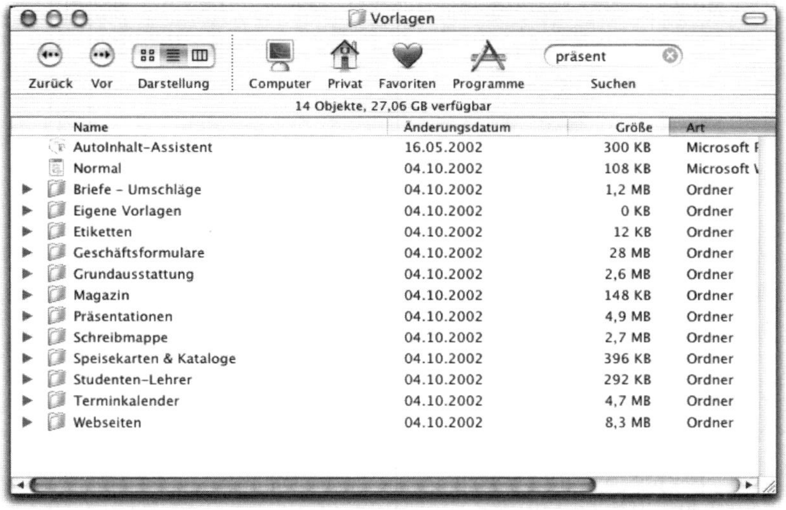

Bei *Excel* definieren und ändern Sie die wichtigsten Gestaltungskriterien im Menü *Excel* | *Voreinstellungen* auf der Karte *Allgemein.*

43

RAFFINIERT

Das Schöne ist nun, dass Sie sowohl gänzlich neue Dokumentvorlagen für Ihre eigenen Bedürfnisse erstellen als auch bereits vorhandene nutzen oder modifizieren können. So eine Dokumentvorlage können Sie jederzeit auch auf ein bereits vorhandenes Dokument anwenden. Und das geht wirklich, es kann gar nicht oft genug betont werden, nahezu schon lächerlich einfach. Wenn man weiss, wie es geht:

1. Öffnen Sie Ihr Dokument.
2. Rufen Sie im Menü *Format* eine neue Vorlage auf. Der Befehl heisst in *Word Formatvorlagen-Katalog...* und *Entwurfsvorlage übernehmen...* in *PowerPoint.*

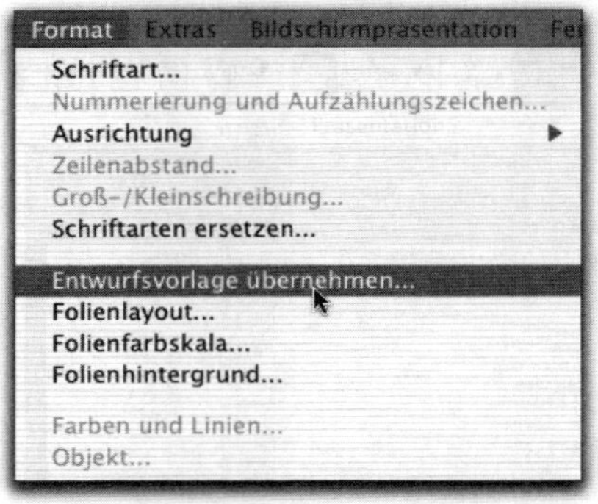

3. Wählen Sie die gewünschte Formatvorlage aus und bestätigen Sie – schon wird das aktuelle Dokument umformatiert.

Besser anzeigen und drucken

Wenn Sie in *Office* ein neues Dokument anlegen, so werden Sie bestrebt sein, sich den Schrifttyp und vor allen Dingen die Grösse so einzurichten, dass das Ganze auf dem Bildschirm auch gut leserlich ist. Drucken Sie das Dokument dann allerdings aus, so werden Sie oft feststellen, dass die Schriftgrösse auf dem Papier um ein weniges zu gross erscheint.

Abhilfe könnte hier natürlich eine Neuformatierung mit einer anderen Schriftgrösse eigens für den Ausdruck schaffen.

Aber das ist einerseits umständlich, und andererseits geht es auch einfacher: In den *Office*-Programmen finden Sie im Menü *Ansicht* den Befehl *Zoom...*, mit dem sich die Bildschirmdarstellung vergrössern oder verkleinern lässt. In unserem Fall sollten Sie die Bildschirmdarstellung ein wenig vergrössern – experimentieren Sie mit Werten um 130%.

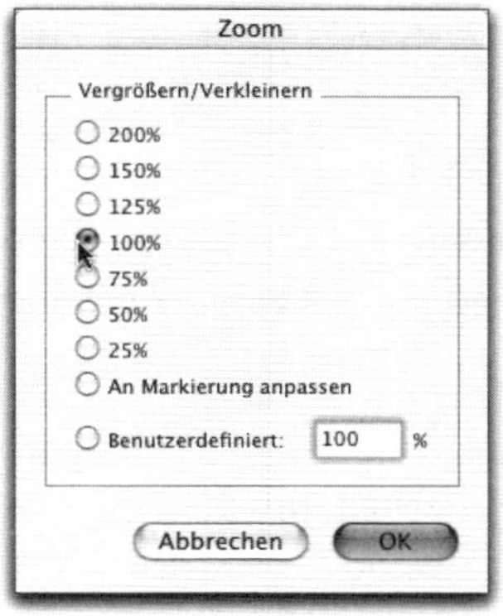

Sie werden feststellen, dass Sie nun auch Schriftgrössen von 9 oder 10 Punkt (die für den Ausdruck meist ideal sind) auf dem Bildschirm noch sehr gut lesen können.

Mit diesem einfachen Trick haben Sie zwei Fliegen mit einer Klappe geschlagen: einwandfreie Bildschirmdarstellung sowie optimaler Ausdruck.

Dokumente sichern

Wird ein neues Dokument angelegt, dann fragt das *Office*-Programm beim Schliessen nach Name und Speicherort.

Bereits vorhandene Dokumente werden nach dem Öffnen wieder unter demselben Namen gesichert; das Programm fragt gegebenenfalls nach, ob Änderungen gespeichert werden sollen.

So weit klar und kein Problem.

Mac OS X erlaubt allerdings auch lange Dateinamen, die *Office* noch nicht komplett unterstützt:

- Aus einem *Office*-Programm heraus gilt beim Sichern noch die Limitierung auf 31 Zeichen.
- Dokumente mit langen Dateinamen lassen sich allerdings problemlos öffnen und auch wieder so sichern.

Möchten Sie also in *Office* lange Dateinamen nutzen, dann sichern Sie das Dokument einfach mit einem kurzen Namen (maximal 31 Zeichen) und benennen es dann im Finder um. Künftig kann das *Office*-Dokument mit dem langen Dateinamen genutzt werden, auch wenn es in *Office* verkürzt dargestellt wird:

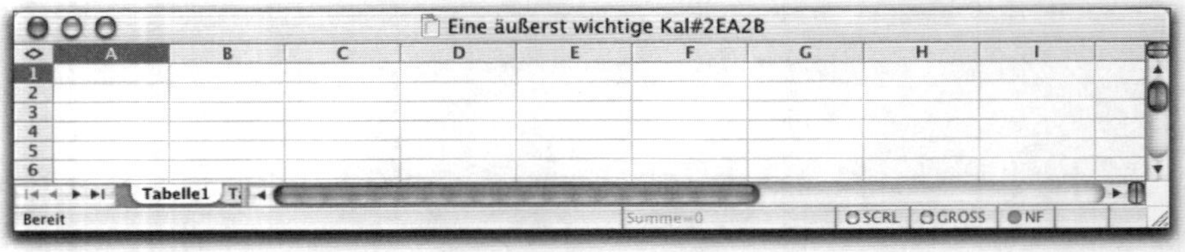

Oft sichern ist sicherer

Der Speicherbefehl ist ein wichtiger Befehl, der gar nicht oft genug aufgerufen werden kann (der Datensicherheit zuliebe). Zu finden ist er im Menü *Datei | Speichern.*

Sofern Sie die Datei unter anderem Namen oder an anderem Ort ablegen möchten oder beides: Wählen Sie den Befehl *Speichern unter…* aus dem Menü *Datei.* Dort ist es zwar nicht vermerkt: trotzdem können Sie diesen Befehl in *Word* und *Excel* mit *Befehl-Shift-S* aufrufen.

Perfekte Office-Bedienung

Kontra Tippfehler: AutoKorrektur

Die *AutoKorrektur* von *Office* ist eine feine Sache. Häufig auftretende Tippfehler – zum Beispiel die berühmten Dreher wie *its* statt *ist* – können Sie damit eliminieren.

MERKET AUF!

Obwohl sich *AutoKorrektur*-Einträge in *Word* am vielfältigsten nutzen lassen (zum Beispiel auch inklusive Formatierungen, siehe weiter unten), greifen die Korrekturen auch in den *Office*-Programmen *Excel, PowerPoint* und *Entourage*: Auch da werden Tippfehler automatisch per *AutoKorrektur* bereinigt.

AutoKorrektur-Einträge werden so definiert:

1. Rufen Sie *AutoKorrektur…* aus dem Menü *Extras* auf.
2. Geben Sie eine Abkürzung oder einen beliebten «Dreher» bei *Ersetzen* ein.
3. Tippen Sie das richtige Wort bei *Durch* ein.

Künftig wird immer, wenn Sie «sgh» tippen, «Sehr geehrte Damen und Herren» erscheinen, und wenn Sie «udn» tippen, aber eigentlich «und» meinen, wird auch das korrigiert.

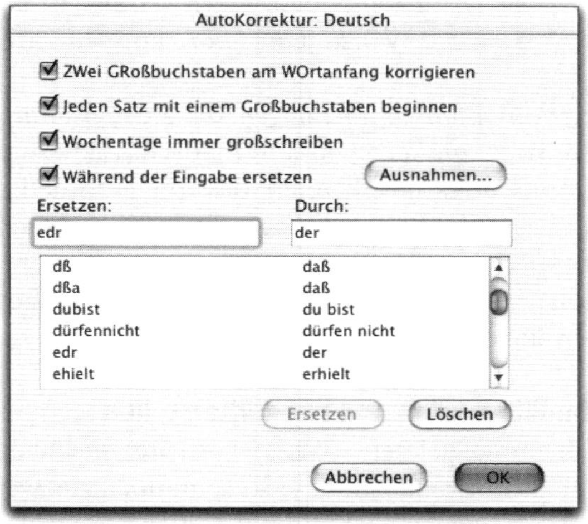

AutoKorrektur-Einträge greifen automatisch in allen *Office*-Programme, sofern sie in *Excel* oder *PowerPoint* definiert wurden. In *Word* definierte *AutoKorrektur*-Einträge gelten nur dann fürs gesamte *Office*, wenn die Option *Text mit Format* (was auch möglich ist – siehe Folgekapitel zu *Word*) nicht gewählt wurde. *Text mit Format* hingegen greift nur in *Word*.

Die unformatierten Einträge werden übrigens unter */Benutzer/Benutzername/Library/Preferences/Microsoft/MS Office ACL [German]* gespeichert. Die formatierten Einträge dagegen in der *Word*-Dokumentvorlage *Normal*.

HEISSER TIPP

Der Knopf *Ausnahmen...* ist vor allem für Abkürzungen und Wortanfänge wichtig. Hier können Sie all die Begriffe eingeben, bei denen *Word* dann nicht automatisch zuschlagen soll: Beispielsweise ist es unerwünscht, wenn nach «ca.» automatisch gross geschrieben wird. Nach Gross- und Kleinschreibung wird hier nicht unterschieden; der Eintrag «bzw.» greift also auch bei «Bzw.».

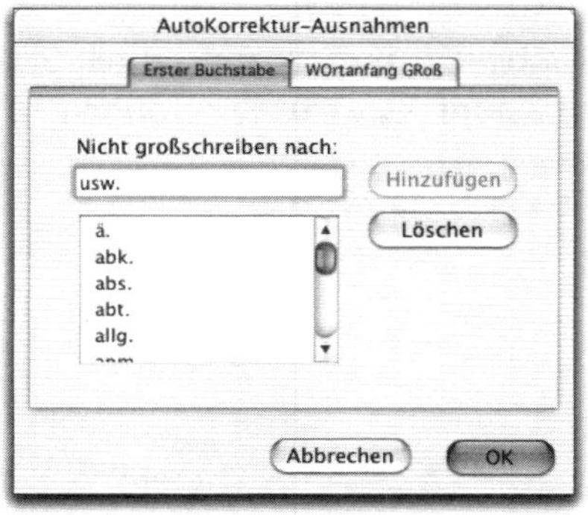

Ebenso ärgerlich ist es, wenn *Office* den Begriff «CDs» immer zu «Cds» verhunzt – auf der Registerkarte *WOrtanfang GRoss* können Sie das ändern.

Die Option *Wörter automatisch hinzufügen*, die Sie hier abhaken können, fügt der Ausnahmeliste von *AutoKorrektur* automatisch Abkürzungen hinzu, wenn *Word* respektive *AutoKorrektur* erkennen, dass die automatische Korrektur so nicht gewünscht ist. Das funktioniert aber nur, wenn Sie die *Rückschritt-Taste* betätigen und das korrigierte Wort neu und richtig eintippen. Der Menübefehl *Eingabe | Rückgängig* (*Befehl-Z*) ist zwar viel schneller aufgerufen, aber *Word* erkennt die neue Abkürzung dann nicht.

Fehler ausbügeln: Widerrufen und Wiederherstellen

Irgendwo habe ich einmal gelesen: «Wer viel arbeitet, macht auch viele Fehler.» Das muss zwar nicht notwendigerweise so sein, doch unzweifelhaft passieren beim Arbeiten immer wieder auch einmal Fehler. Da wird versehentlich ein Wort oder ein ganzer Absatz gelöscht oder die komplizierte Formel wird versehentlich mit einer Ziffer übertippt und ist dahin. Doch glücklicherweise merkt sich *Office* Ihre Aktionen und Sie können Geschehenes auch wieder ungeschehen machen. Und umgekehrt.

Wenn Sie einen Fehler sofort bemerken, dann drücken Sie einfach die Tastenkombination *Befehl-Z* respektive wählen den Befehl *Rückgängig* aus dem Menü *Bearbeiten*.

HEISSER TIPP

Gleich darunter finden Sie im Menü *Bearbeiten* den Befehl *Wiederholen*, und der ist zu Zeiten äusserst praktisch, um ein und dieselbe Aktion an mehreren Stellen des Dokumentes vorzunehmen: Haben Sie beispielsweise ein Wort kursiv formatiert, dann können Sie per *Befehl-Y* auch ganz schnell weitere Wörter kursiv formatieren, wenn Sie nur vorher den Cursor in das fragliche Wort setzen.

Genügt das einfache *Rückgängig* nicht, dann sollten Sie die Symbolleiste *Standard* und da wieder den Knopf *Rückgängig* bemühen:

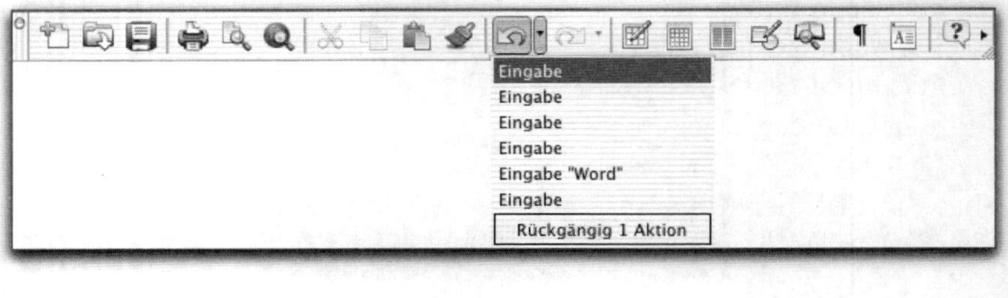

Drücken Sie den Knopf, dann wird die letzte Aktion rückgängig gemacht. Klicken Sie allerdings auf das kleine Dreieck rechts daneben, dann klappt eine Liste mit allen getätigten Aktionen herunter und Sie können auch mehrere Schritte rückgängig machen. Das geht allerdings immer nur in chronologischer Reihenfolge.

Alle Befehle, die Sie hier rückgängig gemacht haben, werden gleichzeitig vom Knopf *Wiederherstellen* daneben übernommen. War es also des Guten zu viel, dann können Sie hier in vergleichbarer Weise entweder den letzten Befehl wiederherstellen oder aus einer Liste all die Befehle auswählen, die wiederhergestellt werden sollen.

VORSICHT FALLE

Bitte beachten Sie, dass mehrfaches Widerrufen nur in den «klassischen» *Office*-Programmen *Word*, *Excel* und *PowerPoint* funktioniert. Der *Internet Explorer* und *Entourage* können das nicht.

Tastenkürzel

Viele Funktionen sind bereits mit Tastenbefehlen vorbelegt. Wenn Sie im Menü *Extras | Anpassen...* auf der Registerkarte *Symbolleiste* die Funktion *Tastenkombinationen in Erklärungen anzeigen* aktivieren, werden Sie in der *QuickInfo* (die taucht auf, wenn Sie den Mauszeiger eine Weile über einem Element belassen) immer wieder auf mögliche Tasten hingewiesen – in Symbolleisten, im Menü, in den Formatvorlagen.

Eigene Tastenbefehle können Sie jeder Funktion von *Word* und *Excel* zuweisen. Die Tastenkombination *Befehl-Shift-S* beispielsweise löst bei mir *Speichern unter...* aus.

Neben den häufig gebrauchten Befehlen zum Umgang mit Dokumenten wie Öffnen, Schliessen usw. ist es besonders sinnvoll, jene Befehle mit Tastenkombinationen zu versehen, die während der Arbeit am Text notwendig werden, dann also, wenn Sie die Hände sowieso auf der Tastatur haben. Die Tastenkombination *Control-G* beispielsweise wechselt bei mir zwischen Gross- und Kleinschreibung (Standardbelegung: *Shift-F3*).

Ich habe mir bei der Kürzelvergabe eine Ordnung angewöhnt, die es mir erleichtert, mir alle Kürzel zu merken und schnell anzuwenden:

- Mit *Befehl-Buchstabe* werden dokumenten- und programmorientierte Befehle aufgerufen: Speichern, Rechtschreibung, Thesaurus…
- Mit *Control-Buchstabe* sind Textbefehle belegt: Gross-/Kleinschreibung, Textmarke…
- Mit *Befehl-Shift-Buchstabe* setze ich Formatierungen: zum Beispiel *Befehl-Shift-K* für kursiv.

Es kann nun nicht darum gehen, möglichst viele der Befehle zu definieren und im Zugriff zu halten, denn das merkt sich kein Mensch. Ziel ist vielmehr, sich das Programm so einzurichten, dass die wichtigen und häufig genutzten Funktionen schnell und logisch zu erreichen sind.

Und so definieren Sie ein neues Tastaturkürzel: Rufen Sie den Menübefehl *Extras | Anpassen… | Tastatur…* auf:

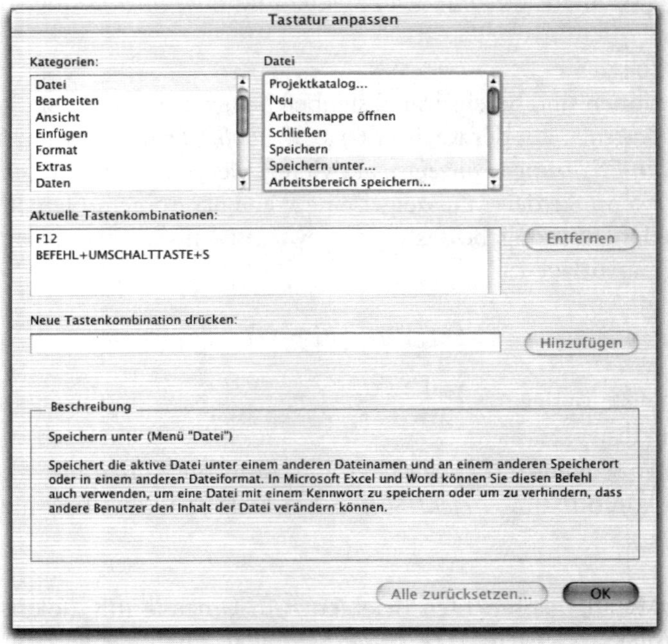

Hier finden sich alle Befehle aufgelistet: einmal nach der entsprechenden Kategorie geordnet, zum anderen komplett aufgelistet. Suchen Sie den gewünschten Befehl, positionieren Sie den Cursor in dem Feld *Neue Tastenkombination drücken*, geben Sie die gewünschte Tastenkombination ein und klicken Sie dann den Knopf *Zuweisen* respektive *Hinzufügen.*

Ist die Tastenkombination bereits vergeben, werden Sie darauf aufmerksam gemacht, und können abbrechen oder überschreiben.

RAFFINIERT

Manchmal kann es vorkommen, dass man sich bei der Eingabe eines Tastenkürzels vertut, lies: die falschen Tasten erwischt. Wenn Sie zwar wissen, welches Kürzel Sie versehentlich eingegeben haben, aber nicht, was es bewirkt, gibt es einen einfachen Weg. Rufen Sie im Menü *Extras | Anpassen... | Tastatur...* auf und klicken Sie einen beliebigen Befehl an. Geben Sie das Kürzel nun noch einmal ein. *Word* respektive *Excel* zeigt Ihnen augenblicklich den dazu passenden Befehl.

Schaltzentrale: Symbolleisten

Ich habe sie nicht gezählt, all die Befehle von *Office*. Es sind einfach zu viele. Und ich bin überzeugt davon, dass ich ebenso wie andere Anwender höchstens 20 bis 30 Prozent der Funktionen überhaupt nutze. Das bedeutet nun aber nicht unbedingt, dass die restlichen 70 Prozent überflüssig wären. Obwohl ein anderer Nutzer auch nur 30 Prozent benutzt, so sind es doch andere 30 Prozent, und wieder ein anderer benutzt wieder andere 30 Prozent. Es gilt nun, sich aus all den Funktionen die herauszusuchen, die man tatsächlich benötigt.

Office stellt dazu im Wesentlichen drei Hilfen bereit: die Menüleiste (sie ist in *Office* als besondere Symbolleiste definiert und kann genauso wie diese angepasst werden), Symbolleisten und Tastaturbefehle.

Tastaturbefehle sind in *PowerPoint* fest vergeben, die Tastenkombination *Befehl-S* beispielsweise sichert das gerade aktive Dokument. In *Word* und *Excel* dagegen können Sie jeder, aber auch wirklich jeder Funktion ein neues Tastenkürzel zuweisen.

Die **Menüleiste** ist gewissermassen die Schaltzentrale. Hier sind alle wichtigen Befehle (inklusive der dazugehörenden Tastenkombination) aufgelistet, weiterhin wird von hier aus nicht selten in weitere Optionsfelder verzweigt.

Über den Menübefehl *Extras | Anpassen...* lässt sie sich genau wie jede andere Symbolleiste konfigurieren:

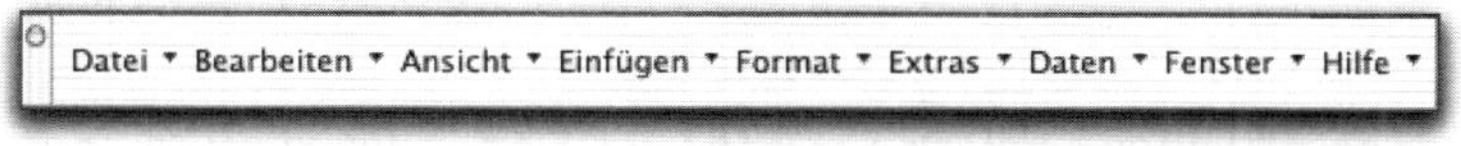

Auf den **Symbolleisten** finden sich hauptsächlich Einzelbefehle, die zum Beispiel dazu dienen, einzelne Zeichen oder ganze Absätze zu formatieren. Als sehr praktisch hat sich bei uns auch erwiesen, eine Symbolleiste mit den häufig genutzten Makros anzulegen, so dass ein Klick auf den Makroknopf genügt, um das zugehörige Makro zu starten.

Symbolleisten sind eine ganz besonders praktische Sache in *Office*, die sich anpassen und ein- wie ausblenden lassen.

Tipps zu Symbolleisten

- Hinzufügen, entfernen und modifizieren lassen sie sich im Menü *Ansicht | Symbolleisten*: Hier klappt ein Menü mit allen verfügbaren Symbolleisten herunter. Durch Anwählen einer bestimmten Symbolleiste können Sie diese aktivieren bzw. deaktivieren.
- Per *Control-Klick* auf einen Knopf der Symbolleiste erhalten Sie ein Kontextmenü zum Bearbeiten:

  - *Befehl «Ausführen»* – damit wird die Knopfaktion ausgelöst.
  - *Zurücksetzen* meint, die Symbolleiste wird auf Standard gebracht – vom Benutzer hinzugefügte Knöpfe werden entfernt.
  - *Ausblenden* lassen sich all die Knöpfe, die Sie nicht benötigen.
  - *Eigenschaften…* erlaubt das Anpassen – siehe Abschnitt *Symbolleisten konfigurieren* etwas weiter hinten.

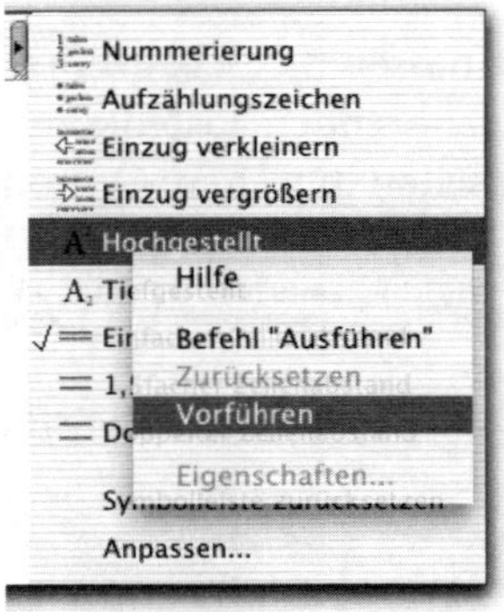

- Hinter dem kleinen Dreieck am Ende der Symbolleiste verbergen sich weitere Befehle. Sie zeigen sich, wenn Sie auf das Dreieck klicken. Sind sie aufgeklappt, dann können Sie ein Symbol per *Control-Mausklick* und *Vorführen* in die Symbolleiste holen, so dass es immer sichtbar ist.
- Besonders schnell lassen sich nicht sichtbare Symbolleisten einblenden, wenn Sie in den freien Bereich (nicht auf einen Knopf) einer sichtbaren

Symbolleiste Control-klicken. Gut dazu eignen sich die Grifffläche oder die Teilungsstriche. Dann taucht ein Kontextmenü mit allen vorhandenen Symbolleisten auf und Sie können sich eine aussuchen.

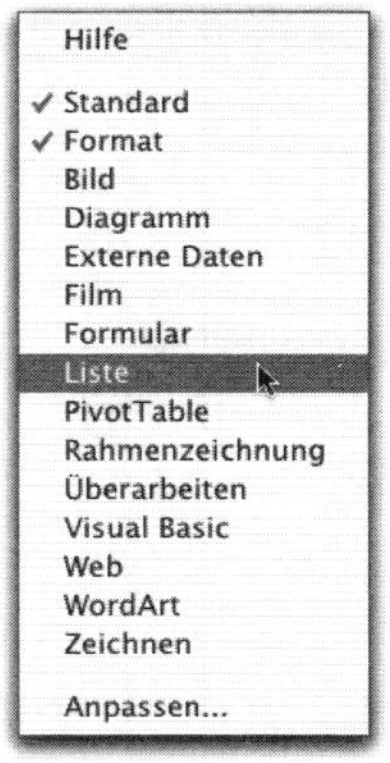

Ganz unten findet sich der Punkt *Anpassen...*, womit sich die Knöpfe und Befehle auf den Symbolleisten ändern lassen. Dieser Befehl ist auch über das Menü *Extras* | *Anpassen...* verfügbar.

- Sie können die Symbolleiste an der kleinen geriffelten «Grifffläche» anfassen und an andere Bildschirmränder ziehen; mit dem Anfasser lässt sie sich zum Beispiel in eine vertikale Position bringen.
- Sie können sie sogar frei auf dem Bildschirm platzieren. Dann werden die Symbole in einem so genannten «schwebenden Fenster» angezeigt, das nach Belieben verschoben und umgeformt werden kann.
- Wenn Sie ein solches schwebendes Fenster wieder in eine fest installierte Symbolleiste zurückverwandeln möchten, ziehen Sie es an den gewünschten Bildschirmrand.
- Selbstverständlich merkt sich *Office* die Position der Symbolleisten, und Sie finden sie beim nächsten Aufstarten da wieder, wo Sie sie zuletzt positioniert hatten.

Sowie Sie den Menübefehl *Extras* | *Anpassen...* aufgerufen haben, geht auch Folgendes:

- Mit gedrückter *Befehls-Taste* können Sie die Position eines Icons in der Symbolleiste verändern und es auch auf andere sichtbare Symbolleisten verschieben.
- Wenn Sie die *Wahl-Taste* drücken, wird das Icon nicht nur verschoben, sondern gleichzeitig dupliziert. Das macht keinen Sinn, wenn man es nur in einer Symbolleiste haben möchte. Allerdings können Sie es auf diese Weise einfach in eine andere Leiste ziehen, damit es an beiden Orten verfügbar ist.

Formatierungspalette

Etwas ganz Besonderes ist die Formatierungspalette. Nicht nur, weil sie einen eigenen Menüeintrag im Menü *Ansicht* bekommen hat, also separat und nicht unter den anderen Symbolleisten aufgelistet wird, sondern auch, weil sie wirklich sehr praktisch ist und alle wichtigen Formatattribute übersichtlich bereithält:

Diese «intelligente» Palette zeigt immer nur diejenigen Befehle an, die aktuell sinnvoll nutzbar sind. Mit ihrer Hilfe können Texte, Bilder und Dokumente schnell formatiert und umformatiert werden. Alle wichtigen Formatbefehle sind hier nur einen Mausklick weit entfernt.

Symbolleisten konfigurieren

Symbolleisten (dazu gehört auch die Menüleiste!) lassen sich anpassen, indem Sie *Extras | Anpassen…* wählen und unter dem Reiter *Symbolleisten* die gewünschte Leiste abhaken. Sie wird daraufhin angezeigt, bereit zum Modifizieren:

Normale Symbolleisten (Ausnahme Menüleiste) lassen sich besonders schnell anpassen: per *Control-Mausklick* in den freien Bereich einer Leiste und Anwahl des Befehls *Anpassen…* ganz unten.

Wechseln Sie jetzt zum Reiter *Befehle*, dann können Sie neue Befehle in die Symbolleiste einfügen (einfach den Befehl auf die gewünschte Symbolleiste ziehen und loslassen).

Die Befehle sind – der besseren Übersichtlichkeit wegen – nach Menüs geordnet. Das bedeutet aber nicht, dass sie nur in dieses Menü aufgenommen werden können. Wenn es Ihnen genehm ist, können Sie den Befehl *Speichern* (der unter der Kategorie *Datei* aufgelistet ist) auch in die Symbolleiste *PowerBook* legen, oder eine völlig neue Symbolleiste (*Extras* | *Anpassen...* | *Symbolleisten* | *Neu...*) dafür kreieren.

Befehle auf den sichtbaren Symbolleisten können Sie einfach verschieben – auch auf eine andere Symbolleiste – dazu muss aber der Befehl *Anpassen...* aufgerufen sein. Halten Sie dabei die *Wahl-Taste* gedrückt, wird das Icon nicht nur verschoben, sondern gleichzeitig dupliziert.

Mit dem Befehl *Gruppe beginnen...* können Sie schliesslich die feinen Linien einsetzen, welche die Befehlsgruppen besser unterscheidbar machen.

Sie können aber auch in einer Symbolleiste direkt per *Control-Mausklick* und Wahl des Befehls *Eigenschaften...* Befehle umbenennen, sich die Knöpfe als Text oder Bild zeigen lassen.

HEISSER TIPP

Wenn Sie das kleine Dreieck bei einem Knopfsymbol drücken, lassen sich sogar die Icons nach eigenen Vorstellungen ändern (Abbildung siehe bitte nächste Seite, oben).

Mit dem Befehl *Schaltflächensymbol einfügen* können Sie eigene Icons in die Symbolleiste laden. Standardgrösse (an die Sie sich der besseren Darstellung wegen auch halten sollten) für Symbolleisten-Icons sind 20 x 20 Pixel.

Projekt: Befehlsumfang der Menüs erweitern

Lassen Sie uns gemeinsam in *Word* den Menübefehl *Seite umbrechen* hinzufügen, um so die grundlegende Funktionsweise kennen zu lernen:

1. Wählen Sie den Befehl *Anpassen…* aus dem Menü *Extras*. Die Menüleiste wird wie eine Symbolleiste angezeigt:

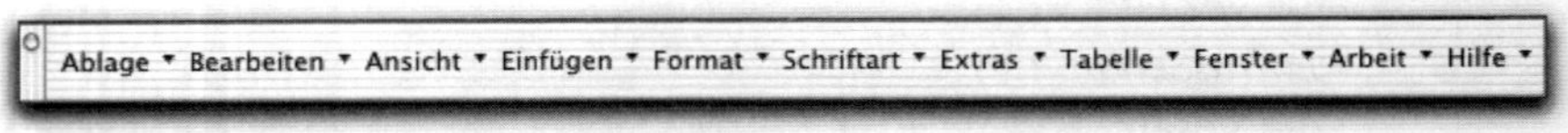

2. Klicken Sie auf das Register *Befehle* und aktivieren Sie links unter *Kategorien* den Eintrag *Alle Befehle*:

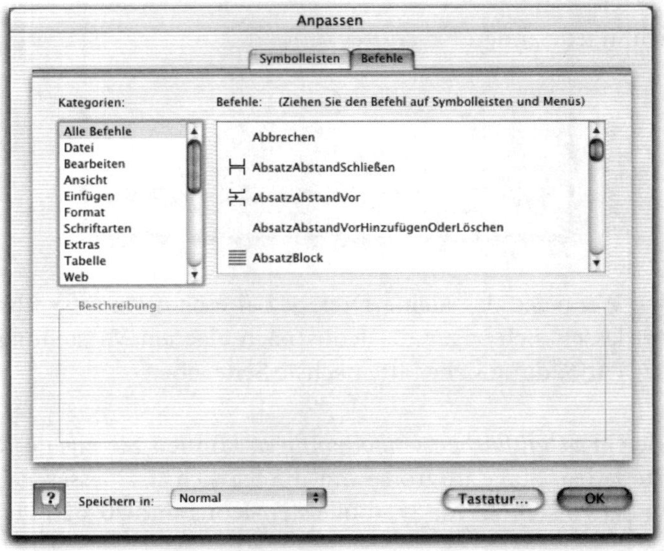

3. Wählen Sie jetzt in der Box *Befehle* den ersten Befehl an und springen Sie per Taste zum gewünschten Befehl respektive blättern Sie die Liste bis zum gewünschten Befehl durch.

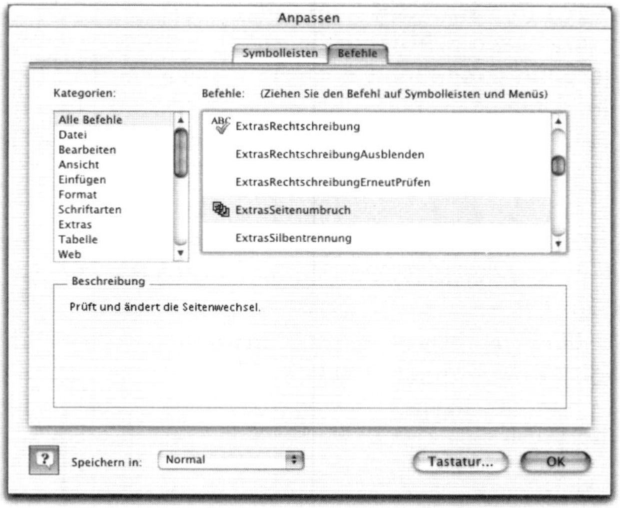

RAFFINIERT

Durch (schnellen) Druck mehrerer Tasten hintereinander können Sie gezielt an bestimmte Stellen springen. Wir suchen den Befehl *ExtrasSeitenumbruch* und geben deshalb «e-x» ein. So muss nicht die gesamte Liste durchgescrollt werden, sondern der gesuchte Befehl ist bereits in der Nähe.

4. Diesen Befehl können Sie nun in ein Menü der Menüleiste ziehen oder ihn aber auch in jede andere sichtbare Symbolleiste aufnehmen. Fertig!

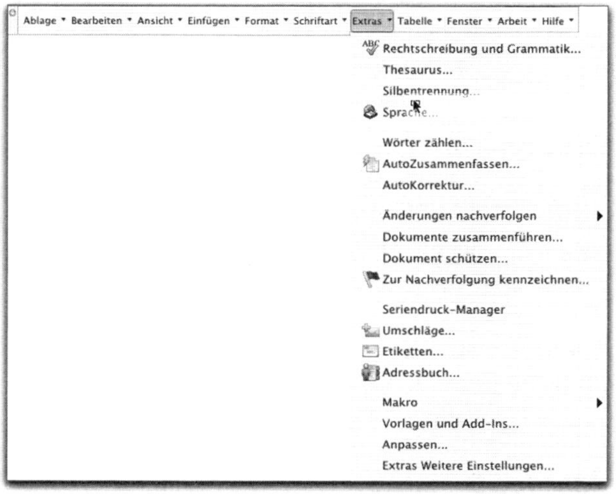

Beim Beenden von *Word* erfolgt die Sicherheitsabfrage, ob Sie die geänderte Dokumentvorlage (normalerweise *Normal*) speichern möchten.

Noch ein Projekt: Office wird Mac-konform

Mit der eben gegebenen Schritt-für-Schritt-Anleitung sollte es Ihnen dann leicht fallen, die *Office*-Programme noch ein wenig mehr der Mac-Norm anzupassen und ein kleines Ärgernis zu beheben: Das Menü *Datei* nämlich heisst sonst und überall *Ablage* auf dem Mac. Ein Menü *Datei* kennt nur Windows. Das ändern wir jetzt:

1. Rufen Sie *Extras* | *Anpassen...*| Reiter *Symbolleisten* auf und haken Sie *Menüleiste* ab. *Control-Klicken* Sie in der Menüleiste, die daraufhin angezeigt wird, auf *Datei*.
2. Wählen Sie den Befehl *Eigenschaften...* aus dem Kontextmenü und ersetzen Sie den Begriff *&Datei* durch *&Ablage*.

POWER USER

Das Ändern des Menübefehls ist keine reine Kosmetik: Wenn die Tastenkombinationen von Faxprogrammen wie *FaxSTF* (die den Fax- statt des Druckbefehls aufrufen) nicht funktionieren, liegt das zumeist daran, dass die *Office*-Programme neben dem Apfelmenü das Menü *Datei* statt *Ablage* haben; manche Programme suchen aber just nach *Ablage*.

Eine neue Symbolleiste erstellen

Mit dem eben Geschilderten haben Sie das Wissen an der Hand, um sich eine neue Symbolleiste zu basteln:

1. Wählen Sie den Befehl *Anpassen...* aus dem Menü *Extras*.

2. Wählen Sie das Register *Symbolleisten* aus und drücken Sie den Knopf *Neu*.

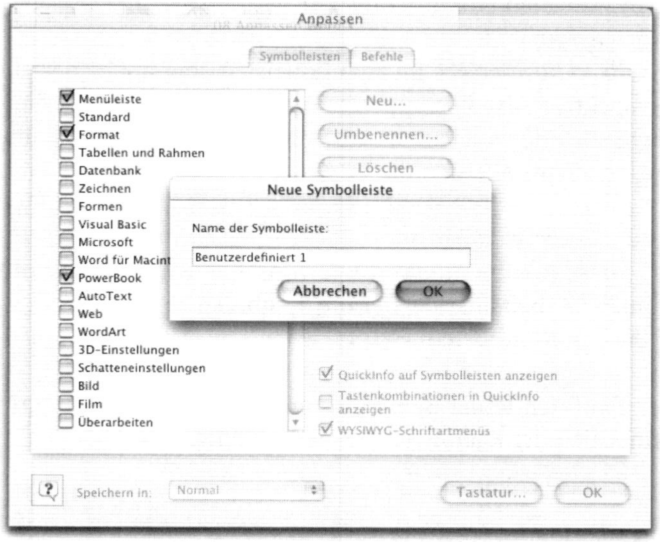

3. Benennen Sie die neue Symbolleiste, die dann so angezeigt wird:

4. Ihrer Symbolleiste fehlen noch die Symbole bzw. die Befehle:
- Entweder ziehen Sie sie vom Register *Befehle* auf die Symbolleiste.
- Holen Sie sich bei gedrückter *Wahl-Taste* per *Drag&Drop* Symbole aus den anderen Symbolleisten.

- Sie können einzelne Befehle, aber auch ganze Menüs, in die Symbolleiste aufnehmen. Fertig!

Symbolleiste an ein Dokument anhängen

Solchermassen geänderte oder neu gestaltete Symbolleisten werden normalerweise von den einzelnen *Office*-Programmen automatisch gespeichert und stehen das nächste Mal «global» zur Verfügung. Das bedeutet, sie stehen immer zur Verfügung, wenn Sie das jeweilige *Office*-Programm wieder öffnen.

Die Datei, in der *PowerPoint* seine Symbolleisten speichert, findet sich auf dem Startlaufwerk in der Ordnerhierarchie *Benutzer – Library – Preferences – Microsoft – PowerPoint Toolbars (10)*. Für Excel gilt sinngemäss dasselbe, *Word* speichert in der Dokumentvorlage *Normal* im *Office*-Ordner.

In *PowerPoint* werden Symbolleisten immer global gesichert und stehen demzufolge immer allen Dokumenten zur Verfügung.

In *Word* und *Excel* können Sie die Symbolleisten aber auch speziellen Textdokumenten respektive Arbeitsmappen zuordnen. Vorteil: Wenn Sie das Dokument weitergeben oder auf einem anderen Computer öffnen, sind auch die selbst definierten Symbolleisten da.

Symbolleisten in Excel zuordnen

1. Öffnen Sie das Dokument, das die gewünschte Symbolleiste enthält.
2. Öffnen Sie die Arbeitsmappe, der die Symbolleiste zugeordnet werden soll.
3. Wählen Sie den Menübefehl *Extras | Anpassen…*

Wenn Sie jetzt auf den Reiter *Symbolleisten* klicken und den Knopf *Anfügen…* drücken, öffnet sich der Dialog *Symbolleisten anfügen*.

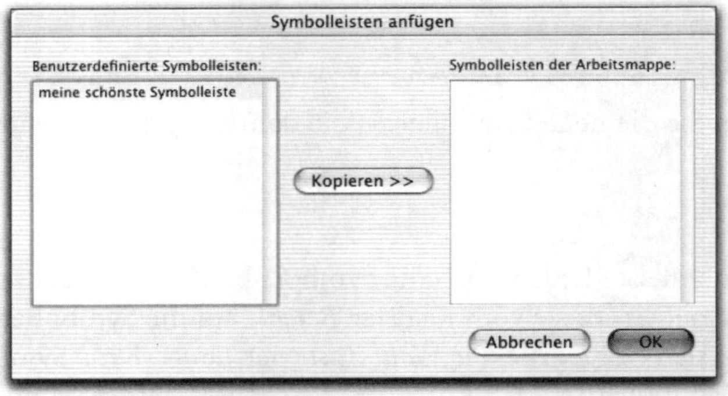

4. Jetzt können Sie benutzerdefinierte Symbolleisten im linken Teil des Fensters markieren und mit dem Knopf *Kopieren* in die aktuelle Arbeitsmappe einfügen.

Einer Arbeitsmappe von Excel lassen sich auf diese Weise nur selbst definierte Symbolleisten hinzufügen, was auch insofern Sinn macht, als die Standard-Symbolleisten ja sowieso allen Arbeitsmappen zur Verfügung stehen.

Symbolleisten an Word-Dokumente anhängen

Die Symbolleisten in *Word*-Dokumenten lassen sich ganz besonders variabel anpassen, denn sie werden in Dokumentvorlagen gespeichert. Die normalerweise benutzte Dokumentvorlage nennt sich *Normal* und findet sich im Ordner *Microsoft Office X – Vorlagen.* Standardmässig werden auch selbst definierte Symbolleisten in der Dokumentvorlage *Normal* gespeichert. Die selbst definierten Symbolleisten lassen sich aber auch fix mit einem Dokument verbinden:

1. Öffnen Sie das Dokument, das die gewünschte Symbolleiste enthält. Handelt es sich um eine Symbolleiste in der Dokumentvorlage *Normal*, dann ist das nicht notwendig.
2. Rufen Sie den Menübefehl *Extras | Anpassen...* auf und klicken Sie auf den Reiter *Symbolleisten.*
3. Haken Sie jene selbst definierte Symbolleiste ab, die Sie mit dem aktuellen Dokument verbinden möchten oder definieren Sie neue Symbolleisten über den Knopf *Neu...*
4. Im unteren Bereich des Dialoges wählen Sie nun bei *Speichern in:* im Popup-Menü den Namen des aktuellen Dokumentes aus:

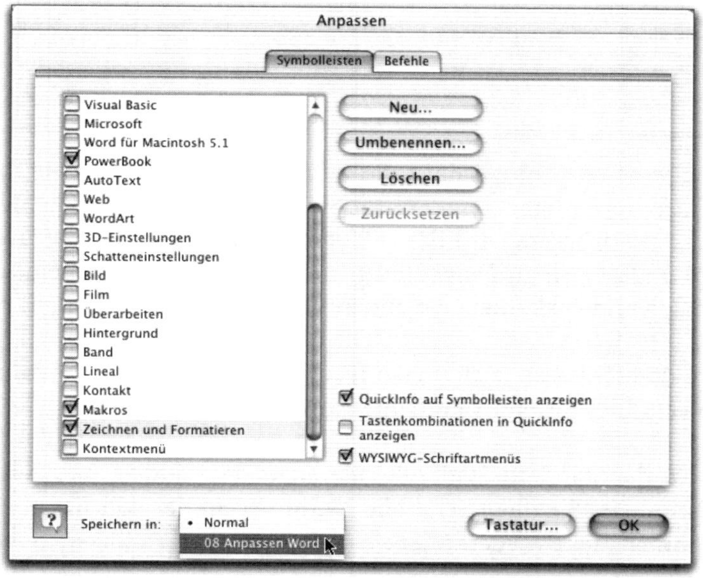

Wenn Sie jetzt den Knopf *OK* drücken, ist diese Symbolleiste fest mit dem Dokument verbunden und wird sich jedes Mal zeigen, wenn das Dokument geöffnet wird.

HEISSER TIPP

Unter dem Menübefehl *Format | Formatvorlage...* finden Sie den Knopf *Organisieren...*, und wenn Sie diesen Befehl aufrufen, können Sie die individuell erstellten Symbolleisten auch zwischen verschiedenen Dokumenten kopieren:

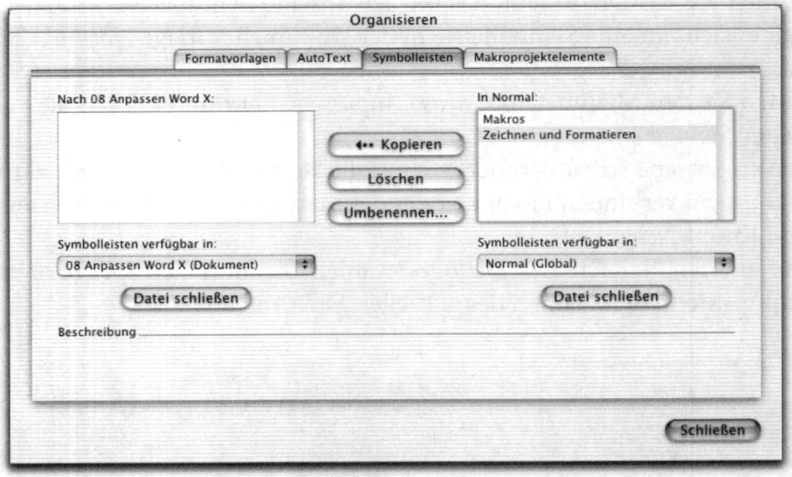

Im Dialog wird erst einmal links das aktuelle Dokument, rechts die Dokumentvorlage *Normal* angezeigt. Wenn Sie nun rechts oder links den Knopf *Datei schliessen* drücken, wird das entsprechende Dokument abgemeldet und der Knopf ändert sich zu *Datei öffnen…* Per Klick darauf erscheint der *Datei öffnen*-Dialog und Sie können ein anderes Dokument auswählen.

Auf diese Weise lassen sich persönlich zusammengestellte Symbolleisten zwischen verschiedensten Dokumenten austauschen.

Ob und wo die Standard-Symbolleisten angezeigt werden, merkt sich *Office* gleichfalls, so dass Sie diese Symbolleiste immer an der von Ihnen gewählten und gewohnten Stelle wiederfinden.

Auf diese Weise lassen sich selbst definierte Symbolleisten zwischen verschiedensten Dokumenten austauschen.

Ob und wo die Standard-Symbolleisten angezeigt werden, merkt sich *Office* gleichfalls, so dass Sie diese Symbolleiste immer an der von Ihnen gewählten und gewohnten Stelle wiederfinden.

Wichtige Befehle schnell zur Hand – kontextsensitive Menüs

«Kontextsensitiv». Ein schwieriger Begriff, der sich aber ganz einfach erklärt und im Ergebnis den Umgang mit *Office* noch weiter vereinfacht: Wenn Sie in *Office* auf ein Element (in der Symbolleiste, im Dokumentfenster…) zeigen und dann die *Control-* und *Maus-Taste* gleichzeitig drücken, dann klappt vielleicht an der Stelle des Mauszeigers ein Popup-Menü auf, in dem all die Befehle enthalten sind, die für dieses Objekt in Frage kommen:

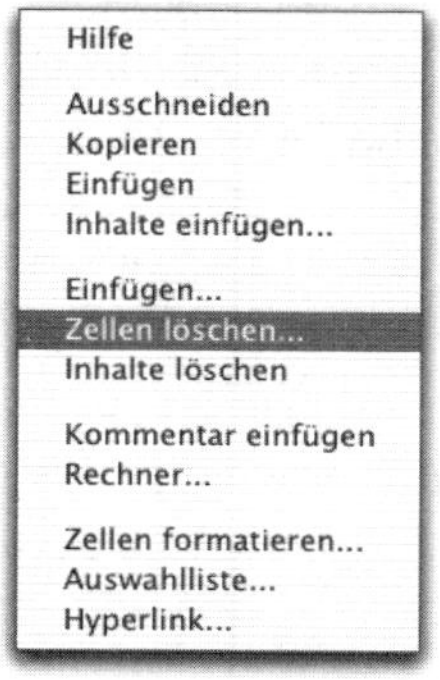

«Vielleicht» deshalb, weil ein Menü nur aufklappt, wenn das auch sinnvoll ist. Und deshalb heisst es auch «kontextsensitiv», passt doch der jeweilige Befehlsumfang immer zum aktuellen Kontext (= Zusammenhang).

RAFFINIERT

Wenn Ihnen das Drücken der *Control-Taste* zu umständlich erscheint, sollten Sie sich eine programmierbare Maus mit mehreren Tasten kaufen, zum Beispiel ein Modell von Kensington, Microsoft oder Logitech. Dann legen Sie auf eine freie Maustaste die Kombination *Mausklick-Control-Taste* – und schon müssen Sie die Tastatur nicht mehr bemühen. Sehr ans Herz legen können wir Ihnen in diesem Zusammenhang «Orbit» von Kensington. Die sieht nicht nur phantastisch aus, sondern ist auch sehr gut zu bedienen und kommt mit der hervorragenden Software *Mouseworks*, die den Umgang mit der Maus noch angenehmer macht.

Kontextsensitive Menüs erweitern

Während sich die Symbolleisten – einschliesslich der Menüleiste mit dem Apfel – in allen drei *Office*-Programmen ändern lassen (eben wurde beschrieben, wie), kann das Kontextmenü in *Excel* nicht geändert werden, wohl aber in *Word* und *PowerPoint*.

So gibt es beispielsweise in *Word* den schönen Befehl *Nummerierung überspringen*, mit dem sich in einer nummerierten Aufzählung einzelne Absätze von dieser Nummerierung ausnehmen lassen. Das ist mitunter sehr praktisch. Und es wäre doch schön, wenn bei dem Aufruf eines kontextsensitiven Menüs in einer Aufzählung just auch dieser Befehl zur Verfügung stünde.

Kein Problem, denn das können Sie ebenso ganz nach persönlichen Vorlieben einrichten, wie Sie auch allen anderen kontextsensitiven Menüs von *Word* und *PowerPoint* Ihren eigenen Stempel aufdrücken können. Und das geht so:

1. Rufen Sie aus dem Menü *Extras | Anpassen…* den Punkt *Symbolleisten* auf der Registerkarte auf und kreuzen Sie dort das Kästchen bei *Kontextmenü* an. Daraufhin wird die Symbolleiste mit den Kontextmenüs angezeigt:

2. Wechseln Sie auf der Registerkarte zu *Befehle* und aktivieren Sie dort *Alle Befehle.* Rechts erscheint nun eine lange Liste mit allen Befehlen, darunter findet sich auch der gesuchte Befehl *Nummerierung überspringen*, den Sie markieren:

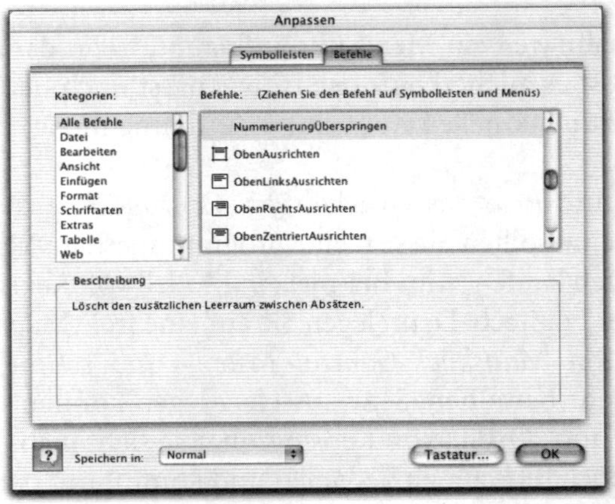

HEISSER TIPP

Wenn Sie schnell hintereinander «n-u» tippen, kommen Sie gleich zu den Nummerierungsbefehlen und müssen nicht langwierig blättern.

3. Ziehen Sie nun den Befehl *Nummerierung überspringen* auf den Knopf *Text* und wählen Sie aus dem herunterklappenden Menü den Eintrag *Felder anzeigen* aus. Der neue Befehl kann nun einfach an der gewünschten Stelle im Kontextmenü losgelassen werden:

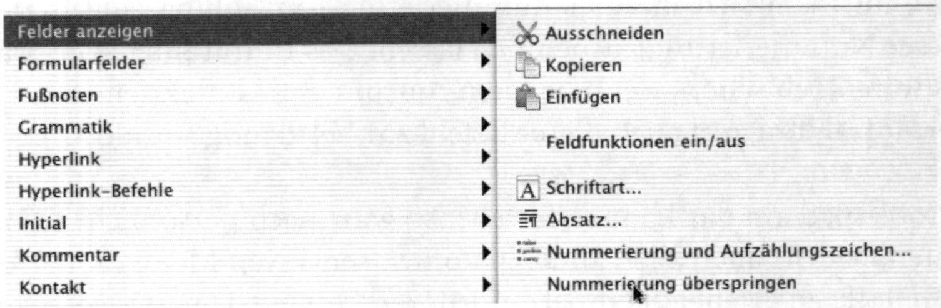

Wenn Sie künftig in einem Ihrer Kontextmenüs einen Befehl vermissen, dann wissen Sie jetzt, wie Sie ihn einfach hinzufügen können.

POWER USER

So könnten Sie beispielsweise häufig benötigte Zeichensätze in das Kontextmenü auslagern: Legen Sie dazu die Zeichensätze aus *Befehle:*, Kategorie *Schriftarten*, unter *Text* ab.

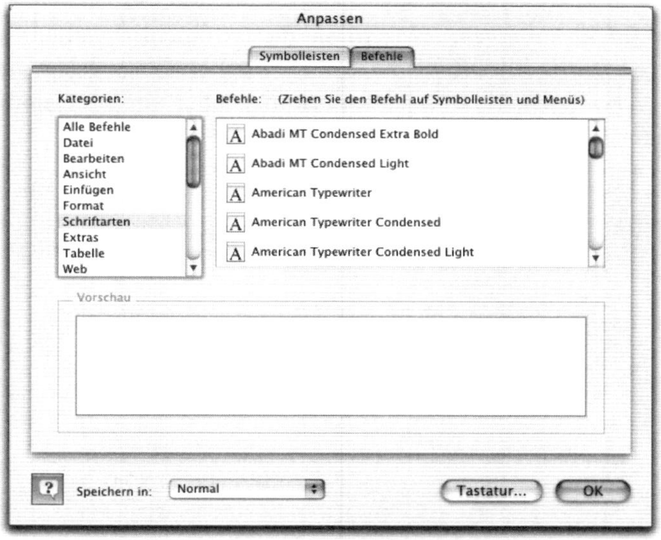

Wem das zu umständlich ist, der kann natürlich auch mit dem Knopf *Tastatur…* genau das dafür definieren.

Visuelle Gestaltung

Es wäre sicherlich vermessen, wollte man die *Office*-Programme für reinrassige Layoutaufgaben einsetzen. Dafür gibt es Spezialisten, und *Office* heisst nun einmal «Büro» und nicht «Druckerei». Andererseits tut jedem Schriftstück ein wenig Gestaltung gut. Das fördert die Übersichtlichkeit und sieht schön aus. *Office* bietet dazu eine ganze Reihe von Hilfen an, und wer sich ein wenig in die Möglichkeiten vertieft, der kann damit seine Dokumente deutlich aufwerten.

Bilder und Grafiken

Bilder und Grafiken lassen sich auf verschiedenen Wegen in ein *Office*-Dokument einfügen: per *Drag&Drop* aus einem anderen Fenster, über die Zwischenablage, aus einer Datei oder über die *ClipArt*-Bibliothek. So können Sie sich beispielsweise in *Excel* ein aussagekräftiges Diagramm berechnen lassen und das dann über die Zwischenablage oder per *Drag&Drop* in ein *Word*-Dokument kopieren. *Office* kann mit den Bildformaten BMP, EPS, GIF, JPEG, PICT, PNG, TIFF und EMF/WMF umgehen und versteht *QuickTime*-Daten.

Hier die einzelnen Möglichkeiten und Auswirkungen beim Einfügen von Bildern, Tabellen und Grafiken:

Bearbeiten | Einfügen: Bilder, die per *Bearbeiten | Kopieren* in die Zwischenablage gelegt wurden, werden ohne Rückfrage an Cursorposition eingefügt.

Bearbeiten | Inhalte einfügen...: Wenn Sie diesen Befehl anwählen, können Sie Bilder, die per *Bearbeiten | Kopieren* in die Zwischenablage gelegt wurden, *Einfügen* oder *Verknüpfen. Verknüpfen* funktioniert aber nur bei Daten aus *Office*-Programmen.

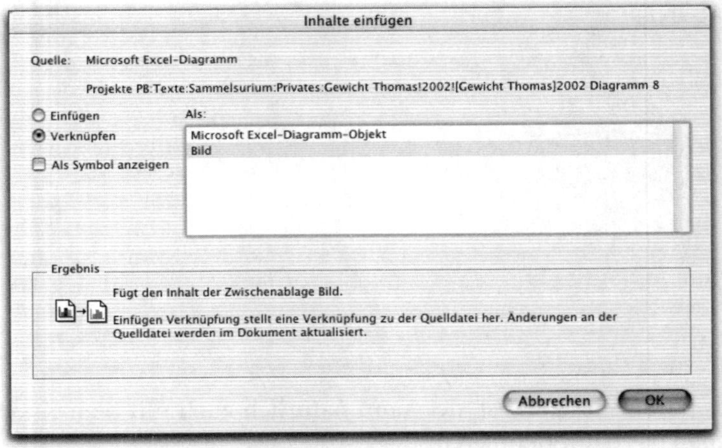

Dabei wird dann beispielsweise ein Diagramm bei jedem Öffnen des *Word*-Dokuments erneut aus der *Excel*-Datei eingelesen. Ändert sich also etwas an den Werten, die dem Diagramm zugrunde liegen, dann ändert sich nicht nur das Diagramm in *Excel*, sondern auch jenes in *Word*. Wird das Ursprungsdokument gelöscht, wird die Verknüpfung gelöst und somit wertlos.

Drag&Drop: Ziehen Sie Bilddaten aus einem anderen Fenster (Finder, anderes Programm, anderes *Office*-Dokument...) in ein *Office*-Fenster, dann wird das Bild an der Stelle eingefügt, wo sie die Maustaste loslassen.

Einfügen | Bild | Aus Datei...: Beim Einfügen eines Bildes, einer Grafik oder einer Tabelle in ein *Office*-Dokument haben Sie hier die Wahl zwischen *Einfügen* und *Verknüpfen.*

Beim *Einfügen* wird das Bild zu einem Bestandteil des aktuellen Dokumentes, kann jederzeit mit allen Möglichkeiten editiert und geändert werden (beim *Verknüpfen* bleiben einige Befehle der Symbolleiste *Bild* inaktiv). Nachteil: Das Dokument kann sehr gross werden.

Beim *Verknüpfen* dagegen bleibt der Bezug zur Originaldatei erhalten, und wenn Sie etwas an der Originaldatei verändern, wird sich auch das eingefügte Bild verändern. Raffiniert dabei: Bildveränderungen, die in *Office* eingestellt wurden (Farbe, Helligkeit, Kontrast...), werden unverändert auch auf das geänderte Bild übertragen. Nachteil: Wenn die Originaldatei verschoben oder umbenannt wird, ist das Bild weg:

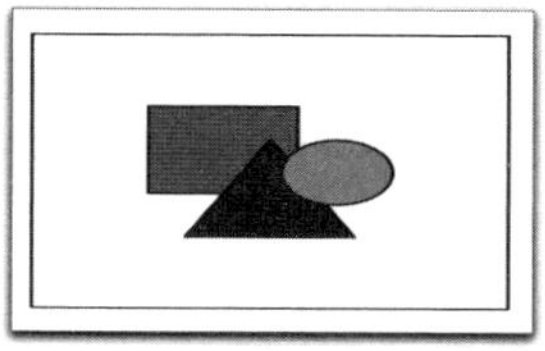

Es ist möglich, beim Menübefehl *Einfügen | Bild | Aus Datei...* beide Optionen – *Einfügen* und *Verknüpfen* – anzukreuzen. Ob das tiefere Bedeutung hat, ist uns verborgen geblieben. Solchermassen eingefügte Bilder verhielten sich bei uns genau wie eingefügte Bilder.

Schliesslich haben Sie auch noch die Möglichkeit, Bilder und Grafiken über den Menübefehl *Einfügen | Bild | ClipArt...* in Ihr Dokument zu integrieren.

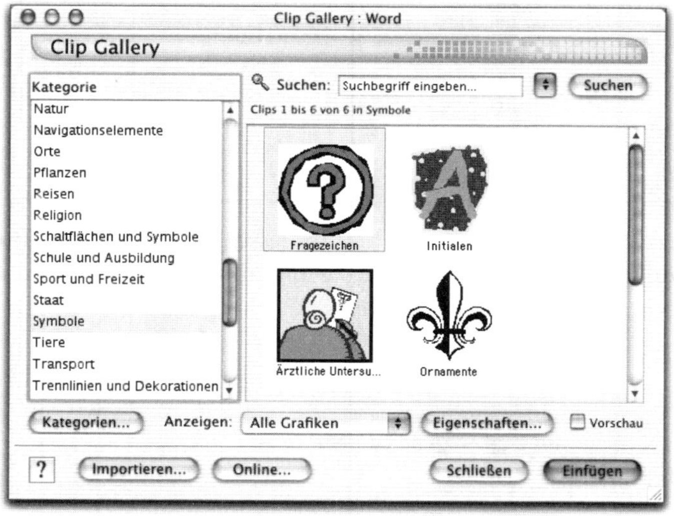

Das Fenster von *ClipArt* ist nahezu vollständig per *Drag&Drop* bedienbar:

- Bilder können aus der Galerie in Ihre *Office*-Dokumente gezogen werden.
- Sie können die Bilder aber auch auf den Schreibtisch ziehen; dort wird ein Grafikclip angelegt.
- Neue Bilder lassen sich über den Knopf *Importieren...* oder auch wieder einfach per *Drag&Drop* hinzufügen.

Das Menü benötigen Sie eigentlich nur, wenn Sie Bilder löschen möchten. Den entsprechenden Befehl finden Sie unter *Bearbeiten | Löschen.*

Wenn Sie dann ein Bild oder eine Grafik eingefügt haben und das Element aktivieren (die acht Anfasspunkte müssen sichtbar sein), erscheint je nach Art des Objektes die Symbolleiste *Bild* oder *Diagramm.*

In *Word* werden Bilder und Grafiken standardmässig als Fliesstext eingefügt, das heisst, sie verhalten sich wie ein sehr grosser Buchstabe und fliessen mit dem Text mit.

Soll der Text allerdings um das Bild herumfliessen, dann drücken Sie den Knopf *Bild formatieren...* auf der Symbolleiste *Bild* und wählen auf der Karteikarte *Layout* den gewünschten Textfluss aus:

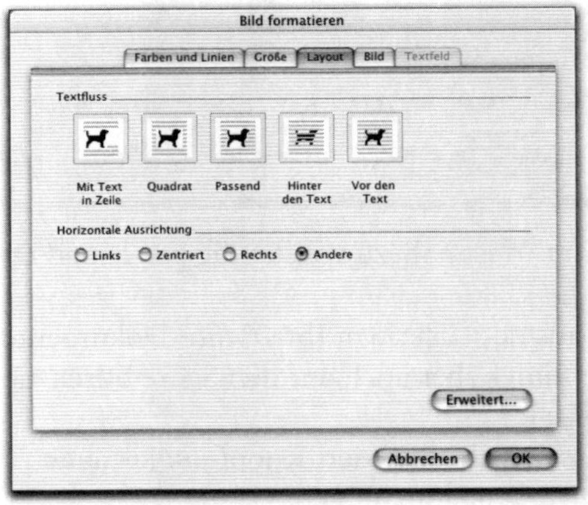

Nachteilig kann jetzt allerdings sein, dass diese Bilder nur in der Ansicht *Onlinelayout* und *Seitenlayout* angezeigt werden, bei Standardansicht ist nichts mehr von den Bildern zu sehen.

HEISSER TIPP

Wenn Sie auf der Karteikarte *Layout* den Knopf *Erweitert…* drücken, können Sie den Textfluss noch besser steuern und unter *Bildposition* können Sie die genaue Position festlegen und vorgeben, ob das Objekt mit dem Text verschoben oder fest an dieser Stelle auf der Seite verankert werden soll. Ein Briefkopf etwa sollte fest auf der Seite verankert werden, während die Grafik, die einen Abschnitt erläutert, mit dem Text verschoben wird.

Symbolleiste «Bild»

Die Symbolleiste *Bild* hat es in sich und kann mehr als so manches einfache Bildbearbeitungsprogramm. Helligkeit und Kontrast lassen sich einstellen, Sie können Bildeffekte nutzen und die Farbabstimmung des Bildes anpassen. Sogar rote Augen lassen sich retuschieren und Kratzer entfernen. Kurz, die Symbolleiste *Bild* ist genau das, was sich der Digitalfotograf wünscht.

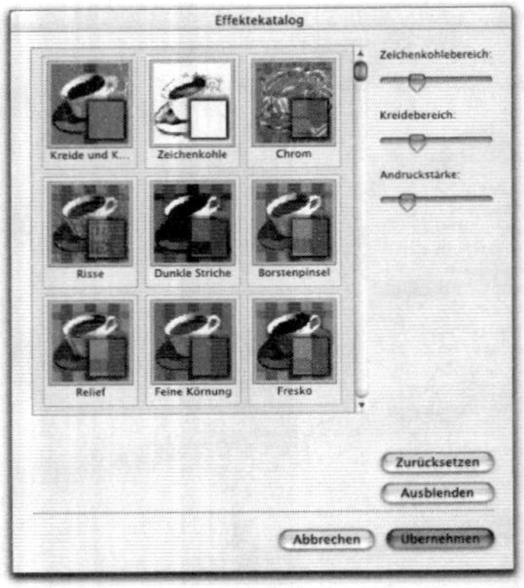

Wenn Sie den Knopf *Bild formatieren…* drücken, erscheint ein Dialog, in dem Sie verschiedene Eigenschaften des Bildes wie Massstab, Helligkeit, Kontrast, Skalierung usw. einstellen können.

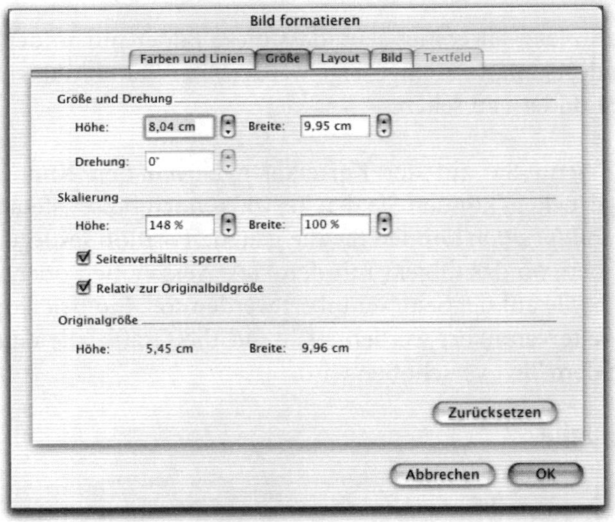

Symbolleiste «AutoFormen»

Nett ist auch der Befehl *Einfügen | Bild | AutoFormen.*

Eine kleine Symbolleiste *AutoFormen* erscheint und Sie können Pfeile, Flussdiagramme und dergleichen mehr in Ihre Dokumente einfügen:

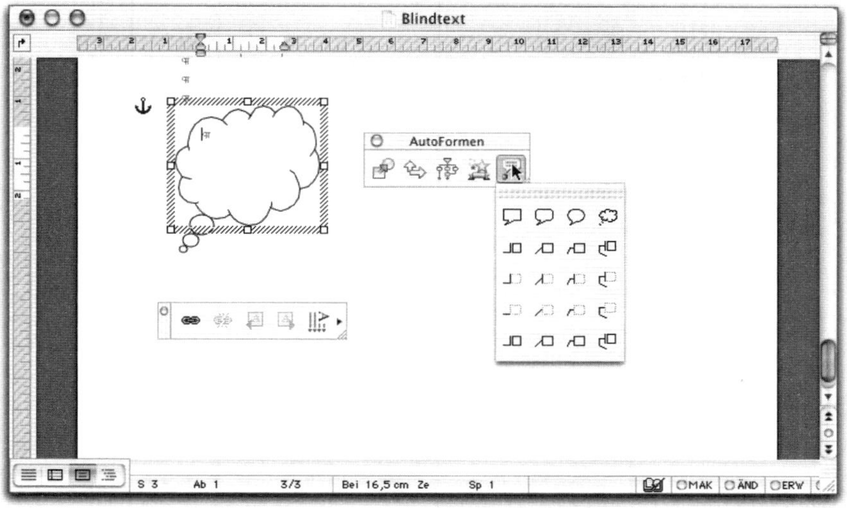

Auch bei *AutoFormen* können Sie mit dem Menübefehl *Format | AutoForm...* den Textfluss und anderes einstellen:

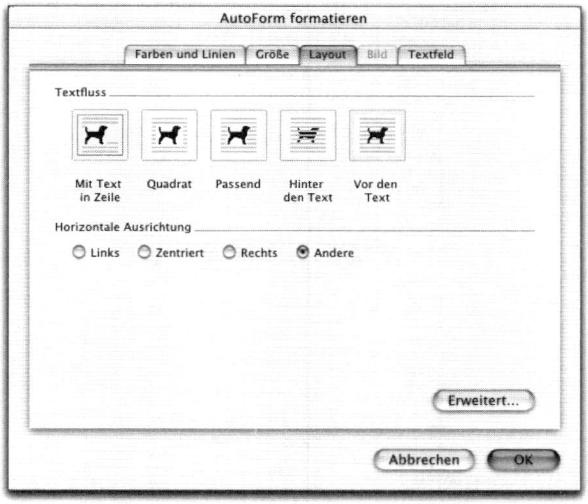

Symbolleiste «Zeichnen»

Eine sehr mächtige Symbolleiste. Es lohnt sich unbedingt, die möglichen Funktionen einmal durchzuspielen, gehören dazu doch so tolle Dinge wie Farb- und Verlaufseffekte, Bézierkurven (mit denen Sie unregelmässig geformte Objekte zeichnen können), 3 D- und Schatteneffekte. Auch lassen sich Diagramme (unter anderem auch Flussdiagramme) bauen und in das aktive Dokument einfügen.

Natürlich können Sie auch Zeichenelemente zu einem Bild oder einer Grafik hinzufügen – beispielsweise Verweispfeile auf wichtige Bildelemente einfügen. Wenn Sie das Ganze anschliessend gruppieren, bleibt die Anordnung erhalten.

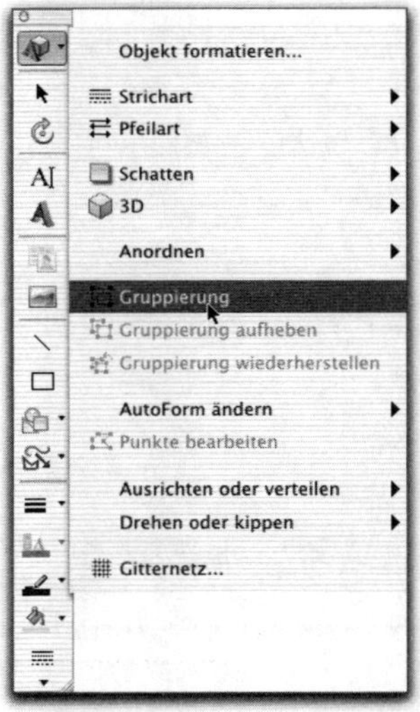

Kurz, die Vielfalt der Möglichkeiten ist schier unerschöpflich. Lassen Sie Ihrem Spieltrieb freien Lauf.

«WordArt»

Besondere Textverläufe, Schatteneffekte, Farbspiele etc. gewünscht? Dann rufen Sie einmal *WordArt* auf: (Kurzer) Text kann damit in ausdrucksstarke Grafik verwandelt werden:

1. Text markieren (Sie können aber auch Text eintippen) und Menübefehl *Einfügen | Bild | WordArt...* aufrufen.
2. Jetzt können Sie die verschiedensten Effekte für den Text auswählen:

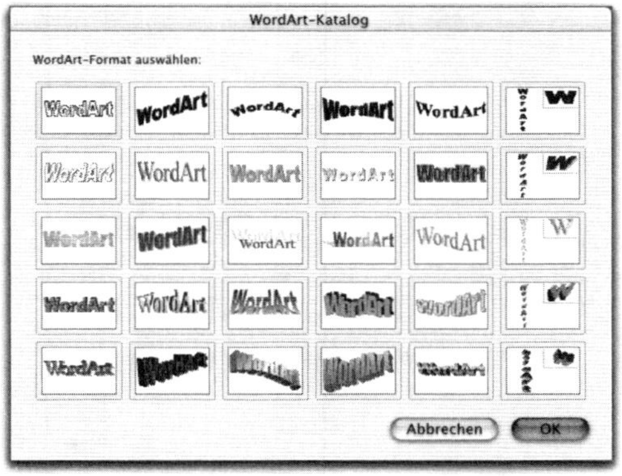

3. Per *OK* gelangen Sie zu einem Fenster, in dem Font und Grösse für den Text festgelegt werden; der Text selbst kann editiert werden.

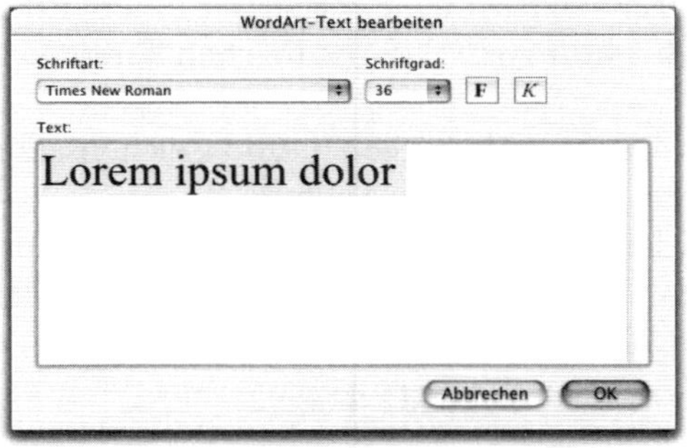

4. Abschliessend wird Ihr Kunstwerk als Grafik in den Text eingefügt; die Symbolleiste *WordArt* wird eingeblendet.

Die neue Grafik liegt zunächst über dem Lauftext und Sie können sie frei verschieben und skalieren.

HEISSER TIPP

Damit der Text die Grafik umrundet, aktivieren Sie die Grafik, rufen aus der Symbolleiste *WordArt* den Befehl *WordArt formatieren* (das Icon mit der Farbskala und dem Lineal) auf und legen auf dem Register *Textfluss* fest, wie der Text um die Grafik fliessen soll.

Das kann dann so aussehen:

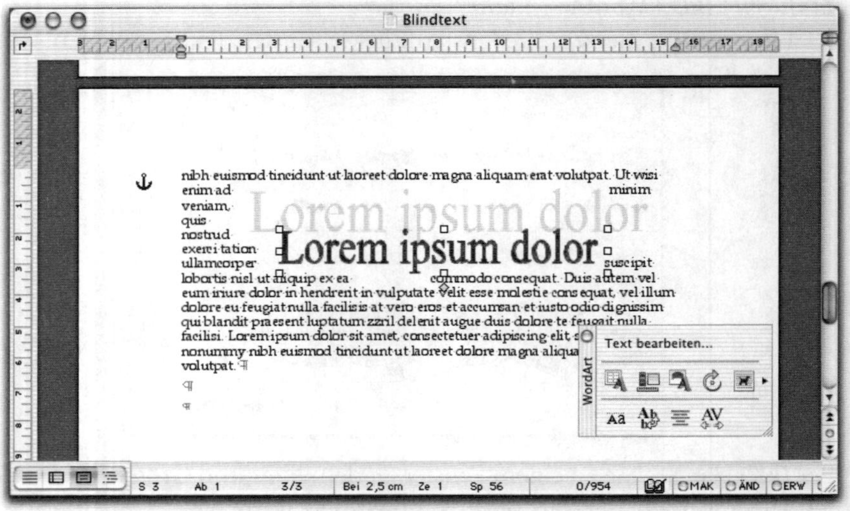

Als Anregung für eigene Experimente zeigen wir Ihnen hier, wie Sie eine Grafik, ein Bild oder eine Struktur zur Textfarbe machen können:

1. Rufen Sie *WordArt* auf, wählen Sie Stil und Zeichensatz und tippen Sie den gewünschten Text ein. Bestätigen Sie mit *OK*.
2. Klicken Sie auf der Symbolleiste *WordArt* auf den Knopf *WordArt formatieren.* Rufen Sie auf dem Reiter *Farben und Linien* bei *Farbe:* das Popup-Menü auf und wählen Sie *Fülleffekte…*

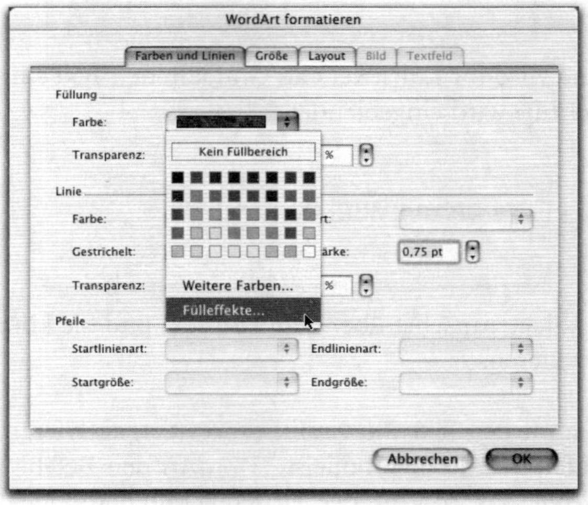

3. Auf dem Reiter *Bild* können Sie nun mit dem Knopf *Bild auswählen…* genau das tun. Nach *OK* zeigt sich der Text mit einer Grafik als Farbe:

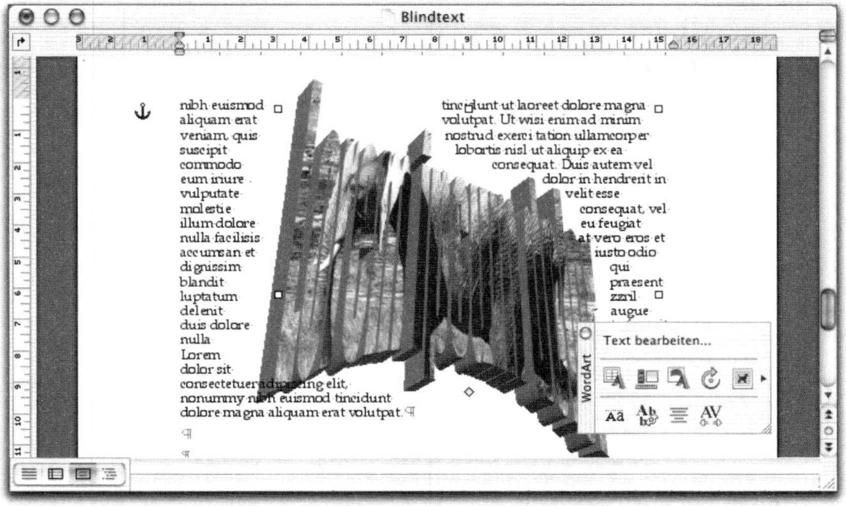

Wählen Sie statt des Reiters *Bild* einen der Reiter *Fliessend, Struktur* oder *Muster*, so lassen sich auch andere Effekte auswählen und auf die Schrift legen.

HEISSER TIPP

WordArt-Elemente lassen sich über die Zwischenablage problemlos zwischen *Office*-Applikationen austauschen!

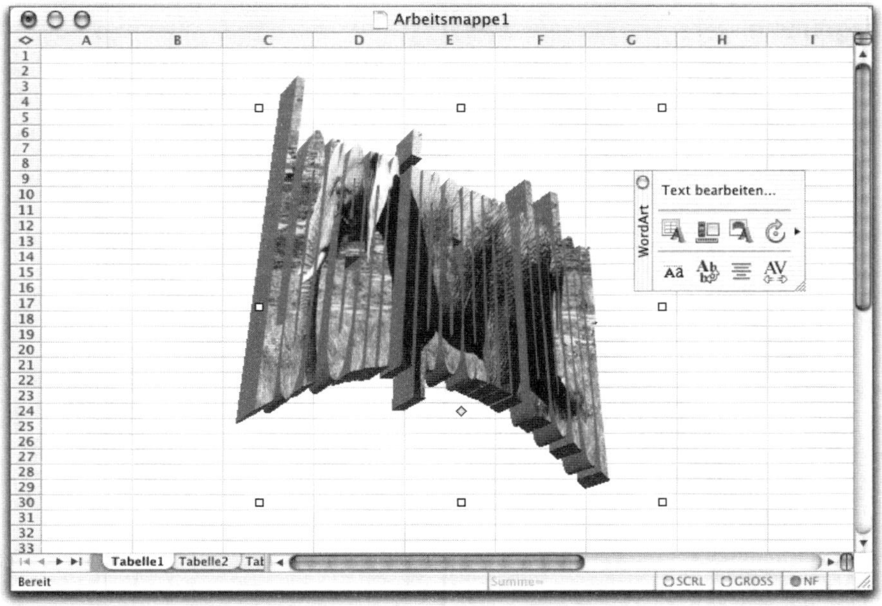

Formeleditor

Mit dem *Formeleditor* lassen sich komplexe mathematische Formeln in *Word*, *Excel* und *PowerPoint* eingeben. Er dient nicht dem Rechnen, sondern dem schönen Aussehen: Menü *Einfügen* | *Objekt...* | *Microsoft Equation.*

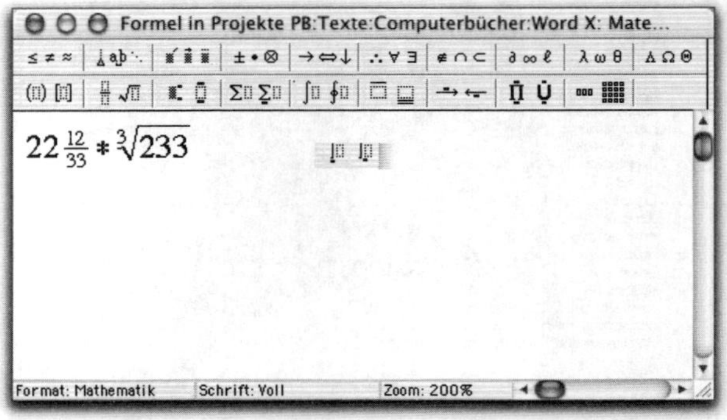

Hier können Sie Formeln ganz nach Herzenslust eingeben, ausfeilen und formatieren. Mit dem Schliessen des *Formeleditors* wird die Formel an Cursorposition in den laufenden Text eingefügt.

HEISSER TIPP Bei Design Science (`http://www.mathtype.com/msee`) ist eine leistungsfähigere Version erhältlich – zum Zeitpunkt der Drucklegung allerdings nur für klassische Mac OS-Versionen, nicht aber für Mac OS X.

Diagramme

Obwohl *Excel* sicher der absolute Spezialist für Diagramme ist (die sich dann über die *Office-Zwischenablage*, die normale Zwischenablage oder per *Drag& Drop* in die anderen *Office*-Programme transferieren lassen), bieten auch die Anwendungen *Word* und *PowerPoint* die Option, Diagramme zu erstellen.

In *Word* ist der entsprechende Befehl über *Einfügen* | *Bild* | *Diagramm* zugänglich, in *Excel* und *PowerPoint* via *Einfügen* | *Diagramm...*

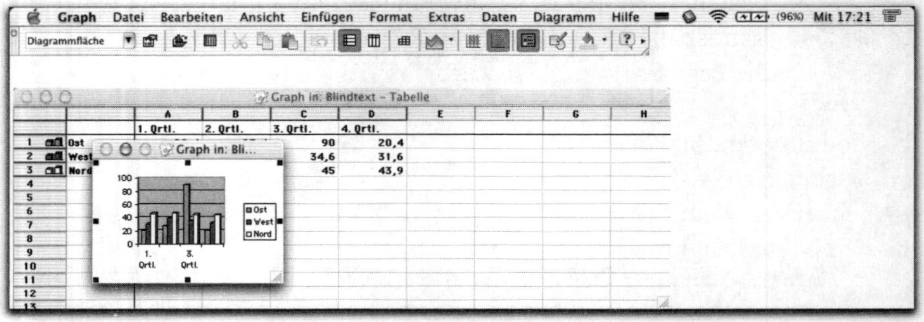

Während *Excel* sich seine Daten aus dem eigenen Arbeitsblatt holen kann, müssen die Diagrammdaten in *Word* und *PowerPoint* eingetippt, über die Zwischenablage eingefügt oder geladen werden (im Diagramm-Modul *Bearbeiten | Datei importieren...* wählen).

Das Diagramm-Modul *Graph* ist eine eigenständige kleine Anwendung, und es kann unter Umständen sinnvoll sein, damit zu arbeiten:

- Einige wenige Daten können schnell visualisiert werden.
- Die Daten können schnell geändert werden – per *Control-Klick* aufs Diagramm lässt sich das Diagramm-Modul öffnen.
- Die Möglichkeiten zur Darstellung und Formatierung unterschiedlichster Diagramme sind recht vielfältig; unterschätzen sollten Sie *Graph* daher nicht.

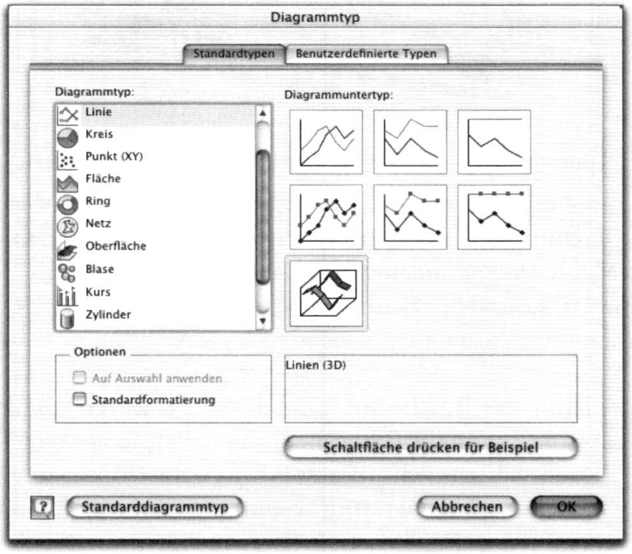

MERKET AUF!

Beachten Sie bei der Dateneingabe, dass links und oben in die Randspalte keine Zahlen, sondern nur Bezeichnungen (Text) für die Legende und die Beschriftung eingetragen werden können.

Das Modul unterstützt alle gängigen Grafiktypen wie Linien-, Balken-, Säulen- und Kuchengrafiken – auf Wunsch als 3 D-Grafik. Auch hierbei existiert die Möglichkeit, entweder ein neues Diagramm anzulegen oder vorhandene Tabellendaten in ein Diagramm umzuwandeln.

Wir haben noch ein paar Tipps für Sie:

- Die einzelnen Elemente eines Diagramms können angewählt werden – per *Control-Mausklick* taucht das Kontextmenü mit dem Befehl *Datenpunkt formatieren…* auf, der volle Kontrolle über Farbe, Verlauf etc. gibt.
- Im Diagramm regiert die Maus: Diagramme können an den Eckpunkten grösser und kleiner gezogen werden, manche Elemente (zum Beispiel die Segmente eines Kreises) lassen sich verschieben.

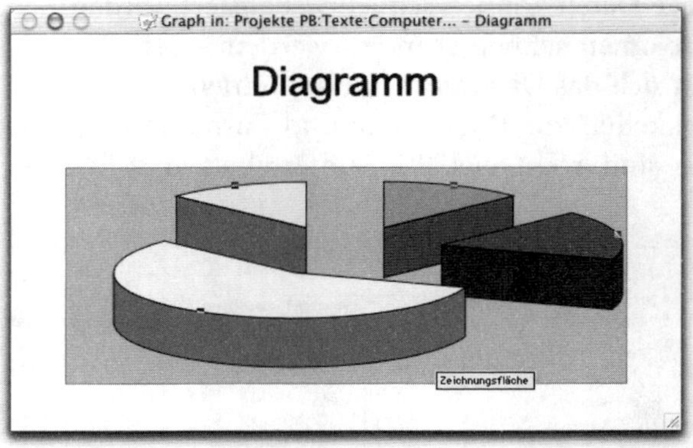

- Markieren Sie eine Datenreihe im Diagramm, so können Sie dafür einen anderen Diagrammtyp festlegen: Element markieren – Befehl *Diagrammtyp…* im Menü *Diagramm* anwählen.
- Falls später Änderungen erwünscht sind, genügt ein doppelter Mausklick auf das Diagramm, um *Graph* wieder zu öffnen.

FEHLERTEUFEL

Klappt das Bearbeiten einmal nicht und das *Office*-Programm kommt mit einer Fehlermeldung daher, dann beenden Sie *Word* (Datei sichern nicht vergessen!) und starten es neu. Danach sollte sich auch ein Diagramm wieder per Doppelklick oder Kontextmenü bearbeiten lassen.

Tabelle zu Diagramm

Sollen Tabellendaten übersichtlich präsentiert werden, so geht das folgendermassen:

1. Tabelle oder Teile markieren.
2. Menü *Einfügen | Bild | Diagramm* aufrufen.
3. Diagramm wunschgemäss formatieren.
4. Per *Befehl-Q* zu *Word* respektive *PowerPoint* zurückkehren.
5. Gefällt Ihnen die Position des Diagramms nicht, schneiden Sie es aus (*Befehl-X*) und setzen es an anderer Stelle wieder ein (*Befehl-V*).

Nachteil dieses Verfahrens: Ändern sich die Tabellendaten, wird das nicht im Diagramm reflektiert. Veränderliche Tabellen legen Sie deshalb besser in *Excel* – samt des Diagramms – an und fügen alles per *Inhalte einfügen...* ein.

Auf unseren Rechnern zeigte letzteres Verfahren zudem den Vorteil, dass die Diagramme in *Excel* viel schneller erstellt waren als in *Word*.

Organigramme

Über den Menübefehl *Einfügen* | *Objekt...* | *Microsoft Organigramm* haben Sie Zugriff auf Strukturdiagramme:

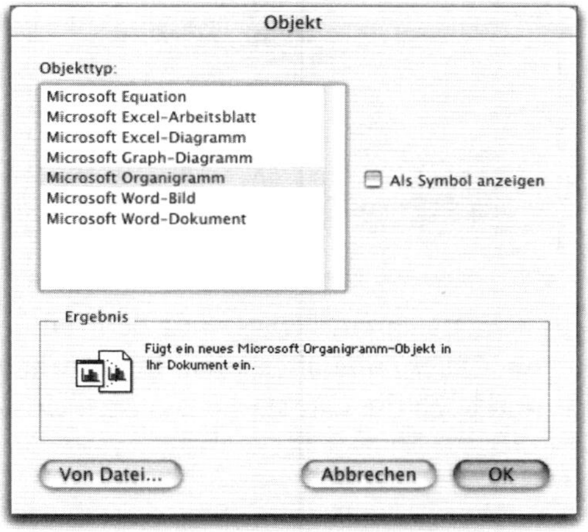

Mit der Symbolleiste oben im Fenster von *Organigramm* können Sie die Strukturen festlegen. Und mit ein wenig Klicken und Tippen und unter Zuhilfenahme der Menübefehle ist das Organigramm schnell fertig und im Dokument eingefügt:

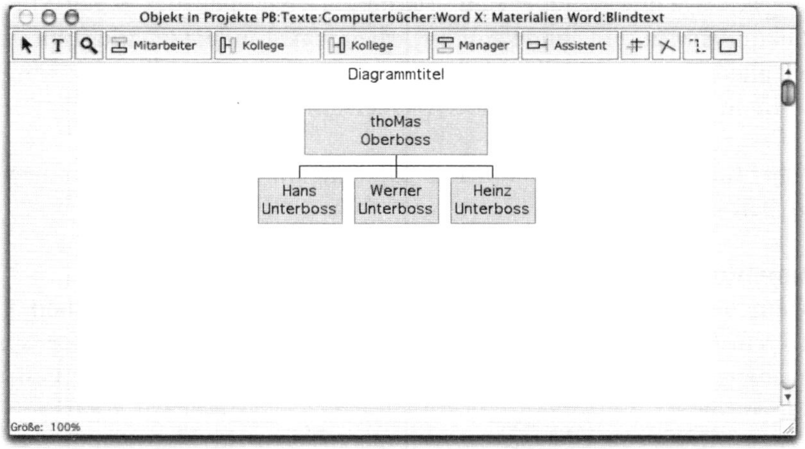

Filme

Auch *QuickTime*-Movies können in *Office*-Dokumente eingebunden werden – über das Menü *Einfügen | Film…* oder per *Kopieren und Einsetzen.* Im Dokument erscheint das Bild des *QuickTime*-Movies mit einem Filmsymbol in der linken unteren Ecke.

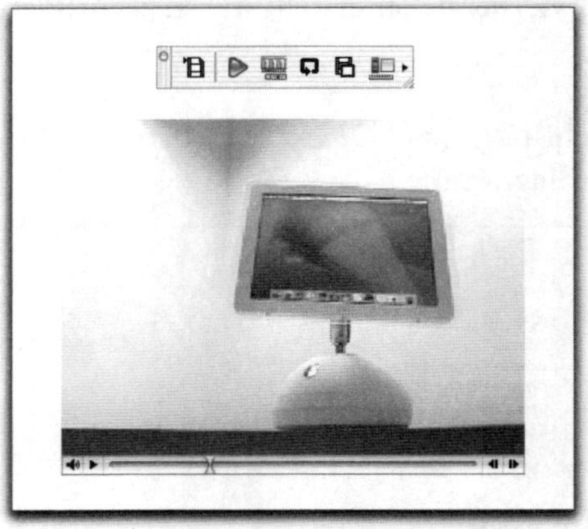

Nach dem Anklicken öffnet sich ein Fenster mit dem Film, der dann mit den Kontrollelementen von *QuickTime* abgespielt werden kann: Kontinuierlich oder einzelbildweise, und auch die Lautstärke lässt sich einstellen.

Datensicherheit

Das Programm bleibt hängen, der Rechner stürzt ab, der Strom fällt aus. Schreckensszenarien, die die gesamte bislang erstellte Arbeit in die ewigen Jagdgründe eingehen lassen können.

Wichtigste Gegenmassnahme: Häufig sichern. Der Tastendruck *Befehl-S* braucht nur Sekundenbruchteile und kann die Arbeit von Stunden dauerhaft speichern. Besser allerdings, er speichert immer nur die Arbeit von ein paar Minuten. Denn wenn das Unglück dann doch passiert, ist wenig verloren.

Was aber tun, wenn sich der Rechner just dann abmeldet, bevor man die wichtige Arbeit sichern wollte?

Dokumente wiederherstellen

Sie können sich die Option *AutoWiederherstellen-Info* zunutze machen. Unter den *Voreinstellungen* wird dazu auf der Registerkarte *Speichern* eine Zeitspanne angegeben, nach der das Programm eine temporäre Datei auf Festplatte schreiben soll.

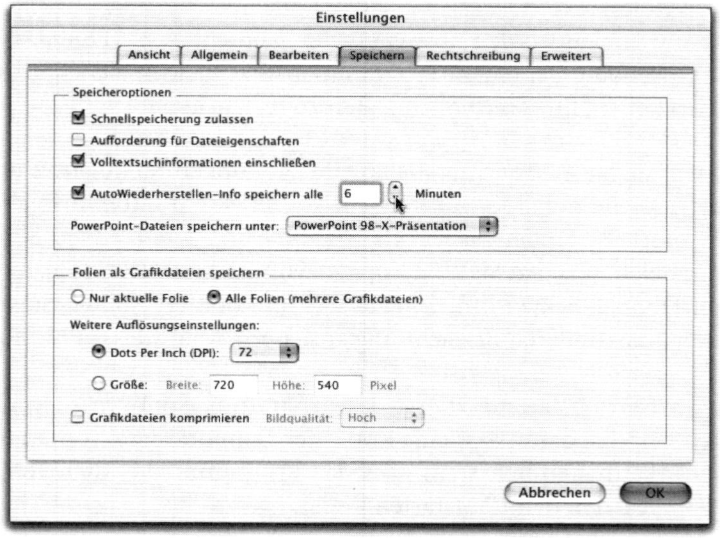

Dabei wird keine dauerhafte Sicherungskopie des Dokumentes abgelegt – nach der voreingestellten Zeitspanne schreibt das Programm lediglich eine temporäre Datei. Wird das Programm regulär beendet, werden auch die temporären Dateien gelöscht.

MERKET AUF!

Stürzen aber Programm oder Rechner ab, dann versuchen die *Office*-Programme beim erneuten Start, das (nicht gesicherte) Dokument aus den Informationen dieser Datei zu restaurieren. Das aber gelingt bei weitem nicht immer! Hoffentlich aber doch:

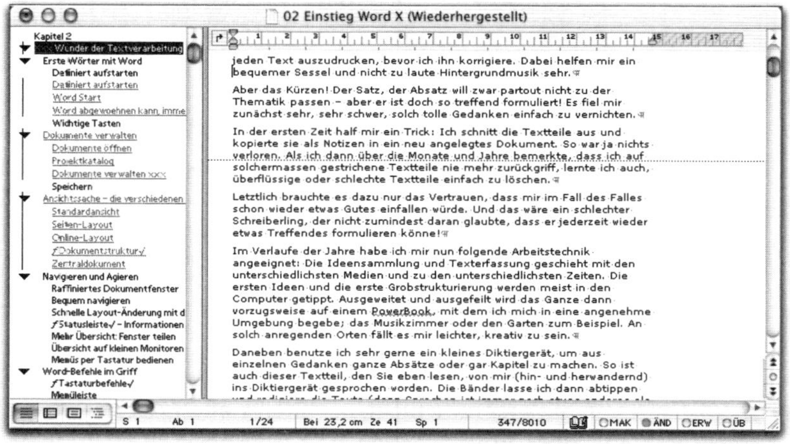

Vorteil dieses Verfahrens: Eine gewisse Sicherheit gegen Abstürze, ohne dass ein Dokument ungewollt mit unerwünschten Änderungen überschrieben wird.

Temporärdateien retten

Die Temporärdateien werden normalerweise gelöscht, sobald Sie das jeweilige Programm beenden. Bei einem Programmabsturz bleiben sie jedoch erhalten und können helfen, Ihre wertvollen Daten zu restaurieren.

Nehmen wir an, Sie arbeiten gerade an einer wichtigen Kalkulation und – wie es der unglückliche Zufall so will – das Programm stürzt mittendrin ab. Suchen Sie dann sofort im Finder nach *Auto Recovery* und *temp*. Holen Sie sich die Temporärdateien, machen Sie eine Kopie davon und versuchen Sie, diese Datei mit einem Doppelklick zu öffnen. Falls das funktioniert, sollten Sie die Datei sofort unter einer anderen Bezeichnung absichern. Man weiss ja nie…

FEHLERTEUFEL

Starten Sie nie zuerst das Programm. Sondern sorgen Sie zunächst dafür, dass eine Kopie der Temporärdatei vorhanden ist. Es kann nämlich sein, dass das Programm die alten temporären Dateien beim Aufstarten löscht.

Defekte Dokumente retten

RAFFINIERT

Beim Wiederherstellen defekter Dateien kann Ihnen *Word* unter Umständen sehr helfen: Wenn Sie den Befehl *Datei | Öffnen…* aufrufen, können Sie unter den möglichen Dokumentformaten auch *Text aus beliebiger Datei wiederherstellen* anwählen:

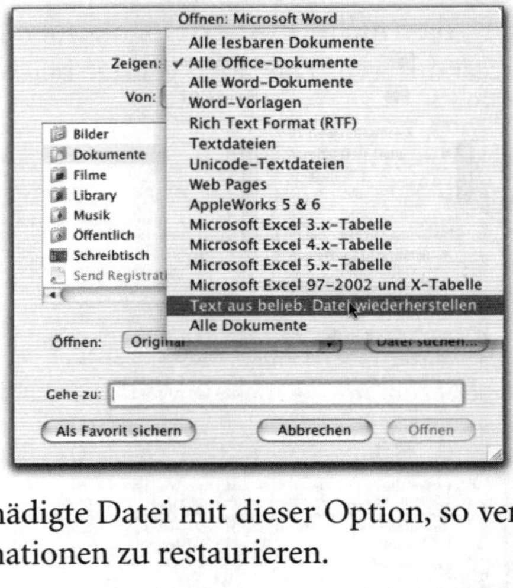

Öffnen Sie die beschädigte Datei mit dieser Option, so versucht *Word*, die enthaltenen Textinformationen zu restaurieren.

FEHLERTEUFEL

Vergessen Sie aber bitte nicht, nachher wieder auf das *Office*-Dokumentenformat umzuschalten. Denn wenn die Option eingestellt bleibt, werden auch einwandfreie *Word*-Dokumente als reine Textdatei eingelesen – und das sieht dann so aus, als sei die Datei defekt.

Getipptes retten

SMART DISC

Möchten Sie Ihre Arbeit vor Programmabstürzen, unabsichtlichem Löschen, Stromausfall, zerstörten Dateien und anderen Desastern noch zuverlässiger schützen, dann sind Sie mit einem Tastaturwächter wie *KeystrokeRecorder* (auf unserer *SmartDisc* zu finden) bestens bedient.

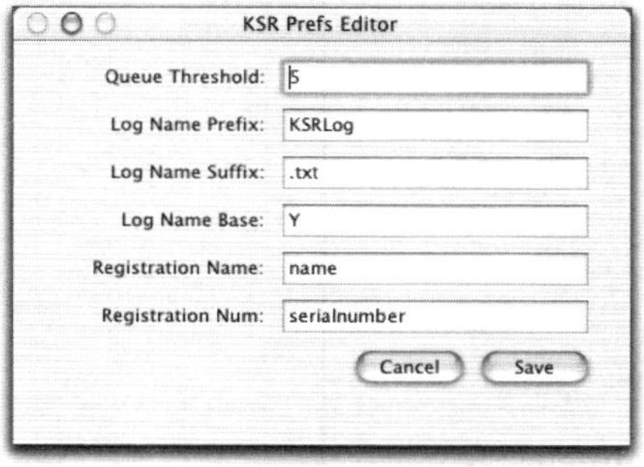

Damit wird jeder Ihrer Tastenanschläge registriert und in eine Datei gespeichert. Bei einem Systemfehler steht so eine weitgehend komplette Version der Texteingaben – wenn auch als reine Textdatei ohne Formatierungen – zur Verfügung.

Neue Tastenanschläge werden immer am Ende einer Datei angefügt. Springen Sie also viel in einem Text herum, um ihn zu verbessern, so wird der gespeicherte Dateiabschnitt wenig hilfreich sein. Wenn Sie aber den Text hintereinander weg schreiben, erhalten Sie ein sehr genaues Abbild Ihrer Arbeit.

MERKET AUF!

Im Sinne der Datensicherheit ist diese automatische Tastaturaufzeichnung hochgefährlich, da nahezu alles, was Sie am Mac anstellen, in eine Datei gespeichert wird! Selbst Passwörter, die Sie verdeckt eingeben, stehen in dieser Datei im Klartext!

Es wäre doch schön, wenn es eine Möglichkeit gäbe, das Dokument komplett und unversehrt wiederherzustellen. Und die gibt es auch:

Alles retten

Die Firma Aladdin bietet mit *FlashBack* (= Rückblende) schlichtweg *die* Lösung für dieses Problem an. Das Programm läuft zwar bislang nur unter *Classic*, funktioniert aber von dort aus problemlos zur Sicherung von OS X-Dokumenten.

Die fraglichen Dokumente werden ins Fenster von *FlashBack* gezogen und von dort aus geöffnet. Daraufhin startet das zugehörige Programm (*FileMaker*, *FreeHand*, *Word*...) und sie können wie gewohnt bearbeitet werden. Sobald aber *Speichern* aufgerufen wird, zeichnet *FlashBack* die Unterschiede zur vorherigen Sicherung auf – und zwar nur die Unterschiede. Laut Aladdin benötigen die Änderungen im Schnitt lediglich 2–5% der ursprünglichen Dateigrösse.

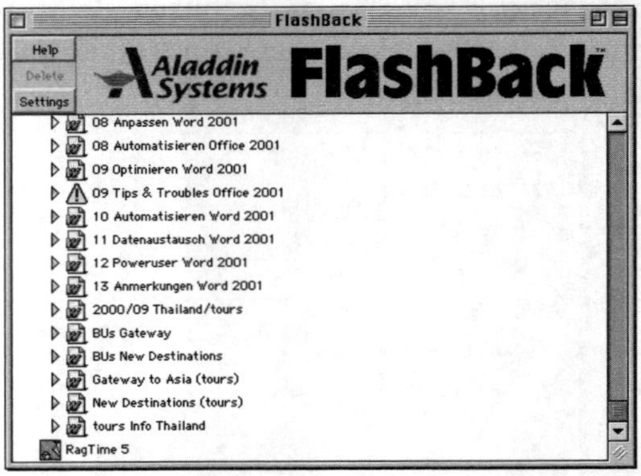

Für jedes Arbeitsdokument lässt sich vorgeben, wie viele Versionen (maximal 99) aufgezeichnet werden sollen. Die jeweils älteste Version wird automatisch gelöscht, sobald diese Zahl überschritten wird. *FlashBack* kann das Dokument auch in bestimmten Zeitabständen sichern; die Zeitspanne kann auf die Minute genau vorgegeben werden.

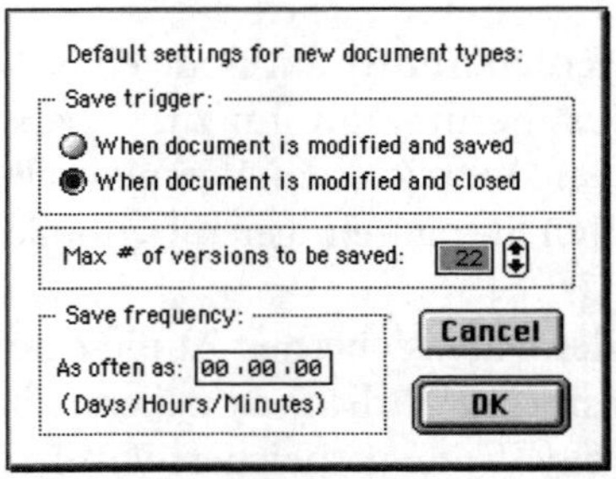

Zeigt sich nun, dass die vorherige Version einer Datei – oder die dritte von übervorgestern – eigentlich doch die bessere war oder Daten enthielt, die sich im Nachhinein als unverzichtbar erweisen, dann wird dieser Eintrag einfach doppelgeklickt. Daraufhin öffnet *FlashBack* ein neues Dokument in exakt dem damaligen Zustand, und nun können sowohl Elemente in das aktuelle Dokument kopiert wie auch das alte Dokument komplett restauriert werden. Damit steht eine sehr mächtige Undo-Funktion zur Verfügung.

POWER USER

FlashBack hilft natürlich auch gegen Datenkorruption. So ist es uns bei fehlerhaften Dateien immer wieder gelungen, korrupte Dateien mit Hilfe ein oder mehrerer Vorgängerversionen zu restaurieren.

Und – nicht ganz unwichtig – *FlashBack* hat sich im jahrelangen Betrieb als äusserst robust und zuverlässig erwiesen. Stürzt der Rechner ab (*FlashBack* selbst ist uns noch nie abgestürzt!), während gerade ein Sicherungsvorgang von *FlashBack* läuft, oder wird *FlashBack* zwischendrin beendet, so ist das überhaupt kein Drama: Nach dem Neustart oder dem erneuten Start von *FlashBack* fährt es mit der Sicherung fort, als sei nichts gewesen.

Ganz nebenbei zeigt *FlashBack* eine phantastische Übersicht über die aktuellen Projekte. All das erledigt *FlashBack* mit nahezu lächerlich wenig Speicher: 750 Kilobyte genügen. So manches kleine Utility, das vielleicht nur feststellen will, ob ein Programm für den Power PC optimiert ist, oder ähnlich simple Dinge tut, reserviert sich da heutzutage schon 1024 KByte.

GELD GESPART

Ein guter Tipp für alle, die sich die Geldausgabe trotz aller Vorzüge von *FlashBack* sparen wollen: Eine ganz ähnliche Funktion finden Sie auch in *Word* – unter *Datei | Version...* Das funktioniert in *Office X* aber leider nur für Word-Dokumente.

In den anderen Programmen bemühen Sie nach wichtigen Änderungen den Befehl *Speichern unter...*, um sich diverse Versionen eines Dokuments zu schaffen. Wenn Sie dem Dateinamen einen Zähler – oder besser noch das aktuelle Datum – anhängen, bleibt die Übersicht gewahrt.

Backup

Schliesslich und endlich sollten Sie natürlich Ihre Arbeit täglich auf einem weiteren Medium zusätzlich zur Festplatte sichern – ein Backup erstellen. In Frage kommen unter anderem CD-R-, Zip-, und MO-Laufwerke. Denn all die geschilderten Problemlösungen sind nutzlos, wenn die Festplatte ihren Geist aufgibt.

HEISSER TIPP

Dazu ist nicht unbedingt ein kommerzielles Backup-Programm erforderlich. Für den normalen User genügen auch Synchronisationsprogramme, die vorwiegend dazu dienen, Daten zwischen einem Schreibtischrechner und einem PowerBook abzugleichen. Sie werden als Shareware vertrieben und sind auf unserer *SmartDisc* zu finden.

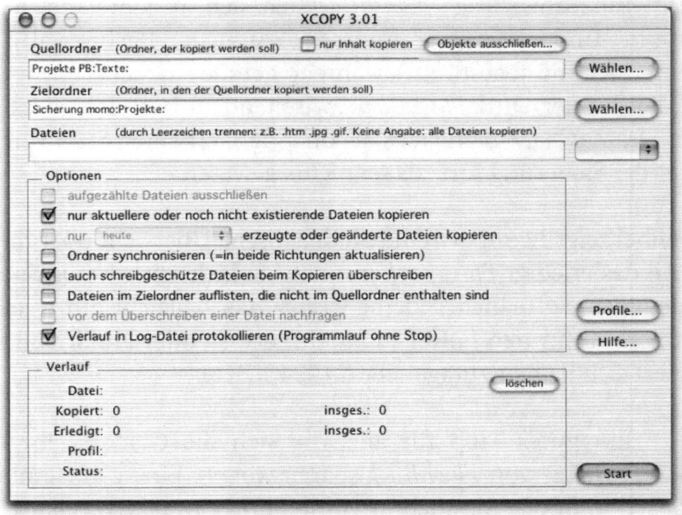

Eine gute Backup-Strategie berücksichtigt zwei Gefahren:

- Die Daten auf der Festplatte können (versehentlich) gelöscht oder zerstört werden.
  Die Daten sollten sich deshalb – möglichst aktuell – auf einem zweiten Speichermedium befinden. Das bedeutet, ein Backup macht nur Sinn, wenn es regelmässig in nicht zu langen Zeitabständen durchgeführt wird. Für die meisten Anwender wird die tägliche Sicherung bei Arbeitsende ideal sein.
  Gut auch, wenn sich (möglichst viele) ältere Versionen eines Dokuments im Backup finden (inkrementelles Backup). Zeigt sich beim Aufruf der nur einmal jährlich benötigten Steuertabelle, dass die Datei defekt ist, dann existieren idealerweise frühere Versionen im Backup, auf die zurückgegriffen werden kann.
- Das Sicherungsmedium kann zerstört werden.
  Eine Diskette ist defekt, eine Wechselplatte fällt herunter und zerbricht... Die Daten sollten deshalb abwechselnd auf mehreren Datenträgern gesichert werden (= rotierendes Backup). Eine einfache und doch recht zuverlässige Strategie arbeitet mit drei – oder mehr – Sätzen Wechselmedien, die rotierend benutzt werden: Arbeit A1, A2..., Arbeit B1, B2..., Arbeit C1, C2...

Bugs – Fehler im Programm

Seit geraumer Zeit wird Microsoft recht arg gebeutelt. Im Besonderen sind hier die Kartellrechtsprozesse in den USA zu nennen. Das ist sicherlich eine ernsthafte Angelegenheit und darüber sollen die Gerichte entscheiden.

Mindestens ein kleines Image-Problem hat Microsoft aber auch bei den Macintosh-Benutzern: Seit einiger Zeit gilt es als schick, und es wird zunehmend schicker, auf Microsoft zu schimpfen und im Extremfall die Produkte der Firma madig zu machen oder gänzlich abzulehnen.

Nun ist es jedermanns gutes Recht, sich für oder gegen ein Produkt zu entscheiden, und zumindest in der Vergangenheit gab es auch einige berechtigte Kritikpunkte und Ärgernisse im Zusammenhang mit den Programmen von Microsoft für Macintosh. Dazu gehört insbesondere, dass die Firma Microsoft nur sehr selten zügig und schnell reagiert, wenn Fehler an ihren Programmen bekannt werden. Bei *Office* 98 etwa dauerte es Wochen und Monate, bis entsprechende Updates für einige schwerwiegende Fehler in den *Office*-Programmen zur Verfügung gestellt wurden.

Und auch da wurde bevorzugt der amerikanische Markt bedient. Auf einige Patches (= Fehlerbereinigungen) warten deutsche *Office*-98-Anwender noch heute. Und es sieht nicht danach aus, als würden die noch kommen.

Andererseits deuten erste Anzeichen darauf hin, dass Microsoft aus seinen Fehlern (von manchen auch Überheblichkeit genannt) der Vergangenheit gelernt hat. Seit einiger Zeit ist zu beobachten, dass zumindest für die Windows-Versionen der Programme Fehlerbereinigungen deutlich schneller zur Verfügung gestellt werden. Auch deutet einiges darauf hin, dass dies auch für den Macintosh der Fall ist und vor allen Dingen in Zukunft sein wird.

Und man muss wohl gerechterweise zugestehen, dass ein so komplexes Programmpaket wie *Office* unter einem so komplexen Betriebssystem wie Mac OS letztlich nie völlig fehlerfrei funktionieren kann und wird.

Der Autor arbeitet seit vielen, vielen Jahren mit *Word*, *Excel* und *PowerPoint* und hat während dieser langen Zeit noch nie ernsthafte Datenverluste erlitten. Das liegt allerdings nicht etwa ausschliesslich an der hohen Zuverlässigkeit der Programme, sondern mehr noch an einer gewissen Umsicht und Vorsicht beim Umgang mit allen Dokumenten – nicht nur jenen der *Office*-Programme. Siehe dazu auch die vorangegangenen Abschnitte.

Dienste

Über *Dienste* (zu finden im Programme-Menü gleich rechts neben dem Apfelmenü) stellen bestimmte Programme wie das Hilfsprogramm *Bildschirmfoto* oder der *Notizzettel* anderen Programmen Funktionen bereit. Das funktionierte zunächst nur in *Cocoa*-Programmen, doch seit Version 10.1 verstehen sich auch *Carbon*-Programme darauf – theoretisch. Praktisch hat die Funktion noch einen Bug (einen Programmierfehler). Aber das ist ja vielleicht schon behoben, wenn Sie das hier lesen…

Die wichtigste Taste für Office X

So sehr sich Microsoft auch ganz augenscheinlich bemüht hat, *Office* Mac-konform zu gestalten, so viel gibt es doch noch zu tun. Ganz besondere Irritation löst die Tatsache aus, dass manche Dialogboxen weit entfernt sind von jeder Mac-Konvention:

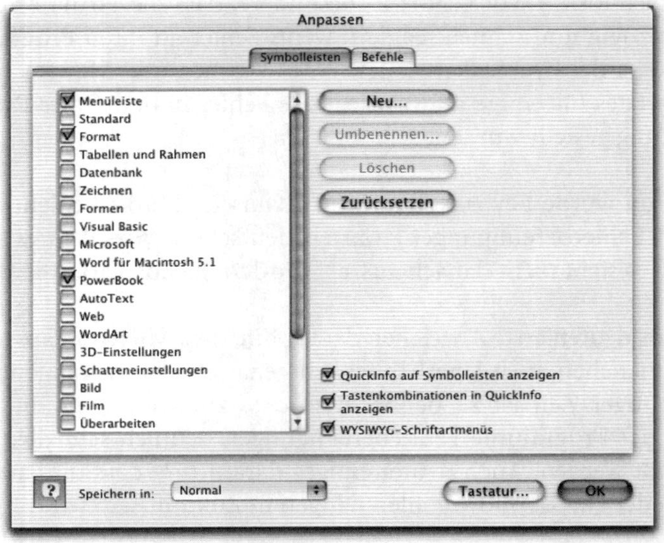

Hier fehlen zwei wesentliche Elemente: Das Schliessfeld links oben und der Knopf *Abbrechen*. Was tun, wenn man Änderungen vorgenommen hat, diese aber weder per *OK* annehmen noch *Zurücksetzen* möchte?

FEHLERTEUFEL

Gerade das *Zurücksetzen* wäre äusserst fatal – es ist nämlich nicht etwa ein anderer Ausdruck für *Abbrechen*, sondern meint, dass alle (!) Einstellungen auf die Standardeinstellungen zurückgesetzt werden – sämtliche Tastenkürzel, Menüsymbole und dergleichen, die Sie selbst definiert haben, sind dann futsch!

Glücklicherweise lassen sich diese Dialoge mit *Escape* oder *Befehl-Punkt* zum Verschwinden bringen.

Office-Probleme lösen

Ein derart komplexes Programmpaket ist nie ganz fehlerfrei. Trotzdem, bevor Sie die Programmierer bei Microsoft als die Schuldigen verdächtigen, sollten Sie zunächst sicherstellen, dass nicht andere Ursachen der Grund sind.

Notorische Störenfriede sind nach wie vor die Voreinstellungsdateien.

Diese finden Sie zum Beispiel auch als *Word Settings (10)* und *Microsoft Office Settings (10)* im Ordner */Benutzer/Benutzername/Library/Preferences/Microsoft/*. Sie werden automatisch angelegt und später bei Bedarf immer wieder ohne Nachfrage gespeichert werden, wenn Sie etwas an den Vorgaben ändern.

Wenn Sie hier alles löschen, was mit Microsoft zu tun hat, passiert nichts Schlimmes. Lediglich die *Voreinstellungen...* müssen Sie nun neu eingeben. Dafür ist die Chance gross, dass das Programm dann wieder funktioniert.

Update zu Office

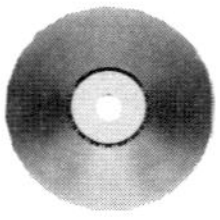

SMART DISC

Auf unserer *SmartDisc* finden Sie ein Update für *Office X*, das einige bekannt gewordene Fehler in den *Office*-Programmen behebt.

Es lohnt sich auch, ab und an nach neueren Updates zu fahnden. Mit dem Menübefehl *Hilfe | Downloads und Updates* gelangen Sie ins Internet und direkt zu Mactopia. Dort finden sich die Seiten mit aktuellen Informationen und Updates zu allen neueren Office-Versionen.

Problemlösungen aus dem Internet

Egal, ob es an *Office* oder etwas anderem liegt: Sofern Sie Zugang zum Internet haben, können wir Ihnen folgende Sites empfehlen, die aktuelle Informationen und oft auch Problemlösungen bereithalten:

`http://www.macnews.de` – Hier können Sie sich in Mailinglisten eintragen, unter anderem auch in eine zu *Word* und *Office*.

`microsoft.public.de.word` – eine Newsgroup rund um *Word.*

Äusserst wertvolle Hilfe leistet schliesslich auch eine leistungsfähige Suchmaschine wie `www.google.de`: Hier können Sie nach allen Stichworten suchen, die Ihnen einfallen, und gelangen in der Regel schnell zu einer Webseite, die Ihnen weiterhelfen kann.

2

Word:mac v.X

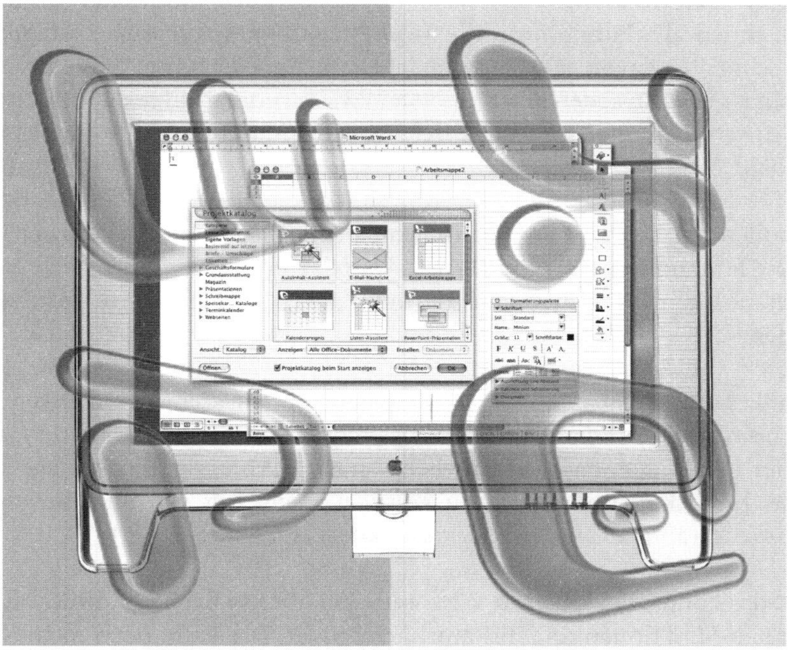
Microsoft Word X
Arbeitsmappe2
Projektkatalog
Ansicht:
Katalog
Anzeigen:
Alle Office-Dokumente
Erstellen:
Öffnen...
Projektkatalog beim Start anzeigen
Abbrechen
OK

Word:mac v.X

Word – Wort. Der Name ist Programm. *Word* kümmert sich um Wörter, um Sätze, um Texte. In diesem Kapitel zur Textverarbeitung wird es weniger darum gehen, Ihnen alle Funktionen, die *Word* bietet, peinlichst genau aufzulisten. Denn wir gehen davon aus, dass Sie nicht ganz unbedarft und durchaus in der Lage sind, die verschiedenen Menüs von *Word* selbsttätig aufzuklappen und mit Hilfe unserer Erläuterungen aus dem ersten Kapitel die Hilfe-Funktion zu bedienen.

Wir wollen uns hier auf die praktischen Seiten des Programms konzentrieren. Auf jene Funktionen, die hilfreich sind. Und davon hat *Word* eine ganze Menge zu bieten. Mehr als andere, und darunter Dinge, die mir unverzichtbar erscheinen.

Obwohl es unzweifelhaft etwas für sich hat, mit einem kleinen, schlanken Textprogramm wie *TextEdit* zu arbeiten, das schnell aufstartet und wenig Hauptspeicher benötigt – ich habe mir lieber mehr RAM gekauft und lege selbst kleinste Ideenskizzen bevorzugt in *Word* an. Denn wer sagt mir, dass daraus nicht irgendwann ein ausgewachsenes Manuskript wird?

Sicher, das könnte ich später in *Word* einlesen. Aber so habe ich immer alle mir vertrauten Funktionen und Tastaturkürzel parat. Das kann doch nicht Sünde sein. Und RAM ist die preiswerteste Produktivitätshilfe, die Sie Ihrem Mac gönnen können.

Umstieg auf Word X

Word kann wie alle *Office*-Programme Dateien früherer *Office*-Versionen öffnen und auf Wunsch sogar wieder in älteren Versionen speichern. Es sollte deshalb keine nennenswerten Probleme geben, wenn Sie von einer früheren Version aufsteigen.

Wie Sie fremde Dokumente mit *Office* austauschen können, das ist uns ein eigenes Kapitel wert: *Daten organisieren und austauschen.*

Word kann alles – man muss es nur finden

Gehen Sie immer davon aus, dass eine Funktion, die Ihnen in *Word* fehlt, das nicht wirklich tut. Sie haben Sie nur noch nicht gefunden.

Und gehen Sie auch davon aus, dass *Word* all das kann, was Ihr heissgeliebtes *Word 5.1* auch konnte. Doch *Word X* hat es schwer: *Word 5.1* ist das strahlende Vorbild, das fast schon schwärmerisch verklärt wird, und wie das so ist mit den Vorbildern: die Nachfolger haben es nicht leicht. Wie tief sich *Word 5.1* bei den Anwendern eingegraben hat, wird auch an der Tatsache deutlich, dass seit *Word 98* eigens eine Symbolleiste *Word für Macintosh 5.1* mitgeliefert wird:

Und die kann sogar gleich mit zwei Tastenkürzeln in *Word X* aufgerufen – und wieder versteckt – werden: *Control-5* und *Control-8.*

Doch glauben Sie uns: *Word X* kann so viel wie das alte *Word* – und noch viel mehr. Verfolgt man die Diskussionen in den verschiedenen Diskussionsgruppen im Internet, die sich mit *Word* beschäftigen, so zeigt sich, dass die überwiegende Anzahl der Anfragen, die eine Funktion in *Word* vermissen oder sich darüber ereifern, dass *Word 5.1* Dinge konnte, die *Word 6.0, Word 98* und jetzt *Word X* nicht mehr beherrschen, letztlich völlig umsonst gestellt worden sind, da die Funktion zwar durchaus vorhanden, aber vielleicht nicht ganz so offensichtlich zu finden ist.

Nicht selten folgt dann auch der lakonische Hinweis, man hätte dies auch der Hilfe-Funktion von *Word* entnehmen können. Und tatsächlich bringt *Word* eine äusserst umfangreiche Hilfedatei mit, die zudem regen Gebrauch von der aktiven Hilfe (im Menü *Hilfe* den Befehl *Erklärungen ein* einschalten – das sind die Sprechblasen) macht und damit so gut wie keine Frage unbeantwortet lässt.

Wenn Sie also nach einer bestimmten Funktion suchen, so ist es eine gute Idee, sich ein paar Minuten Zeit für die Hilfe-Funktion von *Word* zu nehmen und dort ein wenig herumzustöbern. Die Chancen stehen sehr gut, dass sich hier das Passende findet.

Ausserdem gibt es da ja noch den kleinen netten Assistenten, der Ihnen auch immer wieder mal weiterhilft, sofern Sie ihn aktiviert haben. Das können Sie im Menü *Hilfe* unter *Assistenten aktivieren* tun.

Grundlagen der Textverarbeitung

Auf die computergestützte Textverarbeitung stiess ich das erste Mal vor vielen Jahren in einem Interview, als Hardy Krüger in einem Nebensatz erwähnte, dass ihm bei der Erstellung seiner Manuskripte ein Computer behilflich sei. «So ein Dödel» dachte ich damals, «der ist wohl zu dumm zum Selberschreiben.»

Heute weiss ich, dass nicht er der Dumme war, sondern ich. Denn natürlich kann eine Textverarbeitung beim Erfassen und Redigieren äusserst hilfreich sein – bringt aber nicht eine einzige gute Idee mit ein. Der schöpferische Prozess liegt nach wie vor ausschliesslich beim Autor.

Eingeben

Ich kann mich auch noch gut an jene Zeiten erinnern, als ich mit einer Schreibmaschine arbeitete. Jeder Satz, jedes Wort wollte da wohlüberlegt sein, denn ändern liess es sich hinterher nur sehr aufwendig.

Da wurden zunächst handschriftliche Notizen verfasst, dann wurde ein erster Rohentwurf getippt und überarbeitet, und der musste dann nochmals ins Reine getippt werden. Tippfehler waren ärgerlich und Tipp-Ex unverzichtbar. Das ging sogar so weit, dass ich gute Ideen, die mir erst nachträglich einfielen, separat abtippte und per Schere und Kleister in das vorhandene Manuskript einfügte.

Diese Zeiten sind dank *Word* ein für allemal vorbei, denn all die beschriebenen Arbeitsabläufe sind jetzt ohne Tipp-Ex, Schere und Kleister möglich.

Sie können ganz locker damit beginnen, stichpunktartig oder satzweise all das niederzuschreiben, was Ihnen gerade so einfällt. Denn dank der Textverarbeitung wird Text zu einer formbaren Masse in Ihren Händen. Tippen Sie also ruhig wild drauflos. Bereits in dieser Phase unterstützt Sie *Word* mit einigen Hilfen:

Automatischer Zeilenumbruch

Wenn Sie an das Ende einer Zeile gelangen, müssen Sie nicht wie einst bei der Schreibmaschine den Wagenrücklauf betätigen. *Word* erledigt das automatisch für Sie. Drücken Sie am Zeilenende deshalb keinesfalls die *Return-Taste*, denn das ist hier eher schädlich. Dadurch erzeugen Sie nämlich immer wieder einen neuen Absatz.

Harter Absatzwechsel

Durch Drücken der *Return-Taste* erzeugen Sie einen neuen Absatz. Das dient dem Strukturieren Ihrer Dokumente, und für den nächsten Absatz wird die Formatvorlage benutzt, die Sie im Menü *Format* | *Formatvorlage…* | *Ändern…* | *Formatvorlage für den nächsten Absatz:* für diese Formatvorlage definiert haben.

Auf diese Weise wird zum Beispiel von der Formatvorlage *Überschrift 1* direkt zu der Formatvorlage *Standard* gesprungen, denn in der Regel möchten Sie ja tatsächlich nach Eingabe einer Überschrift normalen Text eingeben.

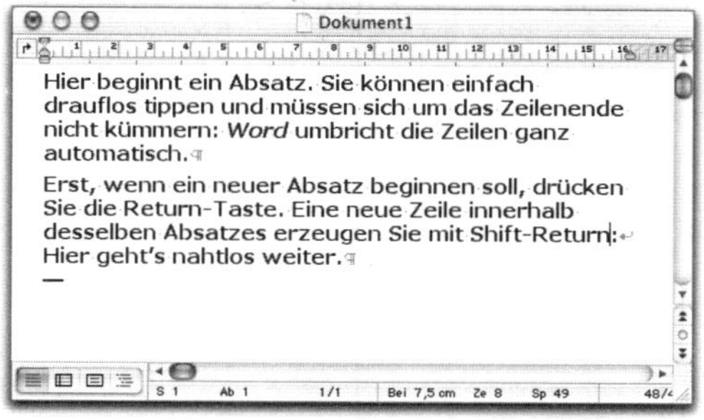

Weicher Absatzwechsel

Drücken Sie stattdessen bei einem Absatzwechsel die Tastenkombination *Shift-Return*, so wird ein so genannter «weicher» Absatzwechsel vorgenommen. Das bedeutet, es ändert sich weder die Formatvorlage noch sonst etwas. Sie beginnen lediglich eine neue Zeile im gleichen Absatz.

Editieren

Nach, aber auch während der Texterfassung können Sie den Text jederzeit korrigieren, umstellen und neu formulieren. Auch hierfür bietet Ihnen *Word* wieder eine ganze Reihe Hilfen an. (Eine der besten davon: die Gliederung – siehe weiter hinten).

MERKET AUF!

Die im Folgenden beschriebenen Tastenkombinationen sollten Sie sich in Ruhe durchlesen und gut einprägen. Vielleicht machen Sie sich für die erste Zeit sogar einen kleinen Spickzettel. Was Sie hier blind beherrschen, wird Ihnen bei der Arbeit am Text sehr wertvoll sein, denn das Bewegen im Text, das Markieren, Ausschneiden, Umstellen und Löschen sind die häufigsten Tätigkeiten.

Im Text bewegen

- Per *Mauspfeil* und *Klick* können Sie den Cursor überall auf dem Bildschirm platzieren.
- *Pfeiltaste* bewegt den Cursor zeichenweise in Richtung des Pfeils.
- *Befehl-Pfeiltaste* bewegt den Cursor wort- respektive absatzweise in Richtung des Pfeils.
- Die Symbolleiste *PowerBook* enthält die wichtigsten Sprungbefehle: Textanfang, -ende, Seite hoch, runter, Zeilenanfang, -ende.
- Auf erweiterten Tastaturen finden sich Tasten für Seite hoch und runter.
- Ein Klick in die Positionsangabe in der Statusleiste öffnet die Dialogbox *Gehe zu…* Von dort aus können Sie die verschiedensten Positionen (Seite, Zeile, Textmarke, Grafik…) direkt anspringen (Abbildung siehe bitte nächste Seite, oben).

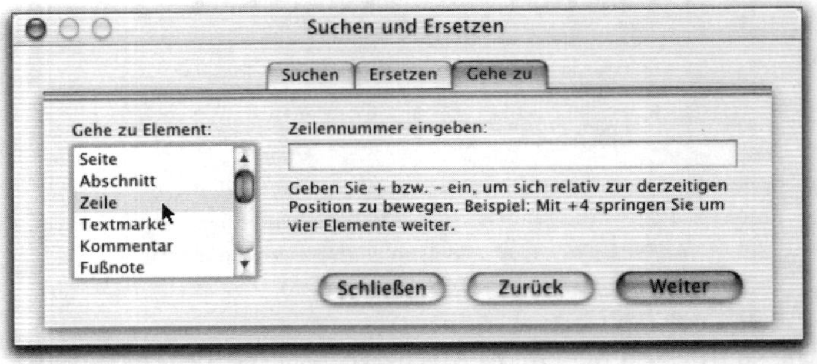

- Mit *Befehl-Wahl-Z* können Sie die letzten drei Stellen anspringen, an denen Sie den Text bearbeitet haben. Das funktioniert sogar mit mehreren Dokumenten, ist also auch ideal, wenn Sie gleichzeitig an mehreren Schriftstücken arbeiten.

Text markieren

- Einzelne Worte werden per *Maus-Doppelklick* markiert.
- Textteile: Mit dem Mauszeiger auf den Anfang klicken, *Maus-Taste* gedrückt halten und Markierung aufziehen.
- Unzusammenhängende Textteile markieren Sie genauso nacheinander, halten dabei aber die *Befehls-Taste* gedrückt.
- *Befehl-Mausklick* markiert einen Satz.
- Ein (schneller) Dreifachklick markiert den Absatz.
- *Shift-Pfeiltaste* markiert zeichenweise (Pfeil rechts, links) oder zeilenweise (Pfeil hoch, runter) ab Cursorposition in Richtung Pfeiltaste.
- *Befehl-Shift-Pfeiltaste* markiert wortweise (Pfeil rechts, links) oder absatzweise (Pfeil hoch, runter) ab Cursorposition in Richtung Pfeiltaste.

Der linke Teil eines jeden Word-Dokumentenfensters enthält eine (unsichtbare) Aktivierungsleiste, mit deren Hilfe Sie Zeilen, Absätze und ganze Dokumente schnell markieren können. Sie erkennen die Position am Mauszeiger, der seine Richtung wechselt und jetzt nach rechts zeigt.

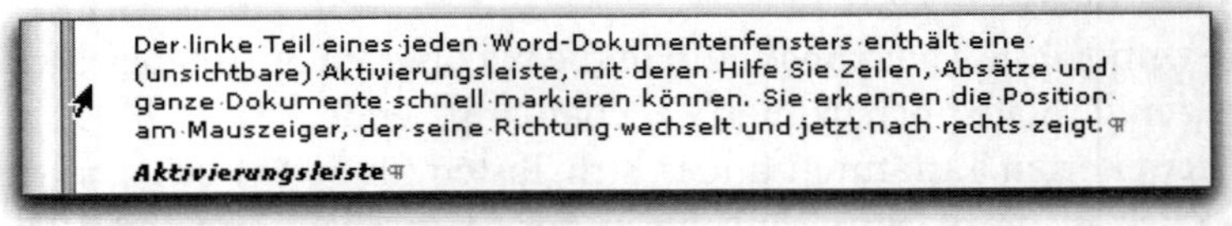

- Ein Einfachklick markiert die Zeile an der aktuellen Cursorposition, ein Doppelklick markiert den gesamten Absatz, und ein (schneller) Dreifachklick das gesamte Dokument.

Text vertikal markieren

Wenn Sie in *Word* – aus welchen Gründen auch immer – Text nicht wie gewohnt horizontal, sondern vertikal auswählen möchten (in Spalten gewissermassen), dann drücken Sie einfach die *Wahl-Taste*, bevor Sie den Text selektieren.

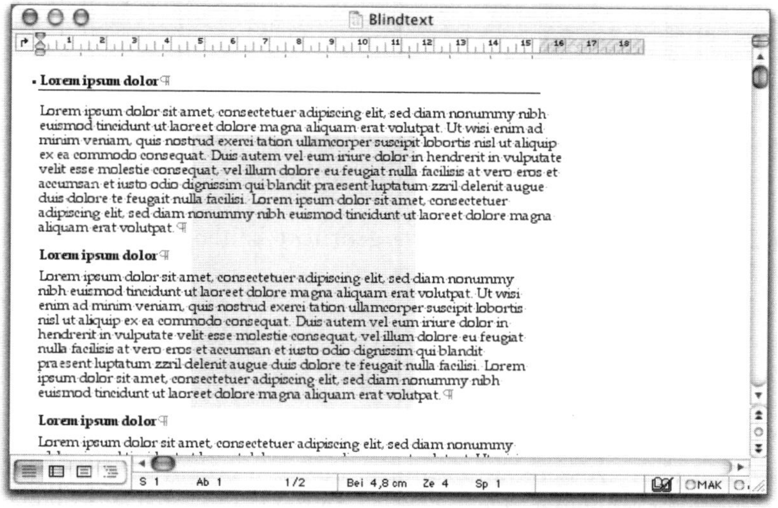

Das kann nützlich sein, um:

- Einen *Suchen-/Ersetzen*-Befehl starten zu können, der sich ausschliesslich auf diese Auswahl konzentriert.
- Per Tabulator formatierte Textbereiche auszuwählen.
- Die Seitenzahlen eines Inhaltsverzeichnisses kursiv zu formatieren.

Absatzmarkierung

Ein Absatz ist nur dann komplett markiert, wenn auch das (unsichtbare) Absatzzeichen markiert ist:

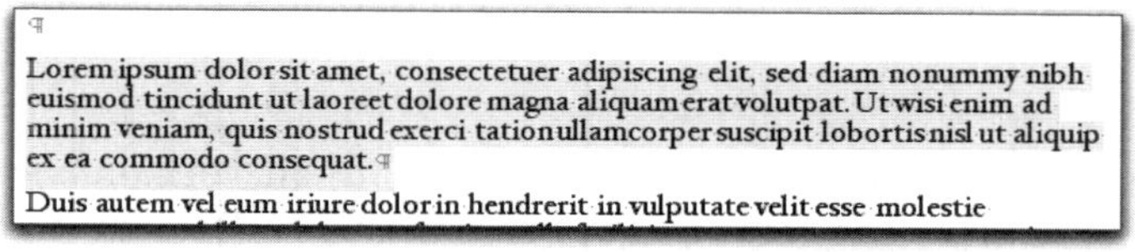

Die Absatzmarkierung und andere Sonderzeichen lassen sich sichtbar machen, wenn der Knopf ¶ *einblenden/ausblenden* auf der Symbolleiste *Standard* gedrückt wird.

Text umstellen

Markierte Textteile können Sie verschieben, indem Sie den markierten Teil mit gedrückter Maus-Taste an den gewünschten Ort verschieben.

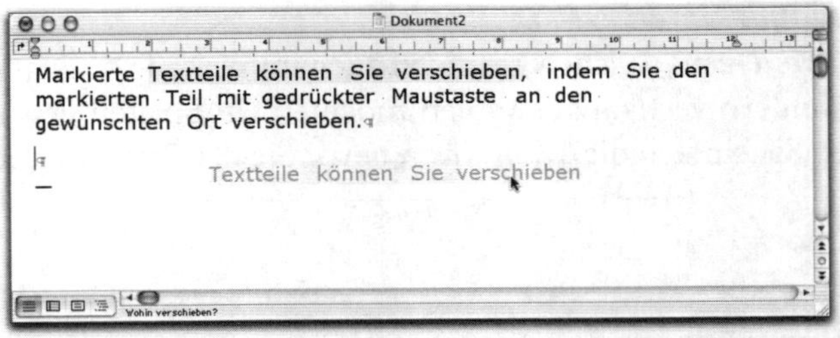

Voraussetzung: Menü *Word* | *Voreinstellungen…* | Register *Bearbeiten* | *Textbearbeitung durch Drag&Drop* muss abgehakt sein (was es standardmässig ist).

Wenn Sie gleichzeitig die *Wahl-Taste* gedrückt halten, wird der Text nicht verschoben, sondern an den Zielort kopiert.

Kommen Sie dabei in die Nähe des oberen oder unteren Fensterrandes, verschiebt sich der Bildschirmausschnitt, und Sie können den Text an vorher nicht sichtbare Stellen bewegen.

Soll der Text über grössere Entfernungen bewegt werden, teilen Sie entweder das Fenster oder schneiden den Text aus und fügen ihn am Zielort wieder ein. Um ein Fenster zu teilen, wählen Sie im Menü *Fenster* | *Teilen.* Dieser Befehl ist allerdings nicht verfügbar, wenn die *Dokumentstruktur* (im Menü *Ansicht* zu finden) angezeigt wird.

- Mit *Wahl-Shift-Pfeiltaste* lassen sich Absätze absatzweise nach oben respektive unten verschieben. Steht der Cursor in einem Absatz, wird dieser Absatz bewegt. Sind mehrere Absätze markiert, werden sie alle bewegt.

Text löschen

Einzelne Buchstaben lassen sich mit der *Rückschritt-Taste* löschen; grössere Textteile werden vorher markiert und dann gleichfalls per *Rückschritt-Taste* gelöscht.

RAFFINIERT

Zwei Fliegen mit einer Klappe: Um ein vorhandenes Wort zu löschen und gegen den besseren Begriff zu ersetzen, markieren Sie das Wort (per Doppelklick) und tippen das neue einfach darüber.

POWER USER

Sollen ganze Textteile durch anderen, bereits vorhandenen Text ersetzt werden, so geht das besonders einfach, wenn Sie den Ersatztext markieren, *Befehl-C* für Kopieren drücken, dann den zu ersetzenden Text markieren und *Befehl-V* für Einfügen auslösen.

Korrigieren und ausfeilen

Neben Tippfehlern kommt es auch vor, dass einem die Schreibweise eines Wortes nicht so ganz klar ist. Macht nichts, denn *Word* kann das Dokument auf Rechtschreibfehler jeder Art überprüfen:

Rechtschreibkorrektur

Auf den Menübefehl *Extras* | *Rechtschreibung und Grammatik…* hin oder automatisch noch während der Eingabe (Menü *Word* | *Voreinstellungen…* | *Rechtschreibung und Grammatik* | *Rechtschreibung während der Eingabe überprüfen*) kontrolliert *Word* das aktuelle Dokument auf Rechtschreibfehler:

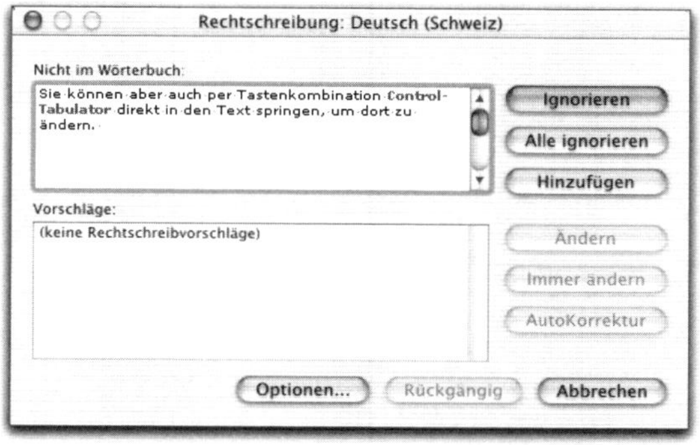

Unter *Word* | *Voreinstellungen…* | *Rechtschreibung und Grammatik* legen Sie fest, ob *Word* nach der alten oder der neuen deutschen Rechtschreibung korrigieren soll.

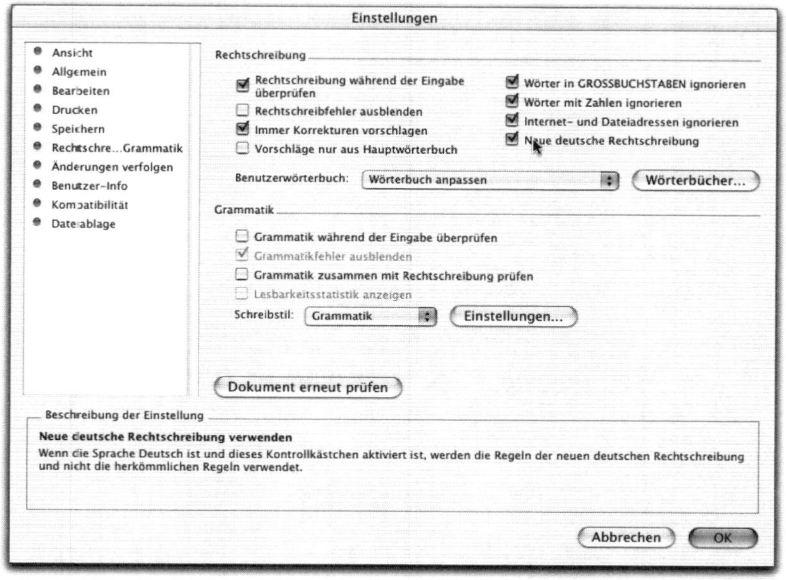

Diese Einstellung gilt für *Word* insgesamt und wird nicht mit dem Dokument gespeichert. Sie müssen diese also jedes Mal ändern, wenn Sie ein anderes Dokument anders korrigieren möchten.

Auch die Sprachkorrektur kann vorgegeben werden: Menü *Extras*, Befehl *Sprache*. Das gilt aber nicht unbedingt für das gesamte Dokument, sondern Sie können es beeinflussen. In welcher Sprache *Word* was korrigieren soll, bestimmen Sie so:

- Wählen Sie den Befehl *Extras | Sprache…* an, dann können Sie für markierte Textteile die Sprache ändern (zum Beispiel für ein englisches Zitat im Text).

- Sie können aber auch einem Absatzformat eine Sprache fest zuweisen: Menü *Format | Formatvorlage…* – gewünschte Formatvorlage auswählen – Knopf *Ändern…* – Pop-Up *Format | Sprache.*

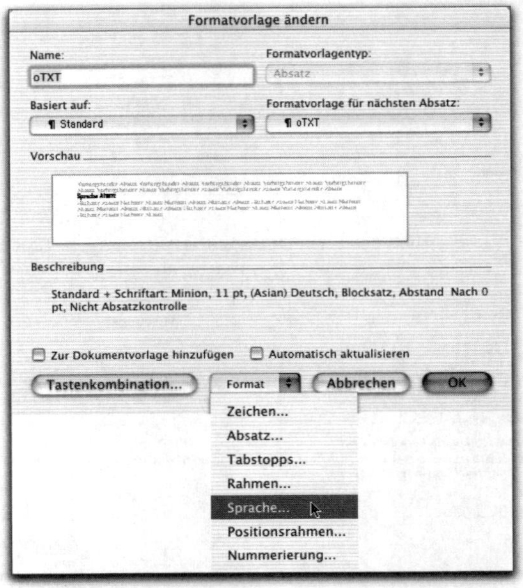

Fortan enthält diese Formatvorlage neben Schrifttyp und -stil auch die gewählte Sprache. Ist keine Sprache für den Absatz definiert, dann wird die Standardeinstellung verwendet, wie sie *Word* vorgibt (die Vorgabe ist abhängig von der Lokalisierung des Programms; in Deutschland etwa ist die Standardvorgabe «Deutsch»).

Grundeinstellungen für die Rechtschreibkorrektur, die für alle Dokumente gelten, legen Sie unter *Word | Voreinstellungen…* auf der Registerkarte *Rechtschreibung & Grammatik* fest:

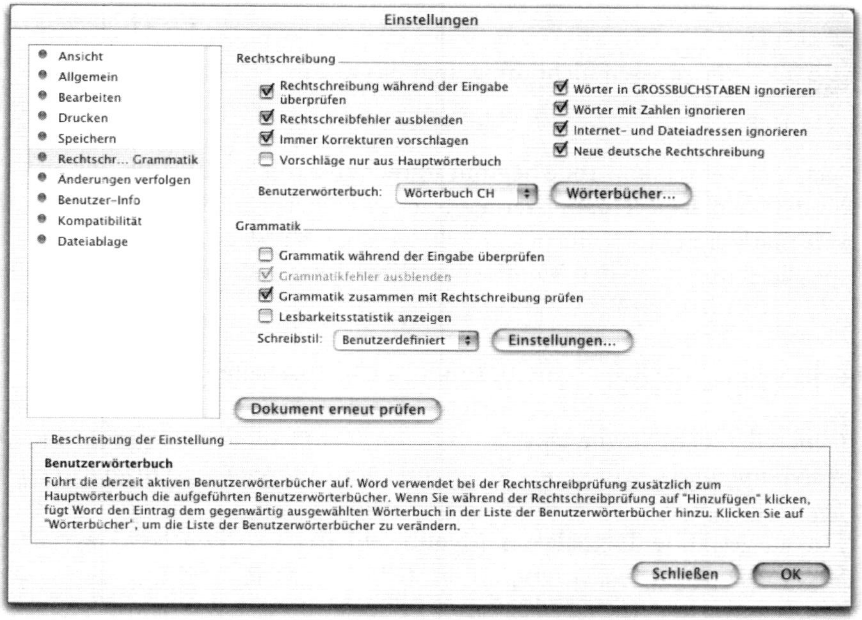

RAFFINIERT

Haben Sie die Korrektur aufgerufen, dann können Sie Fehler direkt in der Dialogbox korrigieren. Vorschläge aus dem Wörterbuch können mit Doppelklick übernommen werden.

Sie können aber auch per Mausklick direkt in den Text springen, um dort zu ändern. Das funktioniert zum Beispiel dann recht gut, wenn Sie Wortkombinationen oder etwas ganz anderes ändern möchten, das Ihnen gerade aufgefallen ist. Die Korrektur wird fortgesetzt, indem Sie den Knopf *Fortsetzen* mit dem Mauszeiger anklicken.

Ist die automatische Korrektur aktiviert (*Word | Voreinstellungen…*, auf Registerkarte *Rechtschreibung & Grammatik* die Option *Rechtschreibung während der Eingabe überprüfen* abhaken), dann unterkringelt *Word* jedes unbekannte Wort, und Sie können per *Control-Mausklick* auf dieses Wort das Kontextmenü zur Rechtschreibung aufrufen:

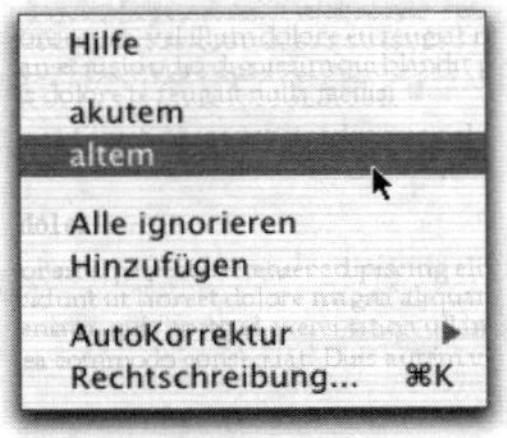

HEISSER TIPP

Sie müssen nicht unbedingt das gesamte Dokument prüfen:

- Die Rechtschreibkontrolle beginnt immer ab aktueller Cursorposition.
- Sind Teile markiert, dann werden nur diese überprüft: Wort, Satz oder Absatz markieren (auch eine Mehrfachauswahl bei gedrückter *Befehls-Taste* ist möglich) und dann den Menübefehl *Extras* | *Rechtschreibung und Grammatik…* aufrufen.

Und Sie können die Rechtschreibprüfung auch ausschalten:

- Generell, indem Sie die Option im Menü *Word* | *Voreinstellungen…* | *Rechtschreibung und Grammatik* | *Rechtschreibung während der Eingabe überprüfen* deaktivieren.
- Für ausgewählte Textteile via Menübefehl *Extras* | *Sprache…*, wo Sie als Sprache auch *Keine Überprüfung* einstellen können.

Es ist sinnvoll, sich ein Benutzerwörterbuch anzulegen, in das häufig benutzte Wörter aufgenommen werden, die nicht im Hauptwörterbuch vorhanden sind. Standard ist *Benutzerwörterbuch*, Sie können aber auch weitere anlegen und bei Bedarf aktivieren:

Menü *Extras* | *Rechtschreibung und Grammatik…* | *Optionen…* | *Wörterbücher…*

Wenn Sie die Rechtschreibung korrigieren, können Sie für *Word* unbekannte, aber richtig geschriebene Wörter mit dem Befehl *Hinzufügen* in das aktive Benutzerwörterbuch übernehmen. Welches das ist, wird im Menü *Extras* | *Rechtschreibung…* | *Optionen…* | *Benutzerwörterbuch:* festgelegt.

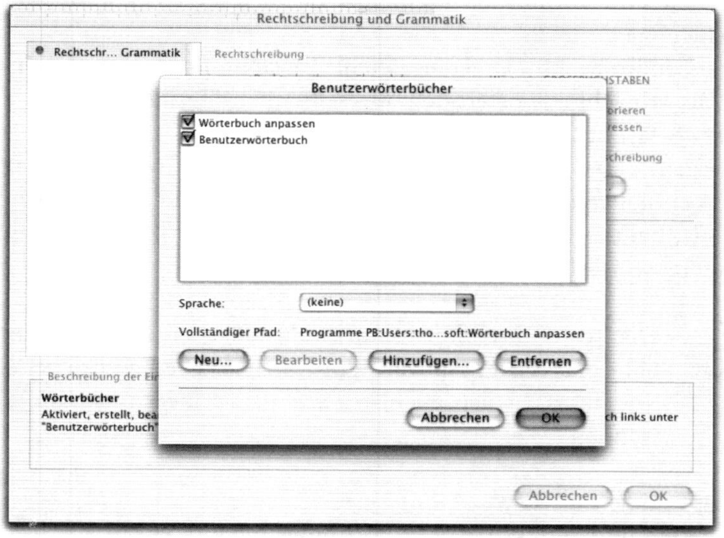

Wörterbücher lassen sich auch bearbeiten:

- Vorhandene *Word*-Wörterbücher öffnen Sie – sicherheitshalber in Kopie – mit dem Menübefehl *Datei | Öffnen...* Wählen Sie dabei in der *Öffnen*-Dialogbox die Option *Alle Dokumente.*
- Andere Texte, die Sie in ein *Word*-Wörterbuch überführen möchten, öffnen Sie wie gewohnt.

Nach dem Öffnen können Sie die Einträge – einer pro Zeile – bearbeiten, löschen, zufügen, und dann das fertige Wörterbuch abspeichern. Rufen Sie dazu im Menü *Datei* den Befehl *Speichern unter...* auf und wählen Sie bei *Format:* die Option *Benutzerwörterbuch.*

Ausschlusswörterbuch. Was, wenn Sie lieber «Fotografie» statt «Photographie» schreiben und auf solch unerwünschte Schreibweisen hingewiesen werden möchten? Definieren Sie ein Ausschlusswörterbuch! Darin sind all die Schreibweisen enthalten, die moniert werden sollen.

Hierbei sind einige Dinge wichtig:

1. Sie müssen die Sprache definieren, für die das Wörterbuch gelten soll. Schreiben Sie jene Wörter in ein Dokument, die zwar im Hauptwörterbuch enthalten sind, die Ihnen *Word* aber trotzdem zur Korrektur zeigen soll. Markieren Sie dann alles (*Befehl-A*), wählen Sie im Menü *Extras* den Befehl *Sprache* und legen Sie die gewünschte Sprache fest.

Das Ausschlusswörterbuch greift nur da, wo auch der Text auf dieselbe Sprache eingestellt ist.

2. Sie müssen im Menü *Datei* den Befehl *Speichern unter…* benutzen und die Liste als Ausschlusswörterbuch im selben Ordner ablegen, in dem das Hauptwörterbuch liegt.
3. Der Begriff «Ausschlusswörterbuch» muss nicht mehr wie früher im Dateinamen enthalten sein. Trotzdem ist es der Übersichtlichkeit halber empfehlenswert, bei der Namensgebung auf den Zweck hinzuweisen: etwa «CH-Ausschlusswörterbuch»; «D Ausschluss»…

MERKET AUF!

Die Rechtschreibkorrektur ist eins der Elemente, die dem gesamten *Office*-Paket zur Verfügung stehen. Die beschriebenen Funktionen lassen sich auch in *Excel*, *PowerPoint* und *Entourage* verwenden.

Thesaurus

Zum Ausfeilen und zwecks besserer Formulierung gibt es das Hilfsmittel *Thesaurus*, das Synonyme oder Antonyme vorschlägt, womit die Wortwahl etwas vielfältiger ausfällt.

Zu erreichen ist *Thesaurus* über *Extras* | *Thesaurus…* oder über das Kontextmenü.

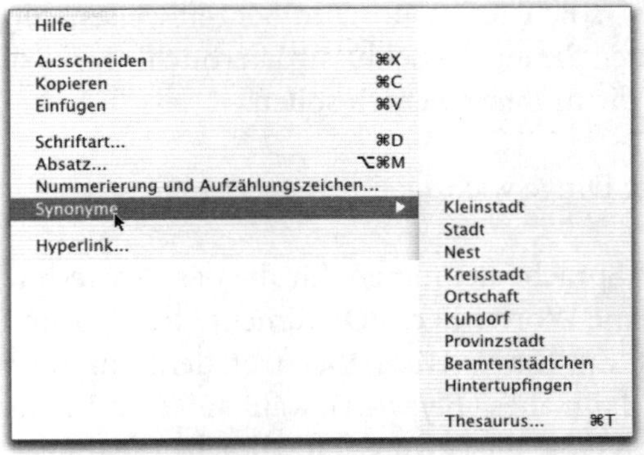

MERKET AUF!

Im Kontextmenü werden nicht unbedingt alle Synonyme angezeigt. Der sicherste Weg führt deshalb immer über den Menübefehl *Extras | Thesaurus...*

Grammatikprüfung

In ganz ähnlicher Weise wie die Rechtschreibprüfung können Sie – gleichfalls unter *Word | Voreinstellungen...*, auf der Registerkarte *Rechtschreibung & Grammatik* – auch eine Grammatikprüfung aktivieren.

Bei uns allerdings wollte sie – aus welchen Gründen auch immer – nicht so recht funktionieren. Wir haben Sie deshalb deaktiviert.

Formatieren

Bleibt Ihnen abschliessend eigentlich nur noch, das Dokument zu formatieren. Dokumentformat, Ränder, Schrifttyp, -grösse, -stil, Ausrichtung und so weiter. Die beiden Menüs *Format* und *Schriftart* sind dabei Dreh- und Angelpunkt Ihrer Gestaltung – und natürlich die Symbolleiste *Format.*

Textausrichtung. Auf der Symbolleiste *Format* oder im Menü *Format | Absatz...*, Registerkarte *Einzüge und Abstände* finden sich die Befehle zum Ausrichten des Textes: Die Optionen *linksbündig, zentriert, rechtsbündig* und *Blocksatz* legen fest, wie der Text des aktuellen Absatzes zwischen den Randbegrenzungen erscheinen soll:

Linksbündig – die Zeilen eines Absatzes schlagen links einheitlich an. Die am häufigsten bevorzugte Ausrichtung, die – besonders in Verbindung mit der Silbentrennung – ein ausgeglichenes Textbild und sehr gute Lesbarkeit vereint.

Zentriert – der Absatz wird mit gleichem Abstand zu den Randbegrenzungen rechts und links ausgerichtet. Das ist eine mögliche Darstellungsform für besondere Texte – wie zum Beispiel Gedichte.

Rechtsbündig – die Zeilen eines Absatzes schlagen rechts einheitlich an.

Blocksatz – die Zwischenräume innerhalb des Absatzes werden so ausgeglichen, dass der Text rechts wie links anschlägt. Wird oft in Zeitungen und Zeitschriften beim Spaltensatz eingesetzt und sieht sehr ordentlich aus. Die Lesbarkeit leidet jedoch umso mehr, je länger die Zeilen werden.

Erstmals mit *Word 98* wurde auch ein lang gehegter Wunsch wahr: Auch *Word* kann seitdem die verschiedenen Zeichensätze so anzeigen, wie sie aussehen:

Schriften und Stile wie **Fett**, *Kursiv* etc. sind selbsterklärend, anderes probieren Sie einfach aus, bis es Ihnen gefällt. Einige Schmankerl haben wir aber noch für Sie:

- Mit *Bearbeiten | Löschen | Formate* können Sie Formatierungen und Absatzvorlagen auf *Standard* zurücksetzen. Steht der Cursor in einem Absatz, wird auf die Standard-Absatzvorlage gewechselt. Ist Text markiert, werden die Stilvorlagen (Fett etc.) auf Standard zurückgesetzt. Sind ganze Absätze markiert, werden sowohl Stil- wie Absatzvorlage auf Standard gesetzt.
- Wenn Sie im Menü *Format* den Befehl *Absatz...* aufrufen, können Sie einen Abstand vor oder nach dem Absatz definieren. Wenn Sie hier beispielsweise auf der Registerkarte *Einzüge und Abstände* «6 Punkt» bei *Nach:* definieren, lässt *Word* nach jedem Drücken der *Return-Taste* einen kleinen Abstand – und Ihre Absätze sind auch ohne zusätzliche Leerzeile deutlich voneinander abgesetzt.

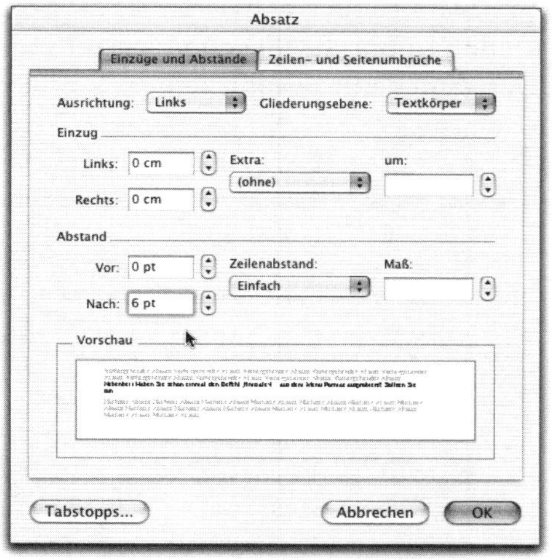

- Nützliches hält auch die Registerkarte *Zeilen- und Seitenumbrüche* bereit – etwa die Option *Absatzkontrolle.* Damit verhindern Sie «Schusterjungen» und «Hurenkinder» (das sind einzelne Zeilen zu Beginn oder Ende einer Seite). Schon aus der Namensgebung ist deutlich, dass das als unfein gilt. *Word* wird, sofern diese Option abgehakt ist, bei einem Seitenumbruch immer mindestens zwei Zeilen eines Absatzes zusammenhalten.
- Möchten Sie diese Einstellungen auf alle gleichartigen Textteile anwenden, dann definieren Sie eine Formatvorlage! Genaueres dazu etwas weiter hinten.
- Noch ausgefeilter können Sie (markierten) Text formatieren, wenn Sie *Einfügen | Bild | WordArt* aufrufen. Die Symbolleiste *WortArt* taucht auf. Hier können Sie die verschiedensten Effekte auf einen Text anwenden – abschliessend wird Ihr Kunstwerk als Grafik in den Text eingefügt.

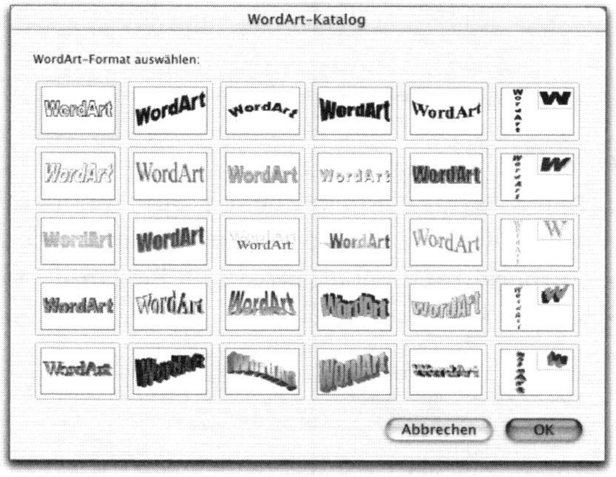

Die neue Grafik liegt zunächst über dem Text, und Sie können sie frei verschieben und skalieren.

Damit der Text die Grafik umrundet, aktivieren Sie die Grafik, drücken auf der Symbolleiste *WordArt* den Knopf *Textfluss* und legen fest, wie der Text um die Grafik fliessen soll. Das kann dann so aussehen:

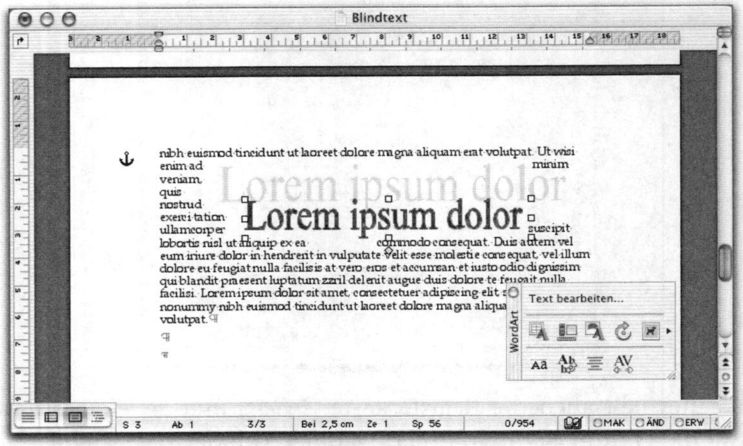

Mehr zu diesem Thema finden Sie im einleitenden Kapitel.

Nebenbei: Haben Sie schon einmal den Befehl *Initiale…* aus dem Menü *Format* ausprobiert? Sollten Sie tun…

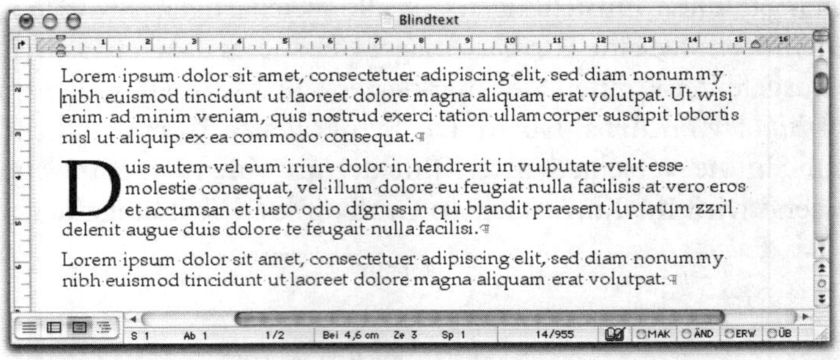

Animierter Text

Word kann's, Sie sollten es jedoch lieber lassen. Sinnvoll kann dieses Gimmick sein, wenn Sie ein Schriftstück weiterreichen und auf eine Stelle des Dokuments besonders aufmerksam machen möchten. Eleganter und professioneller ist aber meist der Knopf *Hervorheben* aus der Symbolleiste *Format*.

Hervorheben ist zudem zuverlässiger, denn das sieht der Leser auf jeden Fall. Animierten Text bekommt er nur zu Gesicht, wenn unter *Word | Voreinstellungen | Ansicht* die Option *Textanimation* abgehakt ist.

Automatische Silbentrennung

Dem Textfluss und dem Aussehen bekommt es gut, wenn Wörter am Zeilenende getrennt werden:zu finden im Menü *Extras* unter *Silbentrennung...*

Hier können Sie festlegen, ob überhaupt getrennt werden soll, wie klein – oder gross – die getrennten Wortteile mindestens bleiben sollen und wie viele Trennstriche aufeinander folgen dürfen.

Betätigen Sie den Knopf *Manuell...*, so macht *Word* Trennvorschläge, und Sie können nötigenfalls die Trennstelle verschieben.

Word trennt das ganze Dokument automatisch. Mit folgenden Ausnahmen:

- Absätze, denen im Menü *Extras* | *Sprache* | *Sprache bestimmen...* die Option *Keine Überprüfung* zugewiesen wurde, werden nicht getrennt.
- Absätze, bei denen im Menü *Format* | *Absatz* auf der Registerkarte *Zeilen- und Seitenumbrüche* die Option *Keine Silbentrennung* abgehakt ist.

Auf den ersten Blick scheint es also, als biete *Word* nur die zwei Möglichkeiten, entweder die Silben im gesamten Dokument automatisch und unkontrolliert zu trennen oder aber jedes einzelne Vorkommen manuell zu überprüfen und zu bestätigen. Es ist aber durchaus möglich, in *Word* die Silbentrennung nur auf bestimmte Absätze anzuwenden oder nicht:

Soll die Silbentrennung nur auf einige wenige Absätze angewandt werden, dann gehen Sie am besten so vor:

1. Markieren Sie den fraglichen Bereich.
2. Rufen Sie den Menübefehl *Extras* | *Silbentrennung...* auf und drücken Sie den Knopf *Manuell...*
3. Bestätigen Sie die Trennvorschläge.
4. Verneinen Sie dann die Nachfrage, ob auch das restliche Dokument getrennt werden soll.

Sind die zu trennenden Absätze in der Überzahl, dann ist es sinnvoller, die automatische Silbentrennung zu aktivieren (*Extras* | *Silbentrennung...* | *Automa-*

tische Silbentrennung). Jene Absätze, die nicht getrennt werden sollen, formatieren Sie über den Menübefehl *Format | Absatz… | Zeilen- und Seitenumbrüche* um, indem Sie hier die Option *Keine Silbentrennung* abhaken. Und wenn Sie diesen Befehl nicht immer wieder erneut aufrufen möchten, dann definieren Sie sich doch einfach eine Formatvorlage, die diese Option enthält und die sich viel schneller über die Symbolleiste *Format* aufrufen lässt.

RAFFINIERT

Leider trennt *Word* im automatischen Modus nicht immer so exakt, wie wir das gerne hätten. Worte in Klammern oder Anführungszeichen beispielsweise ignoriert es schlicht, bei anderen setzt es den Trennstrich unter Umständen etwas zu früh. Aber Sie können das Ganze manuell nachbearbeiten: Positionieren Sie den Cursor an der Stelle, wo das Wort getrennt werden soll und drücken Sie die Tastenkombination *Befehl-Bindestrich* (-).

Damit erzeugen Sie ein unsichtbares Trennungszeichen, und sofern es möglich ist, wird das Wort an dieser Stelle getrennt. Diese manuell eingegebenen Trennzeichen werden mit dem Dokument gespeichert, aber nicht ausgedruckt, und greifen auch nur dann, wenn sich das fragliche Wort an einem Zeilenende befindet und eine Trennung möglich ist.

Speichern

Fertig! Das Dokument kann gespeichert werden.

Sofern Sie das Buch «ordentlich» von vorne nach hinten durchlesen, ist Ihnen unser Tipp aus dem vorigen Kapitel noch in Erinnerung (sichern, sichern, und immer wieder sichern!), und Sie haben bereits mehrfach *Befehl-S* gedrückt.

Das kennen Sie also schon. Beschäftigen wir uns hier mit den Finessen.

RAFFINIERT

Wenn Sie in *Word* das Menü *Datei* mit gedrückter *Shift-Taste* anwählen, ändert sich der Menüpunkt *Speichern* in *Alles speichern.* Dann werden alle geöffneten Dateien geschlossen. Sofern nötig, erfolgt die Abfrage, ob gespeichert werden soll.

Sicherungskopien

Word kann parallel zum aktuellen Dokument die vorherige Version als Backup-Datei aufbewahren. Diese Möglichkeit findet sich im Menü *Word* unter *Voreinstellungen…* auf der Registerkarte *Speichern*: Kreuzen Sie *Sicherungskopie immer erstellen* an. Die Sicherungskopie findet sich im gleichen Ordner wie das Original.

Das bedeutet: Parallel zum aktuellen Dokument wird die vorherige Version als Backup-Datei aufbewahrt. Und das funktioniert so: Wird *Speichern* aufgerufen, dann wird die bereits gespeicherte Version des Dokuments umbenannt (*Kopie Dateiname*) und die neuere Version wird gespeichert, ohne die ältere zu überschreiben. Die Sicherungskopie findet sich im gleichen Ordner wie das Original.

Erhalten bleibt aber immer nur die letzte gespeicherte Version. Und wenn Sie häufig sichern (was sich als vorbeugende Massnahme gegen Programm- und Systemabstürze empfiehlt), dann unterscheiden sich diese beiden Versionen kaum voneinander.

Im einleitenden Kapitel schildern wir Ihnen unter *Datensicherheit*, was es sonst noch für Lösungsansätze gibt.

Automatische Speicherung zum Ersten

Vorsicht vor der *AutoWiederherstellen*-Info, die Sie im Menü *Word* unter *Voreinstellungen...* auf der Karteikarte *Speichern* ankreuzen können: Diese automatische Speicherung sichert nämlich nur eine temporäre Datei Ihres Dokumentes, nicht etwa das Dokument selbst.

Bei einem Systemabsturz und ähnlichen Unfällen ist deshalb nicht unbedingt sichergestellt (eher im Gegenteil), dass Sie dieses vermeintlich gesicherte Dokument auch wieder vollständig rekonstruieren können.

Weit besser ist es, stattdessen möglichst oft den Menüpunkt *Speichern* im Menü *Datei* aufzurufen respektive die Tastenkombination *Befehl-S* zu drücken oder das *Word* automatisch tun zu lassen:

Automatische Speicherung zum Zweiten

Dazu können Sie den Befehl *SpeicherPrompt* installieren, der beim Aufstarten von *Word* einen neuen Menübefehl im Menü *Datei* installiert, mit dem sich dann einstellen lässt, ob und wann eine automatische Nachfrage zur Speicherung der Dateien erfolgen soll.

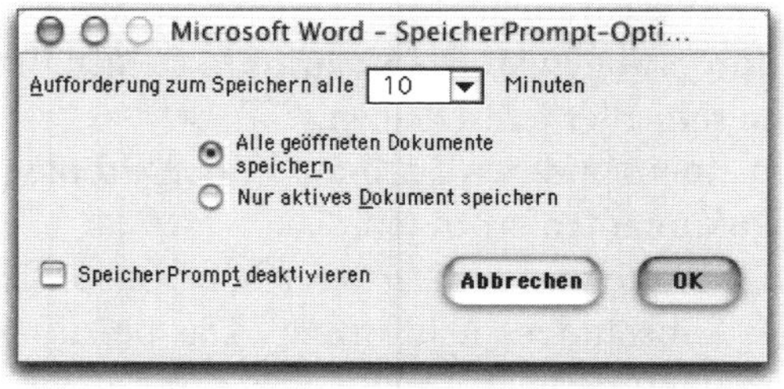

Ziehen Sie dazu das Dokument *Beispielmakros* von der *Office*-CD auf Ihre Festplatte und doppelklicken Sie darauf. Daraufhin startet *Word* auf und es erscheint eine Makroleiste, mit deren Hilfe Sie den *SpeicherPrompt* installieren können.

Los werden Sie diesen Befehl ebenfalls einfach: Entfernen Sie einfach die Datei *SpeicherPrompt* aus dem Startordner *Word*.

Schnellspeicherung

Im Hinblick auf höchstmögliche Datensicherheit sollten Sie die Option zur Schnellspeicherung, die *Word* bietet, immer abschalten! Denn diese Funktion bringt kaum etwas, macht aber des Öfteren Fehler, was nichts anderes als Datenverlust bedeutet.

So wird die Schnellspeicherung ausgeschaltet: Menü *Word* | *Voreinstellungen…* | Karteikarte *Speichern – Schnellspeicherung zulassen* darf nicht abgehakt sein.

Der Geschwindigkeitsvorteil während des Speicherns kann vernachlässigt werden, die Folgen bei einer defekten Datei allerdings sind fatal:

Bei einer Schnellspeicherung schreibt *Word* lediglich die Änderungen einer Datei an deren Ende. Was sehr schnell dazu führt, dass die einzelnen (bearbeiteten) Teile einer Datei bunt durcheinander gewürfelt sind. Die richtige Textabfolge bei einem erneuten Öffnen gelingt dann nur dem Programm *Word*.

Ist die Datei allerdings aus irgendwelchen Gründen so beschädigt, dass sie von *Word* nicht mehr geöffnet werden kann, dann helfen auch solche Utilities kaum weiter, die den reinen Textteil einer Datei extrahieren können: Die geöffnete Datei sieht einfach nur noch wirr aus, Textteile kommen doppelt vor, andere scheinen zunächst völlig zu fehlen, und die Reihenfolge der Absätze stimmt sowieso nicht mehr.

Die Schnellspeicherung von *Word* hat darüber hinaus weitere Probleme in petto:

- Schnell gespeicherte Dokumente werden immer komplexer und damit auch fehleranfälliger und verbrauchen mehr Speicherplatz.
- Die Speicheranforderungen an das Programm steigen, und komplexe Operationen können schneller fehlschlagen.
- Beim Sichern in einem anderen Format können Probleme mit den schnell gespeicherten Dokumenten auftreten.
- Andere Textprogramme und Konvertierer können solchermassen gesicherte Dateien unter Umständen nicht öffnen. Das betrifft zum Beispiel auch das Einlesen der Dokumente in Layout-Programme wie *QuarkXPress*.

- Die Word-eigene Funktion *Dateien finden* (zu erreichen über das Menü *Datei* | *Öffnen...* | *Dateien suchen...*) funktioniert unter Umständen nicht zuverlässig.
- *Word*-Dateien werden bei aktiver Schnellspeicherung ungebührlich gross. Das muss nicht sein:

Überprüfen Sie im Menü *Word* unter dem Punkt *Voreinstellungen...* auf der Registerkarte *Speichern*, ob *Schnellspeicherung zulassen* angekreuzt ist. Deaktivieren Sie diese Funktion. Künftige Dokumente werden kleiner abgespeichert.

Bei Dateien, die bereits fett sind, hilft das aber nicht. Hier machen Sie Folgendes:

1. Wählen Sie den gesamten Text aus (*Befehl-A*).
2. Kopieren Sie ihn (*Befehl-C*).
3. Legen Sie ein neues Dokument an (*Befehl-N*).
4. Fügen Sie den Text ein (*Befehl-V*).
5. Speichern Sie das Dokument unter neuem Namen (Menü *Datei* | *Speichern unter...*).

Alternativ können Sie den Text auch mit *Speichern unter...* als *RTF*-Datei (RTF = Rich Text Format) speichern, erneut aufrufen und wieder mit *Speichern unter...* als Word-Dokument ablegen.

Nachdem Sie nun so in etwa wissen, wie Sie ein vernünftiges Dokument in *Word* anlegen und speichern, wollen wir uns jetzt mit den Feinheiten beschäftigen. Beginnen wir mit der Oberfläche von *Word*, den Fenstern und Bedienelementen, die es in sich haben und Ihnen viel Arbeit abnehmen können:

Navigieren und Agieren

Wenn Sie *Word* aufstarten, öffnet es in der Regel ein neues Fenster namens *Dokument1* (ausser, Sie haben das Programm über Doppelklick auf eine Word-Datei gestartet. Dann ist ein Fenster mit dieser Datei geöffnet).

RAFFINIERT

Natürlich können Sie in *Word* auch mehrere Dokumente gleichzeitig öffnen. Mit der Tastenkombination *Befehl-<* respektive *Befehl-Shift->* können Sie das nächste respektive vorherige Dokumentfenster in den Vordergrund bringen – das funktioniert unter Mac OS X übrigens mit (fast) allen Fenstern.

In jedem Fall haben Sie jetzt ein Dokumentenfenster von *Word* vor sich – und es lohnt sich, sich einmal mit den einzelnen Elementen zu beschäftigen:

Raffiniertes Dokumentfenster

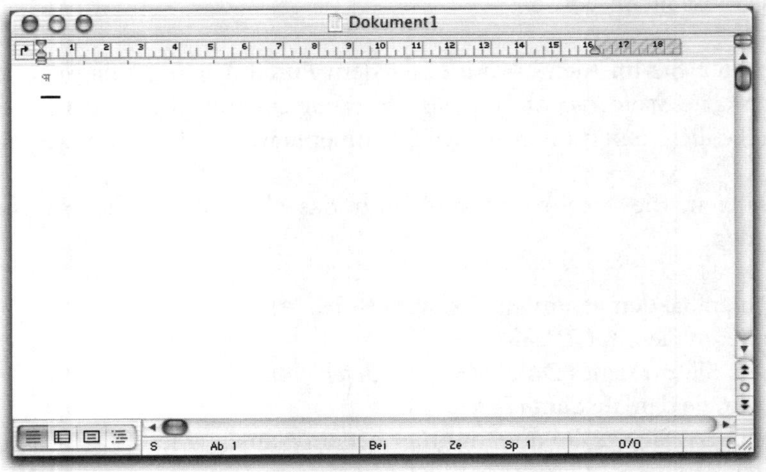

Ganz links in der Titelleiste finden Sie drei «Ampelsymbole»:  . Mit dem roten Knopf (links) schliessen Sie das Fenster. Falls notwendig, erfolgt eine Rückfrage, ob die Datei gesichert werden soll. Drücken Sie den gelben Knopf (Mitte), dann wird das Fenster im *Dock* abgelegt und Sie können es von dort jederzeit wieder hervorholen (einfach darauf klicken). Der grüne Knopf (rechts) schliesslich stellt die optimale Fenstergrösse ein.

Gleich darunter ist ein Umschaltfeld, mit dem die verschiedenen Tabulatoren ausgewählt werden. Dazu unter dem Abschnitt *Schnelle Layout-Änderung mit dem Lineal* weiter hinten mehr.

Rechts unten finden Sie das Grössenfeld, mit dem Sie das Fenster auf eine Ihnen genehme Grösse aufziehen – oder zusammenschieben – können.

Rechts und unten sind die vertikalen und horizontalen Rollbalken (Bildlaufleisten), mit denen Sie durch den Text blättern können. Die Rollbalken sind proportional angelegt: das bedeutet, je nachdem, wie viel sich im unsichtbaren Teil des Fensters noch verbirgt, sind sie länger (wenig verborgen respektive kurz zu scrollen) oder kürzer (viel verborgen respektive lang zu scrollen).

Im Menü *Word* können unter dem Punkt *Voreinstellungen…* auf der Karte *Ansicht* die horizontale und vertikale Bildlaufleiste verborgen respektive angezeigt werden.

So weit, so gut. Diese Elemente sind Macintosh-Standard, und Sie kennen sie aus vielen anderen Programmen.

Word fügt dem Fenster allerdings noch einige sinnvolle, eigene Elemente hinzu:

Links unten finden Sie vier kleine Knöpfe, mit denen Sie zwischen verschiedenen Ansichten von *Word* umschalten können: *Standard, Online-Layout, Seiten-Layout, Gliederung.*

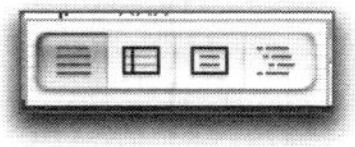

Die Ansichten von *Word* werden uns weiter unten noch ausführlich beschäftigen, sind sie es doch, die den Umgang mit komplexeren Dokumenten zur reinen Freude werden lassen.

Rechts unten finden Sie zwei Doppelpfeile, die zunächst die Befehle *Seite nach oben* respektive *Seite nach unten* auslösen. Der unscheinbare runde Knopf dazwischen hat es in sich:

Hier können Sie nach den unterschiedlichsten Dateielementen wie Tabellen, Grafiken, Kommentaren usw. suchen und zudem gezielt an bestimmte Textstellen springen.

Haben Sie einen Suchvorgang eingeleitet, dann ändern die beiden Pfeiltasten ihre Funktion und entsprechen nun dem Befehl *Weitersuchen.* Um das nächste Suchvorkommen in einer bestimmten Richtung aufzufinden, müssen Sie jetzt also nurmehr den entsprechenden Richtungspfeil anklicken.

Gleiches gilt, wenn Sie den Befehl *Gehe zu...* aktiviert haben.

Ist der Pfeil dann einmal auf *Suchen* respektive *Gehe zu...* umgesprungen, dann ist die Funktion eine Seite hoch/runter natürlich nicht mehr in Betrieb. Um dieser Funktion nicht verlustig zu gehen, rufen Sie einfach die praktische Symbolleiste *PowerBook* auf.

Statusleiste – Informationen und Schalter

Neben dem eigentlichen Dokumentfenster hat *Word* noch eine ganze Reihe weiterer Bedienelemente zu bieten. Dazu gehören die verschiedenen Symbolleisten und die Statusleiste am unteren Bildrand. Ob sie überhaupt sichtbar sein soll, stellen Sie im Menü *Word* unter dem Punkt *Voreinstellungen…* auf der Karte *Ansicht* ein.

Linker Hand finden Sie aufgelistet, auf welcher Seite und in welchem Abschnitt Sie sich gerade befinden. Rechts daneben die Zusammenfassung: «6/96» etwa bedeutet, dass Sie sich auf der sechsten von insgesamt 96 Seiten befinden.

Im nächsten Feld wird die aktuelle Cursorposition beschrieben. Da findet sich zunächst der aktuelle Abstand vom oberen Seitenrand in Zentimetern, weiterhin die aktuelle Zeile sowie die Spalte. In einigen Layout-Ansichten (Standard, Gliederung) wird lediglich die Spalte angezeigt.

Ein Klick auf eines dieser Elemente in der Statuszeile öffnet die Dialogbox *Gehe zu…*

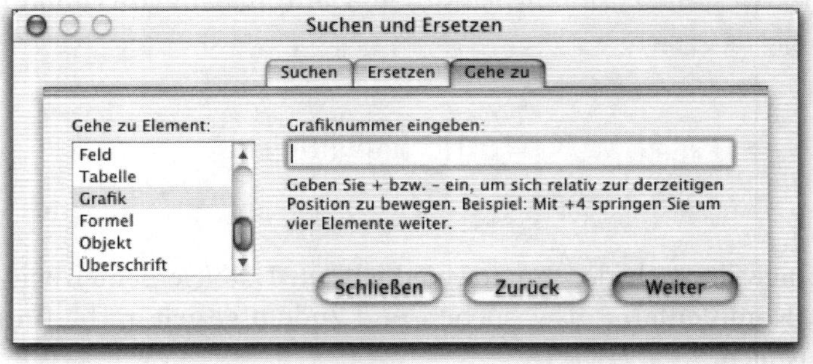

Die Angabe *1838/16397* zählt die Wörter und sagt Ihnen, bei welchem Wort der Mauszeiger aktuell steht und wie viele Wörter das Dokument insgesamt besitzt. Ein Klick auf dieses Element in der Statuszeile öffnet die Dialogbox *Wörter zählen.*

Beachten Sie: Die Dialogbox *Wörter zählen* zählt immer die Buchstaben und Wörter der aktuellen Markierung; ist nichts markiert, wird das gesamte Dokument gezählt.

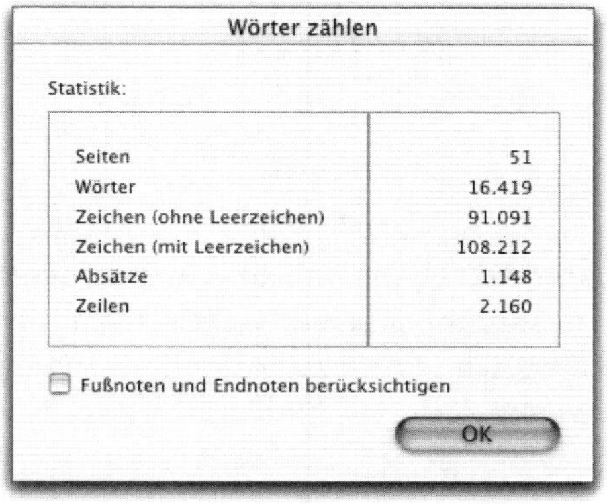

Das **Buchsymbol** kümmert sich um die Rechtschreibung. Auf Mausklick werden der nächste Schreibfehler gesucht und das Kontextmenü zur Rechtschreibung aufgerufen, die *Control-Taste* verzweigt zu den Voreinstellungen.

MAK steht für Makro, und wenn Sie dieses Feld anklicken, können Sie ein Makro aufzeichnen (die Kugel wird dann grün).

ÄND schaltet auf Mausklick hin den Befehl *Änderungen während der Bearbeitung markieren* ein respektive aus. Ein Klick mit gedrückter *Control-Taste* fördert weitere Optionen zutage:

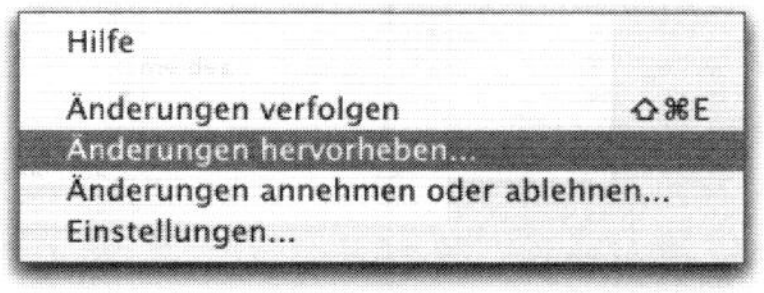

ERW wird gleichfalls auf Mausklick hin aktiviert und deaktiviert. Damit schalten Sie die Funktion *Markierung erweitern* ein. Bei eingeschalteter Funktion bewegt sich der Cursor wie gewohnt im Text, markiert dabei aber gleichzeitig alle Textstellen, die von ihm überfahren werden.

ÜB schaltet auf Mausklick hin den Überschreibmodus ein und aus. Ist er eingeschaltet, so wird nachfolgender Text durch die eingegebenen Zeichen ersetzt.

Bequem navigieren

Nicht nur für Besitzer eines *PowerBook* ist die gleichnamige Symbolleiste interessant: Sie zeigt eine schwebende Palette, die die Navigation innerhalb eines Word-Dokuments wesentlich erleichtert.

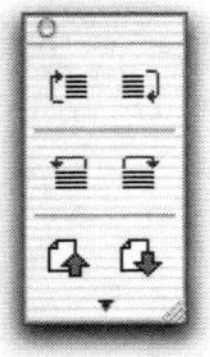

Die Symbolleiste ist kompakt genug, um auch auf kleineren Bildschirmen noch gut Platz zu finden, und auf ihr sind alle wichtigen Knöpfe für das Bewegen im Text versammelt. So lässt sich schnell zu Textanfang und -ende sowie zu Zeilenanfang und -ende springen, weiter finden sich zwei Knöpfe zum Auf- und Abscrollen.

Die Symbolleiste kann im Menü *Ansicht* unter dem Befehl *Symbolleisten | PowerBook* oder per *Control-Mausklick* in den freien Bereich einer sichtbaren Symbolleiste angezeigt werden.

Schnelle Layout-Änderung mit dem Lineal

Wenn Sie in *Word* auf das Lineal doppelklicken, erscheint eine Dialogbox für das Dokument-Layout, das Absatz-Layout oder die Tabulator-Einstellung, je nachdem, ob Sie auf die Einzugsmarkierung links, das Lineal selbst (oben) oder einen Tabulator doppelklicken:

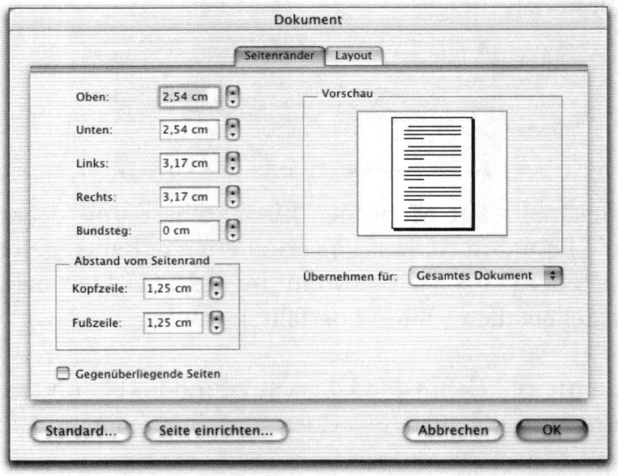

MERKET AUF!

Beim Dokument-Layout können Sie festlegen, auf welchen Bereich Ihre Einstellungen angewendet werden sollen: das gesamte Dokument oder das restliche Dokument ab Cursorposition.

Sie erreichen diese Befehle alternativ auch über das Menü *Format* unter den Befehlen *Dokument…*, *Absatz…* respektive *Tabstopps…*

Änderungen, die Sie hier vornehmen – entweder durch Ziehen im Lineal oder aber in den entsprechenden Dialogboxen – gelten immer für die aktuelle Auswahl.

Das Lineal kann im Menü *Ansicht* ausgeschaltet werden. Genutzt werden kann es trotzdem: Wenn Sie mit der Spitze des Mauszeigers in die kleine graue Leiste direkt unter der Fensterleiste fahren, schiebt es sich (meistens) herunter. Noch ist der Fensteraufbau unter Mac OS X und speziell in *Word* ein wenig zäh – deshalb klappt es nicht immer so flott wie gewünscht. (Dazu muss allerdings unter *Word* | *Voreinstellungen…* | *Allgemein* die Option *Feedback mit Animation* abgehakt sein.)

Besonders interessant sind die blauen Dreiecke linker Hand im Lineal:

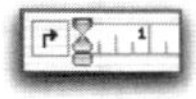

Damit legen Sie den so genannten «hängenden Einzug» fest, das heisst, Sie bestimmen hier, wie die erste Zeile eines Absatzes beginnen soll. Ziehen Sie einfach an einem oder allen der drei Elemente und sehen Sie zu, was passiert:

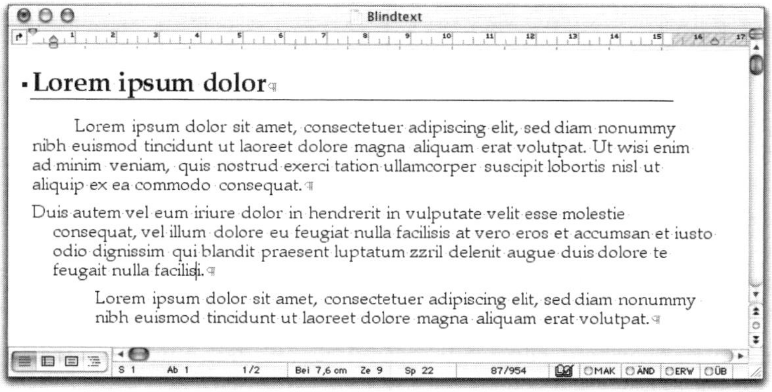

Hier können Sie neben dem Erstzeileneinzug also auch ganze Absätze schnell und kontrolliert einrücken, wenn Sie das kleine blaue Rechteck unten anfassen und verschieben.

Und – jetzt ist es eigentlich selbstverständlich – mit dem kleinen Dreieck rechts im Lineal bestimmen Sie den rechten Rand für den Textfluss.

RAFFINIERT

Wenn sie *Bearbeiten* | *Alles markieren* aufrufen, können Sie so die Textränder gleich für das gesamte Dokument einstellen, nicht nur für den aktuellen Absatz.

Sinngemäss funktioniert dann auch das vertikale Lineal, das sich via *Word | Voreinstellungen… | Ansicht* ein- und ausblenden lässt, aber nur in der Ansicht *Seitenlayout* zu sehen ist.

Mehr Übersicht – Fenster teilen

Geteilte Fenster sind praktisch, wenn Sie mehrere Stellen im Dokument gleichzeitig einsehen möchten, etwa, wenn Sie sich auf eine Passage beziehen, sich aber nicht unnötig wiederholen möchten. Oder wenn Sie Text über grosse Entfernungen bewegen möchten.

Sie können aber auch im oberen Feld im normalen Textmodus arbeiten, während in der unteren Hälfte die Druckansicht gezeigt wird. Oder die Fussnoten. Dazu klicken Sie mit dem Cursor einfach in die jeweilige Hälfte der Arbeitsfläche, was bedeutet, dass Sie das gewünschte Fenster aktivieren und dort die entsprechende Ansicht – für obere und untere Hälfte verschieden – wählen.

Sie können in *Word* ein Fenster in zwei Teile splitten, und das gleich auf vier verschiedene Arten:

- Mit dem Befehl *Teilen* im Menü *Fenster* (dieser Befehl ist nur in der Ansicht *Seitenlayout* verfügbar).
- Klicken Sie in den blauen Teiler über dem rechten Rollbalken und ziehen Sie eine Trennlinie heraus.
- Doppelklicken Sie in den blauen Teiler. Das Fenster wird in zwei gleich grosse Teile gespalten.
- Geben Sie das Kürzel *Befehl-Wahl-S* ein, um das Fenster zu teilen oder wieder zu verbinden.

Um die Arbeitsflächen wieder zu vereinen, genügt es, die Teilungslinie doppelzuklicken.

VORSICHT FALLE

Bei eingeschalteter Dokumentstruktur (Menü *Ansicht*) lässt sich ein Fenster nicht mehr teilen. Abhilfe: Wählen Sie stattdessen den Befehl *Neues Fenster* aus dem Menü *Fenster* und ordnen Sie die beiden Fenster wie gewünscht an. Das ist oft genauso gut.

Noch mehr Übersicht

Die vielen Symbolleisten von *Word* sind äusserst praktisch, und bereits im ersten Kapitel war ausführlich davon die Rede, gibt es sie doch für alle *Office*-Programme.

Freude kommt damit aber nur auf wirklich grossen Bildschirmen auf. Hier ein paar Tipps für die Besitzer kleinerer Monitore, wie Sie die Erscheinungsweise von *Word* an Ihre Verhältnisse anpassen können:

- Im Menü *Ansicht* kann das Lineal ausgeschaltet werden. Genutzt werden kann es trotzdem: Wenn Sie mit der Spitze des Mauszeigers in die kleine graue Leiste direkt unter der Fensterleiste fahren, schiebt es sich herunter. In der Layout-Ansicht gibt es die kleine graue Leiste auch linker Hand.
- Im Menü *Word* können unter dem Punkt *Voreinstellungen…* auf der Karte *Ansicht* die Statusleiste sowie die horizontale und vertikale Bildlaufleiste verborgen werden.
- Wird der freie Bereich einer Symbolleiste mit gedrückter *Control-Taste* angeklickt, so klappt ein Menü mit allen Symbolleisten herunter, und die Leisten können schnell ein- und ausgeschaltet werden.
- Und schliesslich können Sie sich statt der vorgefertigten eigene Symbolleisten erstellen, die nur die Knöpfe enthalten, die Sie tatsächlich benötigen.

Ansichtssache – die verschiedenen Dokumentansichten von Word

Mit den oben genannten Ausführungen sind Sie mit den Grundlagen der Textverarbeitung weitgehend vertraut und können Ihre Texte schon wie ein kleiner Profi verfassen. Um allerdings aus dem Rohmaterial – besonders bei umfangreichen Manuskripten – etwas Vernünftiges zu erstellen, gibt es weitere, sehr nützliche Hilfen in *Word*.

Unter dem Menüpunkt *Ansicht* kann ganz zuoberst zwischen fünf verschiedenen Darstellungsformen des aktuellen Dokuments gewählt werden. Das Ganze dient nicht nur einer schöneren oder besseren Darstellung, sondern ist auch mit äusserst interessanten Funktionen verbunden.

Je nach aktuell gewählter Ansicht unterscheiden sich auch die möglichen Optionen, die auf der Registerkarte *Ansicht* im Menü *Word | Voreinstellungen…* eingestellt werden können!

Standardansicht

Standard, das war früher die Ansicht, mit der *Word* am schnellsten umgehen konnte und die sich deshalb besonders für Texteingaben und das Editieren eignete. In der Normalansicht sind die meisten Stilattribute zwar sichtbar, jedoch werden der Seitenumbruch, Kopf- und Fusszeilen sowie textumflossene Grafiken nicht angezeigt.

HEISSER TIPP

Mit der Option *Zeilen auf Fensterbreite umbrechen* (Menü *Extras | Anpassen… | Ansicht*) können Sie in dieser Ansicht ein Maximum an Text im Dokumentfenster darstellen.

Onlinelayout

Dies ist das Seitenlayout für den Bildschirm. Gegenüber der Ansicht *Seitenlayout* wurde auf sich wiederholende Elemente wie Kopf- und Fusszeilen verzichtet, die beim Betrachten auf dem Monitor eher hinderlich sind.

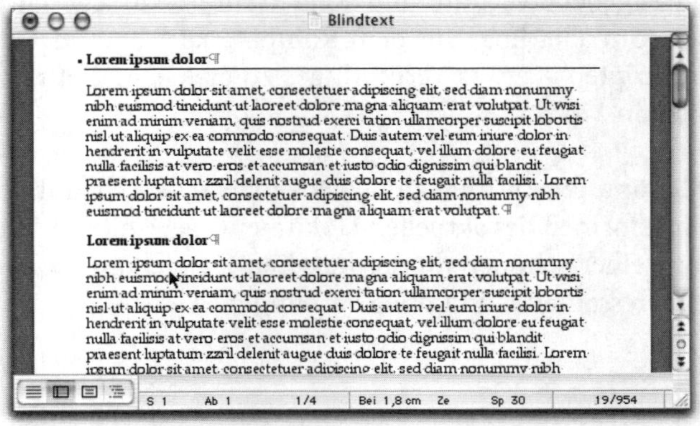

Seitenlayout

Seit *Word 98* haben die Programmierer bei Microsoft die Ansicht *Seitenlayout* deutlich beschleunigt, so dass gegenüber der Ansicht *Standard* – zumal auf schnelleren Rechnern – kaum mehr ein Unterschied feststellbar ist, was den Bildschirmaufbau sowie das Blättern und Editieren im Text angeht.

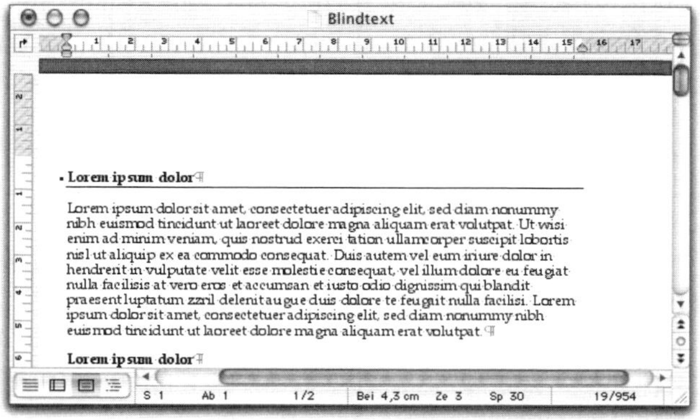

Ist diese Ansicht ausgewählt, so wird eine Seite so dargestellt, wie sie auch im Druck erscheint, inklusive Kopf- und Fusszeile.

Gliederung

Mein absoluter Liebling! Ohne sie wäre *Word* nur halb so viel wert – zumindest meiner bescheidenen Meinung nach. Wenn Sie das Manuskript zu diesem Buch in seinen Anfangsstadien gesehen hätten und es mit dem gedruckten Resultat vergleichen würden, wüssten Sie, was ich meine: Vom Chaos in die Ordnung.

Unverzichtbar für alle, die aus Gedankenfetzen fertige Texte machen.

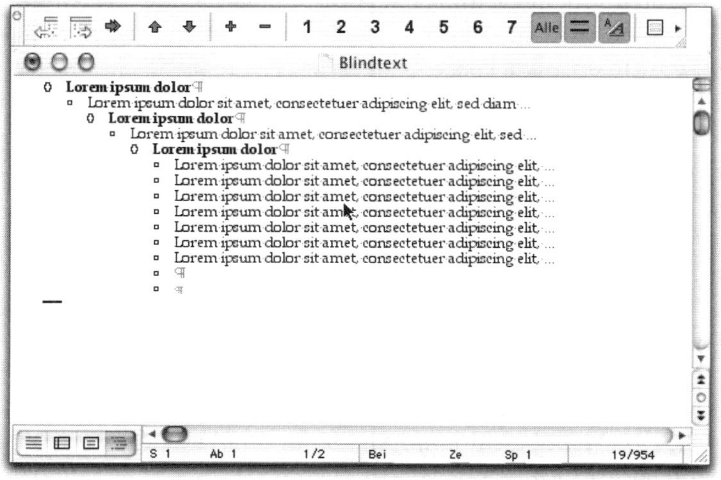

Dank der auf- und zuklappbaren Gliederung bleibt die Übersicht auch in grossen Dokumenten recht gut erhalten, und vor allem die Strukturierung von Texten, das Verschieben von Absätzen, das Zuordnen von Überschriften usw. gehen sehr übersichtlich und schnell.

Wenn Sie oft und gern mit der Gliederung arbeiten, sollen und müssen Sie Überschriften definieren, denn daran orientiert sich die Gliederungsfunktion.

ZEIT GESPART

Am schnellsten geht das mit der Tastenkombination *Befehl-Wahl-Zahl* (1 – 2 – 3), womit Sie einem Absatz die jeweilige Überschriftenhierarchie (1 – 2 – 3) zuordnen.

RAFFINIERT

Positionieren Sie den Cursor vor dem Umschalten in eine andere Ansicht – noch in der Gliederungsansicht – an der Stelle, wo Sie anschliessend editieren möchten. Nach dem Umschalten zur Normal- oder Layout-Ansicht wird der gewünschte Dokumentabschnitt angezeigt.

Wenn Sie statt *Überschrift 1* etc. andere Formatvorlagen in der Gliederung sehen möchten: Positionieren Sie in der Standardansicht den Mauszeiger im fraglichen Absatz, rufen Sie den Befehl *Format | Absatz*, Register *Einzüge und Abstände* auf und vergeben Sie rechts oben bei *Gliederungsebene* die gewünschte Ebene für dieses Format.

Auch wenn es nicht so scheint: Die Gliederungsansicht kann auch ohne den restlichen Text ausgedruckt werden:

1. Schalten Sie mit dem Menübefehl *Ansicht | Gliederung* zur Gliederungsansicht um. Sie können alternativ auch das entsprechende Symbol links unten in der Statusleiste anklicken.
2. Wählen Sie auf der Symbolleiste *Gliederung* mit den Knöpfen 1–7 die Überschriften aus, die sichtbar sein sollen.
3. Mit dem Menübefehl *Datei | Drucken…* können Sie die Gliederung jetzt ohne Lauftext ausdrucken.

Möchten Sie ein Gliederungsdokument weitergeben – als Konzept beispielsweise, das nur die Überschriften enthält –, so ist auch das mit ein paar Mausklicks möglich:

1. Positionieren Sie den Mauszeiger am Dokumentende.
2. Rufen Sie den Menübefehl *Einfügen | Index und Verzeichnisse…* und da den Reiter *Inhaltsverzeichnis* auf.

3. Deaktivieren Sie das Kästchen bei *Seitenzahlen anzeigen* und wählen Sie darüber bei *Ebenen anzeigen:* aus, wie viele Ebenen im Inhalt erscheinen sollen.
4. Nach Klick auf den Knopf *OK* wird das Inhaltsverzeichnis erstellt.

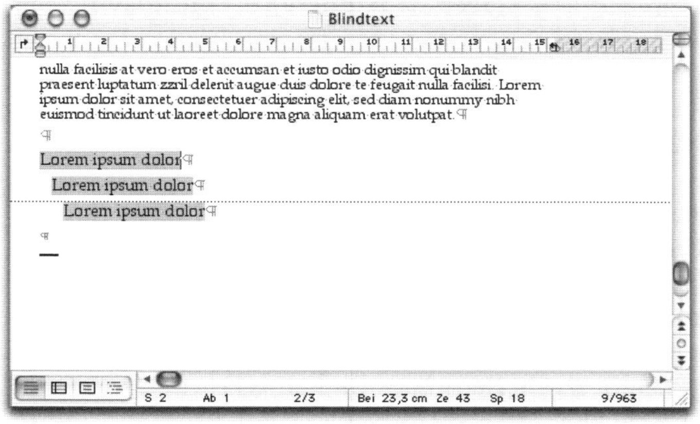

Das Inhaltsverzeichnis wurde als Feldfunktion angelegt – zu erkennen ist das an der grauen Markierung. Wenn Sie das kopieren oder ausschneiden und in ein anderes Dokument einsetzen, dann sieht das erstmal so aus (*Wahltaste-F9* schaltet auf den Feldinhalt um):

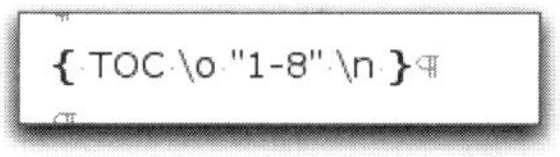

Nicht sehr praktisch, da sich so ein Inhaltsverzeichnis nicht so ohne weiteres bearbeiten lässt.

Wählen Sie statt *Bearbeiten | Einfügen* (*Befehl-V*) den Befehl *Bearbeiten | Inhalte einfügen...* (*Befehl-I*) und fügen Sie den Text unformatiert in das neue Dokument ein:

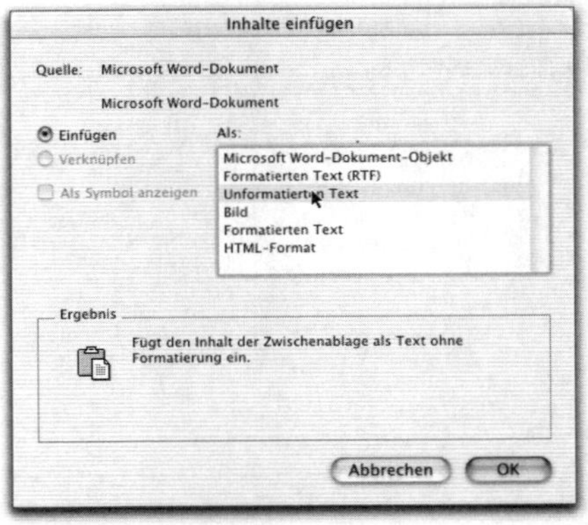

Jetzt ist das ein richtiger Text und Sie können Ihre Gliederung nach Herzenslust formatieren und editieren, bevor Sie sie speichern.

Projekt: Brainstorming – Ideen strukturieren und ausfeilen

Egal, ob es um einen Brief, ein Referat oder eine Studienarbeit geht, das Problem ist immer dasselbe und Sie kennen es: Da hat man eine Idee, ein Satz fällt einem ein, und all das soll später zu einem ausgefeilten Text werden. Aber wie wichtig ist das? Wie kann ich es gewichten?

Mit der Gliederung. Hier können Sie Textteile schnell neu anordnen, aus Überschriften Lauftext machen, kleine Ideen höher stufen…

Es passiert mir immer wieder, dass ein Stichpunkt, den ich in der Sammelphase noch als sehr wichtig einordne (Überschrift 1!), im fertigen Manuskript kaum mehr geworden ist als ein Nebensatz. Und umgekehrt.

Das ist nicht weiter verwunderlich, denn in der Sammelphase lautet die wichtigste Regel: «Nichts ist so unwichtig oder dämlich, als dass es nicht wert wäre, festgehalten zu werden.»

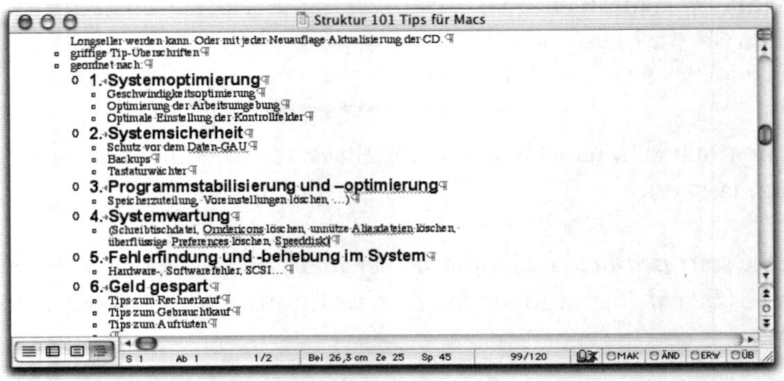

Der virtuose Umgang mit der Gliederung geht so am besten:

- Lassen Sie sich zunächst nur die Überschriften bis zur gewünschten Ebene anzeigen.
- Nehmen Sie eine Grobgliederung der Textteile vor. Fassen Sie den fraglichen Textteil am dicken Pluszeichen an und bewegen Sie ihn mit der Maus: Ordnen Sie durch Verschieben nach oben oder unten und verändern Sie die Gewichtung, indem Sie Texte höher oder tiefer einstufen (nach rechts respektive links ziehen).
- Mehrere Teile können Sie mit gedrückter *Shift-Taste* anwählen. Wenn Sie die *Shift-Taste* gedrückt halten, und auf das unterste markierte Pluszeichen klicken, können Sie alle Teile auf einmal verschieben.
- Per Doppelklick auf das Pluszeichen lassen sich die zugehörigen Texte aufklappen. In der Symbolleiste können Sie festlegen, ob jeweils nur die erste Zeile eines Absatzes angezeigt werden soll. Das genügt meist, um zu wissen, worum es sich handelt und macht das Ordnen noch übersichtlicher.
- Über die Symbolleiste können Sie über Knöpfe die Formatierung ein- und ausschalten und entscheiden, ob Sie den kompletten Text eines Absatzes oder nur die erste Zeile (sehr übersichtlich!) angezeigt bekommen möchten.

Masterdokument

Schalten Sie schliesslich zum *Masterdokument* um, so erscheint eine gleichnamige Symbolleiste, mit deren Hilfe Sie mehrere Dokumente zu einem Ganzen verbinden können. Im Masterdokument verwaltet *Word* beliebig viele so genannter Filialdokumente.

Gerade umfangreiche Manuskripte, wie zum Beispiel ganze Bücher, lassen sich hervorragend mit der Masterdokument-Funktion von *Word* verwalten, können doch die einzelnen Kapitel als separate Dokumente übersichtlich verwaltet wie bearbeitet und doch gemeinsam formatiert oder korrigiert werden:

1. Legen Sie ein neues Dokument mit den gewünschten Formatierungen an.
2. Schalten Sie im Menü *Ansicht* zu *Masterdokument* um.
3. Die Symbolleiste *Masterdokument* wird angezeigt:

4. Mit dem Knopf *Filialdokument einfügen* lassen sich nun alle gewünschten Dokumente der Reihe nach zusammenführen. Alternativ können Sie auch mit dem Knopf *Unterdokument erstellen* neue Dokumente anlegen und gleich auch einbinden.

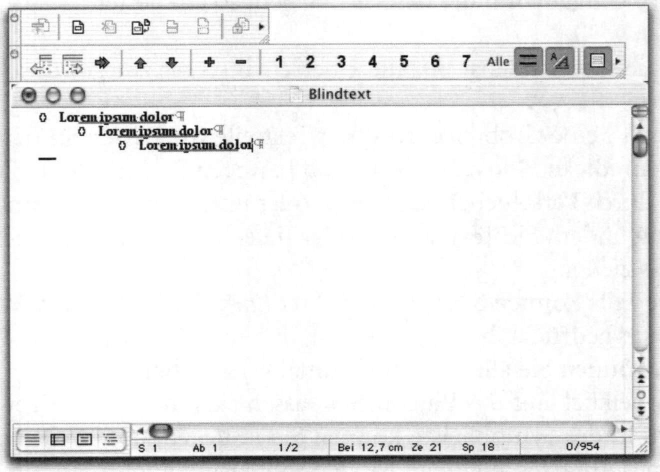

5. Speichern Sie das Masterdokument unter neuem Namen.

Es enthält nur die Verweise auf die Originaldateien (in Form von Hyperlinks), und wenn Sie die Zentrale erneut öffnen, müssen Sie wieder zur Ansicht *Masterdokument* umschalten und dann den Knopf *Filialdokumente erweitern* anklicken.

Nun können Sie ganz nach Lust und Laune entweder wie bisher die Einzeldokumente öffnen, um sie zu bearbeiten, oder aber das gesamte Manuskript per Masterdokument einsehen. Das ist zum Beispiel dann praktisch, wenn Sie die Rechtschreibung korrigieren oder wenn Sie die Schreibweise eines Wortes generell per *Suchen und Ersetzen* ändern möchten.

Auch das Kopieren zwischen einzelnen Kapiteln (Dokumenten) wird so viel einfacher, weil immer der gesamte Text eingesehen und editiert werden kann. Zudem lassen sich Inhalts- und Stichwortverzeichnisse im Masterdokument definieren, was dann automatisch zu der richtigen Reihenfolge und zur richtigen Seitennummerierung führt.

Bequem ist weiterhin, dass die Formatvorlagen des Masterdokumentes für alle eingebundenen Dokumente übernommen werden. Für einen Ausdruck beispielsweise ist es deshalb nicht mehr notwendig, alle Einzeldokumente daraufhin zu überprüfen, ob sie auch dieselben Formatierungen verwenden. Deshalb sieht das Dokument auch im Ausdruck aus wie aus einem Guss.

VORSICHT FALLE

Beim Anlegen eines Masterdokumentes fügt *Word* Abschnittswechsel an das Ende eines jeden Filialdokuments an. Für uns war dabei nie ganz nachvollziehbar, nach welchen Gesichtspunkten das geschieht: Mal ist es ein fortlaufender Abschnittswechsel, mal einer für eine neue Seite, ein andermal finden sich gar deren zwei. Vor einem Ausdruck sollten Sie sich deshalb alle Abschnittswechsel noch einmal sorgfältig ansehen, überflüssige löschen (markieren und *Rückschritt-Taste* drücken) sowie falsche ändern (per Doppelklick auf den Abschnittswechsel).

Werden Dokumente umbenannt oder gelöscht, so sollte das vom Masterdokument aus geschehen.

1. Öffnen Sie das Masterdokument.
2. Schalten Sie zur Ansicht *Masterdokument* um.
3. Zum Löschen eines Dokument-Verweises markieren Sie einen Hyperlink und betätigen die *Rückschritt-Taste* (das Dokument wird nicht gelöscht; lediglich der Eintrag im Masterdokument entfällt).

Um ein Dokument neu zu benennen, öffnen Sie es in einem eigenen Fenster (per Mausklick auf den Hyperlink) und speichern es unter neuem Namen ab. Der Hyperlink im Masterdokument wird automatisch aktualisiert.

Haben Sie ein Dokument versehentlich doch im Finder umbenannt, ist auch das kein grosses Drama: Wenn Sie das Masterdokument das nächste Mal öffnen und die Filialdokumente erweitern, werden Sie gefragt, ob Sie dies trotz einer fehlenden Datei tun möchten.

Bestätigen Sie (daraufhin wird der fehlende Hyperlink gelöscht und die restlichen Dateien geöffnet) und fügen Sie anschliessend das neu benannte Dokument in der Ansicht *Masterdokument* wieder an der gewünschten Stelle ein.

FEHLERTEUFEL

Das ist eine recht komplexe Funktion in *Word*, die beileibe nicht immer zuverlässig funktioniert. Manchmal werden Filialdokumente zerstört, manchmal ist das Masterdokument korrumpiert. Um die Vorteile zu nutzen, ohne die Nachteile in Kauf nehmen zu müssen, gehen Sie so vor:

1. Legen Sie das Masterdokument an. Es sollte grundsätzlich möglichst wenig oder gar keinen eigenen Text enthalten, sondern lediglich als Steuerzentrale für die Filialdokumente dienen (dann ist es nämlich kein grosses Drama, wenn das Masterdokument einmal defekt ist – es lässt sich leicht neu erstellen).

2. Definieren Sie die Filialdokumente, indem Sie entweder bereits bestehende einfügen (Knopf *Filialdokument einfügen)* oder eigens neue anlegen (Knopf *Unterdokument erstellen).*
3. Speichern Sie alles.
4. Jetzt arbeiten Sie erst einmal ausschliesslich mit den einzelnen Filialdokumenten, so weit das geht. Sie lassen sich wie gewohnt – wie jedes andere Dokument auch – in *Word* öffnen und bearbeiten.
5. Benötigen Sie die Funktionalität des Masterdokuments (übergreifendes Korrigieren etc.), dann erstellen Sie zunächst Kopien aller Filialdokumente, bevor Sie das Masterdokument öffnen.
6. Im Masterdokument tun Sie, was Sie wollen und speichern hinterher alles ab.

Überprüfen Sie jetzt sicherheitshalber alle Filialdokumente noch einmal (per Doppelklick einzeln öffnen). Sofern alles geklappt hat, ist es gut. Falls nicht, haben Sie immer noch die Kopien der Filialdokumente und können noch einmal von vorn beginnen.

Dokumentstruktur

Eine interessante Alternative zur Gliederungsansicht – und nicht nur zu der – bietet sich im Menü *Ansicht* unter dem Befehl *Dokumentstruktur*. Wird diese Ansicht gewählt, so klappt *Word* links eine Leiste auf, in der sich wichtige Stichpunkte aus dem Text aufgelistet finden:

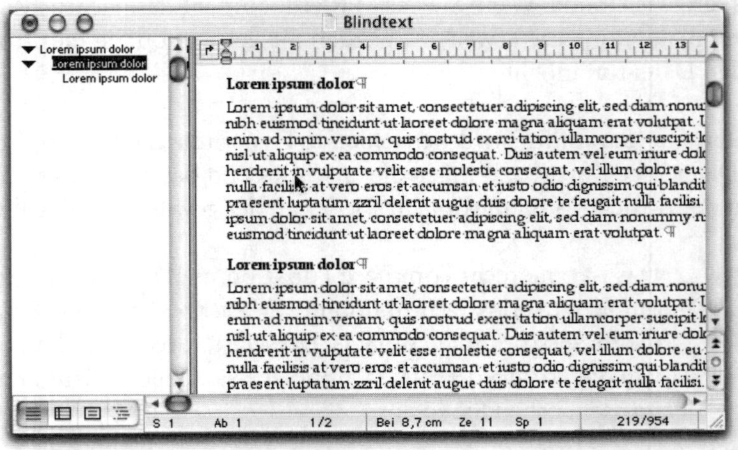

Die Struktur des Dokuments wird sehr übersichtlich dargestellt, und es ist jederzeit möglich, durch Klick auf einen dieser Punkte direkt zum entsprechenden Textabschnitt zu springen.

Besonders hilfreich wird diese Funktion durch die Tatsache, dass sie parallel zu den Sichtweisen *Normal*, *Onlinelayout*, *Gliederung* und so weiter gewählt werden kann. Beim Wechsel zu bestimmten Ansichten wird die Funktion *Dokumentstruktur* abgeschaltet – Sie können sie aber sofort wieder aktivieren.

Übrigens: Auch im Bereich der Dokumentstruktur funktioniert das Kontextmenü, und Ebenen lassen sich ein- wie ausblenden.

Wir können Ihnen nur dringend empfehlen, diese Funktion bei grösseren Schriftstücken permanent einzuschalten (das ist an dem kleinen Häkchen links vom Befehl kenntlich) und sie immer zu nutzen.

Aber Achtung: Bei eingeschalteter Dokumentstruktur lässt sich ein Fenster nicht mehr teilen. Abhilfe: Wählen Sie stattdessen den Befehl *Neues Fenster* aus dem Menü *Fenster*. Das ist oft genauso gut.

FEHLERTEUFEL

Manchmal, wenn Sie ein Dokument öffnen, will *Word* das – warum auch immer – neu formatieren. Effekt: In der Dokumentstruktur wird neben den erwünschten Überschriften noch alles Mögliche angezeigt und kann nur durch manuelles Neuformatieren der entsprechenden Formatvorlagen wieder entfernt werden. In dem Fall können Sie sich so behelfen:

1. Schliessen Sie das Dokument wieder, ohne es zu speichern.
2. Drücken Sie beim nächsten Öffnen (schnell) die Tastenkombination *Befehl-Punkt*. Das unterbindet die Neuformatierung und das Dokument wird in Normalansicht (ohne Dokumentstruktur) geöffnet.
3. Wenn Sie jetzt wieder die Dokumentstruktur einschalten, ist alles in Ordnung.

HEISSER TIPP

Mit Hilfe der Dokumentstruktur können Sie sich eine phantastische To-Do-Liste schaffen: Wenn Sie beispielsweise an einem grösseren Projekt arbeiten, müssen Sie nur in den Überschriften bereits Erledigtes abhaken (Zum Beispiel mit *Wahl-V* = √) und es wird sofort in der Übersicht erkennbar.

Das geht hervorragend; bei umfangreicheren Einkaufslisten ebenso wie bei ausgewachsenen Manuskripten.

Dokumentansichten vorwählen

Welche Dokumentansicht *Word* beim Öffnen anzeigt, können Sie steuern:

- Neue Dokumente werden in der Ansicht geöffnet, in der Sie die Standardvorlage *Normal* gespeichert haben. Öffnen Sie gegebenenfalls *Normal* (im Ordner *Microsoft Office X – Vorlagen*), schalten Sie auf die gewünschte Ansicht um und speichern Sie die Vorlage.
- Andere Dokumente merken sich die Ansicht, in der sie zuletzt gespeichert wurden.

Projekt: Brief samt Vorlage

Zeit für unser erstes *Word*-Projekt. Ein Brief mit Briefkopf und allem Drum und Dran.

1. Wählen Sie aus dem Menü *Datei* den Befehl *Projektkatalog…* und suchen Sie sich eine Dokumentvorlage aus.

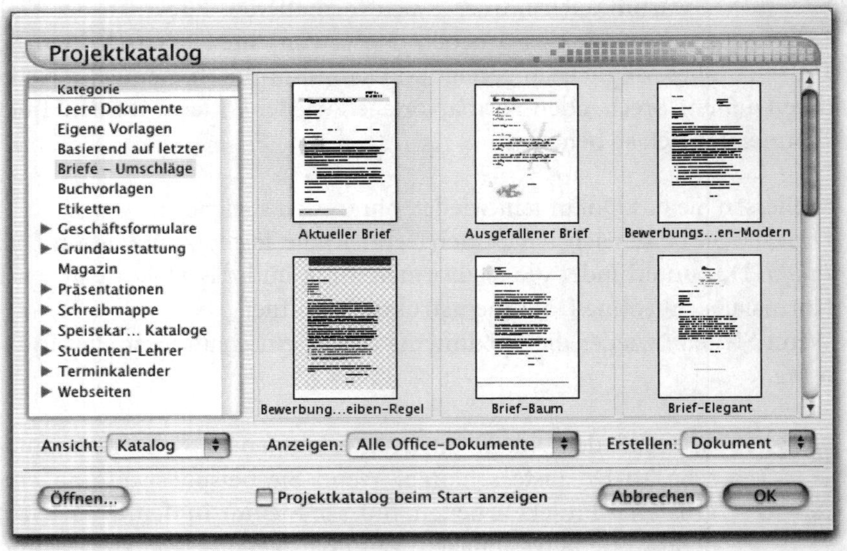

2. Öffnen Sie die gewünschte Dokumentvorlage und sichern Sie «Dokument 1» gleich unter neuem Namen – zum Beispiel unter «Brief an Andrea».
3. Das Dokument enthält bereits Beispieldaten, die Sie nun Ihren Anforderungen anpassen. Tippen Sie Ihre Texte über die bereits vorhandenen und löschen Sie nicht benötigte Elemente.
4. Eine nette Grafik wäre jetzt nicht schlecht: Menü *Einfügen* | *Bild* | *ClipArt…*

Machen Sie einen Probeausdruck, falten Sie das Blatt und überprüfen Sie die Position der Adresse. Wenn alles geklappt hat, können Sie den Brief nun in einem Fensterumschlag versenden.

Und wenn Sie diesen Brief abschliessend zusätzlich als Dokumentvorlage (im Ordner *Vorlagen*) abspeichern, können Sie jederzeit wieder auf die eben vorgenommenen Formatierungen zurückgreifen. Über die Vorzüge von Dokumentvorlagen lesen Sie gleich noch mehr.

Datum und Uhrzeit

Eine Standardangabe in Briefen ist das Datum, das Sie mit *Words* Hilfe ganz schnell an der aktuellen Cursorposition einsetzen können: Wählen Sie Menübefehl *Einfügen | Datum und Uhrzeit…*

Sie haben die Wahl zwischen unterschiedlichsten Formaten für Datum und Zeit, und mit der Option *Automatisch aktualisieren* legen Sie fest, ob der Wert bei jedem Öffnen des Dokuments neu eingestellt werden soll oder nicht.

Ist das Häkchen gesetzt, dann wird das Dokument immer das aktuelle Datum zeigen, wenn es wieder geöffnet wird – auch nach Jahren. Das ist beispielsweise bei Dokumentvorlagen sinnvoll, damit der darauf basierende Brief immer das heutige Datum übernimmt.

Datum und Uhrzeit können Sie auch schnell über die Tastatur eingeben:

- *Control-Shift-D* setzt das Datum an Cursorposition (wird automatisch aktualisiert).
- *Control-Shift-T* setzt die Uhrzeit an Cursorposition (wird automatisch aktualisiert).

Briefe, die Sie archivieren, sollten in der Regel ein fixes Datum enthalten, damit sie auch nach geraumer Zeit noch genau sehen können, wann der Brief verfasst (und versandt) worden ist.

RAFFINIERT

Ideal ist natürlich, wenn in Dokumentvorlagen (die Sie über den *Projektkatalog* aufrufen) und auch in Dokumenten, die Sie erneut aufrufen, ändern und dann mit *Speichern unter…* unter anderem Namen abspeichern, erst einmal ein dynamisches Datum enthalten ist, damit Sie nicht versehentlich unzeitgemässe Briefe verschicken.

Ein möglicher Weg liegt darin, ein dynamisches Datum in den Vorlagen zu verwenden und dies dann jedes Mal manuell zu fixieren:

1. Dokument bzw. Vorlage öffnen.
2. Datumsfeld markieren.
3. Menübefehl *Einfügen | Datum und Uhrzeit…* aufrufen und darauf achten, dass die Option *Automatisch aktualisieren* nicht abgehakt ist. Alternativ dazu können Sie auch *Befehl-Shift-F9* drücken – das wandelt eine Feldfunktion in normalen Text um.
4. Dokument unter neuem Namen sichern.

Eleganter ist es natürlich, wenn das automatisch geschieht. In dem Fall helfen die Feldfunktionen von *Word* weiter. Der Menübefehl *Einfügen | Feld…*, Kategorie *Datum und Uhrzeit* zeigt Ihnen die möglichen Befehle, und über den Knopf *Optionen…* können Sie das Format einstellen:

CreateDate	Erstellungsdatum.
Date	aktuelles Datum.
PrintDate	Datum des (letzten) Drucks.
SaveDate	Datum der (letzten) Speicherung.
Time	aktuelle Uhrzeit (inklusive Datum).

Mit *Wahltaste-F9* können Sie die Feldanzeige umschalten und sehen dann die Werte respektive die Feldfunktionen.

RAFFINIERT

Datumseinträge können Sie natürlich auch markieren und dann per *Control-Mausklick* einen *AutoText*-Eintrag daraus machen!

Ausgefeilte Textverarbeitung

Suchen... und *Ersetzen...* – das sind die wichtigsten Befehle, um Dokumente zu durchforsten und zu bereinigen. Suchen lässt sich nach so ziemlich allem – nicht nur nach Zeichen und Wörtern – und ersetzt werden kann das dann auch.

Word folgt dabei Computergesetzmässigkeiten und nicht unbedingt der Vernunft. Das ist hier aber eher von Vorteil, denn deshalb sind so erstaunliche Dinge möglich wie unter *Typographische Anführungszeichen* weiter hinten beschrieben.

Die Funktion *Ersetzen* kann viel, unter anderem Tipparbeit sparen. In diesem Buch wimmelt es nur so von Begriffen wie *Excel, Word* etc. Klar, dass ich mir sofort *AutoKorrektur*-Einträge angelegt habe, die richtig die kursive Schreibweise einsetzen (ersetze Word durch *Word*).

Manches aber habe ich diktiert und bekam es unformatiert zurück, ein andermal wieder habe ich *Entourage* der Schnelligkeit halber mit «ER» abgekürzt. Typische Szenarien für *Ersetzen*: Suche nach «ER» – ersetze durch «*Entourage*». Wie das geht? Lesen Sie's im nächsten Abschnitt nach…

Suchen und Ersetzen

Diese Befehle sind also sehr hilfreich und weit mächtiger, als es auf den ersten Blick erscheint. Es lohnt sich, den Knopf *Erweitern* zu drücken und sich die verschiedenen Optionen, die hinter den Popup-Menüs *Format* und *Sonstiges* verborgen sind, genauer anzusehen.

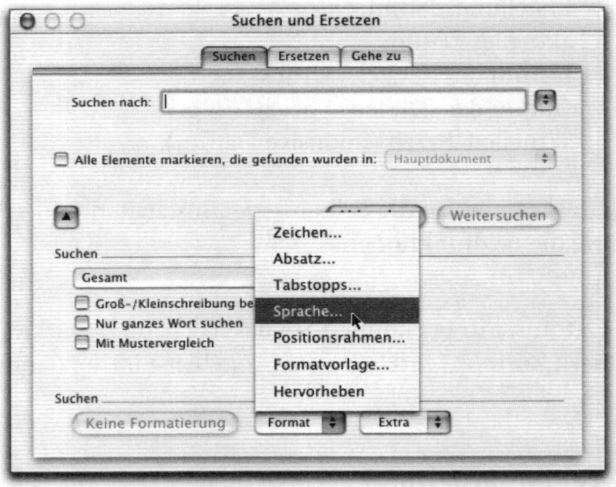

HEISSER TIPP

Wenn Sie einen Textabschnitt markiert haben, wirken die Befehle *Suchen…* respektive *Ersetzen…* erst einmal nur in diesem Bereich: Sie können also – sofern das Richtige markiert ist – alles im markierten Bereich auf einmal ersetzen (*Alle ersetzen*). Ist der markierte Bereich abgearbeitet, fragt *Word* nach, ob auch das restliche Dokument durchgearbeitet werden soll.

POWER USER

Je nachdem, was Sie suchen, geben Sie den Begriff nicht zu genau ein. In den erweiterten Optionen können Sie festlegen, ob die Gross-/Kleinschreibung Ihres Suchtextes beachtet oder ob nur nach ganzen Wörtern gesucht werden soll.

Suchen Sie also beispielsweise nach allen Vorkommen, die mit Grafik zu tun haben, sollten Sie als Suchbegriff «gra» oder «graf» eingeben (Gross-/Kleinschreibung ignorieren, nicht nur nach ganzen Wörtern suchen).

Dann werden auch solche Vorkommen wie «grafisches Gewerbe» oder «Graphiker» (beim Suchbegriff «gra») gefunden – und Sie können sich endlich mal entscheiden, wie Sie «Grafik» eigentlich schreiben möchten.

HEISSER TIPP

Wenn Sie in *Word* den Ersetzen-Dialog aufgerufen haben (aus dem Menü *Bearbeiten*), dann klappen die letzten Such- respektive Ersatzkriterien auf, wenn Sie den Cursor im entsprechenden Feld positionieren und Taste Pfeil-nach-unten drücken oder das kleine Dreieck rechts des Begriffs mit der Maus anklicken.

Und noch ein Tipp: Als Such- beziehungsweise Ersatzkriterium sind nicht nur Zeichenfolgen möglich, sondern ebenso Stile und Formatvorlagen.

So können Sie nach allen Vorkommen eines Wortes suchen und es durch dasselbe Wort ersetzen lassen.

Das klingt dumm? Ist es aber nicht, denn Sie suchen nach «Ursula» und ersetzen durch «*Ursula*».

Sogar relativ komplexe Operationen werden so möglich: Beispielsweise könnten Sie nur in den englischen Textteilen nach einem bestimmten Wort in der Schrift *Times* 10 Punkt suchen lassen und dieses durch das gleiche Wort, diesmal aber formatiert in *Avant Garde*, 12 Punkt und fett, ersetzen.

Statt also mühselig während der Texteingabe immer wieder Attribute, Zeichensätze und -grössen zu ändern, schreiben Sie einfach drauflos und lassen hinterher *Word* die Arbeit machen.

HEISSER TIPP

Ist es Ihnen zu mühselig, die verschiedenen Formatierungen im Dialog zu definieren, so ist es vielleicht einfacher, sicher aber anschaulicher, wenn Sie folgenden Tipp beherzigen:

1. Formatieren Sie ein Vorkommen des Wortes so, wie Sie das gerne hätten.
2. Markieren Sie das Wort und legen Sie es in die Zwischenablage (*Befehl-C*).
3. Rufen Sie den Ersetzen-Dialog auf und schreiben Sie das Wort ins Feld *Suchen nach*: (Sie können es auch per *Befehl-V* aus der Zwischenablage einsetzen).

4. Im Feld *Ersetzen durch* geben Sie nicht das Wort ein, sondern Sie positionieren den Cursor im Feld und wählen im Popup-Menü *Extra* den Punkt *Inhalt der Zwischenablage* an: Damit werden auch die Formatierungen beim Ersetzen ausgetauscht. Stattdessen können Sie auch «^c» eingeben – das Kürzel, an dem *Word* erkennt, dass es den Inhalt der Zwischenablage übernehmen soll.

Für häufiger vorkommende Ersatzoperationen dieser komplexeren Art definieren Sie sich natürlich ein Makro.

Dokumentenübergreifendes Suchen und Ersetzen

Der Übersichtlichkeit und Schnelligkeit halber legen wir umfangreiche Manuskripte in einzelnen Kapiteln ab. Was aber tun, wenn über mehrere Dokumente hinweg nach einem Begriff gesucht werden soll?

- Unter dem Abschnitt *Suchen* können Sie in einem Pop-Up wählen, für welchen Bereich die Suche gelten soll:

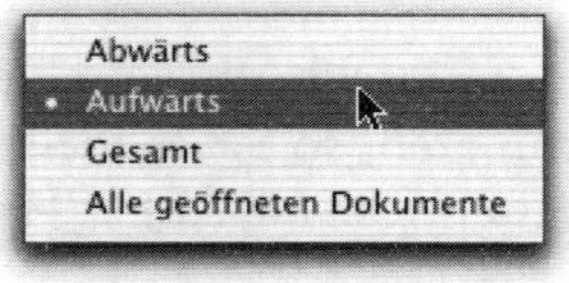

  Entweder das gesamte Dokument, alle offenen Dokumente, oder aber ab Cursorposition aufwärts bis zum Dokumentbeginn respektive abwärts bis zum Dokumentenende.
- Mit der Option *Alle geöffneten Dokumente* können Sie in mehreren Dokumenten gleichzeitig suchen und ersetzen. Das ist hilfreich, um zusammengehörige Texte auch gemeinsam auszufeilen.

Aber Achtung: Diese Einstellung bleibt gespeichert, bis Sie wieder einen anderen Suchbereich definieren – passen Sie also auf, dass Sie nicht versehentlich andere, geöffnete Dokumente ungewollt verändern.

Suchen und Ersetzen für Profis

Manche von Ihnen haben vielleicht schon von dem UNIX-Utility *grep* gehört (oder gar damit gearbeitet), welches komplexe Such- und Ersatzfunktionen bietet – das können Sie im *Terminal* von Mac OS X natürlich auch nutzen.

Word kann fast dasselbe. Rufen Sie dazu den *Finden*- oder *Ersetzen*-Dialog auf und klicken Sie *Mit Mustervergleich* an – gemeint sind damit so genannte «Wildcards», übersetzt in etwa Platzhalter für Zeichen. Wenn Sie das Pop-Up *Extra* aufklappen, finden Sie dort einige neue Möglichkeiten, mit denen Sie ausgefeilte Suchoperatoren festlegen können:

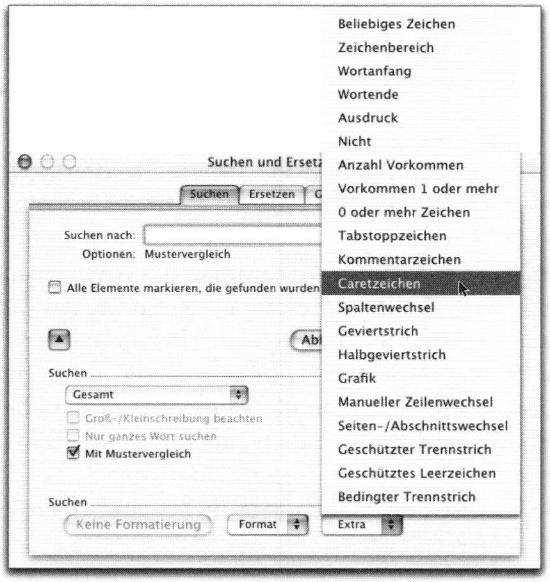

HEISSER TIPP

Bemühen Sie dazu auch einmal den Menübefehl *Hilfe | Word-Hilfe durchsuchen* und lassen Sie nach *Platzhalterzeichen* suchen. Sie erfahren dabei einiges über die Möglichkeiten der erweiterten Suche.

Nachfolgend die Platzhalterzeichen und ihre Bedeutung. Sie können sie übrigens auch aus dem Pop-Up-Menü aufrufen, wenn Sie sie nicht eintippen möchten.

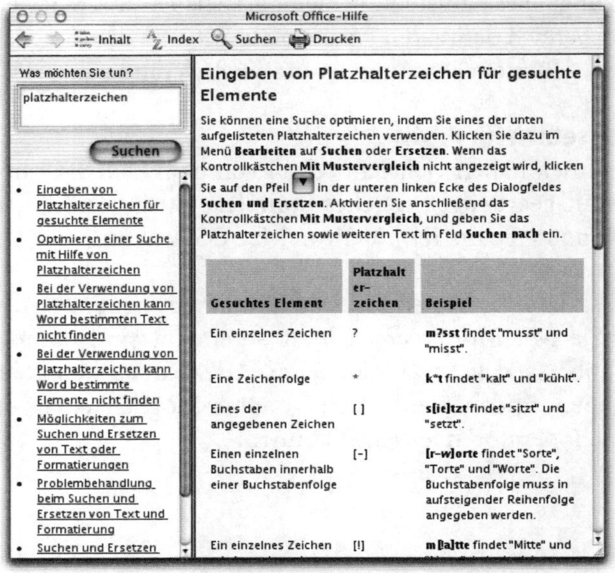

? steht für einen beliebigen Einzelbuchstaben. *M?ller* findet alle Müller, Möller, usw. *M???er* findet Müller, Merzer, Master usw.

* steht für eine beliebige Zeichenkette. *s*t* findet «scheint», aber auch «… sich dasselbe Result».

@ steht für ein oder mehrere Vorkommen des vorangegangenen Zeichens. *at@e* findet das «ate» in «Adressaten» ebenso wie das «atte» in «flattern».

<> Mit diesen Klammern – die auch einzeln benutzt werden können, werden Wortanfang respektive -ende bezeichnet. *<s*t>* zum Beispiel sucht nach Fundstellen, bei denen das erste Wort mit «s» beginnt, das letzte mit «t» endet, und findet «steht», aber auch «… sehr mächtige Funktion verbirgt».

*<S*t>* findet «Suchtext», aber auch «Sie nicht» und noch viel längere Ausdrücke.

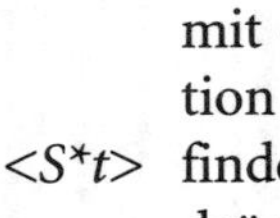
MERKET AUF!

Sie sehen – die Suchfunktion in *Word* unterscheidet exakt zwischen Gross- und Kleinschreibung!

[] Diese beiden Klammern (mit *Wahl-5* und *Wahl-6* erreichbar) müssen immer zusammen benutzt werden. Sie spezifizieren spezielle Zeichen oder auch Zeichenbereiche. [A-Z] findet alle Grossbuchstaben, [13579] findet jede ungerade Zahl. [0-9][0-9][0-9][0-9] findet alle vierstelligen Zahlen, in der Regel sind das Jahreszahlen. Theoretisch würde das auch die Folge [0-9]{4} erledigen, was jedoch aus einem bestimmten Grund nicht geht (zu den geschweiften Klammern und der Ursache kommen wir gleich).

[!] Mit dem Ausrufezeichen innerhalb der Klammer werden spezielle Zeichen oder auch Zeichenbereiche ausgeschlossen. [!A-Z] findet alles ausser Grossbuchstaben

\ Dieses Zeichen (*Shift-Wahl-7* auf der Tastatur) hebt die Wildcard-Funktion auf: \? sucht nicht nach einem beliebigen Zeichen, sondern nach dem Fragezeichen.

{} Innerhalb der geschweiften Klammer (mit *Wahl-8* und *Wahl-9* erreichbar) werden mehrmals wiederkehrende Vorkommen definiert. a{2} findet alle «aa». a{2,} findet mindestens zwei «a», also auch «aaaa». a{2,3} findet «aa» und «aaa».

FEHLERTEUFEL

Dies ist wieder mal die blasse Theorie, denn bei uns wollten sich weder *Word 2001* noch *Word X* dazu überreden lassen, diese Bedingung zu erfüllen.

() Mit den normalen Klammern können Sie Ausdrücke zusammenfassen, auf die Sie dann Bezug nehmen können. Mit *(Oh) \1* etwa finden Sie «Oh Oh», und mit *\1* bei Ersetzen können Sie auf die erste Klammer der Suchen-Option Bezug nehmen.

^ Dieses Zeichen wird besonderen Codes vorangestellt. Wählen Sie beispielsweise das Tabulatorzeichen als Suchkriterium, dann wird das durch *^t* repräsentiert. Theoretisch können Sie so auch nach dem Absatzzeichen suchen (das im Pop-Up-Menü bei einem Mustervergleich nicht auftaucht), indem Sie *^13* eintippen – aber das funktioniert bei uns wieder mal nicht.

Makros sparen Sucharbeit

Praktisch in jedem Dokument finden sich nach der Fertigstellung irrtümlich eingegebene doppelte Leerschläge oder auch ein Leerschlag zwischen dem Punktzeichen und dem Absatzzeichen am Satzende.

Mit *Suchen* und *Ersetzen* (Suche nach zwei Leerschlägen, ersetze durch einen; suche nach Leerschlag-Absatzzeichen, ersetze durch Absatzzeichen…) kann jedes Dokument schnell bereinigt werden.

Sie können das Ganze nun als Makro aufzeichnen und in die Symbolleiste legen: Statt nun jedes Mal umständlich die *Suchen-* und *Ersetzen*-Funktion aufrufen zu müssen, genügt künftig ein Klick auf die Taste.

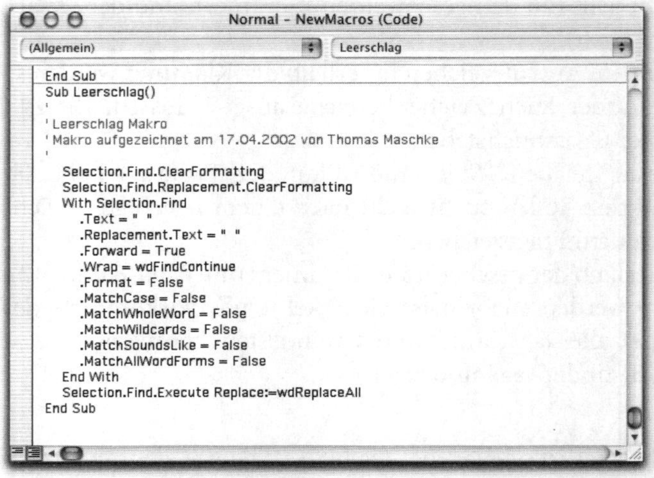

HEISSER TIPP

Auf diese Weise können Sie auch komplexere Formatierungsdurchläufe in einem Makro zusammenfassen und jedes Dokument vor dem Ausdruck gemäss Ihren Anforderungen sauber formatieren.

Als sinnvoll haben sich bei uns folgende Makros erwiesen, die wir uns einfach selbst aufgezeichnet haben:

- Suche zwei Leerzeichen, ersetze durch eines (Tipp: Um auch drei, vier und mehr aufeinander folgende Leerzeichen auszumerzen, rufen Sie die *Ersetzen*-Funktion oder das Makro einfach so oft auf, bis keine Änderungen mehr gemacht werden).
- Umwandlung normaler Anführungszeichen in typographische (Tipp: Fügen Sie Sonderzeichen über *Einfügen | Sonderzeichen…* in den Text ein, kopieren Sie das Zeichen per *Befehl-C* und setzen Sie es mit *Befehl-V* in den *Ersetzen*-Dialog ein).
- Ersetze Minuszeichen durch Gedankenstrich.

RAFFINIERT

Sie sollten komplexere Formatierungsdurchläufe in einem Makro zusammenfassen und jedes Dokument vor dem Ausdruck gemäss Ihren Anforderungen sauber formatieren.

Typographische Anführungszeichen

Wenn es etwas gibt, das bei einem Text sofort ins Auge sticht, dann sind es falsche Anführungszeichen. In verschiedenen Ländern sind unterschiedliche Ausführungen üblich:

"Das ist ganz schlecht!"
«So sind sie in der Schweiz»
„So mögen es die Deutschen“
“Die amerikanische Variante”
»Auch das kommt vor«

Obwohl *Word* eine Option kennt, aus unschönen *Shift-2*-Anführungen automatisch typographisch richtige Anführungen zu machen, gibt es doch zwei Schönheitsfehler.

Erstens: Das gilt nicht für bestehende Dateien, in denen die Anführungen mit *Shift-2* erzeugt wurden.
Zweitens: Die Anführungen sind zwar für Deutschland richtig, aber nicht für die Schweiz.

Der erste Umstand ist leicht zu korrigieren. Um in *Word* zumindest die deutschen typographischen Anführungszeichen zu erhalten (die eindeutig sind und sich vom Schweizer leicht ersetzen lassen), wählen Sie aus dem Menü *Extras* den Befehl *AutoKorrektur…* und kreuzen dort im Register *AutoFormat während der Eingabe* das entsprechende Kontrollkästchen an: *Gerade Anführungszeichen durch typographische ersetzen.*

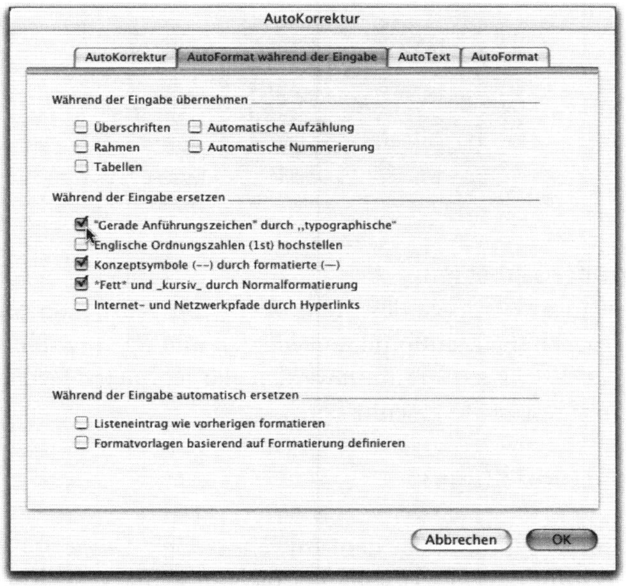

Und schon können Sie auch die bereits vorhandenen falschen Anführungszeichen in die richtigen umwandeln. Rufen Sie den *Suchen-* und *Ersetzen*-Dialog auf und geben Sie folgende Suchkriterien ein:

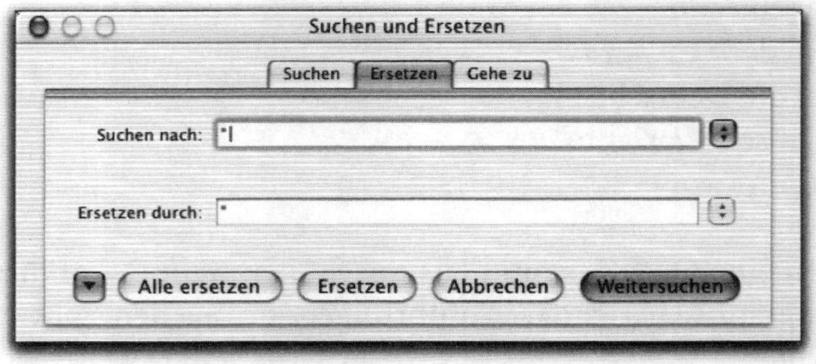

Das sieht auf den ersten Blick ein wenig dusslig aus, aber tatsächlich ersetzt *Word* jetzt durch eindeutige An- und Abführungen – allerdings nach amerikanischem Muster.

Wenn Sie nach deutschen oder Schweizer Regeln arbeiten möchten, müssen Sie mit weiteren Suchläufen die richtigen An- und Abführungen ersetzen: Die notwendigen Tastenkombinationen für die Sonderzeichen finden Sie heraus, wenn Sie das Dienstprogramm *Tastatur* starten und dort die Sondertasten drücken:

Alles Sichern oder Schliessen

Zeit für eine Pause. Wenn Sie das Menü *Datei* mit gedrückter *Shift-Taste* anwählen, ändern sich die Menüpunkte *Schliessen* und *Speichern* in *Alles Schliessen…* und *Alles Speichern.* Daraufhin werden alle geöffneten Dateien auf Nachfrage gespeichert respektive geschlossen.

Für Tippfaule (und Kluge)

Word ist ein Textprogramm, das dem Anwender viele Dinge abnehmen kann. Das aktuelle Datum oder die Uhrzeit beispielsweise fügen Sie mit dem Menübefehl *Einfügen | Datum und Uhrzeit…* ein:

Noch schneller geht es mit *Control-Shift-D* für das Datum und *Control-Shift-T* für die Uhrzeit.

Und mit den richtigen Einstellungen erweist sich die Registerkarte *AutoKorrektur* aus dem Menü *Extras* als echter Helfer:

AutoKorrektur

Die *AutoKorrektur* von *Word* ist eine feine Sache. Häufig auftretende Tippfehler – zum Beispiel die berühmten Dreher wie *its* statt *ist* – können Sie damit eliminieren. Grundsätzliches dazu fand sich bereits im ersten Kapitel zu *Office* generell. In *Word* haben Sie aber noch ein paar Möglichkeiten mehr. Wenn Sie das nutzen, gelten die *AutoKorrektur*-Einträge aber nur für *Word*.

MERKET AUF!

AutoKorrektur-Einträge gelten für alle *Office*-Programme, sofern sie in *Entourage*, *Excel* oder *PowerPoint* definiert wurden. In *Word* definierte *AutoKorrektur*-Einträge gelten dann fürs gesamte *Office*, wenn die Option *Text mit Format* nicht gewählt wurde.

In *Word* können Sie, sofern die automatische Rechtschreibkontrolle während der Eingabe aktiviert ist (Menü *Word* | *Voreinstellungen…* | *Rechtschreibung*), als falsch erkannte Schreibweisen auch über das Kontextmenü (*Control-Mausklick* auf das Wort) zu einem AutoKorrektur-Eintrag machen:

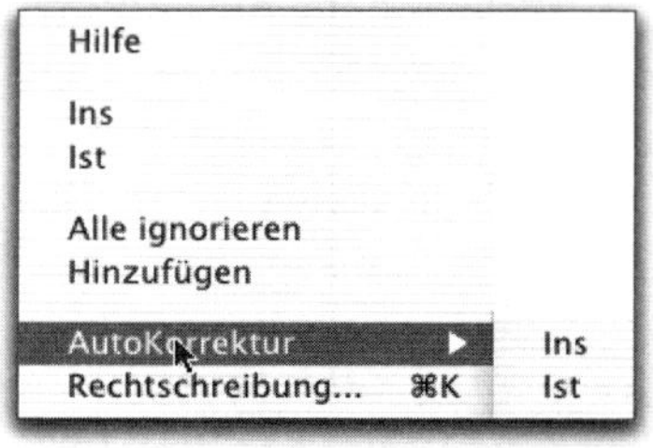

Rufen Sie im Kontextmenü *AutoKorrektur* auf und wählen Sie dort die richtige Schreibweise. Auch dieser Tippfehler wird künftig automatisch korrigiert.

In *Word* können Sie nicht nur die Schreibweise, sondern auch die Formatierung korrigieren lassen. Soll beispielsweise etwas immer fett und kursiv und besonders gross sein, dann formatieren Sie entsprechend, markieren den Text, rufen *AutoKorrektur…* auf, klicken den Knopf *Text mit Format* an und geben ein passendes Kürzel ein.

RAFFINIERT

Wenn Sie bei *Ersetzen* eher ungewöhnliche Schreibweisen eingeben, etwa «ursula1», «ursula2» und so weiter, dann können Sie a) «Ursula» nach wie vor ganz normal schreiben und b) mehrere Schreibvarianten bereithalten.

Auf diese Weise können Sie auch häufig benutzte, aber umständlich zu erreichende Sonderzeichen wie etwa den Apfel schnell eingeben, wenn Sie sich dafür einen *AutoKorrektur*-Eintrag definieren, der *Text mit Format* berücksichtigt.

Der Knopf *Ausnahmen…* ist vor allem für Abkürzungen und Wortanfänge wichtig. Hier können Sie all die Begriffe eingeben, bei denen *Office* dann nicht automatisch zuschlagen soll: Beispielsweise ist es unerwünscht, wenn nach «ca.» automatisch gross geschrieben wird. Nach Gross- und Kleinschreibung wird hier nicht unterschieden: der Eintrag «bzw.» greift also auch bei «Bzw.».

Ebenso ärgerlich ist es, wenn *Office* den Begriff «CDs» immer zu «Cds» verhunzt – auf der Registerkarte *WOrtanfang GRoss* können Sie das ändern.

Die Option *Wörter automatisch hinzufügen*, die Sie hier abhaken können, fügt der Ausnahmeliste von *AutoKorrektur* automatisch Abkürzungen hinzu, wenn *Office* respektive *AutoKorrektur* erkennen, dass die automatische Korrektur so nicht gewünscht ist. Das funktioniert aber nur, wenn Sie die *Rückschritt-Taste* betätigen und das korrigierte Wort neu und richtig eintippen. Der Menübefehl *Bearbeiten* | *Rückgängig* (*Befehl-Z*) ist zwar viel schneller aufgerufen, aber *Word* erkennt die neue Abkürzung dann nicht.

Unter *Weitere Korrekturen* schliesslich nehmen Sie komplette Wörter auf, die nicht automatisch korrigiert werden sollen.

AutoFormat zum Ersten

Auf der Registerkarte *AutoFormat während der Eingabe* (unter *Extras* | *Auto-Korrektur…*) können Voreinstellungen zu einigen häufigen Formatierungen gewählt werden:

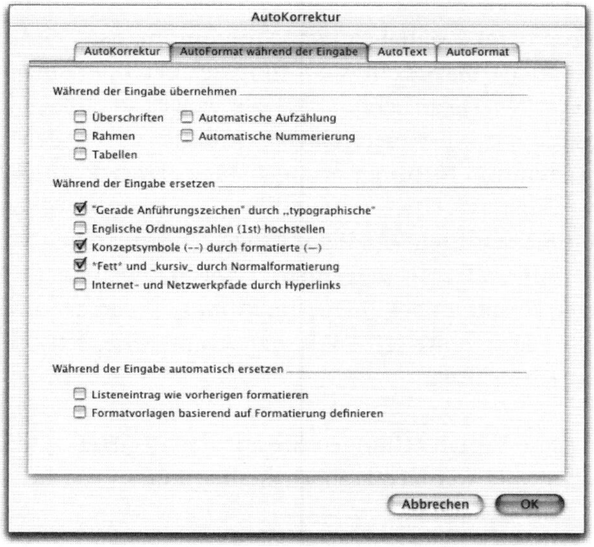

Hier wird beispielsweise eingestellt, ob aus *Shift-2* typographische Anführungszeichen werden oder ob Internet- und E-Mail-Adressen automatisch zu einem Hyperlink konvertiert werden sollen.

- www.smartbooks.ch wird zu www.smartbooks.ch
- name@provider.de wird zu name@provider.de

Wird dann auf solch einen Hyperlink geklickt, so startet das festgelegte E-Mail- oder Browser-Programm und die Adresse wird übernommen (beachten Sie dazu auch den Abschnitt *Hyperlinks*).

Word erkennt auch das Format Ihrer Aufzählungen und Nummerierungen. Geben Sie beispielsweise ein:

Test: mal ausprobieren (Aufzählungszeichen aus der Symbolleiste *Format* anklicken).

- **Zweiter Test:** Klappt doch!

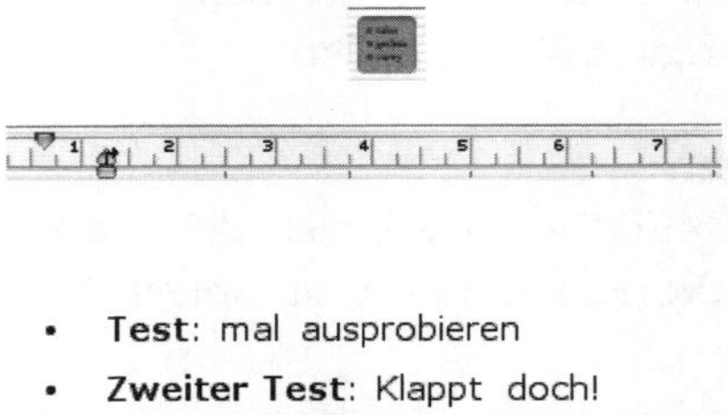

Dann rückt *Word* beim zweiten Punkt schon automatisch ein und formatiert fett (kursiv geht auch), bis Sie ein Ausrufungszeichen oder einen Doppelpunkt eingeben. Etwas schwierig zu schildern, wohl weil es so einfach ist: Also – ausprobieren! Das klappt selbstverständlich nur dann, wenn die entsprechenden Optionen bei Listen und Nummerierungen auch abgehakt sind.

Ebenso können Sie festlegen, ob *Word* Ihnen beim Erstellen von Formatvorlagen behilflich sein soll. Falls ja, genügt es beispielsweise, ein Dokument mit einem einzeiligen Absatz zu beginnen, um *Word* zu veranlassen, die vorgenommenen Einstellungen (zentriert, 24 Punkt Avantgarde, fett…) einem Überschriftenformat zuzuweisen.

Je nachdem, welche Voreinstellungen Sie auf der Registerkarte abhaken, wird Ihnen *Word* mehr oder weniger Tipparbeit abnehmen.

Projekt: Eigene Listen definieren

RAFFINIERT

So schön und praktisch die automatische Listenfunktion von *Word* zu Zeiten ist – wir sind Individuen und möchten gern was Eigenes, eine eigene Liste.

1. Rufen Sie *Sonderzeichen…* aus dem Menü *Einfügen* auf und suchen Sie sich aus den Zeichensätzen ein schönes Symbol für Ihre Liste aus:

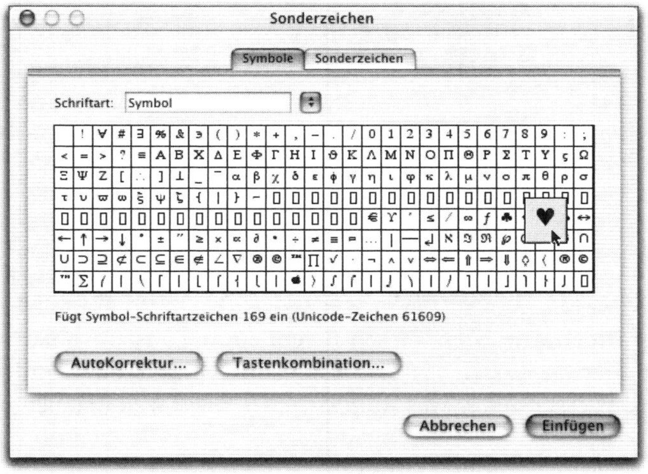

2. Drücken Sie *Einfügen | Schliessen* und gleich die *Tabulator-Taste.*
3. Geben Sie den Text ein.
4. Nach dem Betätigen der *Return-Taste* beginnt *Word* die nächste Zeile ebenso mit dem von Ihnen gewählten Sonderzeichen und einem Tabulator – und rückt mehrzeilige Texte auch gleich noch richtig ein.

Das funktioniert natürlich nur dann, wenn die entsprechenden Optionen bei Listen und Nummerierungen abgehakt sind.

AutoFormat zum Zweiten

Auch im Menü *Format* findet sich ein Befehl *AutoFormat…* – der hat mit obigem aber nur insofern zu tun, als er die Einstellungen der Registerkarte *AutoFormat* berücksichtigt.

Ansonsten können Sie damit gleich ganze Dokumente formatieren lassen, und diese Änderungen erfolgen auf Wunsch erst nach Bestätigung.

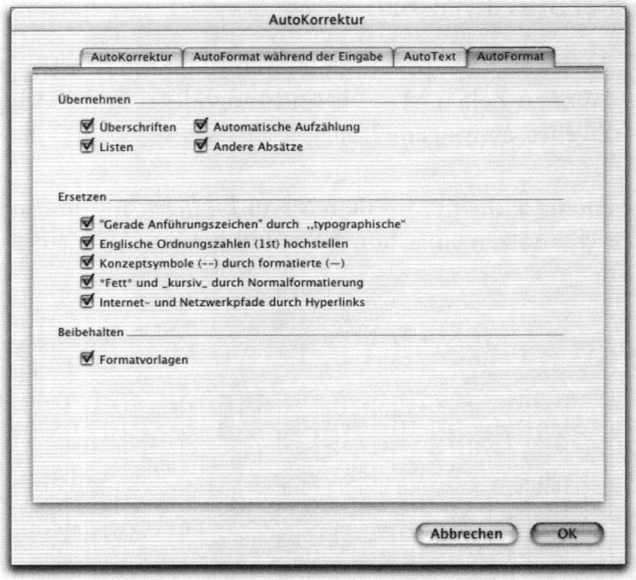

Wir können Ihnen nur raten, diesen Befehl einmal auszuprobieren. Vor allem bei unformatierten Texten (zum Beispiel in E-Mails oder anderen ASCII-Texten) ist ganz erstaunlich, was *AutoFormat…* daraus zu machen imstande ist.

AutoText und AutoVervollständigen

Zurück zu *AutoKorrektur…*, und da zur Registerkarte *AutoText.*

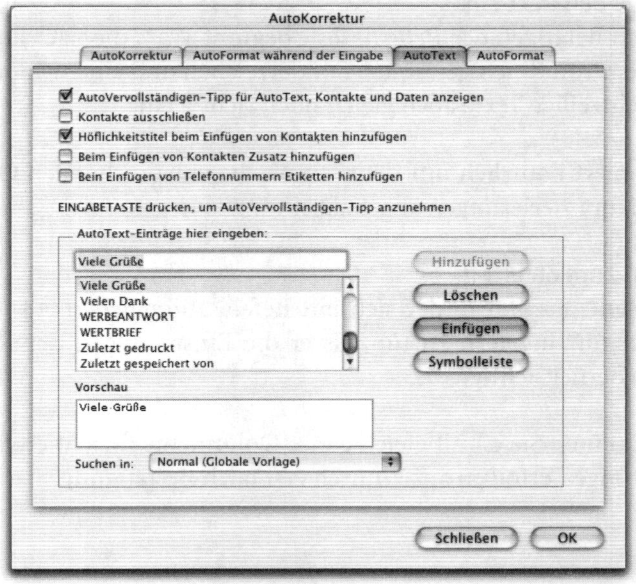

Word verfolgt Ihre Tipparbeit und trägt manches automatisch in diese Liste ein, anderes ist bereits vordefiniert, und letztlich können Sie auch eigene Einträge definieren. Das kann eine enorme Zeitersparnis bedeuten, denn immer, wenn Sie Text eingeben und die ersten Zeichen davon entsprechen einem Eintrag, erscheint der Vorschlag zum Vervollständigen, den Sie per *Return-Taste* akzeptieren können. Tippen Sie einfach weiter, passiert gar nichts.

HEISSER TIPP

Für kurze Texte – Anrede, Grussformeln, Abteilung usw. – benutzen Sie besser die Funktion *AutoKorrektur* («sgh = Sehr geehrte Damen und Herren»), denn die Eingabe des Kürzels genügt; Sie müssen nicht wie bei *AutoText* bestätigen. Dafür ist *AutoText* auch für längere Texte (Textbausteine) geeignet.

Bei diesem *AutoVervollständigen* schlägt *AutoText* Ihnen einen Begriff dann vor, wenn er eindeutig aus der Vielzahl der Einträge herausgefischt werden konnte. Die Einträge «Sehr geehrte Damen», «Sehr geehrte Damen und Herren» und «Sehr geehrte Frau» unterscheiden sich zu Beginn überhaupt nicht, und es dauert lange, bis *Word* hier einen bestimmten Eintrag als einmalig erkennt und zum *AutoVervollständigen* vorschlagen kann. Vergeben Sie deshalb einerseits möglichst kurze, andererseits eindeutige Namen für Ihre *AutoText*-Einträge.

ZEIT GESPART

Word schlägt einen *AutoText*-Eintrag immer erst dann vor, wenn mindestens vier Zeichen davon eingegeben worden sind. *AutoText*-Einträge, die Sie kürzer definiert haben oder bei denen es Ihnen zu lange dauert, bis endlich der Vorschlag erscheint, können Sie mit der Tastenkombination *Befehl-Wahl-V* auf den vollen *AutoText*-Eintrag erweitern – soweit er bereits eindeutig identifiziert werden kann.

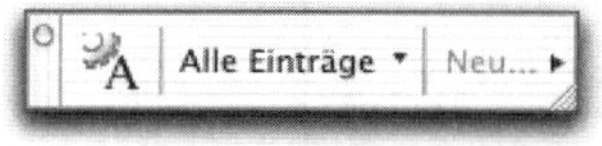

Übrigens: Für diese Einträge existiert auch eine Symbolleiste *AutoText*. Müssen Sie also häufig gleichartige Floskeln verwenden, dann definieren Sie die entsprechenden Einträge (in der Registerkarte *AutoText*), soweit sie nicht bereits vorhanden sind, und lassen sich die Symbolleiste anzeigen.

POWER USER

Standardmässig werden mit *Word* eine ganze Menge *AutoText*-Einträge mitgeliefert, von denen Sie viele niemals benötigen werden. Rufen Sie doch jetzt gleich einmal das Menü *Extras | AutoKorrektur...* | Registerkarte *AutoText* auf und löschen Sie dort alle Einträge, die Sie für unsinnig erachten.

Zudem sind solch kurze Wörter wie «Gruss», «Hallo» oder auch «Liebe» und «Lieber» viel schneller getippt, als es dauert, den *AutoText*-Eintrag aufzurufen. Wenigstens diese also können Sie unbesorgt löschen.

AutoText definieren

AutoText-Einträge sind schnell definiert:

1. Markieren Sie den gewünschten Text. Wenn ein kompletter Absatz (inklusive Absatzende-Zeichen) markiert ist, werden auch die Stilvorlagen mit in den *AutoText*-Eintrag übernommen.
2. Rufen Sie das Menü *Einfügen | AutoText | Neu…* auf und vergeben Sie einen Namen für diesen *AutoText*-Eintrag.

ZEIT GESPART

AutoText-Einträge von markierten Textteilen lassen sich schnell erstellen, wenn Sie die Tastenkombination *Wahl-F3* drücken.

Wenn Sie den Namen für einen *AutoText*-Eintrag vergeben, sollten Sie Begriffe mit mindestens fünf bis sechs Zeichen benutzen und den Wortanfang gross schreiben. Bei uns hat sich gezeigt, dass dann die Erkennungsrate wesentlich höher ausfällt.

POWER USER

AutoText-Einträge können auch Grafiken enthalten – zum Beispiel eine Unterschrift:

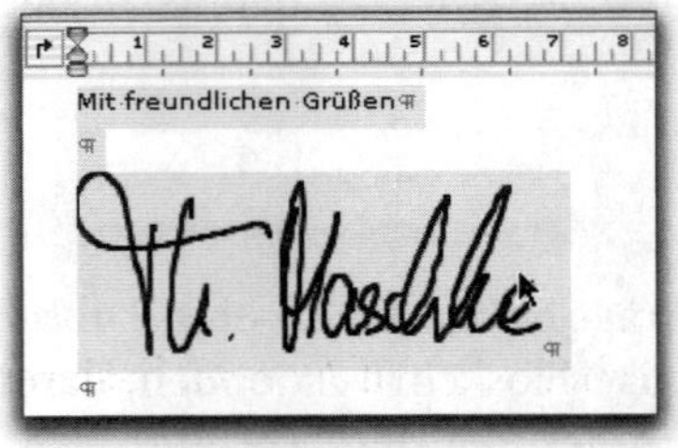

In diesem Beispiel wurde «Mit freundlichen Grüssen» und die Unterschriftensignatur markiert und über das Menü *Einfügen | AutoText | Neu…* der *AutoText*-Eintrag («Mfgunterschrift») definiert.

Künftig erscheint immer, wenn Sie «Mfgunterschrift» zu tippen beginnen, der Vorschlag, den *AutoText*-Eintrag «Mit freundlichen Grüssen» inklusive der Grafik zu übernehmen, was Sie per *Return-Taste* bequem tun können.

HEISSER TIPP

Mit Hilfe von *AutoText* lassen sich auch völlig neue Formatvorlagen definieren: Kapitelüberschriften beispielsweise enthalten nicht selten Elemente, die in jeder Überschrift vorkommen sollen. Das kann zum Beispiel eine kleine Grafik, eine Initiale oder schlicht das Wort «Kapitel» sein. Es ist zwar in *Word* nicht möglich, Überschriften so einzurichten, dass gleich auch definierte Elemente eingefügt werden, mit der Funktion *AutoText* allerdings lässt sich dies recht elegant umgehen.

Erstellen Sie dazu eine Formatvorlage – beispielsweise für *Überschrift 1* – so wie gewünscht, und schreiben respektive kopieren Sie in diesen Absatz all die Elemente, die standardmässig enthalten sein sollen:

Nun markieren Sie den gesamten Absatz und rufen im Menü *Einfügen | AutoText | Neu…* auf und vergeben einen Namen für diesen *AutoText*-Eintrag. Sie können nun dieses Überschriftenformat über die Symbolleiste *AutoText* oder über das Menü *Einfügen | AutoText* aufrufen.

POWER USER

In welchem Untermenü der eben definierte *AutoText* erscheint, wird durch den Namen der Formatvorlage festgelegt. Deshalb erscheinen die meisten im Untermenü *Standard.*

Um also *AutoText*-Einträge in ein Untermenü *Brief* aufnehmen zu können, müssen Sie erst eine neue Formatvorlage *Brief* erstellen und dann beim Definieren eines *AutoText*-Eintrages darauf achten, dass der entsprechende Absatz auch mit der Formatvorlage *Brief* belegt ist.

Word speichert die *AutoText*-Einträge in Dokumentvorlagen, normalerweise also in *Normal.* Das heisst, Sie können auf die *AutoText*-Einträge aus allen Dokumenten heraus zugreifen, die auf *Normal* basieren.

Fakten zusammenfassen und präsentieren

Im Menü *Extras* finden Sie den hoch interessanten und erstaunlich leistungsfähigen Befehl *AutoZusammenfassen…* *Word* analysiert das Dokument nach statistischen und linguistischen Gesichtspunkten und fasst die seiner Meinung nach wichtigsten Sätze zusammen.

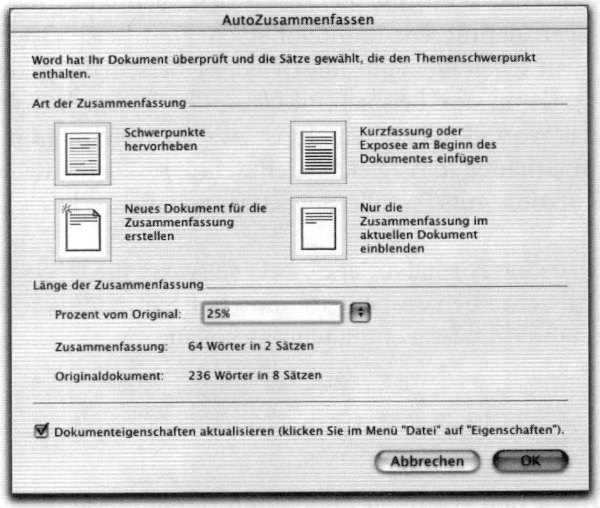

Wenn Sie in der folgenden Dialogbox entscheiden, dass die Zusammenfassung in einem neuen Dokument erfolgen soll, haben Sie meistens schon eine recht gute Ausgangsbasis für eine Präsentation in *PowerPoint* oder eine Kurzfassung.

Textmarke als Lesezeichen

Mit der Funktion *Textmarke…* (im Menü *Einfügen* zu finden) können Sie wichtige Stellen des Dokumentes markieren und mit diesem Befehl dann immer wieder sehr schnell dorthin springen.

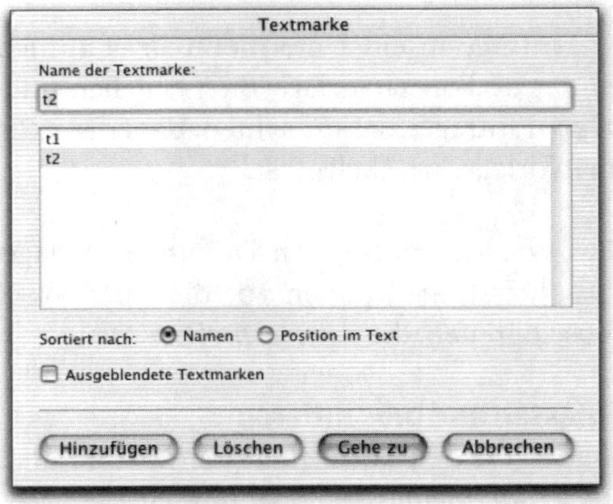

Ich benutze diese Funktion sehr gerne beim Bearbeiten von Dokumenten. Wird das Dokument zur Pause oder des Abends geschlossen, so setze ich mir schnell eine Textmarke an die Stelle, die ich gerade bearbeite. Wenn ich die Korrekturen wieder aufnehme, genügt ein kurzer Befehl, um unmittelbar fortfahren zu können.

Vergeben Sie einen prägnanten Namen (wir bevorzugen unkomplizierte wie t1, t2...). Dorthin springen können Sie auf mehrfache Weise:

- Mit *Bearbeiten* | *Gehe zu...* | *Textmarke* erreichen Sie die markierte Stelle.
- Mit *Einfügen* | *Textmarke...* | *Gehe zu* ebenfalls.
- Durch Klick auf die Positionsangabe links in der Statusleiste.

POWER USER

So richtig Spass macht diese Funktion aber nur, wenn sie schnell und unkompliziert zu erreichen ist. Das ist mit den geschilderten Möglichkeiten noch nicht der Fall. Zu viele Tastendrücke.

Abhilfe: Definieren Sie sich ein Tastenkürzel (Menü *Extras* | *Anpassen...* | *Tastatur...* | Kategorien: *Bearbeiten* | *Bearbeiten Textmarke*).

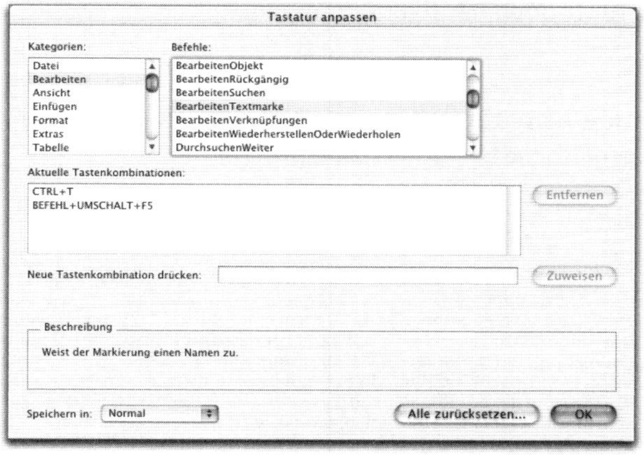

Dann können Sie die Dialogbox für die Textmarke schnell aufrufen, Textmarken definieren oder mit den Pfeiltasten die gewünschte Marke wählen und per Eingabetaste anspringen. Ausprobieren!

Vielleicht geht es ja auch ohne Textmarken, und folgender Tipp reicht Ihnen schon: Mit dem Kürzel *Befehl-Wahl-Z* können Sie an die letzten drei Stellen springen, an denen Sie den Text bearbeitet haben.

HEISSER TIPP

Wenn Sie die Textmarken in Ihrem Dokument auch sehen möchten, dann klicken Sie im Menü *Word* | *Voreinstellungen...* auf der Registerkarte *Ansicht* das Kästchen bei *Textmarken* an, so dass es abgehakt ist. Künftig zeigt Ihnen *Word* alle gesetzten Textmarken mit einem kleinen Balken an:

Dokumente überarbeiten, vergleichen und verwalten

Zum Überarbeiten und Vergleichen, für Korrektur- und sonstige Anmerkungen eines Textes bietet *Word* eine ganze Reihe Markierungs- und Anmerkungsfunktionen, die nicht nur dann nützlich sind, wenn mehrere an einer Datei arbeiten.

Die wichtigen Befehle dazu sind als Knöpfe auf der Symbolleiste *Überarbeiten* untergebracht:

Rufen Sie diese Symbolleiste bitte jetzt auf (*Control-Mausklick* auf eine sichtbare Symbolleiste, im Pop-Up-Menü *Überarbeiten* auswählen), Sie werden sie in diesem Abschnitt noch häufiger benötigen.

Markieren

Ähnlich wie mit einem Textmarker können Sie mit dieser Funktion Textteile hellgelb absetzen, um sie besonders zu betonen.

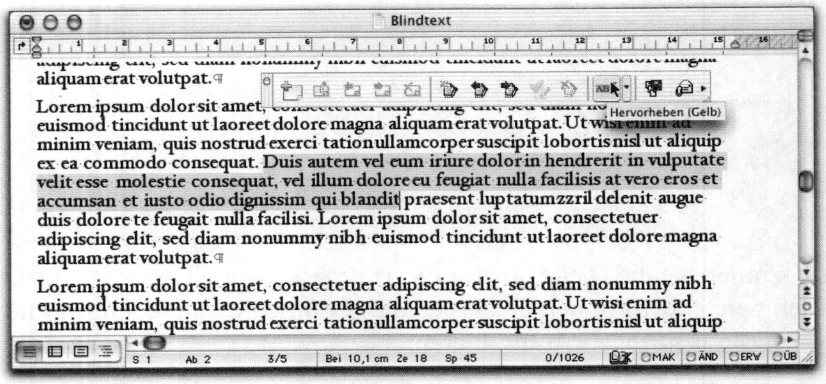

Auf der Symbolleiste *Überarbeiten* zu finden – oder besser noch, per *Control-H* aufzurufen (allerdings nur, sofern Sie diese Tastenkombination oder eine Ihnen genehmere definiert haben: *Control-Klick* auf das *Hervorheben*-Symbol, *Eigenschaften...* wählen und dann Knopf *Tastatur...* drücken).

Behagt Ihnen die Farbe nicht – kein Problem. Der kleine Pfeil neben dem *Hervorheben*-Symbol bietet weitere Farboptionen.

HEISSER TIPP

Möchten Sie solche Hervorhebungen zeitweise verbergen oder nicht mit ausdrucken, dann wählen Sie den Menübefehl *Word | Voreinstellungen...* und deaktivieren auf der Registerkarte *Ansicht* den Punkt *Hervorheben.*

Kommentare

Zu finden im Menü *Einfügen | Kommentar*: Hier können Sie Anmerkungen an beliebiger Stelle im Text platzieren. Sie werden wie verborgener Text behandelt, also nur auf ausdrücklichen Wunsch hin ausgedruckt (Menübefehl *Word | Voreinstellungen...* auf der Registerkarte *Drucken*). Die Kommentarmarken sind nur zu sehen, wenn Sie sich die Steuerzeichen anzeigen lassen (der Schalter dafür ist in der Symbolleiste *Format* zu finden).

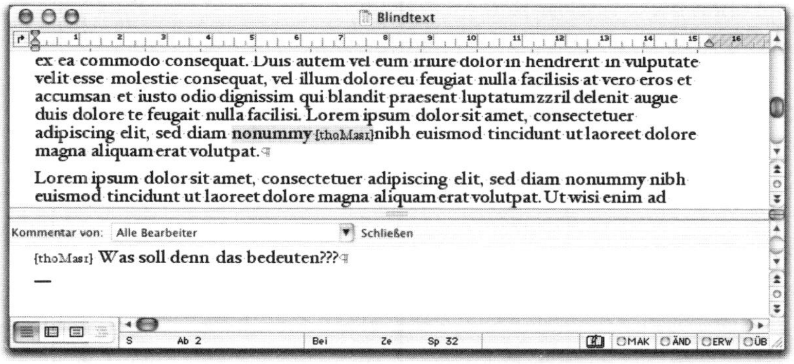

RAFFINIERT

Kommentare finden Sie schnell wieder, indem Sie den runden Knopf für die Suchoptionen rechts unten im Dokumentfenster anklicken:

Löschen können Sie Kommentare am einfachsten per *Control-Mausklick* auf einen Kommentar und Anwahl des Befehls *Kommentar löschen.*

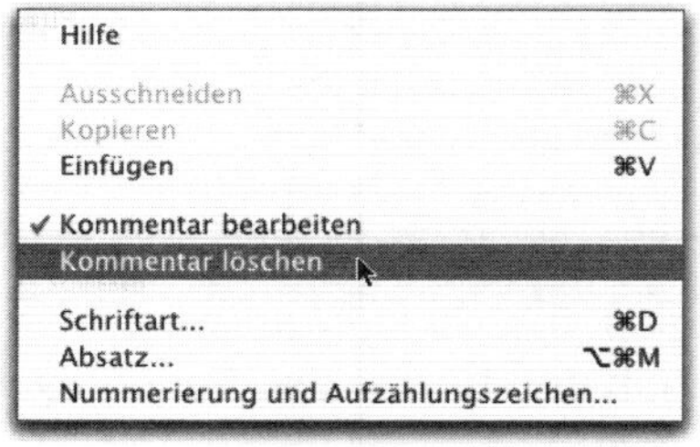

Überarbeiten

Überarbeiten – zu erreichen über den Menübefehl *Extras | Änderungen nachverfolgen…* oder per Klick auf *ÄND* in der Statusleiste – ist eine hervorragende Funktion, wenn Sie:

- unterschiedliche Korrekturen in einem Dokument behalten möchten.
- mehrere Bearbeiter an einem Dokument arbeiten und die Änderungen überprüft und zusammengeführt werden sollen.

Ist *Überarbeiten* aktiv (klicken Sie auf *ÄND* in der Statusleiste unten), dann können Sie genau die an einem Text vorgenommenen Änderungen erkennen – und unter *Extras | Änderungen nachverfolgen | Änderungen annehmen oder ablehnen* eben diese überprüfen.

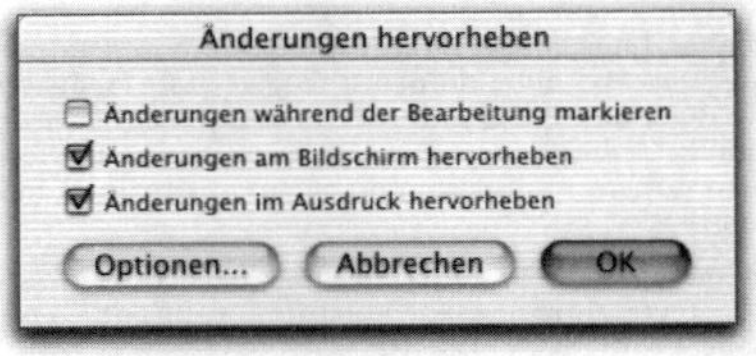

Sie können dabei über den Knopf *Optionen…* genau festlegen, wie die Änderungen dargestellt werden sollen:

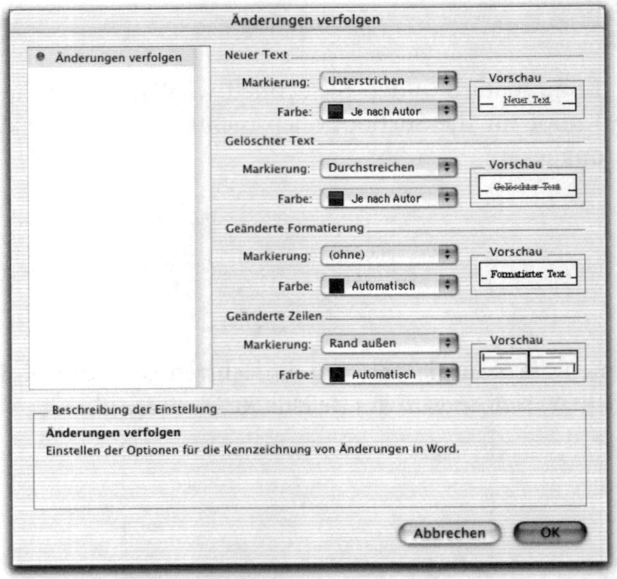

Sind Sie sich beispielsweise über eine Formulierung nicht so ganz im Klaren, dann schalten Sie *ÄND* ein und tippen. Die Änderungen sind deutlich erkennbar. Sie können sogar Text löschen oder überschreiben – er wird als solcher markiert, aber nicht wirklich gelöscht.

So lassen sich Varianten gut vergleichen. Und wenn Sie möchten, können Sie jederzeit zur ersten Fassung zurückkehren.

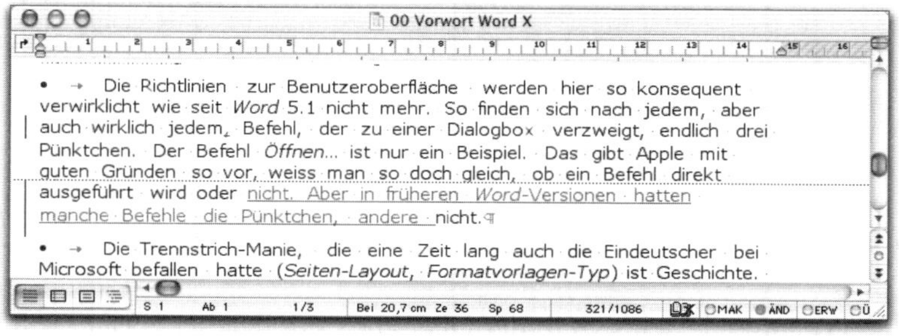

Ob vorgenommene Änderungen im Dokument dargestellt oder ausgedruckt werden, lässt sich im Menü *Extras | Änderungen nachverfolgen | Änderungen hervorheben…* festlegen. Auf diese Weise können Sie alle Änderungen sowohl ansehen wie ausdrucken, dies aber auch ausschalten, so dass Sie nur die letzte und aktuellste Version des Dokumentes sehen respektive drucken.

VORSICHT FALLE

Wenn Sie von jemandem ein überarbeitetes Dokument erhalten, in dem die Änderungen nicht sichtbar sind, dann müssen Sie im Menü *Extras | Änderungen nachverfolgen | Änderungen hervorheben…* in der Dialogbox *Änderungen am Bildschirm hervorheben* abhaken.

Verschiedene Versionen

Hinter dem Befehl *Version…* (Menü *Datei*) verbirgt sich die Fähigkeit von *Word*, verschiedene Versionen eines Dokuments aufzubewahren. Beim Speichern werden jeweils nur die Änderungen gesichert, so wird das Dokument nicht unnötig aufgebläht.

Auf diese Weise gehen Korrekturen und Änderungen an einem Dokument nicht verloren, und wenn sich zeigt, dass eine frühere Formulierung die bessere war, so kann sie wiederhergestellt werden.

Ältere Versionen können Sie öffnen, sich ansehen, aber auch abspeichern. Beispielsweise, um sie anschliessend mit der neuesten Version zu vergleichen.

Einzelne Versionen lassen sich in der Dialogbox des Befehls *Version…* löschen.

ZEIT GESPART

Sollen mehrere oder alle Versionen verworfen werden, dann geht das am einfachsten, wenn Sie im Versionen-Fenster die nicht mehr benötigten Versionen per *Befehl-Mausklick* anwählen und den *Löschen*-Knopf betätigen.

Dokumente vergleichen

Mit dem Befehl *Extras | Änderungen nachverfolgen… | Dokumente vergleichen…* werden zwei Versionen eines Dokuments verglichen und die Änderungen markiert. Nützlich ist das zum Beispiel dann, wenn Sie den Text irrtümlich sowohl auf Ihrem PowerBook wie auch auf dem Schreibtischrechner geändert haben (Drama!). Aber dank *Word* können Sie die differierenden Dokumente abgleichen und die Änderungen zusammenfassen.

Und so geht's:

1. Laden Sie die neuere Version.
2. Wählen Sie im Menü *Extras | Änderungen nachverfolgen | Dokumente vergleichen…*
3. Öffnen Sie das Dokument, das verglichen werden soll.
4. Bestätigen Sie.

Nach dem Versionsvergleich sind die Änderungen im zuerst geladenen Dokument markiert. Standardmässig sind gelöschte Teile durchgestrichen, hinzugefügte Texte unterstrichen dargestellt.

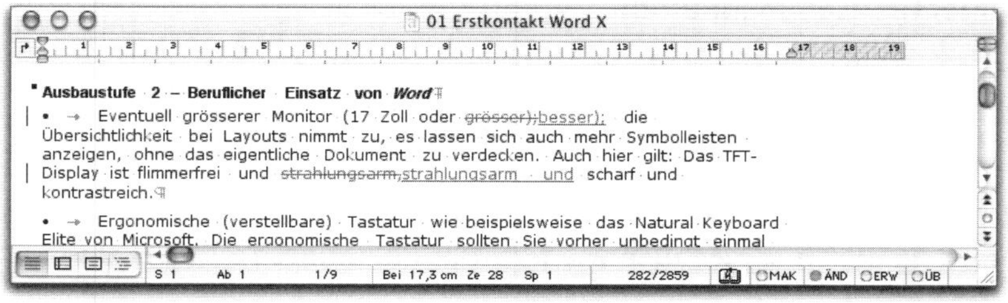

FEHLERTEUFEL

Eigentlich sollten dabei auch – nach kurzem Verweilen des Mauszeigers über einer Änderung – Informationen zur Modifikation auftauchen. Das klappte aber bei unserer *Word X*-Version noch nicht. Hier deshalb zur Veranschaulichung, was die Version *Word 2001* zu den Änderungen anzumerken hat:

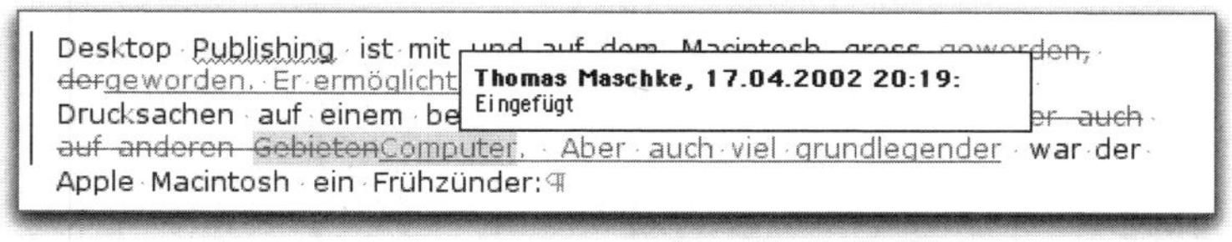

In unserem Beispiel PowerBook kontra Schreibtischrechner sieht das so aus: Sie laden das Dokument, das auf dem Schreibtischrechner angelegt worden ist, und vergleichen mit der PowerBook-Version. Änderungen, die Sie am Schreibtischrechner vorgenommen haben, sind unterstrichen, Änderungen am PowerBook-Dokument durchgestrichen.

Dies führt zu dem etwas kuriosen Umstand, dass der Befehl *Änderungen annehmen oder ablehnen* wie folgt zu interpretieren ist:

Unterstrichene Änderungen (vom Schreibtischrechner) werden logisch mit *Annehmen* angenommen und mit *Ablehnen* abgelehnt. Genau umgekehrt die Änderungen am PowerBook: Sie werden mit *Ablehnen* übernommen (*Annehmen* hiesse ja, das Durchgestrichene würde gelöscht) und mit *Annehmen* verworfen.

POWER USER

Der Befehl *Dokumente vergleichen…* verzweigt in die Dateiauswahl – und da wiederum können Sie *Word*-Dokumente, alle lesbaren und sogar alle Dateien öffnen. Es ist ohne weiteres möglich, beispielsweise eine ASCII-Datei oder ein (konvertiertes) *AppleWorks*-Dokument mit dem aktuellen Text zu vergleichen.

Dokumente zusammenführen

Das ist der folgerichtige Schritt aus *Dokumente vergleichen...* Mit dem Befehl *Dokumente zusammenführen...* aus dem Menü *Extras* können verschiedene Versionen eines Dokuments zusammengeführt werden.

Arbeiten Sie zu mehreren am gleichen Text, dann müssen Sie die Dokumente vorbereiten, um sie später auch wieder zusammenführen zu können:

1. Überprüfen Sie zunächst im Menü *Datei* unter *Version...*, ob das Dokument keine früheren Versionen enthält. Löschen Sie diese oder speichern Sie die aktuelle Version als eigenes Dokument unter einem anderen Namen.
2. Das versionsfreie Dokument wird geschützt: Menü *Extras* | *Dokument schützen...*

Überarbeiten erlaubt ein Überarbeiten und Kommentieren. Sollen nur Kommentare eingegeben werden können, aktivieren Sie das Kontrollkästchen *Kommentare.*

Jetzt können Sie das Dokument sichern, kopieren und verteilen (per Diskette, E-Mail, Netzwerk...). Sinnvollerweise benennen Sie die verteilten Dokumente logisch (Entwurf für Peter, Entwurf für Kathrin...). Spannend wird's, wenn die Versionen zurückkommen:

1. Öffnen Sie Ihr Originaldokument.
2. Wählen Sie im Menü *Extras* | *Dokumente zusammenführen...*
3. In der Dateiauswahlbox suchen Sie das Dokument, dessen Änderungen Sie einfügen möchten, und wählen *Öffnen.*
4. Wiederholen Sie das für alle zurückerhaltenen Dokumente.
5. Nun können Sie die Kommentare gegenlesen, Änderungen annehmen oder ablehnen (Tipp: Symbolleiste *Überarbeiten* aufrufen!). Dazu muss das Dokument «entschützt» werden.

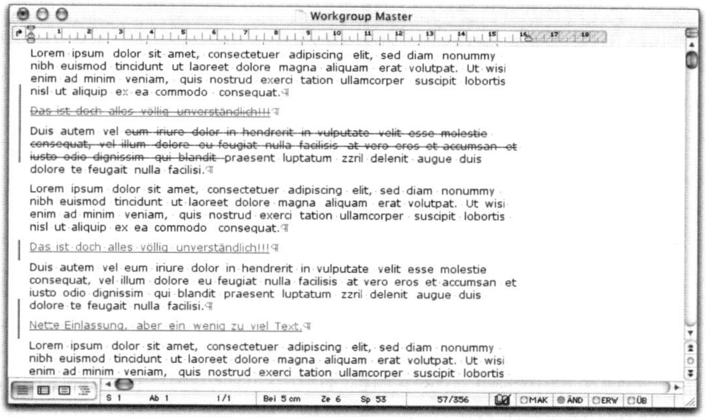

Auch Sie können am – geschützten – Dokument weiterarbeiten, während die anderen fleissig sind. Sicherheitshalber können Sie auch für sich eine Kopie erstellen.

HEISSER TIPP

Arbeiten andere noch mit älteren *Word*-Versionen – oder gar mit völlig anderen Textprogrammen – dann ist es trotzdem möglich, Änderungen zu verfolgen und einzuarbeiten: Per *Dokumente vergleichen…* (siehe weiter vorn).

Dokumentinformationen

Bei solch übergreifenden Projekten kann es sinnvoll sein, den oder die Autoren und Bearbeiter sowie weitere Angaben zum Dokument mit dem Dokument zu vermerken – und das nicht im Text, sondern in einem eigenen Fenster. Im Menü *Datei* können Sie genau dies bei *Eigenschaften…* im Register *Zusammenfassung* eintragen.

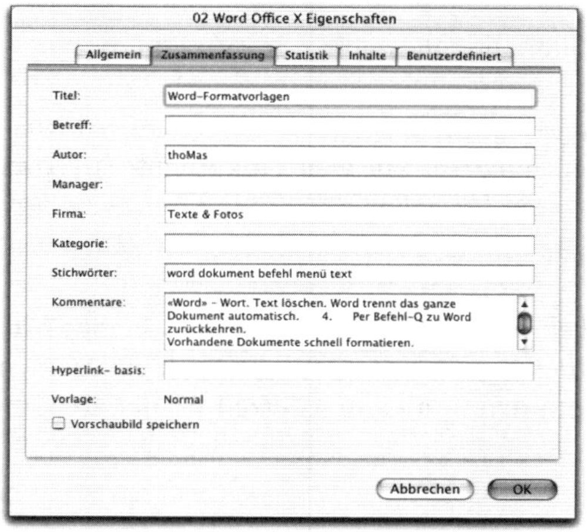

Möchten Sie das automatisieren, so finden Sie unter *Word | Voreinstellungen…* auf der Registerkarte *Speichern* die Option *Automatische Anfrage für Dateieigenschaften*. Wenn Sie das Kästchen aktivieren, fragt *Word* nach diesen Daten, wenn Sie ein Dokument schliessen.

Dokumente gemeinsam bearbeiten

In der Kombination der soeben geschilderten Möglichkeiten stehen Ihnen schon eine ganze Menge Mittel zur Verfügung, Dokumente zu überarbeiten, zu markieren und zu kommentieren, in unterschiedlichsten Versionsstadien aufzubewahren und mit anderen gemeinsam daran zu arbeiten.

Daneben hält *Word* weitere Funktionen bereit, die hilfreich sein können, aber bereits an anderer Stelle besprochen wurden und deshalb hier nur kurz angerissen werden sollen:

- *Masterdokument* (Menü *Ansicht | Masterdokument*).
  Unterdokumente können in ein gemeinsames grosses Dokument überführt werden. Dabei werden Seiten, Fussnoten und dergleichen fortlaufend durchnummeriert. Inhalts- und Stichwortverzeichnisse beziehen sich auf das gesamte Dokument.
- *Dokumentvorlagen*. Mit Hilfe von Dokumentvorlagen kann sichergestellt werden, dass alle Dokumente ein einheitliches Layout erhalten. Sie können zudem Tastenkürzel, Makros und Symbolleisten bereitstellen.

Dokumente verwalten

Zur Organisation Ihrer Projekte gibt es eine ganze Reihe an Hilfen. Das Wichtigste ist ein Projektordner, den Sie auf Ihrer Festplatte anlegen und in den hinein alles kommt (Text, Grafik, Schnipsel, Text-Clips…), was wichtig ist.

Aber auch *Word* unterstützt Sie dabei mit zwei Funktionen:

- Im Menü *Word | Voreinstellungen…* | Register *Allgemein – Liste zuletzt geöffneter Dateien* legen Sie fest, wie viele Dokumente (maximal neun) im Menü *Datei* aufgelistet werden sollen. Diese Liste wird von *Word* ständig aktualisiert und enthält immer die Dokumente, an denen Sie zuletzt gearbeitet haben.
- Das Menü *Arbeit* hält Dokumente dauerhaft bereit: Mit dem Befehl *Zum Arbeitsmenü hinzufügen* wird das aktuelle Dokument in die Liste dieses Menüs aufgenommen und kann jederzeit wieder abgerufen werden.

RAFFINIERT

Um eine überflüssige Datei aus diesem Menü zu entfernen, müssen Sie nur die Tastenkombination *Befehl-Wahl-Bindestrich* (-) drücken und mit dem fetten Balken auf die fragliche Datei klicken.

Word nach Wunsch und Willen

Nicht nur die Befehlsknöpfe auf den Symbolleisten lassen sich in *Word* anpassen, sondern jeder Befehl ist beliebig variierbar. Es kann festgelegt werden, ob und in welchem Menü er erscheinen soll und mit welcher Tastenkombination er aufzurufen ist. In der Summe kann *Word* auf fünf verschiedene Arten auf Befehle zugreifen:

- Menüleiste mit den Pull-Down-Menüs.
- Symbolleisten mit den meistgebrauchten Befehlen.
- Kontextsensitive Menüs.
- Fensterelemente wie das Lineal zum Ausrichten des Textes, zum Setzen verschiedener Tabulatoren usw.
- Benutzerdefinierbare Tastenkombinationen, mit denen sich Befehle schnell über die Tastatur aufrufen lassen.

Die Vorteile dieses universellen Befehlszugriffs können gar nicht hoch genug eingeschätzt werden. Gerade beim – kreativen – Schreiben ist es ja meist so, dass zunächst hauptsächlich mit der Tastatur gearbeitet wird, dass Ideen und Gedanken festgehalten werden.

Da ist es von grossem Vorteil, wenn Befehle auch über die Tastatur zu erreichen sind. In einem weiteren Schritt allerdings geht es dann darum, das Dokument zu überarbeiten und zu formatieren. Hierbei sind Maus, Menüs und Symbolleisten die geeigneten Hilfsmittel.

Symbolleisten

Mit diesem so wichtigen Bedienkonzept haben wir uns bereits ausführlich im ersten Kapitel zu *Office* beschäftigt. Bitte zurückblättern…

Eigens für *Word* haben wir aber doch noch einen Tipp für Sie parat:

RAFFINIERT

Um einen überflüssigen Befehl aus der Menüleiste zu entfernen, müssen Sie nur die Tastenkombination *Befehl-Wahl-Bindestrich* (-) drücken. Der Mauszeiger verwandelt sich in einen fetten Balken, der für ein Minuszeichen stehen soll.

Nun brauchen Sie lediglich den gewünschten Befehl anzuwählen ... eine Sekunde später ist er Geschichte.

Tastaturbefehle

Auch die Tastaturbefehle haben wir bereits im vorigen Kapitel ausführlich beschrieben. Und auch hier gibt es einen Tipp eigens für *Word*:

Tastenkürzel lassen sich in *Word* sehr schnell definieren, sofern der Befehl in der Menüleiste oder einer Symbolleiste sichtbar ist: Drücken Sie die Tastenkombination *Befehl-Wahl-+* (Plus) und verwenden Sie dabei das Pluszeichen auf dem Zehnerblock der Tastatur. Nun ändert sich der Mauszeiger in ein fettes «Blumenkohl»-Symbol, mit dem Sie einen beliebigen Befehl aus dem Menü anwählen können. Geben Sie das gewünschte Kürzel ein.

Wenn es bereits an einen anderen Befehl vergeben worden ist, werden Sie darauf aufmerksam gemacht, erhalten aber trotzdem die Möglichkeit, das andere Kürzel zu überschreiben.

Tastenkombinationen

Die Anzahl möglicher Tastenkombinationen lässt sich nahezu unbegrenzt ausweiten, wenn Sie in *Word* mehrstufige Tastencodes vergeben. Das Ganze funktioniert so:

1. Gehen Sie ins Menü *Extras* | *Anpassen...* | *Tastatur...* und wählen Sie hier den Befehl aus, für den Sie einen neuen Tastencode vergeben möchten.
2. Klicken Sie mit der Maus in das Feld *Neuen Shortcut drücken* und geben Sie eine Tastenkombination ein – zum Beispiel *Befehl-S.* Im Feld darunter zeigt *Word* an, ob dieser Befehl bereits vergeben ist (er kann aber trotzdem neu definiert werden).
3. Jetzt drücken Sie eine andere Taste – zum Beispiel U. In dem Feld sollte jetzt so etwas wie *Befehl+S,U* stehen.
4. Drücken Sie den Knopf *Zuweisen*, um die Tastenkombination für den Befehl zu definieren.

Der Trick an der Sache ist, dass Sie mit der ersten Tastenkombination *Befehl-S* die Anweisung «Achtung, der folgende Buchstabe soll einen Befehl auslösen» geben und mit dem Drücken des zweiten Buchstabens «U» auslösen.

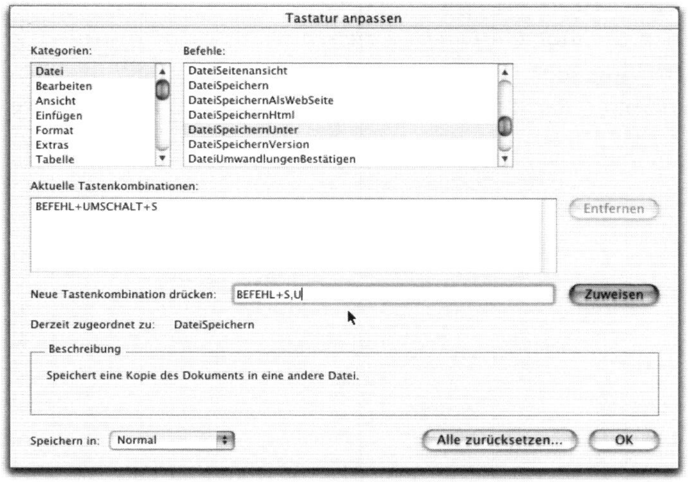

VORSICHT FALLE

Die ursprüngliche Tastenkombination geht dabei aber verloren: Wird beispielsweise *Befehl-S,U* für *Speichern unter...* definiert, dann funktioniert *Befehl-S* für *Speichern* nicht mehr.

Andererseits lassen sich so Logik und Übersichtlichkeit erhöhen. Denkbar wäre:

- *Befehl-S, S – Speichern*
- *Befehl-S, A – Alles Speichern*
- *Befehl-S, U – Speichern unter...*
- *Befehl-S, H – Als HTML speichern...*

Ein Gebiet, auf dem sich diese verknüpften Befehlsfolgen gleichfalls als nützlich erweisen können, sind die verschiedenen Zoomansichten in *Word*. So könnten Sie beispielsweise der 100-prozentigen Ansicht das Tastaturkürzel *Befehl-Z,1* und der 200-prozentigen das Befehlskürzel *Befehl-Z,2* zuweisen.

Auf diese Weise lässt sich nicht nur die Vielfalt möglicher Tastenkombinationen erhöhen, sondern Sie können auch logisch zusammenhängende Befehlsgruppen sehr schön ordnen. Wir sind sicher, dazu fällt Ihnen viel Nützliches ein.

Befehle im Blick

Damit Sie den Überblick nicht verlieren bzw. überhaupt erst einmal einen Überblick über die in *Word* möglichen Tastenkombinationen erhalten, können Sie eine der folgenden beiden Methoden anwenden:

Ausdruck der Tastaturkürzel

Wenn Sie den Menübefehl *Datei | Drucken…* (*Befehl-P*) aufrufen, können Sie im Druckerdialog auch das Pop-Up-Menü für die Einstellung *Microsoft Word* aufrufen und dann darunter bei *Drucken*: die Option *Tastenbelegung* wählen.

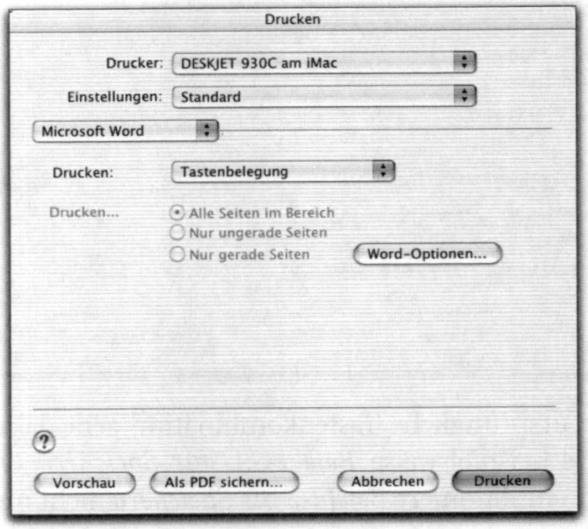

Daraufhin druckt *Word* eine Tabelle der Tastaturkürzel aus.

Dokument mit Tastaturkürzeln

Einen Überblick über den Befehlsumfang von *Word* erhalten Sie so:

1. Menübefehl *Extras | Makro | Makros…* Wählen Sie im Pop-Up neben *Makros in:* den Punkt *Word-Befehlen* aus.

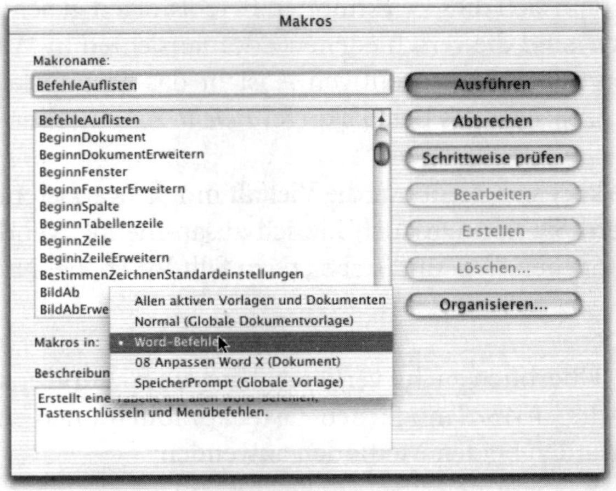

2. Rufen Sie nun das Makro *BefehleAuflisten* auf (Tipp: Tippen Sie oben «bef» ein, dann springt *Word* diesen Befehl direkt an).

3. Klicken Sie auf *Ausführen*, und nach Abfrage, ob Sie die definierten Tastenkombinationen oder alle Befehle sehen möchten, öffnet oder druckt *Word* ein neues Dokument mit einer Tabelle der Befehle und Tastenkombinationen.

Hierin können Sie blättern und nach Stichworten suchen.

Bedienelemente organisieren

Organisieren… heisst ein interessanter Befehl, der Ihnen in einigen Dialogboxen zur Verfügung steht. Beispielsweise im Menü *Format* | *Formatvorlage…*

Wenn Sie auf *Organisieren…* klicken, erscheint folgende Dialogbox:

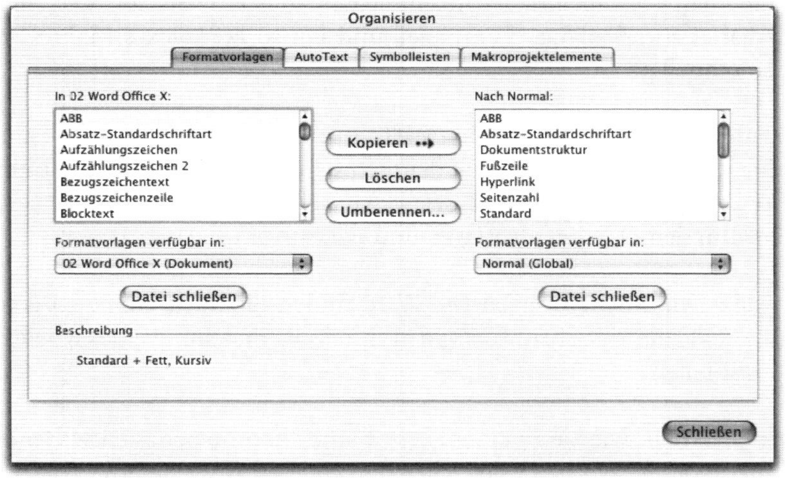

Sie sehen, dass Sie Formatvorlagen, *AutoText*, Symbolleisten und Makros zwischen verschiedenen Dokumenten hin- und herschieben können.

Eine Symbolleiste etwa kann einem Dokument zugeordnet werden – und immer, wenn Sie (oder jemand anderes auf einem ganz anderen Rechner) dieses Dokument öffnet, steht sie zur Verfügung.

Makros lassen sich aus Dokumenten in die Formatvorlage *Normal* und in andere Dokumente kopieren, Formatvorlagen aus *Normal* (oder jedem beliebigen anderen Dokument) wandern ins aktive Dokument…

Wann immer Sie auf interessante Formatvorlagen, *AutoText*, Symbolleisten und Makros stossen, können Sie sich das zunutze machen, indem Sie das Element in Ihr Dokument kopieren. Oder, wenn es global gültig sein soll, in die Formatvorlage *Normal*.

Projekt: Dokumente effizient und ansprechend gestalten

Stellen Sie sich vor, Sie müssen mehrere *Word*-Dateien in ein einheitliches Aussehen bringen, um damit zum Beispiel Ihre Bewerbungs- oder Angebotsmappe zu bestücken.

Da soll der Fliesstext einheitliche Schriftart und -grösse aufweisen, die Abstände zwischen den Absätzen sollen jeweils exakt gleich sein und selbstverständlich müssen auch Ihre Überschriften, Einrückungen und alle anderen Textelemente identisch aussehen.

Handelt es sich um mehrere Dateien oder grössere Textmengen oder gar beides, kann einem angesichts dieser Vorstellung der Angstschweiss ausbrechen. Denn das bedeutet stundenlange Fummelei, und ein so komplexes Makro ist auch nicht so schnell geschrieben.

Doch jeder per Anhalter durch den Weltraum Reisende weiss: «Keine Panik». Es gibt eine viel einfachere und auch deutlich schnellere Methode, selbst umfangreichste Dokumente sehr schnell wie gewünscht zu formatieren. Der Schlüssel dazu liegt in den *Dokumentvorlagen* und *Formatvorlagen* von *Word.*

Unter den Dokumentvorlagen für *Word* finden Sie auch einige so genannte «Assistenten», die Sie Schritt für Schritt durch die Erstellung eines Briefes, eines Faxes usw. leiten.

Sie wissen bereits, wie Sie zu einem Schriftstück kommen, das entweder auf der Dokumentvorlage *Normal* oder einer der anderen mitgelieferten Dokumentvorlagen basiert (das wurde im ersten Kapitel beschrieben). Doch wie der Mensch so ist: Er wünscht meist etwas anderes, als er bekommen kann. Bei *Word* allerdings kann er bekommen, was er wünscht:

Masterdokument

Das ist eine Möglichkeit, mehrere Dokumente zusammenzuführen und dabei gleichartig zu formatieren. Davon war bereits weiter vorn die Rede.

Schnell umformatieren mit Formatvorlagen

Gewissermassen das Skelett Ihres Dokuments, der tragende Aufbau also, sind die Formatvorlagen. Wenn Sie links oben in die Symbolleiste *Format* klicken, werden alle Formatvorlagen aufgelistet, die zu diesem Dokument existieren:

Das Besondere und Praktische an den Formatvorlagen ist, dass Sie einen Absatz nur einmal so formatieren müssen, wie es Ihren Vorstellungen entspricht. Wenn Sie diese Änderungen dann speichern, wird die fragliche Absatzfomatierung auf alle anderen Absätze, die genauso benannt sind, automatisch angewendet.

Und in so einer Formatvorlage sind eine ganze Menge Informationen gespeichert. Das reicht von der Schrifttype und -grösse über den Schriftstil bis hin zur Sprache, in der korrigiert werden soll.

Sie können sich damit sehr komfortabel unterschiedlichste Formatvorlagen für Ihren Standardtext, für Ihre Überschriften, Auflistungen und so weiter selbst zusammenbasteln. Doch grau ist alle Theorie, deshalb probieren Sie das doch einmal an einem praktischen Beispiel aus.

Formatvorlage schnell modifizieren

Hier die schnellste Möglichkeit, eine Formatvorlage zu ändern (funktioniert nicht mit der Formatvorlage *Standard* – die müssen Sie bearbeiten, aber dazu gleich mehr):

1. Markieren Sie einen Absatz und ändern Sie jetzt ganz nach Lust und Laune alles, was Ihnen nicht gefällt. Fett, kursiv, eine andere Schrift, der Einzug für die erste Zeile, die Spaltenbreite usw.

HEISSER TIPP

Gehen Sie auch einmal in das Menü *Format* und schauen Sie dort unter *Absatz...* nach, was sich sonst noch so alles ändern lässt. Beispielsweise können Sie dort auch festlegen, wie gross die Abstände zwischen diesem Absatz und dem vorherigen respektive dem nächsten sein sollen.

2. Ist alles wunschgemäss eingestellt, so markieren Sie den gesamten Absatz (inklusive des normalerweise unsichtbaren Absatzzeichens! – am sichersten geht das per Doppelklick in den weissen Bereich links vom Text) und wählen oben aus der Symbolleiste genau die Formatvorlage aus, die Sie eben geändert haben.

Haben Sie also beispielsweise an einem Absatz mit der Formatvorlage *Überschrift 1* herumgespielt, so rufen Sie jetzt genau wieder *Überschrift 1* auf. Daraufhin erscheint folgende Dialogbox:

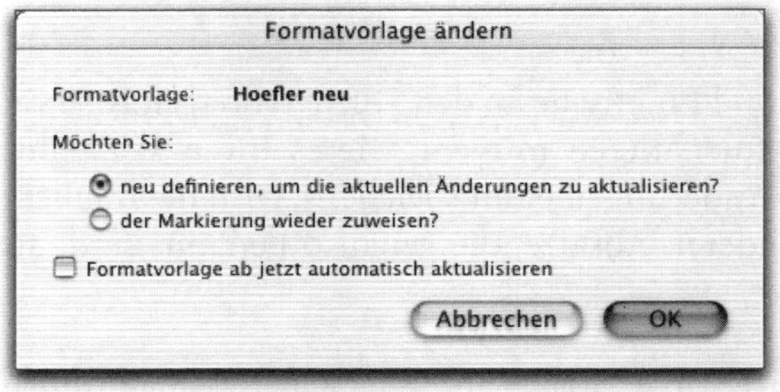

3. Hier können Sie nun entscheiden, ob Sie die ursprüngliche Formatvorlage auf diesen geänderten Absatz anwenden möchten, oder ob Sie diesen Absatz zur Grundlage einer geänderten Formatvorlage machen.

Sofern Sie jetzt bestätigen, dass *Überschrift 1* künftig anders aussehen soll (= *neu definieren*), so werden automatisch alle Absätze, die in Ihrem Dokument mit *Überschrift 1* formatiert waren, neu umformatiert.

Noch einmal kurz zusammengefasst:

- Den Stil eines Absatzes können Sie einfach ändern, indem Sie die Texteingabemarke im fraglichen Absatz positionieren und dann aus der Symbolleiste eine andere Formatvorlage aufrufen.
- Jede dieser Formatvorlagen (bis auf *Standard*) können Sie unkompliziert ändern, indem Sie den gesamten Absatz markieren, das Aussehen wie gewünscht neu gestalten und anschliessend wieder genau diese Formatvorlage aus der Symbolleiste abrufen und dort bestätigen, dass Ihre Änderungen übernommen werden sollen.

Formatvorlagen anwenden

Umgekehrt können Sie natürlich genauso einem bestehenden Absatz schnell ein neues Format zuweisen: Möchten Sie beispielsweise aus *Überschrift 1* doch lieber *Überschrift 2* machen, dann genügt es, die Texteingabemarke in dem betreffenden Absatz zu platzieren und das gewünschte neue Format aufzurufen. Sofort wird der Text gemäss den Vorgaben der Formatvorlage *Überschrift 2* neu formatiert.

Das geht bei den Überschriften besonders schnell mit der Tastenkombination *Wahl-Ziffer.* «1» für *Überschrift 1…*; für andere Formatvorlagen können Sie eigene Tastenkürzel definieren: *Format | Formatvorlage | Ändern | Tastenkombination…*

Neue Formatvorlagen

1. Wählen Sie im Menü *Format | Formatvorlage… | Neu…*

HEISSER TIPP

Wenn Sie vorher einen Absatz wunschgemäss formatieren und markieren, übernimmt *Word* diese Einstellungen für die neue Formatvorlage.

2. Vergeben Sie einen neuen Namen und stellen Sie im Pop-Up-Menü *Format* ein, wie Ihre Formatvorlage aussehen soll. Schrift, Grösse, basiert auf etc.

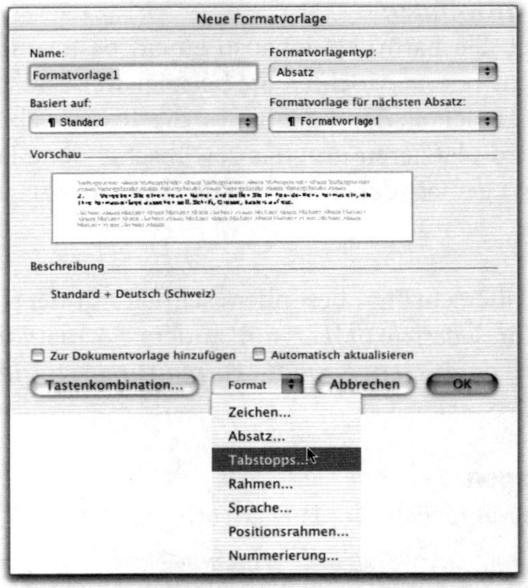

3. Sie können sogar ein Tastenkürzel (*Shortcut…*) definieren.
4. Bestätigen per *OK* legt die neue Formatvorlage an.

POWER USER

Neue Formatvorlagen lassen sich übrigens ganz einfach definieren, wenn die Symbolleiste *Format* sichtbar ist:

1. Formatieren Sie einen Absatz wie gewünscht, markieren Sie ihn und klicken Sie dann links oben in der Symbolleiste *Format* in das Feld mit dem Namen der Formatvorlage:

2. Markieren Sie die eben angezeigte Formatvorlage und tippen Sie einfach einen neuen Namen darüber:

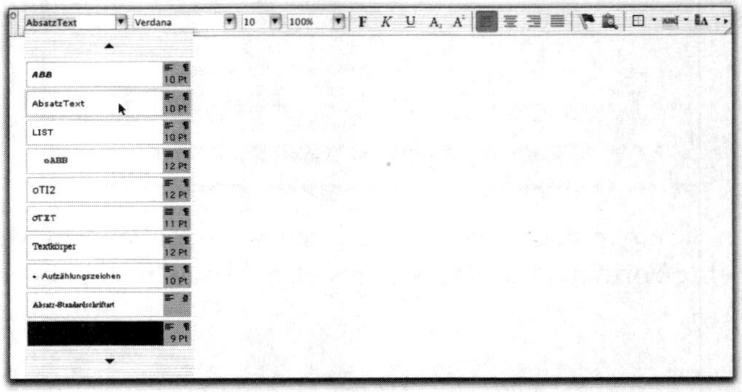

Solange dieser Name noch nicht vergeben worden ist, wird eine neue Formatvorlage erstellt. Sie basiert auf jener Formatvorlage, die eben geändert worden ist.

VORSICHT FALLE

Existiert der Name schon, wird die neue Formatierung ohne Rückfrage (!) für die betreffende Formatvorlage übernommen.

Formatvorlage «Standard» bearbeiten

Die Formatvorlage *Standard* lässt sich nicht einfach neu formatieren und durch erneuten Aufruf definieren. Um sie doch zu modifizieren, gibt es zwei Möglichkeiten:

- Entweder Sie erstellen eine neu benannte Formatvorlage, die auf Standard basiert. Markieren Sie dazu einen Standard-Absatz, formatieren Sie ihn wie gewünscht und rufen Sie *Format* | *Formatvorlage...* | *Neu...* auf. Oder tippen Sie – bei markiertem Absatz – einfach einen neuen Namen in die Box *Formatvorlage* (in der Symbolleiste *Format* ganz links).
- Die zweite Möglichkeit: Rufen Sie im Menü *Format* | *Formatvorlage...* | *Ändern...* die Formatvorlage *Standard* auf und ändern Sie diese wunschgemäss.

RAFFINIERT

Viel Arbeit beim Umformatieren eines Dokumentes können Sie sich sparen, wenn Sie darauf achten, dass neu erstellte Formatvorlagen auf der Formatvorlage *Standard* basieren. Ändern Sie dann ein *gleichartiges* Element in der Formatvorlage *Standard*, so wird dies automatisch in allen darauf basierenden Formatvorlagen angepasst. Fällt Ihnen also beispielsweise ein, dass die Avantgarde in 11 Punkt doch schöner ist als die Helvetica in 13 Punkt, so ändern Sie einfach die entsprechende Vorgabe für die Formatvorlage *Standard* und schon passen sich alle darauf basierenden Formatvorlagen auch an diese neue Schrifttype an (sofern dort auch Helvetica 13 Punkt definiert war).

Formatvorlagen organisieren

Wenn Sie im Menü *Format* | *Formatvorlage...* auf *Organisieren...* klicken, können Sie Formatvorlagen zwischen verschiedenen Dokumenten hin- und herschieben und löschen.

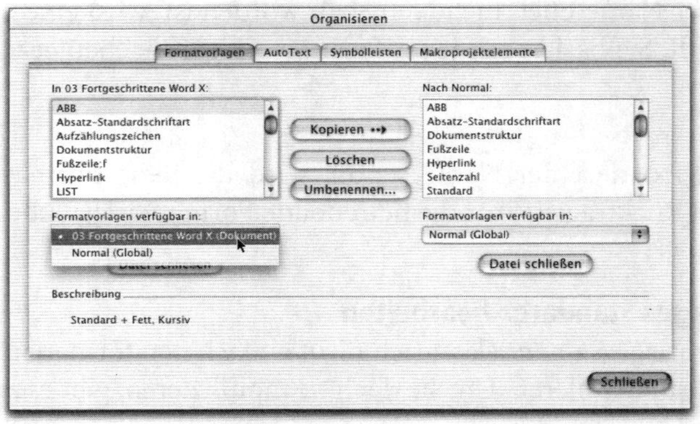

Formatvorlagen – mit und ohne

Beim Öffnen eines neuen Dokuments haben Sie die Wahl: Drücken Sie *Befehl-N*, dann wird ohne weitere Rückfrage ein Fenster geöffnet (Dokument-Einstellungen wie in der Vorlage «Normal»).

Wählen Sie dagegen den Befehl *Projektkatalog…* aus dem Menü *Datei*, präsentiert *Word* Ihnen alle Dokumentvorlagen und Assistenten, und Sie können sich was aussuchen.

Formatvorlagen im Blick

Eine unter Umständen ganz nützliche Funktion ist in *Word* sehr gut versteckt worden: Sie können sich wahlweise linker Hand im Fenster die Formatvorlagen anzeigen lassen, die für den jeweiligen Absatz gelten. Um sie einzuschalten, gehen Sie wie folgt vor:

Öffnen Sie im Menü *Word* den Befehl *Voreinstellungen…*, klicken Sie auf die Karte *Ansicht* und erhöhen Sie im Fenster ganz unten links die *Breite der Formatvorlagenanzeige* auf einen Wert um 1 cm.

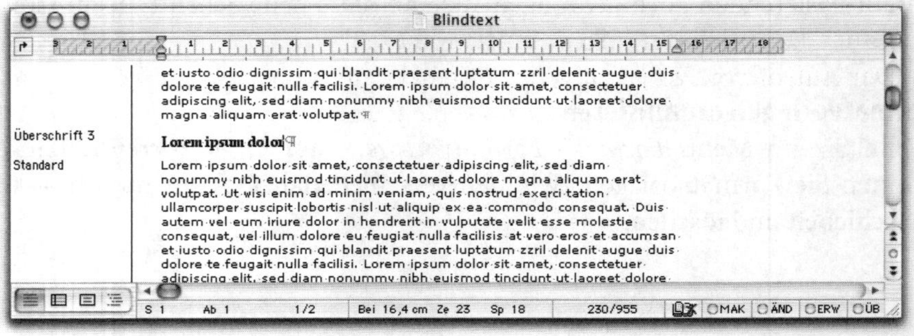

Ist diese Formatleiste erst einmal sichtbar, dann können Sie deren Breite schnell durch Klicken und Ziehen mit der Maus einstellen.

Formatvorlagen effektiv

Mit den Formatvorlagen von *Word* können Sie ein Dokument schnell formatieren – von der Überschrift bis hin zum Lauftext. Hier ein paar weitere Tipps, die das Ganze noch effektiver machen:

- Weisen Sie Ihren häufig benutzten Formatvorlagen Tastaturkürzel zu (im Menü *Format* können Sie unter dem Befehl *Formatvorlage...* jedem Format ein Tastaturkürzel zuweisen, wenn Sie zunächst auf *Ändern...* und anschliessend auf *Tastenkombination ...* klicken.

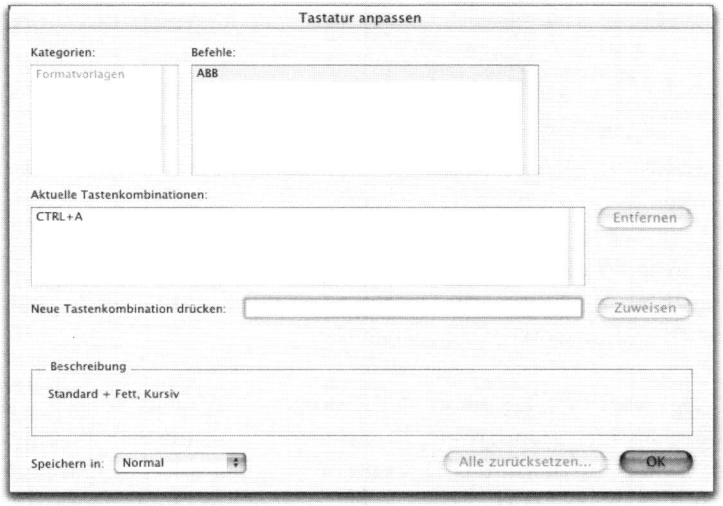

- Die Formatierung des aktuellen Absatzes (das ist derjenige, in dem gerade der Mauszeiger steht) können Sie auch schnell ändern, indem Sie oben links in der Formatierungsleiste die Formatvorlagen-Bezeichnung aktivieren und die gewünschte einfach eintippen oder per *Pfeil-Taste* anwählen.
- Hier können Sie auch neue Formatvorlagen besonders schnell definieren: Formatieren Sie einen Absatz wie gewünscht und tippen Sie einfach einen neuen Namen in das Feld der Symbolleiste.
- Der Aufruf von Vorlagen geht besonders einfach, wenn Sie einer Formatvorlage mehrere Namen geben. Einen eindeutigen zur Beschreibung – zum Beispiel *Hauptüberschrift* – und einen besonders kurzen – zum Beispiel *H1*. Trennen Sie die Namen jeweils mit einem Strichpunkt (ohne Leerzeichen dazwischen). Klar, dass *H1* schneller getippt ist als *Hauptüberschrift*.
- Benennen können Sie eine Formatvorlage direkt in der Box links in der Symbolleiste *Standard* oder im Menü *Format* | *Formatvorlage...* | *Bearbeiten...*
- Sie können auch direkt den Namen einer anderen Formatvorlage eintippen, sie wird auf den Absatz angewandt, in dem sich der Mauszeiger befindet.

Perfektes Aussehen für Ihre Dokumente

Wenn Sie ein solchermassen geändertes Dokument als *Dokumentvorlage* abspeichern, können Sie jederzeit wieder auf diese Formatierungen zugreifen. Wählen Sie dazu aus dem Menü *Datei* den Befehl *Speichern unter…* aus und geben Sie als Dateiformat *Dokumentvorlage* ein.

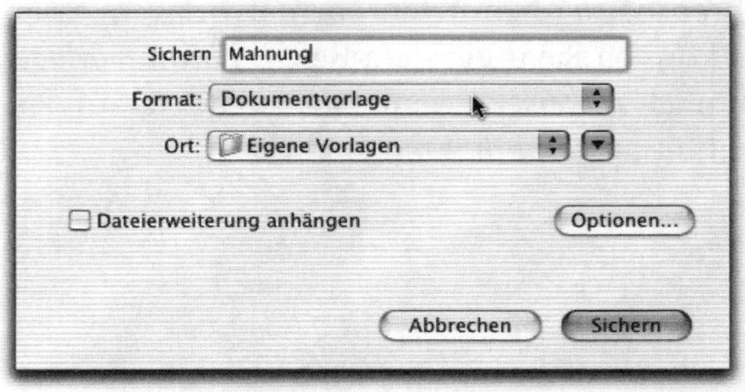

Sinnvollerweise speichern Sie auch diese Dokumentvorlage im Ordner *Vorlagen* bei den anderen.

Es macht übrigens gar nichts, wenn dieses Dokument Text enthält. Sie können also ruhig Ihren fix und fertig formatierten Brief einmal als Dokument, ein andermal als Dokumentvorlage abspeichern.

VORSICHT FALLE

Aber bitte in dieser Reihenfolge. Dokumentvorlagen lassen sich als nichts anderes mehr sichern! Selbst mit dem Befehl *Speichern unter…* kann das Dokument lediglich unter einem anderen Namen gesichert werden, nicht als anderer Dokumenttyp.

Ist Ihnen das Malheur passiert und Sie möchten Ihren Brief wiederhaben, dann hilft ein kleiner Trick: Dokumentvorlage aufrufen, gesamtes Dokument markieren (*Befehl-A*), kopieren (*Befehl-C*), neues Dokument anlegen (*Befehl-N*), einsetzen (*Befehl-V*).

Vorlage für neue Dokumente

Rufen Sie eine Dokumentvorlage über das Menü *Datei* und den Befehl *Neu…* oder noch übersichtlicher über den *Projektkatalog* auf, wird ein neues Dokument mit dem kompletten Text der Dokumentvorlage angelegt. Was ja manchmal auch ganz hilfreich sein kann, um sich Tipparbeiten zu ersparen.

Vorhandene Dokumente schnell formatieren

Sie können aber ebenso gut ein bereits vorhandenes Dokument (das muss noch keinen Text enthalten) mit dieser Dokumentenvorlage beglücken: Wählen Sie dazu aus dem Menü *Format* den Befehl *Formatvorlagenkatalog…* und suchen Sie dann nach Ihrer Vorlage.

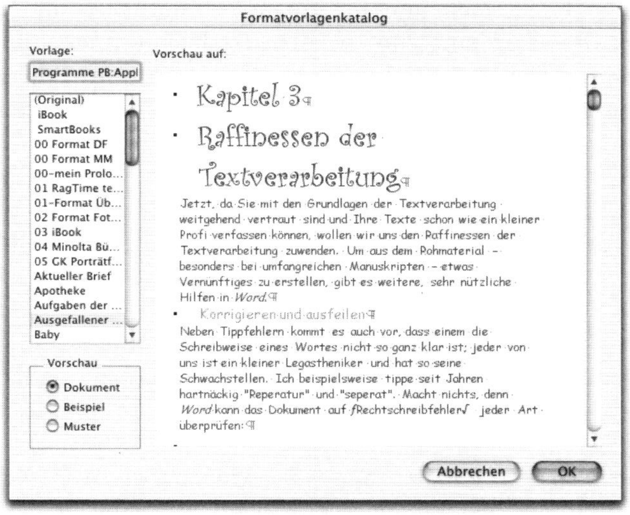

Der enthaltene Text wird in diesem Fall völlig ignoriert, übernommen allerdings werden alle Formatierungen nach folgendem Schema:

- Alle Formatvorlagen werden aus der Dokumentvorlage eingelesen.
- Kommen gleichnamige Formatvorlagen in beiden Dokumenten vor, werden sie gemäss der Dokumentvorlage umformatiert (*Standard* beispielsweise wird dann so formatiert, wie es in der Dokumentvorlage angelegt ist).
- Formatvorlagen, die noch nicht im Dokument vorhanden sind, werden gleichfalls eingelesen und können ab sofort benutzt werden – dazu siehe weiter oben *Schnell umformatieren mit Formatvorlagen.*

Kurz, Sie haben mit *Word* wirklich sehr variable und dabei recht einfache Möglichkeiten, das Aussehen Ihrer Dokumente zu beeinflussen. Die Horrorvision einer stundenlangen Makroprogrammierung löst sich in Wohlgefallen auf.

Projekt: Effiziente Anschreiben per Serienbrief

Können Sie sich noch an den ersten Computerbrief mit persönlicher Anrede erinnern? «Sehr geehrter Herr Maschke» hiess es da etwa in einem Brief an mich, und ein wenig weiter mitten im Text: «...können wir Ihnen, lieber Herr Maschke, ein besonders günstiges Angebot...».

Ich bin damals fast vom Stuhl gefallen vor Freude und Stolz, dass sich dieses grosse Versandhaus die Mühe machte, mir einen persönlichen Brief zu schreiben, und nahm mich entsprechend wichtig. Heute ist das Standard, und kaum mehr ein Massenschreiben flattert ohne persönliche Anrede ins Haus.

Serienbriefe sind aber nicht nur für grosse Versandhäuser mit Hunderttausenden von Adressaten eine enorme Arbeitserleichterung, sondern können schon bei einigen wenigen Briefen Tipparbeit sparen und Fehler vermeiden. Bewerbungen sind ein Beispiel, die Organisation eines Klassentreffens ein anderes.

RAFFINIERT

Vergessen Sie dabei nicht: Mit *Word* können Sie nicht nur gedruckte Serienbriefe, sondern ebenso gut Serien-E-Mails erstellen.

Word unterstützt das Schreiben von Serienbriefen mit einem *Seriendruck-Manager* (Menü *Extras*), und die Mac-Enklave bei Microsoft ist darauf sichtlich stolz. Zitat von einer Webseite zu *Word X*:

> *«Nicht verraten – aber auf den Seriendruckmanager in Word X sind selbst die Office XP User der Windows-Welt neidisch. Denn die Seriendruckfunktion gibt es nur für den Macintosh.»*

Serienbriefe mit dem Office-Adressbuch

Sofern Sie Ihre Daten im Adressbuch von *Office* verwalten und pflegen, werden Sie darauf zugreifen wollen:

1. Erstellen Sie Ihr Anschreiben.

RAFFINIERT

Sie können sich viel Arbeit und den Etikettendruck ersparen, wenn Sie Ihr Anschreiben mit den Beispieldaten so anlegen, dass sich die Briefe in einen Fensterumschlag eintüten lassen. Positionieren Sie die Empfängeradresse also so, dass sie im Fenster erscheint (überprüfen Sie das mit einem Probeausdruck).

2. Rufen Sie den Menübefehl *Extras | Seriendruck-Manager* auf:

3. Klicken Sie unter *Hauptdokument* den Knopf *Erstellen* und wählen Sie die Option *Serienbriefe* aus.
4. Wählen Sie unter *Datenquelle | Daten importieren* das *Office-Adressbuch…*

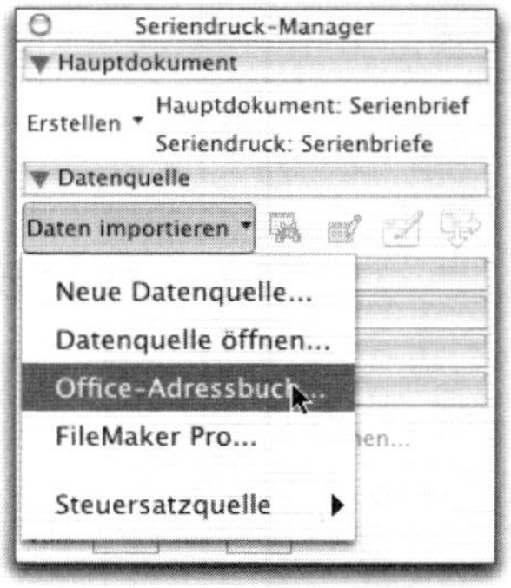

5. Unter *Seriendruckfeld* sind die einzelnen Datenfelder aufgelistet, die Sie per *Drag&Drop* an die gewünschte Stelle in Ihr Dokument ziehen können:

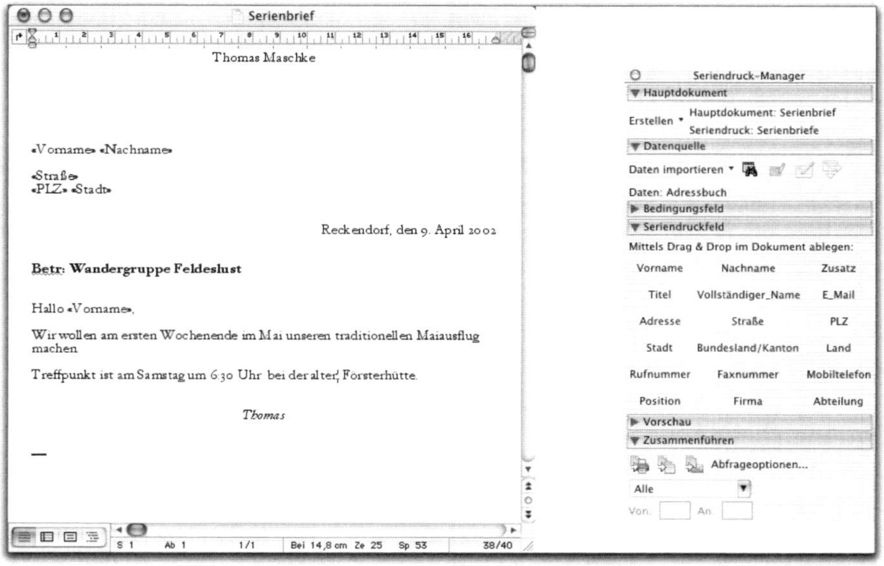

6. Unter *Vorschau* können Sie nun den Knopf *Seriendruck | Vorschau* drücken und dann mit den Pfeiltasten die einzelnen Datensätze durchblättern, um zu überprüfen, ob alles in Ordnung ist.

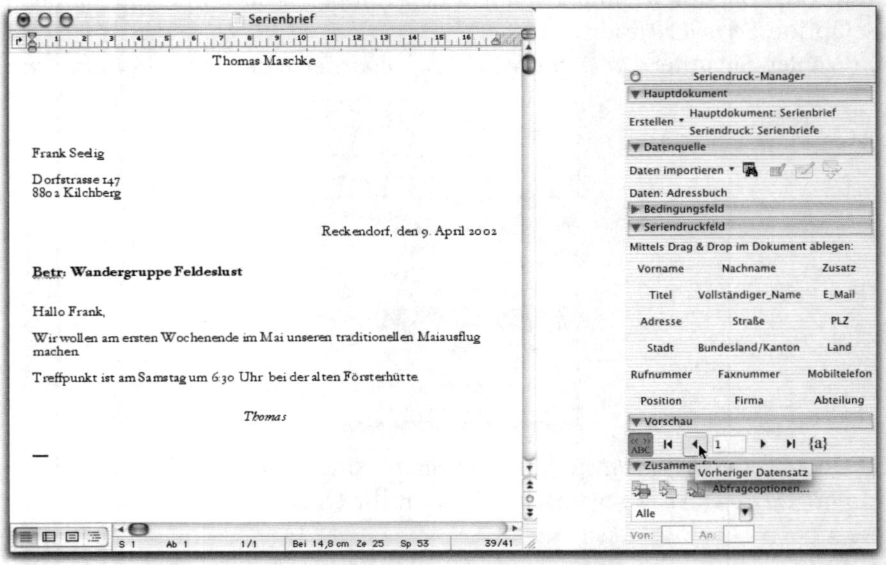

7. Unter *Zusammenführen* können Sie den Seriendruck nun wahlweise an den Drucker, in eine Datei oder als E-Mail an *Entourage* schicken.

Die Möglichkeiten, die Datensatzauswahl einzuschränken bzw. bestimmte Datensätze auszuschliessen, sind bei dieser Variante nicht allzu üppig. Sie können lediglich über *Abfrageoptionen* bestimmte Kategorien auswählen oder ausschliessen und über das *Bedingungsfeld* einige Schalter setzen.

Wenn das nicht reicht, greifen Sie idealer Weise auf eine externe Datenbanklösung zurück.

Optionen beim Seriendruck

Der *Seriendruck-Manager* bietet beim Erstellen eines Serienbriefdokuments mehrere Optionen:

- *Serienbriefe* – Diese Funktion haben wir eben erläutert.
- *Etiketten* – Damit können Sie mehrere Adressaufkleber auf einer Seite ausdrucken.

Der Etikettendruck macht besonders dann Sinn, wenn Sie selbstklebende Formularbögen mit Etiketten verwenden.

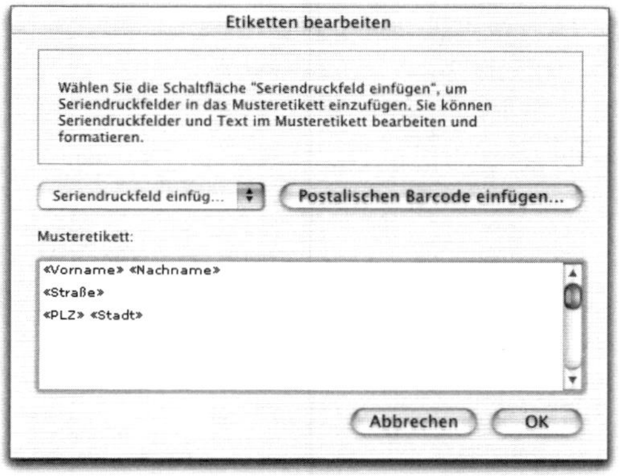

- *Umschläge* – Hiermit drucken Sie die Adressen einzeln nacheinander auf Briefumschläge.

Einfacher und schneller geht es, wenn Sie Fensterbriefumschläge benutzen und die Adresse des Empfängers so auf dem ersten Blatt Ihres Anschreibens positionieren, dass er im Brieffenster auftaucht (Probeausdruck!).

- *Katalog* – Mit dieser Option erhalten Sie eine komplette Adressenliste. Dazu wird ein neues Word-Dokument *Katalog 1* erstellt, das Sie dann sichern oder drucken können.

Serienbriefe mit FileMaker-Pro-Datenbank

Wenn Sie *FileMaker Pro* besitzen, empfehlen wir Ihnen, die Datenbanken dort zu erstellen und zu pflegen. Denn *Word* kann diese Datenbanken direkt einlesen, während *FileMaker* sie perfekt verwaltet. Serienbriefe erzeugen Sie dann so:

1. Anschreiben erstellen.
2. *Seriendruck-Manager* aufrufen.
3. Knopf *Erstellen.*
4. Unter *Datenquelle | Daten abrufen* wählen Sie *FileMaker Pro…*, und im daraufhin erscheinenden Dateidialog suchen Sie sich die gewünschte Datenbank aus.
5. Der *FileMaker-Import-Assistent* taucht auf und Sie können nun aus allen Feldern der *FileMaker*-Datenbank die gewünschten aussuchen:

6. Im nächsten Schritt lassen sich bestimmte Kriterien vorgeben, die die Datenbank erfüllen muss, damit dieser Datensatz auch in den Seriendruck übernommen wird:

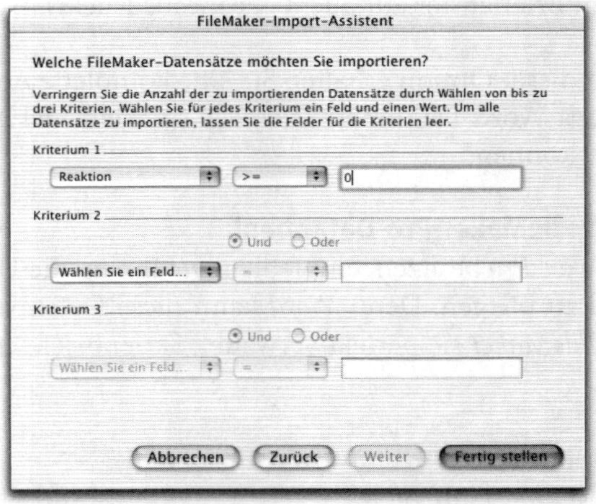

Der Rest des Vorgehens ist bekannt: Unter *Seriendruckfeld* ziehen Sie die einzelnen Datenfelder an die gewünschte Stelle in Ihrem Dokument, können unter *Vorschau* die Daten überprüfen und unter *Zusammenführen* drucken, speichern oder als E-Mail versenden.

Serienbriefe mit beliebiger Datenquelle

Die bislang beschriebenen Lösungen vertrauen bei der Abfrage der Datensätze, die eingefügt werden sollen, auf die Möglichkeiten, die *Word* in dieser Hinsicht bietet. Das reicht oft aus. Sind aber umfangreichere Datenbankselektionen erwünscht, dann ist es wohl am besten, die Daten in der Datenbankanwendung zu selektieren und dann nur die fraglichen Datensätze an *Word* zu übergeben.

Zusätzlicher Vorteil: Mit dieser Vorgehensweise können Sie Daten aus jedem beliebigen Programm benutzen, das Textdateien exportieren kann, beispielsweise aus einer *AppleWorks*-Datenbank.

Auch hier formulieren Sie zunächst das Anschreiben. Dann erstellen Sie eine Liste der benötigten Datenfelder: Vorname, Name, Anrede, Strasse…

Im nächsten Schritt benötigen Sie eine Datenbank mit Ihren Adressaten. «Datenbank», das klingt nach Grossrechenzentren und komplizierten Sachverhalten – doch weit gefehlt. Es ist ganz einfach, und es gibt prinzipiell zwei Möglichkeiten:

1. Sie besitzen bereits eine Adressdatei. Dann müssen Sie diese Daten *Word* verständlich machen.
2. Die Daten werden neu angelegt.

Ob die Adressdaten nun neu erstellt werden mussten oder bereits vorliegen – im nächsten Schritt werden sie für den Import vorbereitet:

Daten aus einer Datenbank müssen zunächst exportiert werden:

1. Datenbank aufrufen und die gewünschten Datensätze anzeigen lassen.

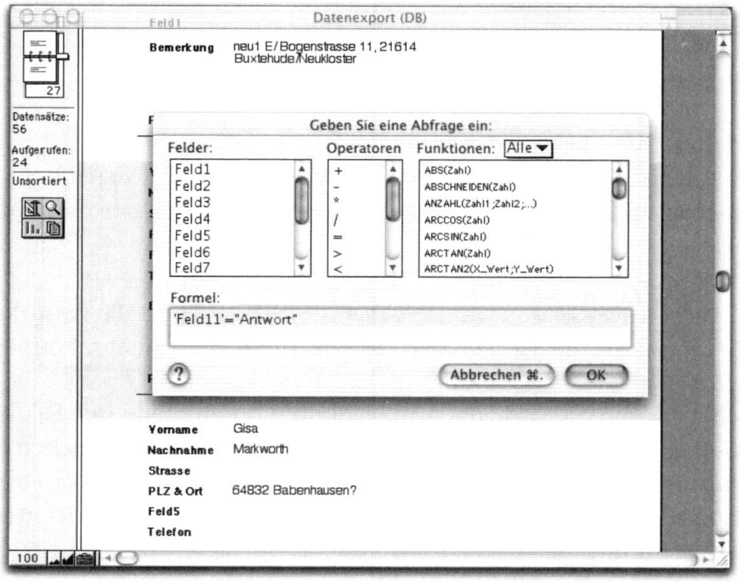

2. Datensätze exportieren. Wichtig: Welche Felder sollen exportiert werden? Welches Exportformat?

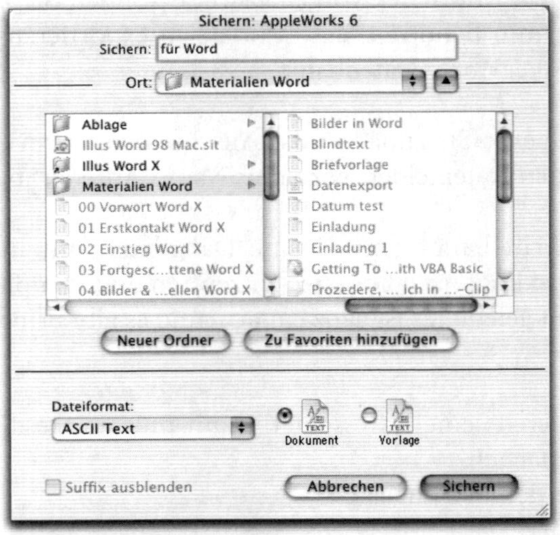

MERKET AUF!

Beim Export ist die eindeutige Unterscheidung zwischen Feldtrennungen und Satztrennungen unbedingt notwendig, damit *Word* später sowohl Datenfelder («Vorname» zum Beispiel ist ein Datenfeld) als auch Datensätze (alle Datenfelder – Vorname, Name, Strasse… – bilden einen Datensatz) eindeutig erkennen kann.

Es ist üblich, Datenfelder per Tabulator und Datensätze mit Absatzzeichen zu trennen.

3. Die Adressdaten liegen jetzt als Textdatei vor. Öffnen Sie die Datei in *Word* (Menü *Datei* | *Öffnen…* | *Lesbare Dateien* oder per *Drag&Drop* auf das *Word*-Icon im *Dock*) und überprüfen Sie, ob die erste Zeile die Feldnamen enthält.

Falls nicht, müssen Sie ganz oben ins Dokument eine Zeile mit Feldbezeichnungen schreiben, wobei wichtig ist, dass die richtigen Trennzeichen benutzt werden und genauso viele Feldnamen vergeben werden, wie Felder vorhanden sind. Also im Beispiel Tabulatoren für die Feldtrennungen und Absatzzeichen für die Satztrennungen.

Speichern Sie die Änderungen (das darf auch eine *Word*-Datei sein). Und jetzt kann's losgehen mit dem Serienbrief:

4. Öffnen Sie Ihr Anschreiben und wählen Sie den Befehl *Seriendruck-Manager* aus dem Menü *Extras.*
5. Wählen Sie *Hauptdokument | Erstellen | Serienbriefe...*
6. Unter *Datenquelle* wählen Sie *Datenquelle abrufen | Datenquelle öffnen...* und in der Dateiauswahl die Textdatei mit den Adressdaten.
7. Sie können nun die gewünschten Datenfelder per *Drag&Drop* in das Dokument übernehmen.

Der Rest des Vorgehens ist bereits bekannt: Sie können unter *Vorschau* die Daten überprüfen und unter *Zusammenführen* drucken, speichern oder als E-Mail versenden.

Tipps zum Serienbrief

- Ein Klick auf den Knopf *Seriendruck-Vorschau* zeigt die tatsächlichen Daten an, und mit den Pfeil-Knöpfen kann geblättert werden.
- Die eingesetzten Daten werden wie das Feld formatiert. Verschiedene Schriften werden ebenso übernommen wie Schriftstile.
- Serienbriefe lassen sich in ein neues Dokument ausgeben (alle Briefe sind enthalten, getrennt durch Seitenende-Zeichen). Nützlich, um sie vor dem Ausdruck manuell nachzubearbeiten.

All das lässt sich natürlich noch verfeinern. Etwa, indem in der Datenbank das Erscheinungsdatum der Anzeige und der Titel der Stellenanzeige notiert und in den Brief eingefügt wird. Dies liest sich dann so: «... in der Ausgabe der Frankfurter Allgemeinen vom 22.10.2002 suchen Sie...»

Wenn Sie diese Prozedur das erste Mal nachvollziehen, dauert es ein wenig und scheint vielleicht auch kompliziert. Aber schon beim zweiten Mal geht es viel flotter, und bald ist es die reine Freude, mit der Serienbrieffunktion umzugehen, statt fehlerträchtig Adressen in Briefe zu tippen.

Tabellen

Tabellen zu erstellen, das ist mit einem normalen Textprogramm nicht so einfach. Aber *Word* ist kein normales Textprogramm, sondern Standard auf dem Macintosh. Und das nicht zu Unrecht, wie sich auch an der komfortablen Eingabemöglichkeit von Tabellen und Diagrammen zeigt.

Es gibt zwei Möglichkeiten, zu einer Tabelle zu gelangen:

- Erstellen einer neuen Tabelle, die anschliessend mit Daten gefüllt wird.
- Umwandeln vorhandenen Textes in eine Tabelle.

Erstellen einer Tabelle

Tabellen lassen sich erstellen, indem Sie im Menü *Tabelle | Tabelle einfügen…* aufrufen:

Hier können Sie die Anzahl der Spalten und Zeilen eingeben und die Tabelle anschliessend eventuell noch mit dem Befehl *Tabelle | AutoFormat für Tabellen…* aufpeppen (auch wenn die mitgelieferten Designs nicht jedermanns Geschmack sind).

Viel eleganter geht es aber, wenn Sie die Symbolleiste *Tabellen und Rahmen* aufrufen (Menü *Tabelle | Tabelle zeichnen*), die das komfortable Erstellen eines Tabellenformulars ermöglicht, das dann mit Daten gefüllt werden kann:

Wie auf einem Blatt Papier können Sie nun mit dem Stift Tabellen zeichnen und überflüssige Linien ausradieren.

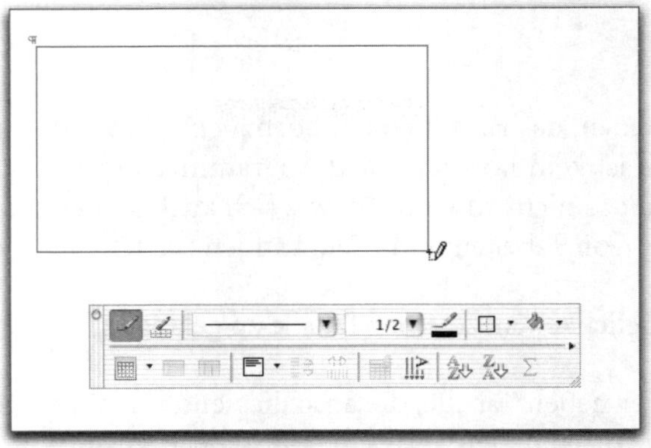

Mit dem Stift wird die Grösse der Tabelle aufgezogen. Ziehen Sie zuerst die gewünschte Gesamtbreite auf und unterteilen Sie dann in die Einzelfelder.

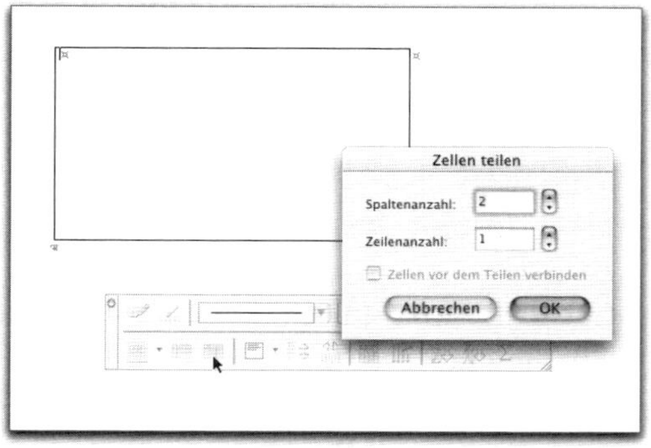

Das alles ist eigentlich selbsterklärend, hier dennoch ein paar Tipps für den Beginn:

- Die Rahmenstärke lässt sich ändern, wenn eine andere Stärke eingestellt und dann auf das Rahmensymbol geklickt wird.
- Mit dem Radierer werden Rahmenlinien und Zellen gelöscht.
- Die Schaltfläche *Zellen teilen* teilt die markierten Zellen – das muss nicht die gesamte Tabelle sein.
- Markierte Tabellenteile lassen sich nicht wie Text mit der *Rückschritt-Taste* löschen – schneiden Sie sie stattdessen einfach aus (*Befehl-X*).
- Die Schaltfläche *Tabelle AutoFormat* macht aus der Rohtabelle im Nu eine formatierte Tabelle.

HEISSER TIPP

Sofern Sie die Autoformatierung von *Word* eingeschaltet haben (Menü *Extras* | *AutoKorrektur…*, Register *AutoFormat während der Eingabe* – das Kästchen bei *Tabellen* muss abgehakt sein), können Sie Tabellen auch ganz besonders einfach definieren, indem Sie einfach eine Reihe von Plus- und Minuszeichen in eine Zeile schreiben und mit der *Return-Taste* bestätigen. In etwa so:

+-----+-------------+------+

Damit das Ganze tatsächlich funktioniert, muss sich am Anfang und Ende der Zeile ein Pluszeichen befinden.

Text zu Tabelle

Fast noch einfacher (sofern das noch möglich ist) kann bestehender Text in eine Tabelle umgewandelt werden. Voraussetzung: Der Text für die einzelnen Spalten muss durch ein eindeutiges Trennzeichen, zum Beispiel Tabulatoren oder Semikolons, getrennt sein. Etwa so:

Spalte 1; Spalte 2; Spalte 3
Wert 1; Wert 2; Wert 3

Markieren Sie den Text und rufen Sie *Umwandeln* | *Text in Tabelle umwandeln…* aus dem Menü *Tabelle* auf:

Überprüfen Sie, ob die Trennzeichen stimmen. Die restlichen von *Word* bereits eingetragenen Werte können Sie in der Regel so übernehmen. Legen Sie dann noch in *AutoFormat…* das gewünschte Aussehen fest, und schon ist die Tabelle fertig:

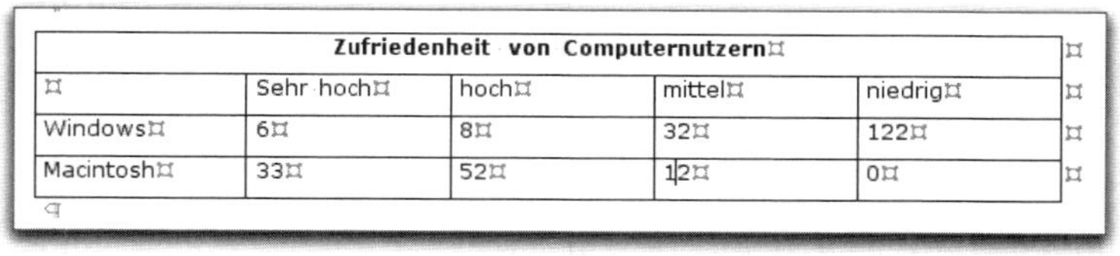

Zufriedenheit von Computernutzern				
	Sehr hoch	hoch	mittel	niedrig
Windows	6	8	32	122
Macintosh	33	52	12	0

Text aus Tabellen wiederherstellen

Soll aus einer Tabelle die Textinformation extrahiert werden, so ist auch dies einfach:

- Positionieren Sie den Mauszeiger in der Tabelle und rufen Sie den Befehl *Tabelle markieren* aus dem Menü *Tabelle* auf.
- Rufen Sie jetzt den Befehl *Tabelle in Text umwandeln...* aus dem Menü *Tabelle* auf:

Das war's auch schon.

Projekt: Lebensläufe und mehr

HEISSER TIPP

Tabellen sind nicht nur nützlich, um numerische Daten einzugeben, sondern bei jeder Art der strukturierten Dateneingabe äusserst hilfreich.

Nehmen wir an, Sie möchten eine Zusammenfassung, einen Text mit Marginalienspalte oder einen Lebenslauf schreiben. Links werden die Stichpunkte stehen, rechts wird das Ganze näher ausgeführt. Statt das umständlich mit Tabulatoren und Einzügen zu formatieren, legen Sie viel einfacher eine Tabelle mit zwei oder mehr Spalten an.

- Die Spaltenbreite lässt sich unter *Tabelle | Tabelleneingenschaften...*, Register *Spalte* genau festlegen. Sie kann auch mit dem Mauszeiger eingestellt werden.

- Reichen die Zeilen oder Spalten nicht, dann können weitere Elemente im Menü *Tabelle* unter *Zellen teilen* geschaffen werden.
- Per *Tabelle | Markieren* lassen sich den solchermassen markierten Spalten, Zeilen oder Zellen anschliessend gezielte Stilelemente (Zeichensatz, Grösse, Stil) zuordnen.
- Um die Tabellenbegrenzung auszublenden, wählen Sie *Tabelle | Tabelle markieren* und dann auf der Symbolleiste *Tabellen und Rahmen* auf dem Knopf für die Rahmendarstellung *Kein Rahmen.* Der Text wird nun ohne jeden Rahmen ausgedruckt.
- Unter *Tabelle | Gitternetzlinien* können Sie die Anzeige der Gitternetzlinien unterdrücken, so dass der Text auch auf dem Bildschirm sauber dasteht.

Faustregel: Immer, wenn Sie häufig Tabulatoren zum Formatieren eines Textes benutzen, ist die Chance gross, dass diese Arbeit sich mit Hilfe einer Tabelle besser erledigen lässt.

Projekt: Einladung

Zeit, mit Freunden zu feiern.

1. Legen Sie ein neues Dokument (*Befehl-N*) an.
2. Tippen Sie die Rohdaten ein.
3. Formatieren Sie den Text: Schriftgrösse, -stil, Ausrichtung:

4. Das ist uns noch zu wenig. Markieren Sie die Überschrift, rufen Sie *WordArt* aus dem Menü *Einfügen | Grafik* auf und spielen Sie mit der Gestaltung.

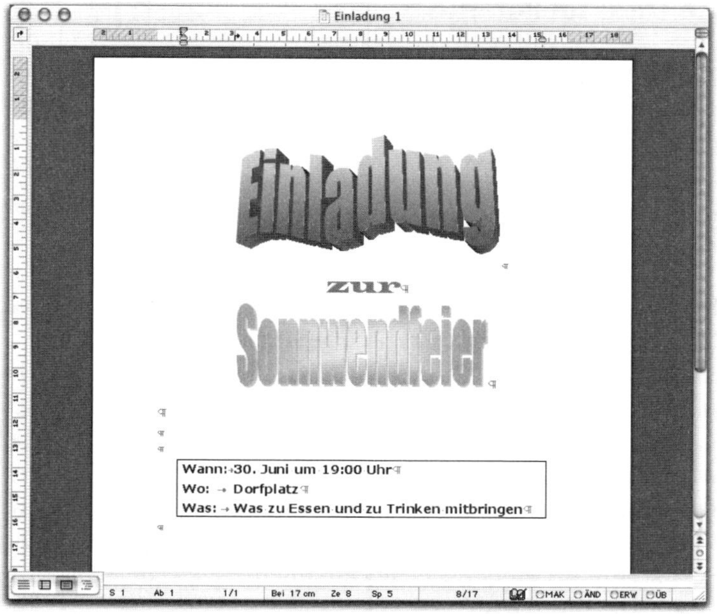

5. Eine nette Grafik fehlt noch: Menü *Einfügen* | *Grafik* | *ClipArt*. Positionieren Sie die Grafik an gewünschter Stelle.

6. Schon fertig. Machen Sie einen Probeausdruck.

Tipps und Tricks für Poweruser

Word anpassen

Hier finden Sie noch einmal alle Möglichkeiten im Überblick aufgelistet, *Word* an Ihre persönlichen Bedürfnisse anzupassen:

- Im Menü *Word* | *Voreinstellungen…* lassen sich wichtige Grundeinstellungen festlegen.
- Im Ordner *Office* in Ihrem *Office X*-Ordner finden Sie den Pfad *Start – Word*. Alle Dokumente, Dokumentvorlagen und Assistenten, die hier abgelegt sind, werden beim Aufstarten automatisch geöffnet.
- Hier finden Sie auch den Ordner *Add-Ins*. Die dort abgelegten Erweiterungen (zum Beispiel *Kamera & Scanner Plug-In*) werden automatisch geladen und erweitern die Funktionalität – in dem Fall um den Menübefehl *Einfügen* | *Bild* | *Von Scanner oder Kamera…*
- Im Ordner *Vorlagen* findet sich die Dokumentvorlage *Normal*, deren Voreinstellungen (Stilvorlagen, Makros, Symbolleisten, Tastenkombinationen…) übernimmt *Word* für neue Dokumente. Sie kann geöffnet und geändert werden.
- Im Menü *Extras* | *Anpassen…* können Menü- und Symbolleisten ausgewählt und verändert werden. Dort lassen sich den einzelnen Befehlen auch Tastenkombinationen zuweisen.
- In Dokumentvorlagen können Sie Stilvorlagen, Makros, Symbolleisten und Tastenkombinationen speichern und diese Voreinstellungen schnell aufrufen, um ein neues Dokument zu erstellen (Menü *Datei* | *Projektkatalog…*). Sie können damit aber auch das Aussehen bereits vorhandener Dokumente anpassen.
- Mit Hilfe der Assistenten (Umschlag-Assistent, Aufkleber-Assistent… – zu finden über das Menü *Datei* | *Projektkatalog…*) lassen sich bestimmte Dokumente komfortabel erstellen.

«Intelligente» Felder

Eine sehr mächtige Funktion verbirgt sich unter dem Befehl *Feld…* im Menü *Einfügen*. Hier können Sie «intelligente» Felder einfügen, die die unterschiedlichsten Informationen darstellen und jeweils aktualisieren.

HEISSER TIPP

Etliche Feldfunktionen sind bereits in der Symbolleiste *AutoText* definiert. Rufen Sie die Symbolleiste auf (Menü *Ansicht | Symbolleisten*) und wählen Sie die gewünschten Feldfunktionen:

Bei der Erstellung und Bearbeitung solcher Felddefinitionen sind einige Tastenkombinationen sehr nützlich:

- *Befehl-F9* – Einfügen eines neuen Feldes.
- *Wahl-F9* – Felder aktualisieren und Feldfunktionen ein- respektive ausblenden.

FEHLERTEUFEL

Die Aktualisierung der Feldanzeige klappte bei uns nicht immer so, wie sie eigentlich sollte. Abhilfe: Rufen Sie *Datei | Drucken...* auf und drücken Sie den Knopf *Vorschau.* Da das für *Word* ein Druckvorgang ist, werden die Feldinhalte zuverlässig aktualisiert. Oder rufen Sie den Menübefehl *Datei | Seitenansicht* auf.

- *Befehl-Shift-F9* – wandelt eine Feldfunktion in normalen Text um.
- *F11* springt zum nächsten Feld.
- *Shift-F11* springt zum vorigen Feld.
- Mit *Control-Mausklick* auf ein Feld können Sie sich die Feldfunktionen jederzeit anzeigen lassen und dann auch optional zu vergebende Werte – etwa die bei einem Bruch oder einer Matrix – ändern.
- Felder lassen sich ebenso wie jedes andere Textelement behandeln. Kopieren, verschieben, löschen, ändern…
- Unter *Word* | *Voreinstellungen…* | *Ansicht* legen Sie fest, wie Felder dargestellt werden sollen. So können Sie sich Felder hier generell schattiert anzeigen lassen, oder nur, wenn ein Feld angewählt ist.
- All Ihre Felder finden Sie schnell wieder, indem Sie den runden Knopf für die Suchoptionen rechts unten im Dokumentfenster anklicken:

- Sie können aber auch nach ^*d* (= Feldern) im *Suchen*-Dialog suchen.

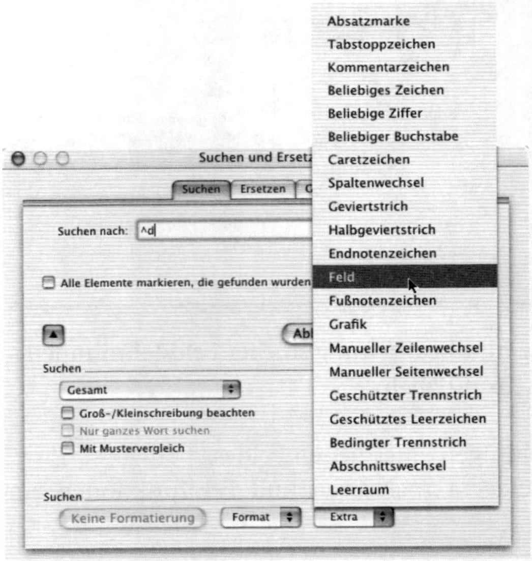

HEISSER TIPP

Verschachtelte Feldfunktionen wie *{ IF { PAGE } < { NUMPAGES } «Weiter auf Seite {={PAGE} + 1}» «Letzte Seite»}* sind scheinbar nicht so einfach einzugeben, denn der Aufruf einer neuen Feldfunktion löscht das vorige Feld im Feld-Dialog. Doch es gibt zwei Möglichkeiten:

1. Mit *Befehl-F9* erzeugen Sie jeweils eine neue Feldklammer, den Text tippen Sie via Tastatur ein. Das setzt natürlich voraus, dass Sie die Felddefinitionen kennen.
2. Rufen Sie den Menübefehl *Einfügen | Feld...* auf und wählen Sie die erste Feldfunktion aus. Fügen Sie das Feld per Druck auf *OK* in den Text ein. Schalten Sie mit *Wahl-F9* die Feldanzeige um und positionieren Sie den Mauszeiger innerhalb der Feldklammer an der Stelle, wo das nächste Feld hin soll. Jetzt geht es wieder ins Menü: *Einfügen | Feld...*, Feldfunktion auswählen...

Seitenzahlen

Die Feldfunktionen sind weit mächtiger, als es auf den ersten Blick scheinen mag. So ist es kein Problem, *Word* anzuweisen, sowohl die aktuelle Seitenzahl als auch die Gesamtseitenzahl eines Dokumentes anzuzeigen:

Öffnen Sie dazu zum Beispiel die Fusszeile und klicken Sie wie gewohnt auf das Symbol für die aktuelle Seitennummerierung in der Symbolleiste *Kopf- und Fusszeile.* Wenn der Mauszeiger dort steht, wo die Gesamtseitenzahl erscheinen soll, wählen Sie aus dem Menü *Einfügen* den Befehl *Feld...* aus, klicken hier links auf *Nummerierung*, dann rechts auf *SectionPages* und schliesslich auf *Optionen...*, um ein Format auszusuchen.

Word fügt jetzt ein Feld ein, das die aktuelle Gesamtseitenzahl Ihres Dokumentes auch dann immer richtig zeigt, wenn sich dessen Grösse ändert:

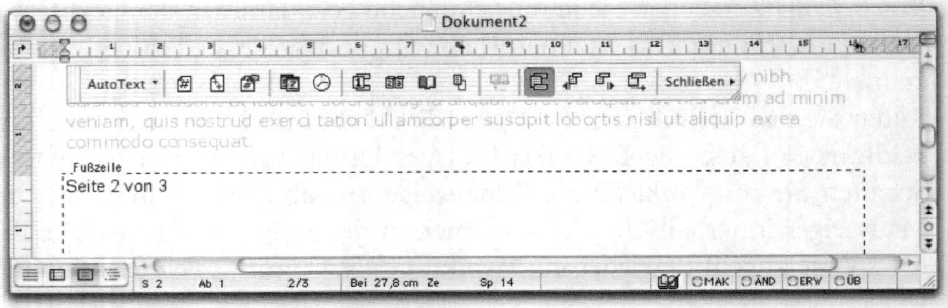

HEISSER TIPP

Diese Feldfunktion steht – inklusive anderer Felder wie Dateinamen – auch auf der Symbolleiste *Kopf-/Fusszeile* zur Verfügung. So können Sie leicht – durch einfaches Anklicken der entsprechenden Knöpfe – eine Fusszeile definieren, die sich wie folgt liest: «Gedankensplitter; Seite 3 von 6».

Und wenn Sie als Fusszeile gerne den Text «Fortsetzung auf Seite x» hätten, wobei «x» natürlich für die folgende Seitennummer steht? Das ist noch vorstellbar. Es sieht allerdings ein wenig lächerlich aus, wenn auf der letzten Seite des Dokumentes «Fortsetzung auf Seite x» steht. Aber unter den Feldfunktionen findet sich auch eine Wenn-Bedingung, und damit lässt sich dieses Problem elegant lösen.

Die gesamte Formel sieht so aus:

{ IF { PAGE } < { NUMPAGES } «Fortsetzung auf Seite {={PAGE} + 1}» «Letzte Seite»}

In der Fusszeile liest sich das dann so: «Fortsetzung auf Seite 8» oder eben so: «Letzte Seite».

Kapitelüberschriften in die Kopfzeile aufnehmen

Mit den Feldern ist noch mehr möglich: So können Sie auch automatisch die Bezeichnung der jeweils aktuellen Kapitelüberschrift in die Kopfzeile eines Dokumentes übernehmen:

1. Formatieren Sie jede Kapitelüberschrift mit der gleichen Formatvorlage, zum Beispiel mit der Vorlage *Überschrift 1* oder mit einer eigenen Formatvorlage.
2. Wählen Sie im Menü *Ansicht* den Eintrag *Kopf- und Fusszeile* und springen Sie je nach Wunsch zur Kopf- oder Fusszeile.
3. Wählen Sie den Menüpunkt *Einfügen* | *Feld.*

4. In der Kategorie *Verknüpfungen und Verweise* finden Sie das Feld *StyleRef.* Markieren Sie das Feld.

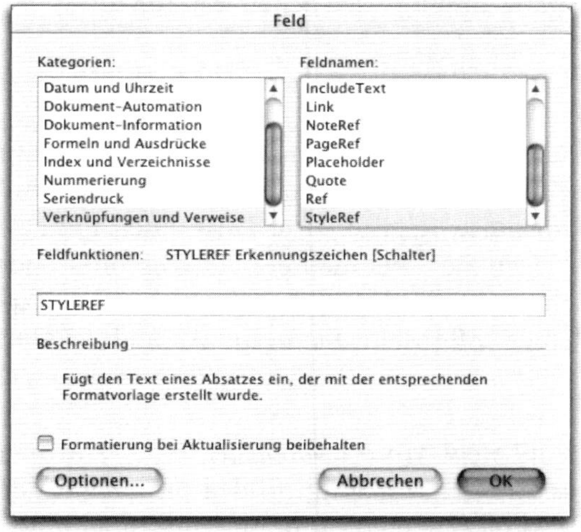

5. Klicken Sie auf die Schaltfläche *Optionen...*
6. Wählen Sie im Register *Formatvorlagen* die Formatvorlage aus, mit der Sie Ihre Kapitelüberschriften formatiert haben.

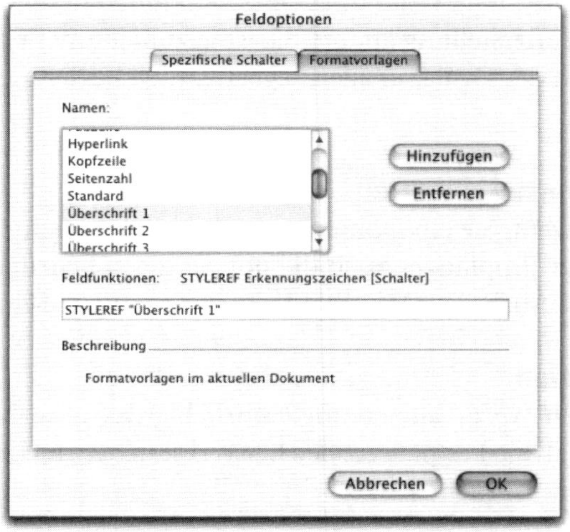

7. Klicken Sie zunächst auf *Hinzufügen* und danach auf *OK.*
8. Bestätigen Sie nochmals mit *OK.*

Nun wird jeweils in der Kopf- oder Fusszeile die aktuelle Kapitelüberschrift angezeigt.

HEISSER TIPP

Möchten Sie nicht die erste, sondern die letzte Überschrift einer Seite sehen (zum Beispiel in der Fusszeile), dann fügen Sie dem Feld ganz am Ende den Schalter */l* hinzu:

{StyleRef «Überschrift 1» /l }.

MERKET AUF!

Soll die Referenz nicht auf allen Seiten auftauchen (Titelseite, Einleitung), dann aktivieren Sie entweder im Menü *Format | Dokument…*, Registerkarte *Layout* den Punkt *Erste Seite anders* oder legen Sie – bei mehreren auszuschliessenden Seiten – einen Abschnittswechsel vor den Text, der die Kapitelüberschriften enthalten soll (Menü *Einfügen | Wechsel… | Abschnittswechsel*).

Schöner drucken

Wenn Sie den Menübefehl *Word | Voreinstellung…* aufrufen und da auf die Registerkarte *Drucken* wechseln, dann finden Sie ganz unten unter *Optionen nur für aktuelles Dokument* auch die Option *Hohe Auflösung.*

Sie ist normalerweise nicht aktiviert und das wiederum bedeutet, dass die Zeichensatzdarstellung von Word für die Bildschirmanzeige optimiert ist und nicht für den Druck. Wenn Sie diese Option aktivieren, sehen Sie sofort, dass sich die Bildschirmdarstellung ändert. Sie ist jetzt nicht mehr ganz so schön wie vorher, dafür wird der Druck in aller Regel deutlich besser ausfallen. Probieren Sie es einfach aus.

TrueType-Schriftarten einbetten

Das ist nützlich, wenn Sie ein Dokument weitergeben möchten, sich aber nicht sicher sind, ob der Empfänger auch die notwendigen Schriften hat – ist dieser Punkt abgehakt, enthält das Dokument alle notwendigen Schriften.

Dateien schrumpfen

Manchmal werden *Word*-Dateien ungebührlich gross, obwohl sie weit weniger Daten enthalten, als sie Festplattenspeicher verbrauchen: 6.000 Zeichen belegen 80 Kilobyte. Das muss nicht sein:

Überprüfen Sie im Menü *Word* unter dem Punkt *Voreinstellungen…* auf der Registerkarte *Speichern*, ob *Schnellspeicherung zulassen* angekreuzt ist. Deaktivieren Sie diese Funktion. Künftige Dokumente werden kleiner abgespeichert.

Bei Dateien, die bereits fett sind, hilft das aber nicht. Hier machen Sie Folgendes:

1. Wählen Sie den gesamten Text aus (*Befehl-A*)
2. Kopieren Sie ihn (*Befehl-C*)
3. Legen Sie ein neues Dokument an (*Befehl-N*)
4. Fügen Sie den Text ein (*Befehl-V*)
5. Speichern Sie das Dokument unter neuem Namen (Menü *Datei* | *Speichern unter…)*

Alternativ können Sie den Text auch mit *Speichern unter…* als *RTF*-Datei (RTF = Rich Text Format) speichern, erneut aufrufen und wieder mit *Speichern unter…* als *Word*-Dokument ablegen.

Papier sparen

Nicht selten ist ein Dokument immer gerade um die paar berüchtigten Zeilen zu viel zu lang – wegen einiger weniger Zeilen muss eine ganze Seite zusätzlich ausgedruckt werden.

Aber *Word* bietet hierfür eine Lösung: Wählen Sie im Menü *Datei* den Befehl *Seitenansicht* und klicken Sie dann oben in der Symbolleiste auf das kleine Icon *Grösse anpassen.*

Daraufhin versucht das Programm (gegebenenfalls in mehreren Durchgängen), das aktuelle Dokument durch Neuformatierung um eine Seite zu kürzen.

Abschliessend meldet sich das Programm und teilt Ihnen mit, ob der Versuch erfolgreich war oder nicht.

Wildfremde Dateien öffnen

Wenn Sie in *Word* eine beliebige Datei öffnen möchten, reicht es, in der *Öffnen*-Dialogbox die Option *Alle Dokumente* zu wählen. Nun wird *Word* alles, was sich an halbwegs verwertbaren Daten in dieser Datei befindet, aufspüren und in einem neuen Fenster zeigen.

Bitte verwechseln Sie diese Option nicht mit *Alle lesbaren Dateien.* In diesem Fall würde *Word* selbst entscheiden, was es öffnet und was nicht – was manchmal dazu führt, dass eine Datei nur scheinbar nicht geöffnet werden kann.

Bugs – Fehler im Programm

Nach unseren Erfahrungen ist *Word* sehr mächtig und kann sehr viel, unter anderem auch wirklich grosse Dateien verwalten. Aber leider nicht alles auf einmal.

Will heissen, je grösser und gleichzeitig komplexer die Dateien werden, desto wahrscheinlich ist, dass *Word* mit Fehlern und Datenkorruption reagiert – die Datei ist nurmehr teilweise oder gar nicht mehr brauchbar.

Word ist optimal für:

- Kleine Dateien mit komplexen Optionen (Nummerierung, Bilder, Aufzählung, Feldfunktionen…).
- Grosse Dateien mit überschaubaren Optionen (Texte mit Überschriften und Stilen wie fett usw.).

Probleme vermeiden

Es klang soeben an, dass *Word* mit steigender Komplexität der Dokumente auch zunehmend zu Fehlern neigt. Im Besonderen sind folgende Funktionen berühmt bis berüchtigt:

- Masterdokument (Menü *Ansicht*)
- Version… (Menü *Datei*)
- Schnellspeicherung (Menü *Word* | *Voreinstellungen…* | *Speichern*)

Was nun nicht heisst, dass Sie deren Vorteile nicht nutzen können. Aber – arbeiten Sie mit Sicherungskopien! Die Vorteile von einem *Masterdokument* etwa nutzen Sie bitte nur, wenn Sie vorher von allen dafür in Frage kommenden Dokumenten eine Kopie gemacht haben. So können Sie notfalls – wieder mit Kopien – mit dem *Masterdokument* von vorne anfangen.

Dokumente reparieren

Was aber tun, wenn die Datei – obwohl scheinbar einwandfrei gesichert – doch korrupt ist?

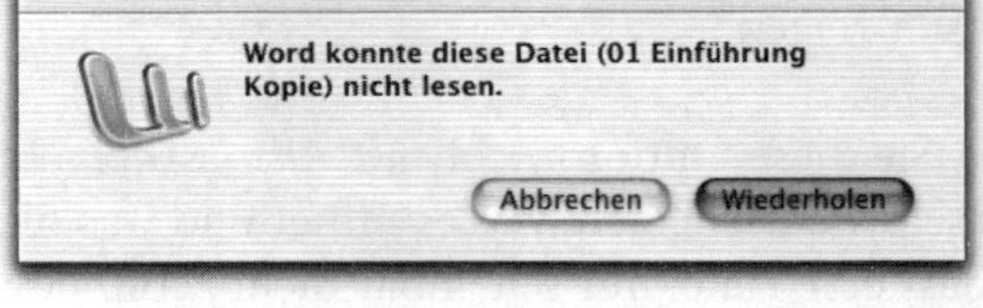

Taucht das Problem mehr oder weniger dauerhaft mit jedem neuen Dokument auf, das auf derselben Dokumentvorlage basiert (automatisch *Normal*, manuell via *Format* | *Formatvorlagenkatalog…*), dann sollten Sie die betreffende Dokumentvorlage löschen.

Bei einem korrupten Dokument, das sich noch öffnen lässt, aber «Auffälligkeiten zeigt, versuchen Sie in dieser Reihenfolge folgende Schritte bis zum Erfolg:

1. Handelt es sich um einzelne Absätze, dann markieren Sie jeweils den Absatztext (ohne Absatzmarkierung! – dort ist meist der Fehler verborgen), kopieren ihn in ein neues Dokument, löschen den verdächtigen Absatz und kopieren dann die Absatzkopie (mit Absatzmarkierung) zurück ins Original.
2. Markieren Sie das gesamte Dokument ohne (!) die letzte Absatzmarkierung: Sprung ans Textende – *Befehl-A* – *Shift-Linksfeil.* Speichern Sie das Dokument unter anderem Namen ab (*Datei* | *Speichern unter...*).
3. Speichern Sie das Originaldokument in einem anderen Format – versuchen Sie *RTF* und *HTML* (*Datei* | *Speichern unter...*).
4. Versuchen Sie, das Dokument in einem anderen Programm zu öffnen, das *Word*-Dokumente importieren kann.

Bei einem korrupten Dokument, das sich nicht mehr öffnen lässt, versuchen Sie in dieser Reihenfolge folgende Schritte bis zum Erfolg:

1. Kopieren Sie die Datei und versuchen Sie dann, die Kopie zu öffnen.
2. Versuchen Sie, das Dokument in einem anderen Programm zu öffnen, das *Word*-Dokumente importieren kann. Bei mir hat *RagTime* (das für Privatpersonen kostenlos ist) schon wahre Wunder vollbracht...
3. Versuchen Sie, die Datei via *Datei* | *Öffnen...* mit der Option *Text aus bel. Datei wiederherstellen* zu öffnen. Dabei versucht das Programm, wenigstens die Textinformationen wiederherzustellen. Das klappt meist auch überraschend gut und ist schon mal viel wert.
4. Öffnen Sie die Datei mit einem Texteditor wie *BBEdit* und retten Sie wenigstens die reine Textinformation, so weit sie noch erhalten ist.

So, das war's zu *Word.* Dass *Word* noch weit mehr kann, haben Sie auch schon entdeckt. Unser Platz ist begrenzt, und so haben wir hier die wichtigsten Grundlagen und Tipps im Umgang mit diesem Programm aufgenommen. Wenn Sie mehr wissen möchten, möchten wir Sie auf das eigenständige *Word X*-Buch von *SmartBooks* verweisen.

3 Excel:mac v.X

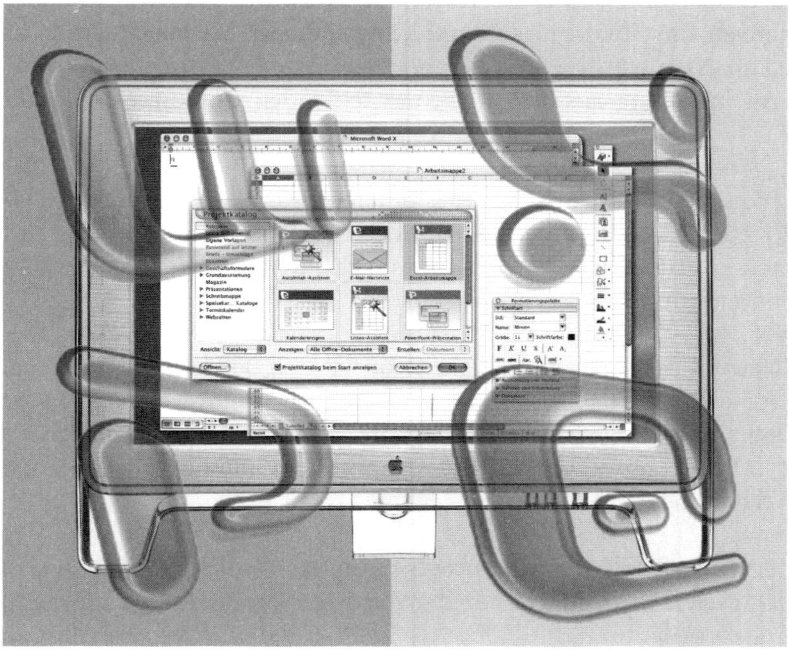

Excel:mac v.X

Das Tabellenkalkulationsprogramm *Excel* steht auf dem Macintosh ziemlich einzigartig da – und das ist auch nicht weiter verwunderlich, denn es gibt kaum Alternativen. Eine Zeitlang gab es gar keine andere Tabellenkalkulation für den Macintosh. Man würde *Excel* allerdings bei weitem nicht gerecht, wenn man seine Alleinstellung ausschliesslich der fehlenden Konkurrenz zuschreiben würde.

Es ist in der Tat vielmehr so, dass es durchaus Konkurrenten gab und wieder gibt. *Excel* allerdings ist ihnen so haushoch überlegen, dass sie letztlich nur wenig Chancen haben. Und so erstaunt es nicht, wenn *Excel* 99% aller Tabellenkalkulationen auf dem Macintosh stellt.

Die Kapazität und Leistungsfähigkeit von Version 2001 wurde gegenüber der Version 5 deutlich gesteigert und dürfte damit die Anforderungen des normalen Benutzers mehr als erfüllen. Eine Zelle kann bis zu 32000 Zeichen aufnehmen (vorher 255) und die mögliche Anzahl der Zeilen wurde von 16384 auf 65535 erhöht.

Excel X wurde für Mac OS X entwickelt, unterscheidet sich aber in der Leistungsfähigkeit nicht allzu sehr von der Vorgängerversion. Folgende Neuerungen sind eingeflossen:

- *Aqua*-Interface (natürlich) und geglättete Zeichensätze.
- Tastaturkürzel können definiert werden (siehe erstes Kapitel).
- *AutoWiederherstellen*-Dateien können in definierbaren Zeitabständen gesichert werden (*Excel* | *Voreinstellungen…* | *Speicher*).

Umstieg zu Excel

Da alle *Office*-Programme Dateien früherer *Office*-Versionen öffnen und auf Wunsch sogar wieder in dieser Version speichern können, sollte es keine nennenswerten Probleme geben, wenn Sie von einer früheren Version aufsteigen.

Daneben beherrscht *Excel* auch das Format *Lotus1-2-3* und einige andere wie beispielsweise *Text*. Nötigenfalls müssen Sie die Daten zunächst im Ursprungsprogramm öffnen und in einem Format speichern, das *Excel* versteht. Zum Beispiel als älteres *Excel*-Dokument.

Wie Sie fremde Dokumente mit *Office* austauschen können, das ist uns ein eigenes Kapitel wert: *Daten organisieren und austauschen.*

Excel kennen lernen

Die Tabellenkalkulation *Excel* ist weitgehend intuitiv zu bedienen, das bedeutet, sie verhält sich in den allermeisten Fällen absolut logisch und funktioniert so, wie man das auch erwartet. Wir raten Ihnen deshalb, sich einmal eine Stunde Zeit zu nehmen, um die verschiedenen Funktionen von *Excel* kennen zu lernen. Beginnen Sie dabei mit den Menüs, schauen Sie sich einmal alles an, was es dort so an Befehlen gibt.

Besonders gründlich sollten Sie sich dabei all jenen Menüs widmen, die drei Pünktchen angehängt haben. Bedeutet das doch, dass sich hinter diesen Menüs weitere Optionen und Dialogboxen verbergen. Menübefehle ohne diese drei Pünktchen führen sofort eine Aktion aus – *Speichern* zum Beispiel. Ein Menübefehl dagegen wie *Voreinstellungen...* öffnet weitere Dialogboxen, auf denen sich in diesem Fall bestimmte Einstellungen des Programms festlegen lassen.

Danach sollten Sie mit *Excel* schon etwas vertrauter sein, und wir können uns gleich den interessanten Spezialitäten des Programms widmen. Denn auch hier gilt, wie für alle *Office*-Programme, dass die eingebaute Hilfefunktion umfassend ausgefallen ist und wir uns das Erklären der vielen Allgemeinplätze ersparen können, denn die finden Sie alle in der Online-Hilfe.

Was die Anpassung durch den Benutzer angeht, ist *Excel* mittlerweile fast so ausgereift wie *Word*. So lassen sich auch in *Excel* eigene Tastaturkürzel für die Menübefehle definieren, die Symbolleisten können eigenen Bedürfnissen angepasst werden, weitere Befehle können in die Menüleiste und die Symbolleisten aufgenommen werden (siehe erstes Kapitel *Office X:mac*). *Excel* hält folgende Bedienelemente parat:

- Menüleiste mit den Pulldown-Menüs.
- Symbolleisten mit den meistgebrauchten Befehlen.
- Tastenkombinationen, mit denen sich Befehle schnell über die Tastatur aufrufen lassen.

Einstieg in die Tabellenkalkulation

Die Arbeitsfläche von Excel

Wird *Excel* aufgestartet, dann bietet sich in etwa folgendes Bild:

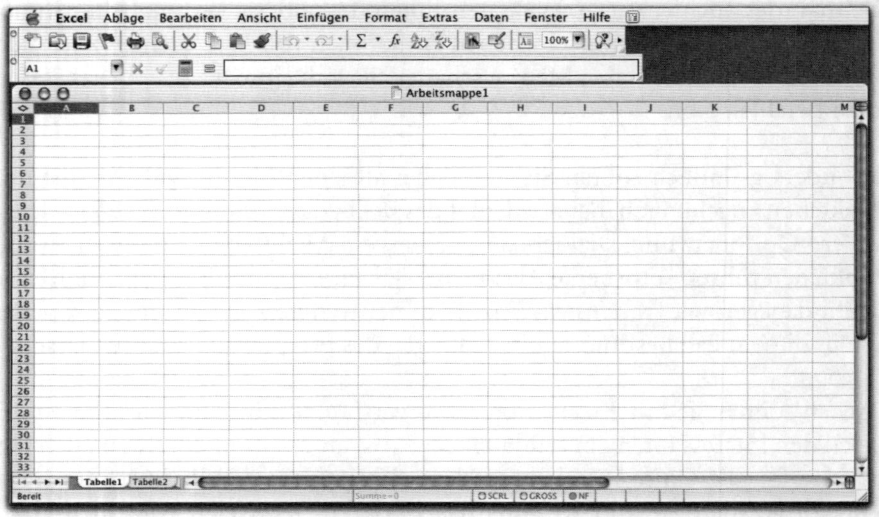

Arbeitsblatt. Zentrales Element ist das Arbeitsblatt, das in Spalten und Zeilen aufgeteilt ist. Spalten werden am Rand mit Buchstaben bezeichnet, Zeilen mit Ziffern. Die Angabe *A1* beispielsweise kennzeichnet eindeutig die Zelle in der ersten Spalte und Zeile ganz oben links auf dem Arbeitsblatt.

Menü. Ganz oben das Menü, über das die wichtigsten Befehle zugänglich sind. Wie Sie es eigenen Bedürfnissen anpassen, ist im ersten Kapitel beschrieben.

Symbolleisten. Darunter eine oder mehrere Symbolleisten (je nach Auswahl), die Befehle zu bestimmten Arbeitsbereichen (Diagramm, Grafik...) bereitstellen. Per *Control-Mausklick* auf eine Symbolleiste oder über das Menü *Ansicht | Symbolleisten* werden sie ein- und ausgeschaltet. Auch hier Genaueres zur Anpassung im ersten Kapitel.

Einen Tipp möchten wir – als Anregung für eigene Forschungen – aber dennoch nicht verschweigen: Im Menü *Ansicht | Symbolleisten | Anpassen* findet sich auf der Registerkarte *Befehle* unter der Kategorie *Extras* eine Schaltfläche mit einem Taschenrechner-Symbol, hinter dem sich der Befehl *Neu berechnen* verbirgt und das Sie auf jede beliebige Symbolleiste ziehen können.

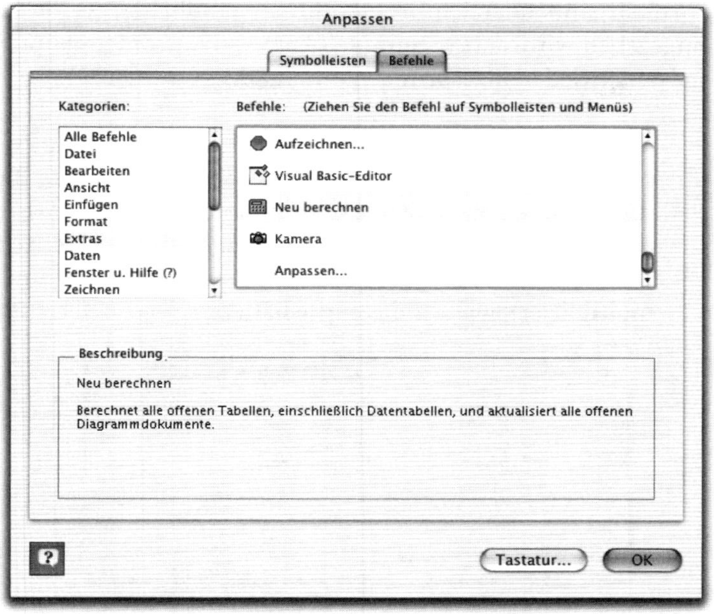

Diese Schaltfläche dient sowohl dem manuellen Berechnen einer Tabelle als auch dem Berechnen einzelner markierter Formelteile in der Eingabezeile.

Funktionsleiste. Direkt über dem Arbeitsmappen-Fenster die Funktionsleiste:

Ob sie sichtbar ist, wird im Menü *Ansicht | Funktionsleiste* festgelegt.

Ganz links wird die aktuelle Zellposition angezeigt: *A2* zum Beispiel. Dazu gleich mehr unter *Arbeitsblätter.* Haben Sie Namen für einen Bereich vergeben, so wird statt der Zellposition dieser Name gezeigt.

RAFFINIERT

Bereichsnamen lassen sich in *Excel* schnell vergeben: Markieren Sie den gewünschten Bereich, klicken Sie mit dem Mauszeiger auf das linke Feld der Funktionsleiste und tippen Sie einen Namen ein. Die *Return-Taste* bestätigt.

Vorteil: Formeln sind übersichtlicher und verständlicher, wenn «=Summe (Preis)» eingegeben wird statt «=Summe (A3:A6)». Ausserdem können solche Bereiche jederzeit wieder angesprungen und markiert werden.

MERKET AUF!

Wichtig: Auch in so einem Bereich bleibt die einzelne Zelle adressierbar. Legen Sie also Spalte A als Menge fest, Spalte B als Preis, dann können Sie in Spalte C «=Summe (Menge*Preis)» eingeben und erhalten nicht etwa ein Gesamtergebnis aller Mengen, malgenommen mit allen Preisen: vielmehr wird jeder Einzelposten multipliziert, wie wir das gerne hätten:

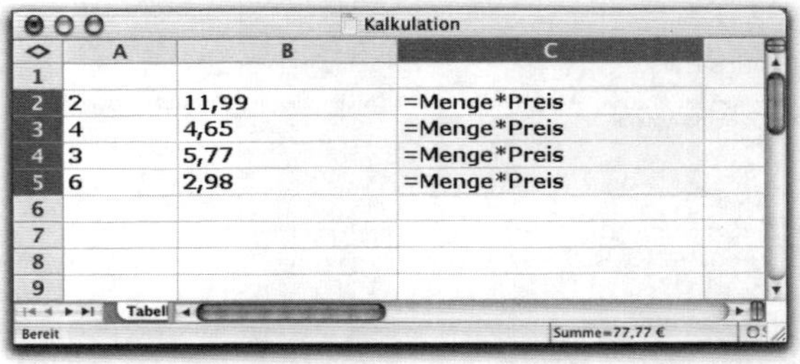

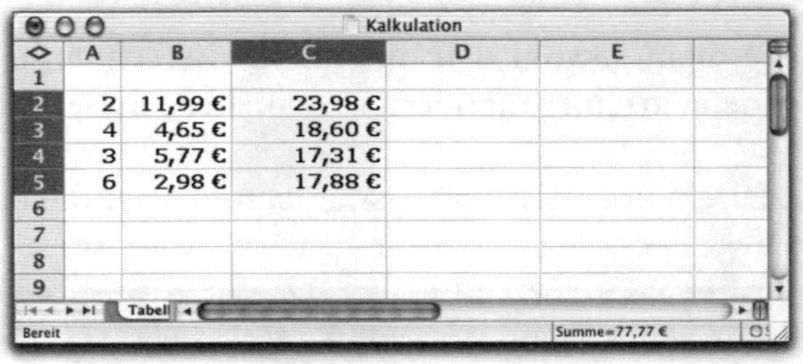

RAFFINIERT

Beachten Sie die Statuszeile rechts unten: Markierte Bereiche summiert *Excel* sofort auf!

Das kleine Dreieck links in der *Funktionsleiste* hält eine Liste aller bereits vergebenen Namen parat: Mit der Maus darauf klicken und die Maustaste gedrückt halten, um die Liste zu sehen und einen Namen auszuwählen. Der ausgewählte Bereich wird dann angesprungen und markiert.

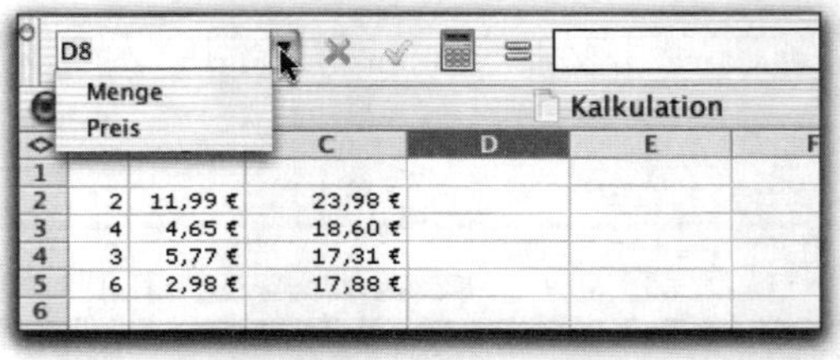

Weitere Optionen zu Namen finden sich im Menü *Einfügen | Namen.* Hier lässt sich zum Beispiel der Bereich ändern, für den ein Name gelten soll, Namen lassen sich erstellen und einfügen.

HEISSER TIPP

Die Übersichtlichkeit in den Formeln kann damit auch nachträglich gesteigert werden:

1. Vergeben Sie Namen.
2. Markieren Sie einen Tabellenbereich.
3. Rufen Sie den Befehl *Einfügen | Namen | Übernehmen…* auf und aktivieren Sie die Namen, die eingefügt werden sollen:

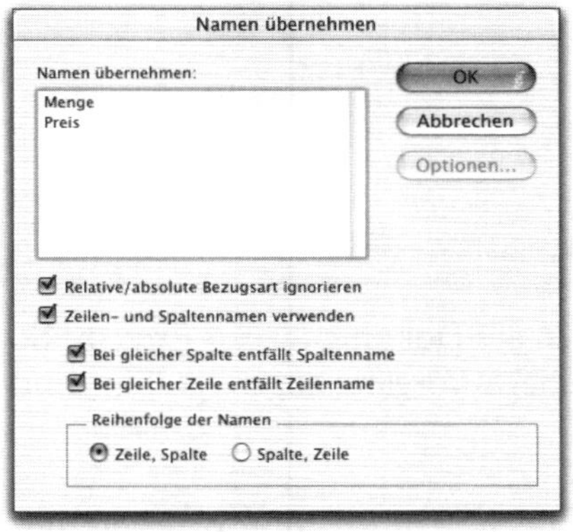

4. Jetzt werden in den Formeln des markierten Tabellenbereichs alle Bereichsangaben ersetzt, zu denen ein gültiger Name existiert. Beispielsweise wird in alle Formeln, in denen der Begriff «A2:A36» (wurde als «Menge» definiert) auftaucht, der Name «Menge» eingesetzt.

Weiter geht's mit der *Funktionsleiste.* Die nächste Reihe hält drei Knöpfe parat, die nur dann aktiv sind, wenn es angebracht ist. Da gibt es das Stornierfeld, mit dem sich irrtümliche Eingaben abbrechen lassen. Ein Druck auf die *ESC-Taste* bewirkt dasselbe.

Das Häkchen daneben bestätigt Eingaben und entspricht dem Druck auf die *Eingabe-Taste* (die Bestätigungstaste auf dem Ziffernblock).

Das Rechnersymbol ruft einen Taschenrechner auf – dazu gleich mehr unter *Der hilfreiche Rechner.*

Das Gleichheitszeichen ruft den Funktions-Assistenten auf, der das Ergebnis einer Eingabe jeweils sofort berechnet und darstellt:

Im Bearbeitungsfeld schliesslich lassen sich Formeln und Werte editieren, wenn es per Mausklick aktiviert wird.

RAFFINIERT

Ist im Menü *Excel* | *Voreinstellungen...* | *Bearbeiten* der Punkt *Direkte Zellbearbeitung aktivieren* abgehakt, lassen sich Zellen per Doppelklick direkt im Arbeitsblatt editieren.

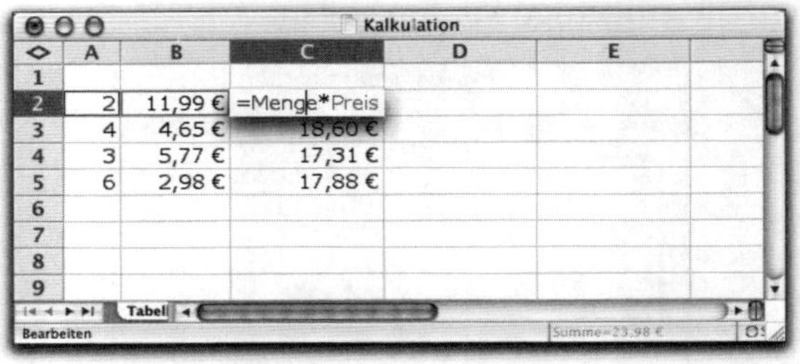

Statusleiste. Ganz unten am Dokument zeigt *Excel* die Statusleiste an. Hier wird unter anderem der Sichern-Vorgang angezeigt. Ein- und ausgeschaltet wird sie im Menü *Ansicht.*

Kontextmenü. Wenn Sie die *Control-Taste* drücken und mit der Maus auf ein Bedienungselement zeigen, klappt *Excel* automatisch eine Liste mit den wichtigsten Befehlen auf.

Je nachdem, um welches Element es sich handelt (Spaltenkopf, Zelle, Grafik und so weiter), passen sich die Menüs entsprechend an.

Arbeitsmappen

Dreh- und Angelpunkt des Umgangs mit *Excel* ist eine Arbeitsmappe, die wiederum aus einzelnen Arbeitsblättern (Tabellen) und Diagrammen besteht.

Neue Arbeitsmappe. Beim Öffnen einer neuen Arbeitsmappe haben Sie die Wahl: Drücken Sie *Befehl-N*, dann wird ohne weitere Rückfrage ein neues Fenster geöffnet.

Wählen Sie dagegen den Befehl *Projektkatalog…* aus dem Menü *Datei*, präsentiert *Excel* Ihnen alle Arbeitsblattvorlagen und Assistenten und Sie können sich was aussuchen.

Wie viele Tabellen *Excel* standardmässig in eine Arbeitsmappe aufnimmt, bestimmen Sie im Menü *Excel | Voreinstellungen* im Register *Allgemein*. Dort lässt sich unter dem Punkt *Blätter in neuer Arbeitsmappe* ein Wert zwischen 1 und 255 vorgeben.

Vorlagen erstellen und nutzen. Eine Mustervorlage bestimmt das Aussehen einer Arbeitsmappe, und Sie können viel vorgeben: Anzahl der Tabellen- und Diagrammblätter, Seitenformat oder Voreinstellungen (im Menü *Extras*). Sie können eingegebene Daten formatieren (Texte, Zahlen, Formeln, grafische Objekte, Firmenlogos…), und der versierte Anwender definiert auch gleich die benötigten Menüs, Makros und Symbolleisten.

Wird eine Mustervorlage angewählt (Menü *Ablage | Projektkatalog…* wählen), so öffnet *Excel* eine Kopie dieser Arbeitsmappe mit all Ihren Vorgaben. *Excel*-Vorlagen finden sich wie alle *Office*-Vorlagen im Ordner *Microsoft Office X – Vorlagen*. Dort können Sie auch eigene Vorlagen ablegen, die dann über den Befehl *Projektkatalog…* aus dem Menü *Datei* wieder aufgerufen werden können:

1. Erstellen Sie eine Datei, die als Vorlage dienen soll.
2. Wählen Sie den Befehl *Speichern unter…* aus dem Menü *Datei* und als Dateiformat *Mustervorlage*.
3. Speichern Sie diese Datei im Vorlagen-Ordner.

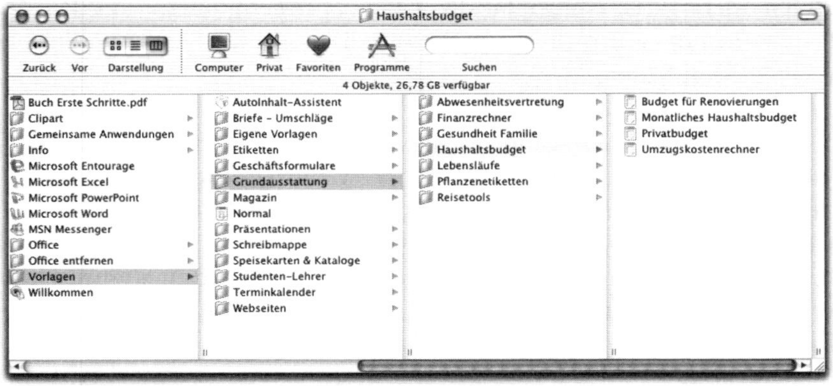

RAFFINIERT

Wenn Sie so eine Mustervorlage unter dem Namen *Arbeitsmappe* im Ordner *Office – Start – Excel* ablegen, wird sie künftig als Standardvorlage für alle neuen Arbeitsmappen verwendet.

ZEIT GESPART

Zwischen geöffneten Arbeitsmappen lassen sich die Formatvorlagen besonders einfach austauschen: Aktivieren Sie die Arbeitsmappe, an der Sie die Änderungen vornehmen möchten, und wählen Sie im Menü *Format* | *Formatvorlage…* | *Zusammenführen…* Klicken Sie in der Dialogbox auf den Namen der anderen Arbeitsmappe und bestätigen Sie – schon übernimmt die aktuelle Arbeitsmappe die Formatierungen.

Arbeitsmappen verwalten. Im Menü *Excel* | *Voreinstellungen…*, im Register *Allgemein* | *Liste zuletzt geöffneter Dateien* legen Sie fest, wie viele Arbeitsmappen (maximal neun) im Menü *Datei* aufgelistet werden sollen. Diese Liste wird von *Excel* ständig aktualisiert und enthält die Dokumente, an denen Sie zuletzt gearbeitet haben.

Mit dem Befehl *Arbeitsbereich speichern…* aus dem Menü *Datei* lassen sich alle aktuell geöffneten Arbeitsmappen samt Fensterposition speichern und per Doppelklick auf das Arbeitsbereich-Dokument (oder über das Menü *Datei* | *Öffnen…*) wieder aufrufen. Übrigens: Es lassen sich auch mehrere Arbeitsbereiche aufrufen.

Arbeitsmappen speichern. Ein wichtiger Befehl, der gar nicht oft genug aufgerufen werden kann, der Datensicherheit zuliebe. Zu finden im Menü *Datei* | *Speichern.*

Sofern Sie die Datei unter anderem Namen oder an anderem Ort ablegen möchten oder beides: Wählen Sie den Befehl *Speichern unter…* aus dem Menü *Datei.* Dort ist es zwar nicht vermerkt; trotzdem können Sie diesen Befehl mit *Befehl-Shift-S* aufrufen.

Den Befehl *Alles speichern* kennt *Excel* zwar nicht, aber auf einem kleinen Umweg erreichen Sie Ähnliches: Wenn Sie das Menü *Datei* mit gedrückter *Shift-Taste* anwählen, ändert sich der Menüpunkt *Schliessen* in *Alle Schliessen.* Dann werden alle geöffneten Dateien geschlossen. Sofern nötig, erfolgt die Abfrage, ob gespeichert werden soll. Die soeben geschlossenen Dateien können Sie dann über die Liste der zuletzt geöffneten Dateien (im Menü *Datei*) gleich wieder aufrufen.

Arbeitsblätter

Eine Arbeitsmappe besteht aus mehreren Arbeitsblättern (= Tabellen). Konnten frühere *Excel*-Versionen immer nur eine Tabelle in einem Fenster darstellen, so existiert seit *Excel 5* das Arbeitsblatt, das den Umgang mit mehreren Tabellen vereinfacht und die Übersichtlichkeit erhöht. Ein Klick auf einen Tabellenreiter am unteren Fensterrand genügt, um zu einer Tabelle zu wechseln. Dazu ein paar Tipps:

- Ganz logisch, wenn man es einmal weiss: Sie können Arbeitsblätter innerhalb einer Arbeitsmappe problemlos neu anordnen, wenn Sie den Reiter bei gedrückter *Maus-Taste* verschieben.
- Eine Tabelle können Sie ganz einfach duplizieren, indem Sie ihren Reiter mit gedrückter *Wahl-Taste* verschieben.
- Ein Arbeitsblatt kann umbenannt werden, wenn Sie seinen Reiter doppelklicken.
- Arbeitsblätter lassen sich innerhalb geöffneter (!) Arbeitsmappen kopieren und verschieben: Menü *Bearbeiten* | *Blatt verschieben/kopieren...* Alternativ können Sie auch das Blattregister anfassen und in eine andere Arbeitsmappe ziehen und damit kopieren.
- Ziehen auf den Schreibtischhintergrund bewirkt, dass eine neue Arbeitsmappe mit diesem Blatt angelegt wird.

Zellen und Adressen. Ein Arbeitsblatt besteht aus ganz vielen einzelnen Zellen (256 * 65536) und ist in Spalten (A, B, C...) und Zeilen (1, 2, 3...) aufgeteilt. Die aktuell markierte Zelle zeigt *Excel* durch Hervorhebung des Spalten- und Zeilentitels an, und wenn Sie die Zellmarkierung in eine Zelle setzen, können Sie deren Zelladresse auch genau in der Bearbeitungsleiste ablesen:

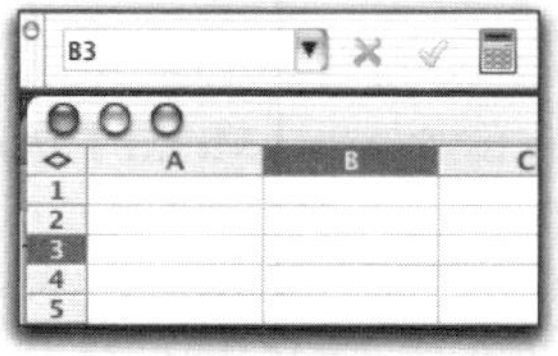

So richtig interessant wird das Ganze durch die Tatsache, dass Sie auf andere Zellen – und Zellbereiche – Bezug nehmen können. Das bedeutet, das Rad muss nicht jeweils wieder neu erfunden werden. Vielmehr kann, was *Excel* einmal in einer Zelle berechnet hat, in anderen Zellen wieder genutzt werden.

Neugierig geworden? Gut! Was es damit genau auf sich hat, erfahren Sie etwas weiter hinten in unserem ersten Excel-Projekt *Preisvergleich.*

Zellformatierungen. *Excel* kennt viele Arten, Text und Zahlen zu formatieren. Zunächst sollten Sie die Werte ohne grossen Aufwand eingeben – formatieren können Sie anschliessend, sofern das *Excel* nicht bereits für Sie übernommen hat. Einige Datentypen wie z. B. das Datum erkennt *Excel* automatisch und formatiert gleich richtig.

Für andere Bereiche rufen Sie *Zellen…* aus dem Menü *Format* auf und können dann den gewünschten Typus auswählen:

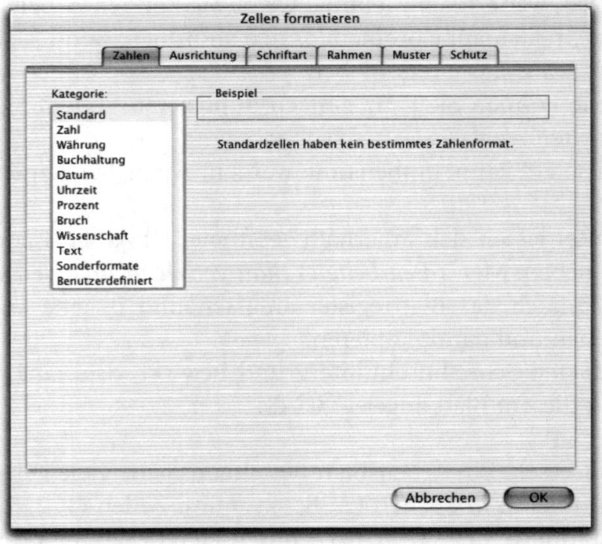

Sie können verschiedene Zahlen-, Datums- und Währungsformate, die Zahl der Dezimalstellen und so weiter auswählen; rechts zeigt die Vorschau, wie es aussehen wird.

Bedingte Formatierung. Zu finden im Menü *Format.* Damit können Zellformatierungen in Abhängigkeit von Werten definiert werden. Beispielsweise lassen sich alle negativen Werte besonders herausstellen, oder alle Aktienwerte markieren, die über 10 Prozent zugelegt haben.

Durch die Vorgabe mehrerer Kriterien kann so beispielsweise eine «Ampelkonfiguration» geschaffen werden, die mit roten, gelben und grünen Feldern auf bestimmte Auswertungszustände hinweist.

Die Eingabe bestimmter Wertbereiche in Zellen oder Zellbereiche wird im Menü *Daten | Gültigkeit...* erzwungen:

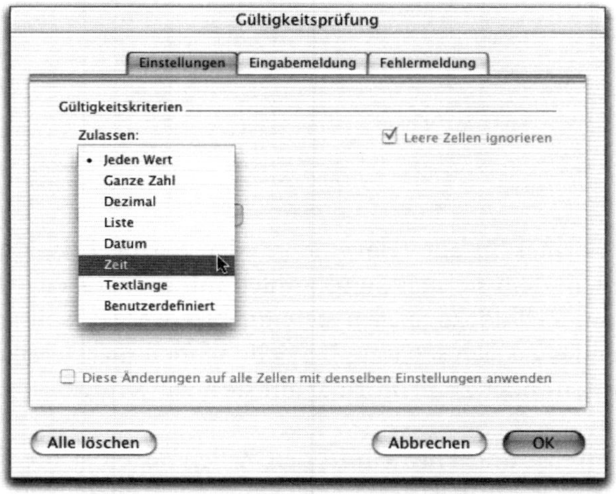

Abhängig von den gesetzten Kriterien werden alle anderen Daten in dieser Zelle zurückgewiesen.

Bewegen. Mit folgenden Tastenkombinationen können Sie sich auf dem Arbeitsblatt bewegen:

- *Pfeiltaste* bewegt die Zellmarkierung in Pfeilrichtung.
- *Befehl-Pfeiltaste* springt in Pfeilrichtung zur nächsten Zelle mit Inhalt. Ist da keine mehr, wird zu den Eckpunkten des Arbeitsblattes gesprungen.

Markieren. Zellbereiche lassen sich auf mehrere Arten markieren:

- Aufziehen eines Rahmens mit gedrückter *Maus-Taste.*
- *Shift-Pfeiltaste* markiert den Bereich in Richtung des Pfeils.
- *Control-Leerschlag* oder ein Klick in den Spaltentitel markiert die gesamte Spalte.
- *Shift-Leerschlag* oder ein Klick in den Zeilentitel markiert die gesamte Zeile.
- Beide Kürzel markieren – wenn sie nacheinander eingegeben werden – das gesamte Arbeitsblatt.

Nicht zusammenhängende Bereiche markieren. Bei gedrückter *Befehls-Taste* lassen sich auch nicht zusammenhängende Zellen auswählen. Das ist dann praktisch, wenn Sie – der Übersichtlichkeit halber – Leerzellen und -zeilen in Ihrer Tabelle eingefügt haben.

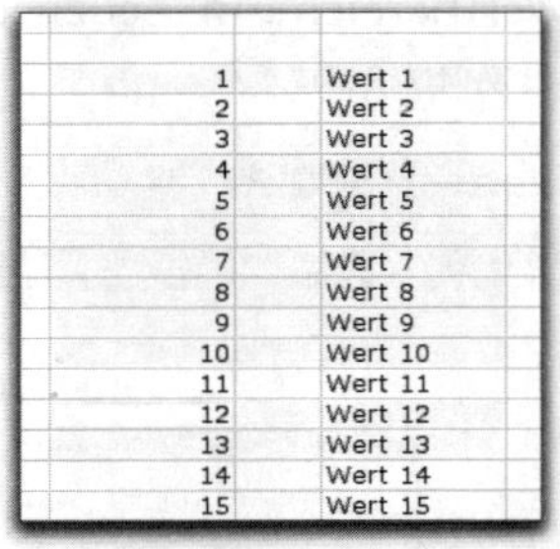

1	Wert 1
2	Wert 2
3	Wert 3
4	Wert 4
5	Wert 5
6	Wert 6
7	Wert 7
8	Wert 8
9	Wert 9
10	Wert 10
11	Wert 11
12	Wert 12
13	Wert 13
14	Wert 14
15	Wert 15

Um nun eine Formel für alle relevanten Zellen einzugeben, kopieren Sie das Feld (*Befehl-C*), in dem sie steht, und wählen mit gedrückter *Befehls-Taste* alle Zellen respektive Zellblöcke an, wo sie eingefügt werden soll (mit *Befehl-V*). Gleichermassen lassen sich separate Bereiche schnell markieren, um beispielsweise ein Schriften- oder Zahlenformat auf sie anzuwenden.

Editieren. Die Werte und Formeln in den Zellen lassen sich editieren, indem entweder in der Bearbeitungsleiste in das Eingabefeld geklickt wird oder, sofern die Option *Direkte Zellbearbeitung aktivieren* im Menü *Excel* | *Voreinstellungen…* | *Bearbeiten* abgehakt ist, per Doppelklick auf die fragliche Zelle.

Ein wichtiges Element beim Editieren ist der Anfasspunkt rechts unten der Zellmarkierung.

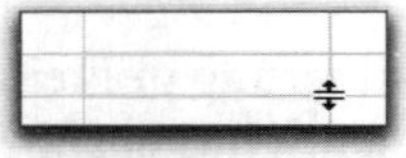

Wird er angefasst und mit der Maus gezogen, um eine Markierung zu erweitern, so passieren praktische Dinge:

- War eine einzelne Zelle markiert, wird mit dem Aufziehen der Zellinhalt kopiert; definierte Listen werden fortgeführt.
- Mit zusätzlich gedrückter *Wahl-Taste* erzeugt *Excel* eine Reihung (*12* ist markiert und wird erweitert um *13 –14 – 15…*).
- Bei gedrückter *Control-Taste* zeigt *Excel* ein Kontextmenü, in dem verschiedene Optionen angewählt werden können:
- Sind mehrere Zellen markiert, so werden Reihungen fortgeführt (*12 – 13* ist markiert und wird erweitert *14 – 15 – 16 – 17…*).
- Wird dabei die *Wahl-Taste* gedrückt gehalten, so werden Reihungen wiederholt (*12 – 13* ist markiert und wird wiederholt *12 – 13 – 12 – 13…*).

- Mit gedrückter *Shift-Taste* werden Leerzellen entsprechend dem aufgezogenen Bereich eingefügt.
- Wenn der Anfasspunkt in den markierten Bereich zurückgezogen wird, werden die überstrichenen Bereiche dunkel markiert und nach Loslassen der Maustaste die Zellinhalte gelöscht (entspricht Menü *Bearbeiten* | *Löschen* | *Inhalte*). Formatierungen bleiben erhalten.
- Wird beim Zurückziehen in den markierten Bereich die *Wahl-Taste* gedrückt gehalten, werden auch Formate gelöscht (entspricht Menü *Bearbeiten* | *Löschen* | *Alles*).

Weitere Editierfunktionen in *Excel*:

- Zellen und Zellbereiche lassen sich über die Zwischenablage ausschneiden (*Befehl-X*), kopieren (*Befehl-C*) und wieder einfügen (*Befehl-V*).
- Über das Menü *Bearbeiten* | *Löschen* oder per *Control-B* werden Zellen und Zellbereiche gelöscht.
- Mit gedrückter *Maus-Taste* können Zellen und Zellbereiche verschoben werden (am Rahmen anfassen!).
  Wird dabei zusätzlich die *Wahl-Taste* gedrückt, wird die Auswahl kopiert.
  Bei zusätzlich gedrückter *Control-Taste* kann unter den Optionen eines Kontextmenüs gewählt werden:

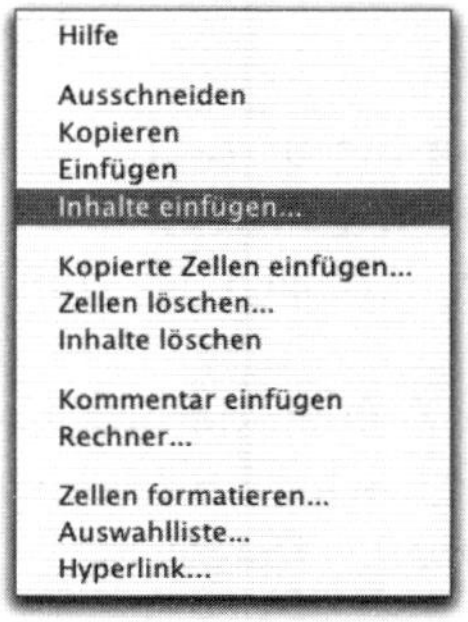

- Ein Zeilenumbruch in einer Zelle ist kein Problem: Geben Sie anstelle der *Return-Taste* die Kombination *Befehl-Wahl-Return* ein.
- Eine neue Spalte oder Zeile erstellen Sie am einfachsten, wenn Sie auf den Spalten- respektive auf den Zeilenkopf klicken und dabei die *Wahl-Taste* gedrückt halten.
- Mit einem Doppelklick zwischen zwei Spaltenköpfe passt *Excel* die Spaltenbreite exakt dem längsten Eintrag an.
- Klicken und Ziehen der Zwischenlinie bei Spalten und Zeilen erlaubt es, Spaltenbreiten und Zeilenhöhe anzupassen.
- Mit dem Tastenkürzel *Control-Shift-`* können Sie schnell zwischen der Ansicht mit den Formeln und derjenigen mit den effektiven Werten hin- und herwechseln.

RAFFINIERT

Wenn Ihnen das schnelle Umschalten zwischen Formeln und Werten noch nicht komfortabel genug ist, können Sie auch beide Ansichten gleichzeitig betrachten.

1. Wählen Sie im Menü *Fenster* den Befehl *Neues Fenster.*
2. Schalten Sie in diesem Fenster auf die Formelansicht (*Control-Shift-*`) um.

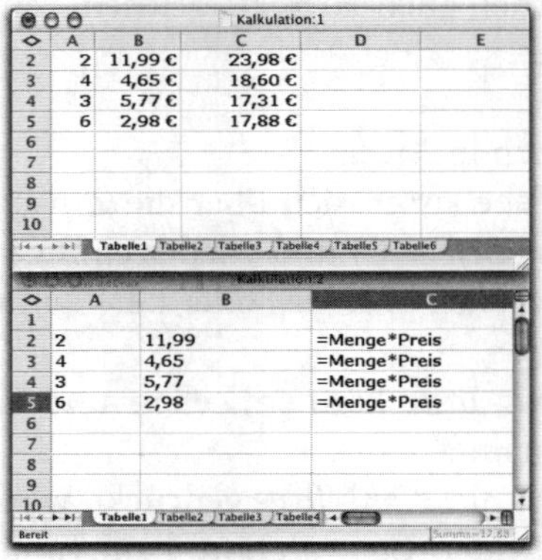

Jetzt wird dieselbe Arbeitsmappe in zwei Fenstern dargestellt – einmal mit und einmal ohne Formeln.

Eingaben abschliessen. Wenn Sie in *Excel* die *Return-Taste* betätigen, wird normalerweise die Eingabe in einer Zelle abgeschlossen und die Zelle unterhalb markiert. Wenn Ihnen dies nicht behagt, ist Abhilfe in Sicht:

HEISSER TIPP

Wohin sich die Zellmarkierung nach einem Druck auf die *Return-Taste* bewegt, wird im Menü *Excel* | *Voreinstellungen…* auf dem Reiter *Bearbeiten* festgelegt:

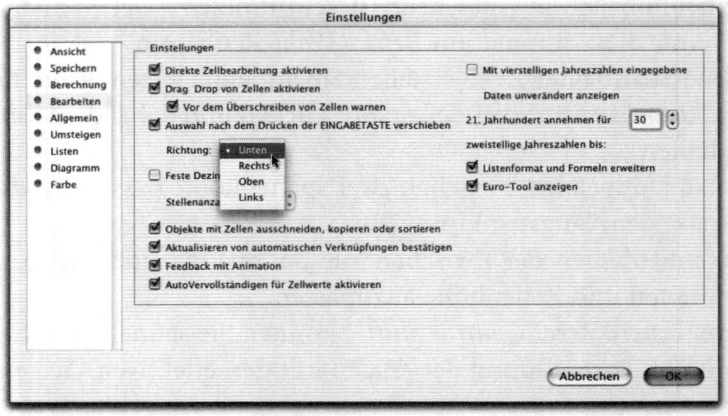

Sie können die Eingabe aber auch anders abschliessen und dabei jedes Mal neu entscheiden, wohin die Zellmarkierung springen soll:

- Per *Eingabe-Taste* auf dem Ziffernblock wird die Eingabe bestätigt, die Zellmarkierung bleibt in der Zelle stehen.
- *Pfeiltaste* bestätigt die Eingabe und bewegt die Zellmarkierung in Pfeilrichtung.
- *Control-Pfeiltaste* bestätigt die Eingabe und springt in Pfeilrichtung zur nächsten Zelle mit Inhalt.

Fenstermanipulationen

Fenster teilen. Generell kann die Fensterteilung die Übersichtlichkeit erhöhen, zumal auf Bildschirmen, die ausreichend gross sind. *Excel*-Fenster lassen sich horizontal wie vertikal teilen:

- Mit dem Befehl *Teilen* im Menü *Fenster.*
- Klicken Sie in das blaue Rechteck beim Rollbalken und ziehen Sie eine Trennlinie heraus.
- Doppelklicken Sie das blaue Rechteck. Das Fenster wird da geteilt, wo die Zellmarkierung ist.
- Teilen können Sie vertikal wie horizontal.

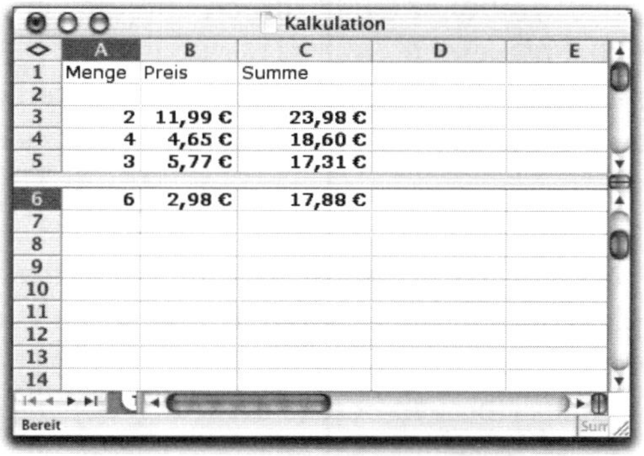

- Um die Arbeitsflächen wieder zu vereinen, genügt es, das Rechteck in der Teilungslinie doppelzuklicken.
- Im Menü *Fenster* findet sich der Befehl *Fixieren.* Dabei verliert das obere respektive linke Teilfenster seinen Rollbalken – und das ist wiederum hilfreich, wenn Sie sicherstellen möchten, dass dieser Fensterausschnitt immer dasselbe anzeigt: Überschriften, ein Diagramm…

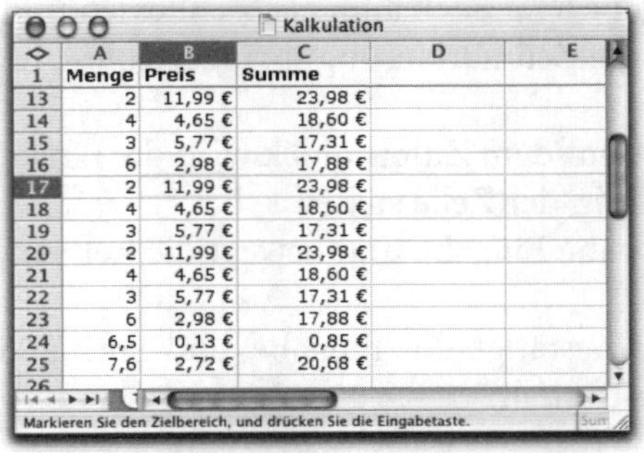

Mehr Übersicht. Die ganzen Bedienelemente von *Excel* sind auf kleineren Monitoren vielleicht doch des Guten zu viel. Hier ein paar Tipps für die Besitzer kleinerer Monitore, wie sie die Erscheinungsweise von *Excel* an ihre Verhältnisse anpassen können:

- Im Menü *Ansicht* können Status- und Bearbeitungsleiste ausgeschaltet werden.
- Im Menü *Extras* können unter dem Punkt *Voreinstellungen…* auf der Karte *Ansicht* Statusleiste, Bearbeitungsleiste sowie die horizontale und vertikale Bildlaufleiste verborgen werden.
- Wird eine Symbolleiste mit gedrückter *Control-Taste* angeklickt, so klappt ein Menü mit allen Symbolleisten herunter, und die Leisten können schnell ein- und ausgeschaltet werden.
- Und schliesslich können Sie sich statt der vorgefertigten eigene Symbolleisten erstellen, die nur die Knöpfe enthalten, die Sie tatsächlich benötigen.

Speichern

Auch wenn es Sie nervt (dass wir so oft daran erinnern): Speichern Sie Ihre Dokumente häufig! Sie wissen um unseren Tipp aus den vorigen Kapiteln, der für *Excel* genauso seine Bedeutung hat (sichern, sichern, und immer wieder sichern!), und Sie haben sicherlich bereits mehrfach *Befehl-S* gedrückt.

Gegenüber *Word* und *PowerPoint* wartet *Excel* übrigens mit der Besonderheit auf, dass hier auch die aktive Zelle gespeichert wird und Sie sich nach dem erneuten Öffnen immer genau da wieder finden, wo Sie zu arbeiten aufhörten (*Word* und *PowerPoint* zeigen immer den Beginn eines Dokuments).

Diese Besonderheit führt dazu, dass *Excel* Sie auch dann zum Speichern auffordert, wenn sich am Arbeitsblatt nichts geändert hat; es genügt, wenn Sie die Zellmarkierung woanders hin bewegt oder von einem Arbeitsblatt zum anderen gewechselt haben.

Projekt: Internationaler Preisvergleich

Die wesentlichen Grundlagen der Formeleingabe und des Kalkulierens mit *Excel* möchten wir an einem kleinen Projekt durchspielen, das zudem auch praktischen Nutzwert birgt: Uns interessiert hier einmal, was Macintosh-Rechner eigentlich in den USA kosten und ob es sich lohnt, in Übersee einzukaufen.

Hinweis: Die folgenden Zahlen legen die deutschen Verhältnisse zugrunde, lassen sich aber leicht anpassen.

Wir interessieren uns für die beiden Modelle PowerBook G4 und iMac.

Excel wird aufgestartet und die Arbeitsmappe gleich unter dem Namen *Preisvergleich* abgespeichert (Menü *Ablage* | *Speichern unter...* oder Tastenkombination *Befehl-Shift-S*). Sammeln wir zunächst einmal, was es hier so an Angeboten gibt.

Dazu werden zunächst einmal – möglichst übersichtlich – die deutschen Anbieter und deren Preise erfasst.

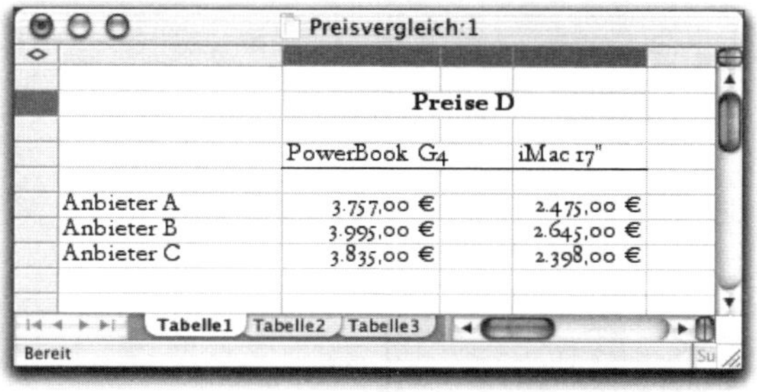

Noch gar nicht viel zu sehen, und doch ist schon eine ganze Menge geschehen. Hier die wichtigsten Eingaben:

Text über mehrere Spalten ausrichten. Schreiben Sie den Text, markieren Sie alle Spalten, für die er gelten soll, und rufen Sie den Knopf *Verbinden und Zentrieren* aus der Symbolleiste *Format* auf.

Ausschalten lässt sich die Funktion wieder über das Menü *Format* | *Zellen...* | *Ausrichtung* | *Zellen verbinden.*

Zahlen formatieren. Es handelt sich um eine Währung, und die Zellen sollen auch entsprechend formatiert sein. Zellen markieren, Menü *Format* | *Zellen...* oder *Befehl-1* aufrufen.

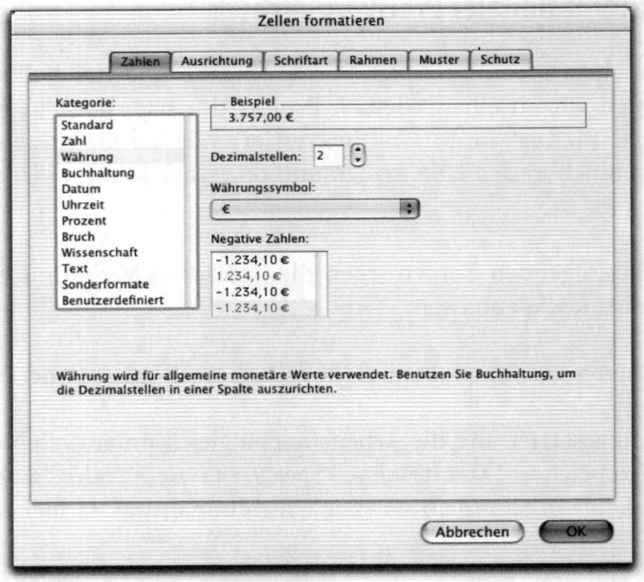

Minimalwert. Uns interessiert das beste Angebot. Um nicht lange suchen zu müssen, wird es über die Funktion *Minimalwert* (=MIN Bereich) gesucht:

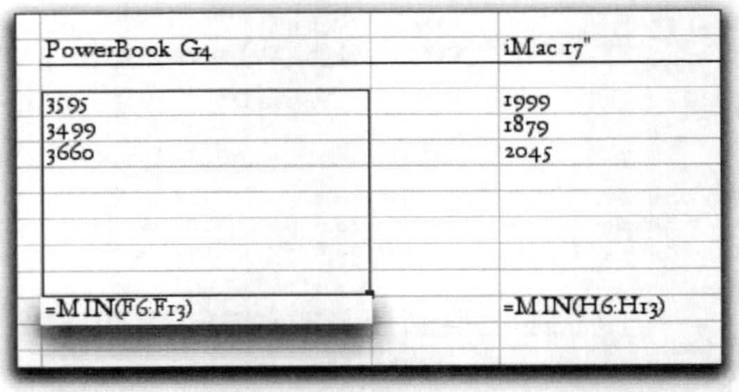

Den Bereich, für den die Funktion gelten soll, bestimmen Sie einfach und schnell, indem Sie ihn mit der Maus aufziehen.

RAFFINIERT

Damit die Bereiche nicht jedes Mal angepasst werden müssen, ist es ratsam, die Funktion für einen grösseren – noch leeren – Bereich zu definieren. Statt «B4:B6» also besser «B4:B10». Kommt ein neuer Anbieter hinzu, wird er automatisch berücksichtigt.

In gleicher Weise werden jetzt die Angebote aus den USA erfasst, selbstverständlich mit richtig formatierter Währung. Auch hier möchten wir das günstigste Angebot wissen.

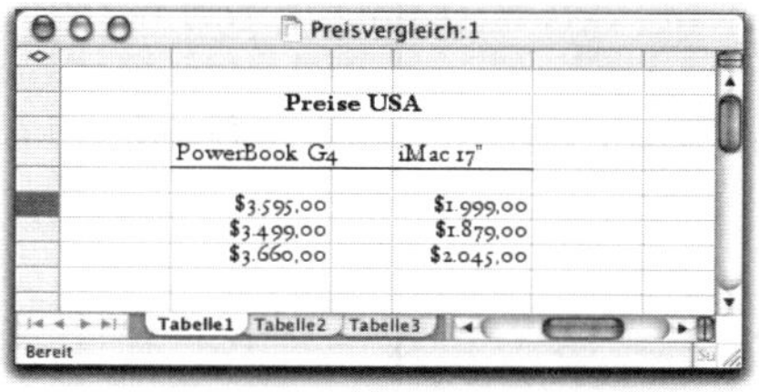

Besonders interessant aber ist natürlich, wie viel das eigentlich in Euro ist. Damit der Umrechnungskurs nicht jeden Tag in jede Formel neu eingetippt werden muss, kommt unten ein Feld für den Kurs hin, auf den wir uns beziehen können.

Die Umrechnungsfelder «in Euro:» enthalten dann die Bezüge auf «günstigstes Angebot in Dollar * Dollarkurs».

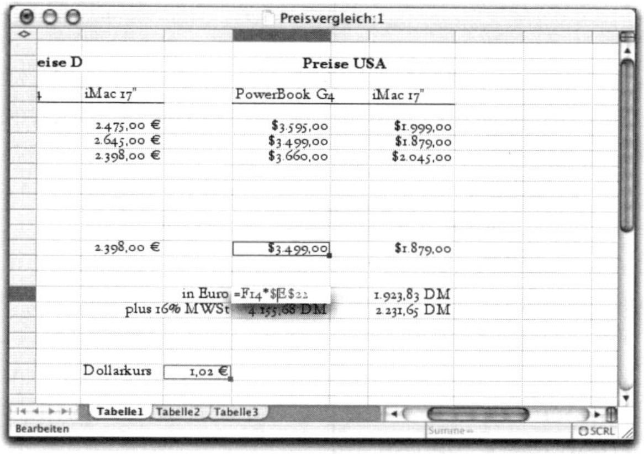

Die Eingabe ist viel einfacher durchzuführen, als es zu formulieren ist: Das Feld anklicken, wo das Ergebnis hin soll, Gleichheitszeichen eingeben, mit der Maus die Zelle mit Dollarpreis anklicken, Malzeichen eingeben, die Zelle mit dem Umrechnungskurs anklicken – mit ein paar Tastendrücken ist es fertig.

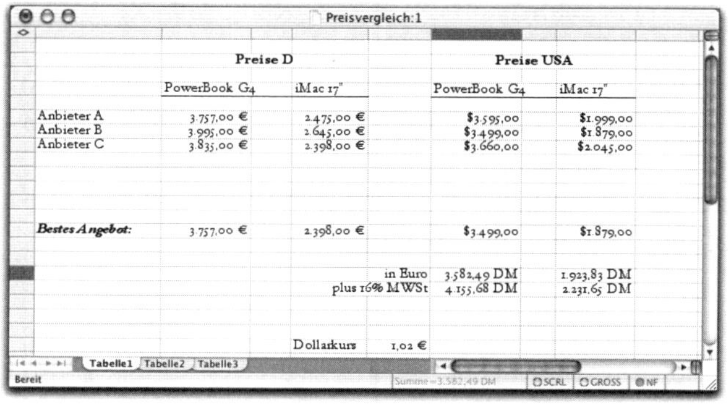

Wenn jetzt noch die Mehrwertsteuer hinzugerechnet wird, können wir in etwa abschätzen, ob sich das Angebot lohnt. Bedenken Sie aber auch die nicht eben niedrigen Frachtkosten sowie die eventuell noch hinzukommenden paar Mark an Zollkosten.

Einen kleinen Trick haben wir auch hier noch für Sie:

Relative Bezüge. Bislang haben wir mit so genannten «relativen Bezügen» gerechnet. Wenn eine Zelle mit der Berechnung «=F32*A22» verschoben oder kopiert wird, ändern sich auch die Bezüge im selben Verhältnis zum Beispiel zu «=J39*E29». Die Zellbezüge werden angepasst.

Das ist normalerweise bequem. Haben Sie aber fest stehende Werte in einer Zelle, auf die sich die Formel auf jeden Fall beziehen soll, dann wandeln Sie den Bezug um:

Absolute Bezüge. Wird in einer Formal absolut auf ein Feld Bezug genommen, dann bleibt diese Adresse immer fix: egal, wohin das Feld bewegt oder kopiert wird. Das sieht so aus:

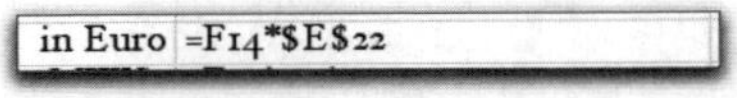

Die Dollarzeichen signalisieren, dass diese Feldadresse weder in Zeilen- noch Spaltenposition verändert werden soll.

Geben wir in unserem Beispiel für E23 absolute Bezüge in Formeln ein (also E23), dann können wir alle Felder, die mit dem Währungskurs rechnen, beliebig kopieren und verschieben, und doch wird immer mit dem Währungskurs aus E23 gerechnet.

RAFFINIERT

Steht der Cursor in einer Zelladresse (entweder in der Funktionsleiste oder direkt in der Zelle), sprich, können die Werte editiert werden, dann kann auch der Bezug mit der Tastenkombination *Befehl-T* von relativ in absolut geändert werden. Mehrmaliges Drücken der Tastenkombination ändert den absoluten Bezug: E23 – Spalte und Zeile fix; $E23 – Spalte fix; E$23 – Zeile fix.

Alternativen. Stattdessen können Sie für Zellen und Zellbereiche auch Namen vergeben, auf die Sie sich in Formeln beziehen.

Oder Sie tun Folgendes:

1. Entfernen Sie bei der Originalformel das Gleichheitszeichen (=). Jetzt wird der Inhalt dieser Zelle als Text behandelt.
2. Aktivieren Sie die Formel, kopieren Sie sie mit *Befehl-C* in die Zwischenablage und setzen Sie diese mit *Befehl-V* in der gewünschten Zelle ein.
3. Fügen Sie jeweils in beiden Zellen am Anfang das Gleichheitszeichen ein. Der Text wird wieder zur Formel.

Rechnen Sie mit dem Arbeitsblatt

Der Formeln und Funktionen in *Excel* sind viele, so viele, dass wir sie hier gar nicht alle aufzählen können und wollen – das kann die Hilfe von *Excel* viel besser. Wir geben Ihnen dafür ein paar wichtige Tipps und Hinweise im Umgang damit.

- Ein Doppelklick auf eine Zelle mit einer Formel zeigt die zugehörigen Zellen und Zellbereiche, mit denen in dieser Formel gerechnet wird, farbig an.

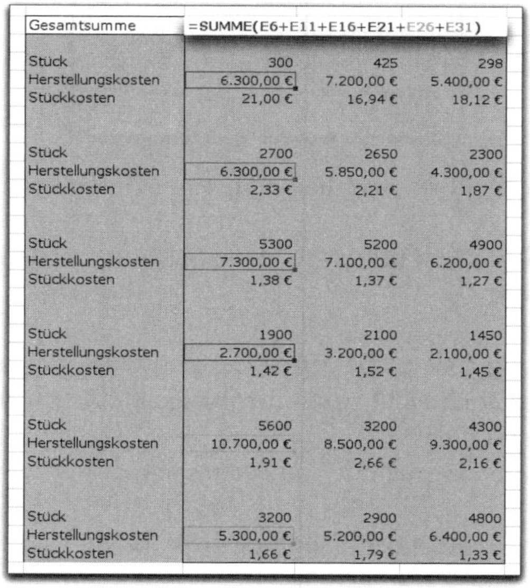

Gesamtsumme	=SUMME(E6+E11+E16+E21+E26+E31)		
Stück	300	425	298
Herstellungskosten	6.300,00 €	7.200,00 €	5.400,00 €
Stückkosten	21,00 €	16,94 €	18,12 €
Stück	2700	2650	2300
Herstellungskosten	6.300,00 €	5.850,00 €	4.300,00 €
Stückkosten	2,33 €	2,21 €	1,87 €
Stück	5300	5200	4900
Herstellungskosten	7.300,00 €	7.100,00 €	6.200,00 €
Stückkosten	1,38 €	1,37 €	1,27 €
Stück	1900	2100	1450
Herstellungskosten	2.700,00 €	3.200,00 €	2.100,00 €
Stückkosten	1,42 €	1,52 €	1,45 €
Stück	5600	3200	4300
Herstellungskosten	10.700,00 €	8.500,00 €	9.300,00 €
Stückkosten	1,91 €	2,66 €	2,16 €
Stück	3200	2900	4800
Herstellungskosten	5.300,00 €	5.200,00 €	6.400,00 €
Stückkosten	1,66 €	1,79 €	1,33 €

- Zellbereiche, mit denen die Formel rechnet, lassen sich dann einfach durch Klicken und Ziehen mit der Maus anpassen.
- Das funktioniert auch mit Diagrammdaten: Doppelklick auf ein Diagrammelement zeigt die zugehörige Datenreihe; der Bereich kann per Maus angepasst werden.
- Das Zellformat kann über das Menü *Format* vielfältig angepasst werden.

Formeln schnell ändern und ergänzen. Sollen mehrere bereits vorhandene Formeln mit neuen Werten berechnet werden, dann ist das ohne grossen Aufwand möglich, wenn Sie sich der Hilfe der Zwischenablage bedienen. Angenommen, Sie möchten Zellen mit einem bestimmten Faktor multiplizieren:

1. Schreiben Sie den Wert in eine freie Zelle und rufen Sie den Befehl *Kopieren* aus dem Menü *Bearbeiten* auf (oder drücken Sie *Befehl-C*).
2. Markieren Sie alle Zellen, die mit diesem Wert multipliziert werden sollen.
3. Wählen Sie *Bearbeiten | Inhalte einfügen...* und wählen Sie *Multiplizieren* unter *Operation.*

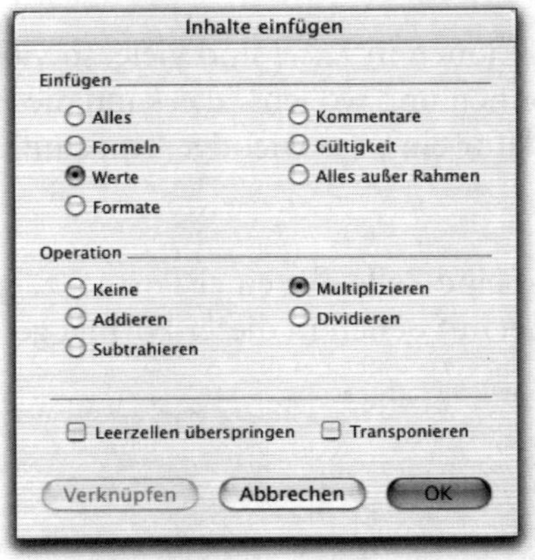

Mit Klick auf *OK* führt *Excel* die gewünschte Operation aus.

Blockweise markieren und füllen. So füllen Sie einen ganzen Block von Zellen mit demselben Wert:

1. Aktivieren Sie alle Zellen, die gefüllt werden sollen. Bei gedrückter *Befehls-Taste* lassen sich auch nicht zusammenhängende Zellen auswählen.
2. Geben Sie den Wert ein.
3. Schliessen Sie die Eingabe mit *Wahl-Return* ab.

Alternativ können Sie auch den Wert eingeben und die Zelle am Anfasser nach unten ziehen – die Reihe wird gefüllt.

Der hilfreiche Rechner

In der Funktionsleiste von *Excel* (Menübefehl *Ansicht | Funktionsleiste*) findet sich ein kleines Taschenrechnersymbol. Wenn Sie darauf klicken, erscheint ein Rechner, der besonders Anfängern das Eingeben und Editieren von Formeln erleichtert.

Hier eine kurze Anleitung, wie Sie den Rechner am besten benutzen:

1. Sie möchten eine Summe berechnen. Klicken Sie mit der Maus auf die Zelle, in der das Ergebnis erscheinen soll, so dass sie blau umrahmt ist.
2. Klicken Sie auf den Knopf *Rechner*, und wenn der *Rechner*-Dialog erscheint, drücken Sie den Knopf *Summe…*.

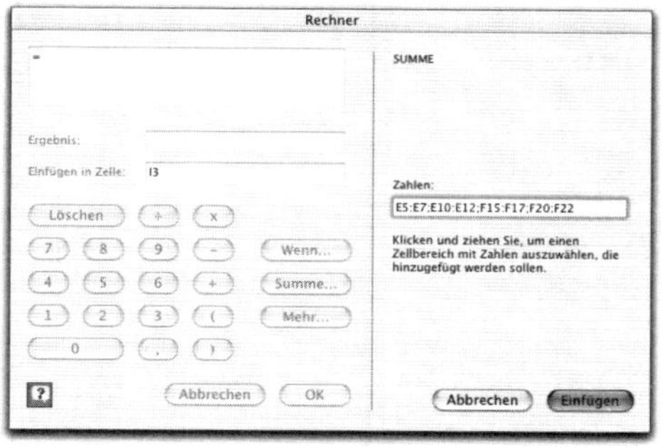

3. Ziehen Sie die gedrückte Maustaste über den Bereich, der die Werte enthält, für die die Summe gebildet werden soll, und drücken Sie den Knopf *Einfügen*. Sie können mit gedrückter *Befehls-Taste* auch Mehrfachauswahlen tätigen. Der *Rechner* sollte dann etwa so aussehen:

4. Wenn Sie jetzt den Knopf *OK* drücken, wird die Formel in die eingangs markierte Zelle eingesetzt und der Summenwert berechnet.

Auf vergleichbare Art und Weise können Sie Formeln und Funktionen mit dem *Rechner* ergänzen oder ersetzen:

1. Markieren Sie wieder die Zelle, in der Sie eben die Summe berechnet haben. Wenn Sie jetzt den Knopf *Rechner* drücken, wird im Rechenfeld gleich die Formel dieses Feldes angezeigt.
2. Sie könnten nun weitere Berechnungen mit Plus, Minus usw. anhängen, Sie können die Formel aber auch ändern, was wir hier tun wollen:
3. Markieren Sie das Wort *Summe* im Rechenfeld (per Doppelklick) und drücken Sie den Knopf *Mehr…* im *Rechner*. Jetzt können Sie sich aus allen in *Excel* verfügbaren Funktionen eine auswählen.

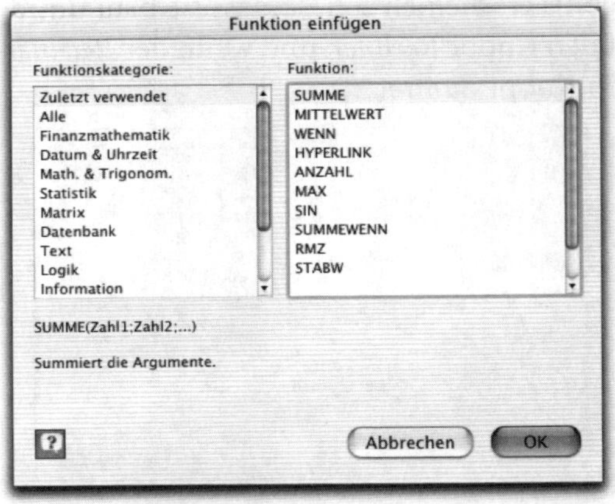

4. Wir möchten statt der Summe den Mittelwert berechnen und wählen links unter *Funktionskategorie: Alle* und rechts unter *Funktion: Mittelwert.*
5. Per Druck auf den Knopf *OK* erscheint ein Ergebnisdialog, den Sie gleichfalls per Druck auf den Knopf *OK* bestätigen, um wieder zum Rechner zurückzugelangen.
6. Auch hier wieder der Druck auf den Knopf *OK* und statt der Summenbildung wird nun der Mittelwert in unserer Zelle berechnet.

HEISSER TIPP

Wenn Sie die Benennung einer *Excel*-Funktion bereits kennen, können Sie sich den Umweg über den Funktionen-Dialog ersparen und den Begriff gleich im Rechner eintippen. In unserem Beispiel könnten Sie also den Begriff *Summe* auch direkt durch *Mittelwert* ersetzen.

Fehlermeldungen

Wenn Sie fehlerhafte Formeln in *Excel* eingeben, wird das in der Regel sofort bemerkt und moniert, und Sie können und müssen die Eingabe korrigieren. Nehmen die Zellen allerdings auf andere Bezug, so zeigt *Excel* an, wenn sich Fehler einschleichen.

Sind diese Fehlermeldungen unvermeidlich, aber unerwünscht, dann können Sie sie mit einer Wenn-Abfrage unterbinden. Beispiel *=WENN(D9=0;"";C9/D9)*. Will heissen: Wenn die Zelle D9 den Wert Null annimmt, soll das Feld (in dem diese Formel steht) leer bleiben. Die beiden Anführungszeichen «""» sagen aus, dass hier Text eingefügt werden soll. Da hier aber nichts steht, bleibt die Zelle leer. Andernfalls ist C9 durch D9 zu dividieren und das Ergebnis hier einzutragen.

Sinngemäss können Sie auch die anderen Fehlermeldungen abfangen.

#DIV/0! Ganz einfach: eine der Bezugszellen enthält den Wert Null und Sie haben versucht, durch diesen Wert zu dividieren.

#NAME? Die Zelle nimmt auf einen Bereich Bezug, der nicht definiert und benannt wurde. Für die Formel =*Summe(Ausgaben)* beispielsweise fehlt dann bei dieser Fehlermeldung der Bereich *Ausgaben*.

#N/A eine der Bezugszellen enthält selbst einen Fehler; wenn Sie alle sonstigen Fehlermeldungen eliminieren, verschwindet diese hier in der Regel von ganz alleine.

Intelligente Zeilen und Spalten

Eine grosse Arbeitserleichterung in *Excel* sind die Automatismen für das Ausfüllen von Zeilen und Spalten. Das Prinzip der so genannten Listen (man könnte auch Auflistung dazu sagen) ist wohl bekannt – allerdings ist diese Funktion noch um einiges mächtiger, als auf den ersten Blick ersichtlich ist.

Nehmen wir für das erste Beispiel an, Sie möchten eine Auflistung aller Monate von Januar bis Dezember, und das untereinander:

1. Schreiben Sie in die erste Zelle «Januar» und betätigen Sie die *Eingabe-Taste* (auf dem Ziffernblock). Haben Sie stattdessen die *Return-Taste* betätigt und die Markierung ist nach unten gewandert, dann klicken Sie einfach mit der Maus in die Zelle mit «Januar».

2. In der rechten unteren Ecke der aktivierten Zelle erkennen Sie einen kleinen Anfasser. Mit seiner Hilfe können Sie die Markierung in die Breite oder Länge ziehen. Anschliessend wird *Excel* die passenden Werte automatisch einsetzen – sofern es aus der Eingabe schlau wird.
3. Ziehen Sie den Anfasser nach unten oder nach rechts, bis Sie die Auswahl um die gewünschte Anzahl Zellen erweitert haben. *Excel* zeigt Ihnen immer, bis wohin gerade ergänzt wird.

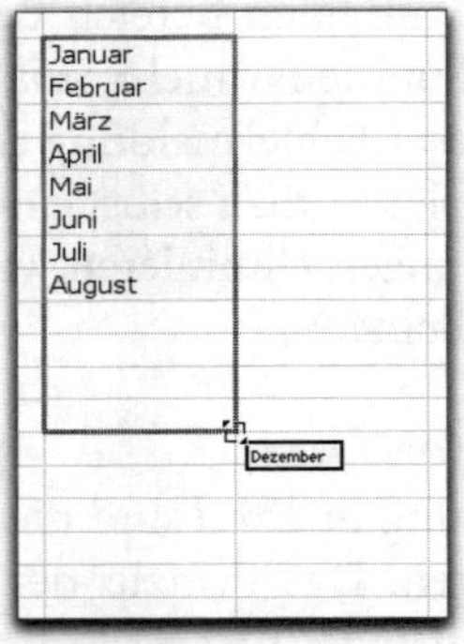

4. Lassen Sie die Maustaste los. *Excel* ergänzt nun Ihren Startwert automatisch mit den Folgemonaten.
5. Wenn Sie zu wenig oder zu viel aufgezogen haben – kein Problem. Greifen Sie den Anfasser mit dem Mauszeiger und erweitern oder verringern Sie Ihre Auswahl.

Statt mit «Januar» könnten Sie auch mit «März» beginnen, woraufhin *Excel* automatisch mit dem «April» weitermachen würde.

Es wird aber noch raffinierter. Wenn Sie beispielsweise «Januar» und dazu eine Leerzelle markieren und dann aufziehen, setzt *Excel* richtig eine Leerzelle zwischen alle weiteren Einträge.

Oder wenn Sie in die erste Zelle «Januar» und in die zweite «März» schreiben, beide Zellen aktivieren und dann den Anfasser verschieben, ergänzt *Excel* automatisch die Auswahl, indem es immer einen Monat überspringt (also «Mai», «Juli» und so weiter).

Das funktioniert auch mit Wochentagen. Wenn Sie «Montag» als Startwert eingeben und die Auswahl erweitern, werden automatisch die folgenden Wochentage eingesetzt. Nach dem Sonntag fängt *Excel* wieder beim Montag an.

Bei den Quartalen geht es genauso. Wenn Sie «1. Quartal 95» eingeben und die Auswahl erweitern, geht die Liste so weiter: «2. Quartal 95», «3. Quartal 95», «4. Quartal 95», «1. Quartal 96», «2. Quartal 96» und so weiter.

Natürlich funktioniert das auch mit reinen Zahlen. Allerdings müssen Sie hier zwei Zellen mit Werten bestücken. Wenn Sie in der ersten Zelle bloss eine «1» eingeben und die Auswahl erweitern, füllt *Excel* die gesamte Auswahl mit dem Wert «1». Wenn Sie hingegen in die ersten beiden Zellen die Werte «1» und «1.5» eingeben, vervollständigt *Excel* die Liste mit «2», «2.5», «3» und so weiter.

RAFFINIERT

Dasselbe klappt auch mit Formeln und Formaten: Wenn Sie in einer Zelle Formel und/oder Format definiert haben, wissen Sie nun, wie Sie diese dank des Anfassers ganz einfach vertikal oder horizontal oder im Block über Ihr Arbeitsblatt verteilen können.

HEISSER TIPP

Wenn Sie während des Verschiebens der Anfasser zugleich die *Control-Taste* gedrückt halten, zeigt Ihnen *Excel* ein Menü mit weiteren Optionen – sobald Sie die Maustaste losgelassen haben.

Projekt: Eigene Listen

All die oben genannten Funktionen beherrscht *Excel* aus dem Stand. Wenn Sie hingegen eigene Listen erstellen möchten (etwa mit den Namen von Mitarbeitern, Produkten oder womit auch immer), lässt sich auch das schnell einrichten:

1. Wählen Sie im Menü *Excel* den Befehl *Voreinstellungen…*
2. Klicken Sie auf den Reiter *Listen.*
3. Wählen Sie *Neue Liste* und *Hinzufügen* und definieren Sie Ihre eigene Liste.

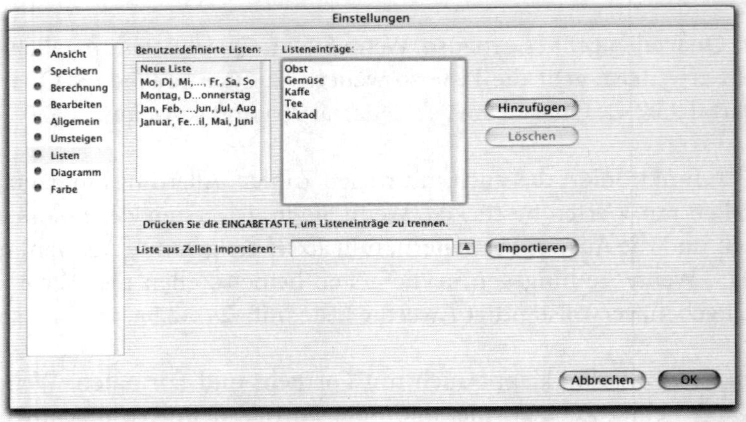

Wenn Sie vorher einen Bereich markieren, schlägt *Excel* von sich aus vor, diesen Bereich als neue Liste anzulegen.

HEISSER TIPP

Manchmal haben es die Programmierer von *Excel* in Sachen «Intelligenz» fast ein wenig zu weit getrieben. Nehmen wir an, Sie möchten in einer Zelle den Wert 9-5 eingeben. *Excel* wandelt die Eingabe prompt in «9.5.95» und die Darstellung in der Zelle in «9.Mai» um. Wenn Sie das verhindern möchten, müssen Sie den Wert als Text eingeben. Konkret müsste die Eingabe als Formel erfolgen, nämlich =«9-5».

Gliederung

Lobeshymnen über die Gliederungsfunktion von *Word* wurden schon viele gesungen – vor allem von uns und im vorigen Kapitel. Wie schön, dass es so etwas auch für *Excel* gibt. Nicht genauso, natürlich, denn eine Tabellenkalkulation setzt andere Schwerpunkte.

Die Übersichtlichkeit eines Arbeitsblatts kann enorm erhöht werden, wenn die Gliederung benutzt wird. Wie oft werden viele Zellen oder Spalten addiert, multipliziert etc. Die ganze Zahlenwüste dient ja letztlich nur einem: zu einem Ergebnis zu kommen. Und das kann meist in einer Zeile dargestellt werden.

Nicht benötigte Zellen lassen sich mit der Gliederung verstecken. Und so geht’s:

1. Markieren Sie den Bereich, der eingeklappt werden soll.
2. Rufen Sie Menü *Daten* | *Gruppierung und Gliederung* | *Gruppierung…* auf.

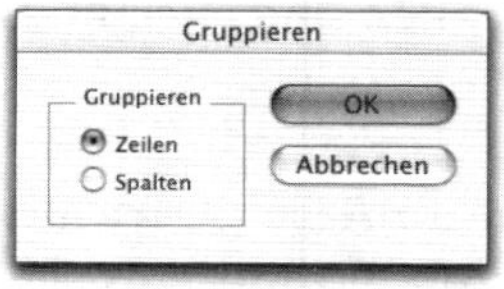

3. Überprüfen Sie die Vorgaben und bestätigen Sie. Eine neue Leiste erscheint, mit deren Hilfe sich die Gliederungen ein- und ausklappen lassen:

Im gleichen Menü lassen sich auch Voreinstellungen tätigen und Gliederungen wieder entfernen.

RAFFINIERT

Sie können in den Voreinstellungen (Menü *Daten* | *Gruppierung und Gliederung* | *Einstellungen…*) festlegen, ob die erste oder letzte Zeile respektive Spalte des markierten Bereichs sichtbar bleiben soll:

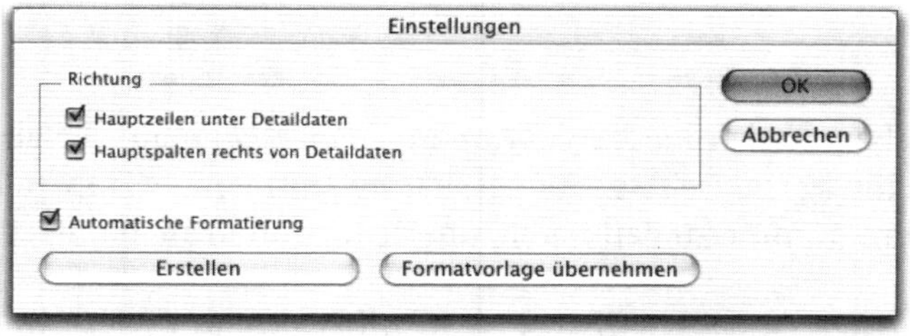

Je nachdem, ob das Häkchen gesetzt ist, bleiben Anfang oder Ende des Bereichs sichtbar – idealerweise ist das Ihr Auswertungsbereich.

HEISSER TIPP

Wenn Sie die Daten aus der Gliederung in ein Diagramm überführen (Bereich markieren und Menü *Einfügen | Diagramm…* anwählen), so können Sie per Gliederung festlegen, welche Daten im Diagramm berücksichtigt werden sollen – in der Gliederung ausgeblendete Daten sind auch im Diagramm unsichtbar.

AutoKorrektur in Excel

Excel bietet eine ganze Reihe an Arbeitserleichterungen, deren spektakulärste wohl die *AutoKorrektur* für die Formeln ist. Laut Microsoft fängt das Programm die häufigsten Eingabefehler ab und setzt die richtige Formel ein – und das kann gleich genutzt werden, um sich Tipparbeit zu ersparen:

- Jede Funktion muss mit einer Klammer abgeschlossen sein: *=Summe (A12:B14)*. Das macht *Excel* automatisch auf Rückfrage.

Folgende Fehleingaben korrigiert *Excel* unter anderem: Fehlende führende oder schliessende Klammern, falsche Anführungszeichen, verdrehte Zellreferenzen (*1A* wird zu *A1*), überflüssige Leerzeichen, Kleinschreibung…

Ausserdem nutzt auch *Excel*, wie alle *Office*-Programme, die Einträge im Menü *Extras | AutoKorrektur…*, um die häufigsten Tippfehler auszubügeln. Dort können auch neue Einträge definiert werden.

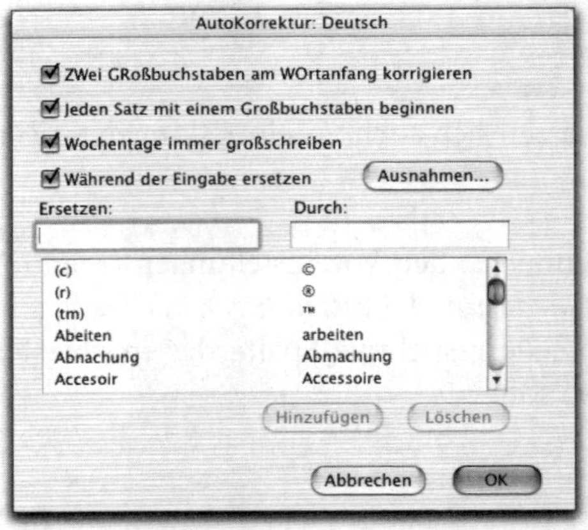

Weil *Excel* ebenso wie *Entourage*, *Word* und *PowerPoint* auf die gleichen *AutoKorrektur*-Einträge zugreift, genügt es, häufig auftretende Tippfehler einmal in einem der Programme zu definieren, um sie forthin in allen nutzen zu können.

Kurz, ein grosser Teil von dem, was einen zur Weissglut treiben konnte, ist kein Thema mehr (die Fehler geschahen ja unbewusst und sind entsprechend schwer zu finden).

Fehlerdetektor. Umfangreiche Formeln, die einfach nicht stimmen wollen, können eine Qual sein. Wenn Sie wissen möchten, welche Eingaben in einer Zelle zu welchem Ergebnis führen, dann können Sie solche Tests selektiv vornehmen:

- Markieren Sie Formeln – oder Teile davon –, die Sie berechnet haben möchten, in der Eingabezeile.
- Geben Sie das Kürzel *Befehl-=* (Gleichheitszeichen) ein.

Verwenden Sie dazu das «=»-Zeichen auf dem Zahlenblock der Tastatur. Sie können stattdessen auch die Taste *F9* benutzen. Der markierte Teil der Formel wird nun berechnet.

Wenn Sie wieder den Originalzustand der Formel herstellen möchten, können Sie das Eingabefeld nun mit *Befehl-Punkt* (.) oder *ESC* verlassen.

Rechtschreibkorrektur

Auch die Rechtschreibung kann in *Excel* überprüft werden – im Menü *Extras | Rechtschreibung...* findet sich der passende Befehl.

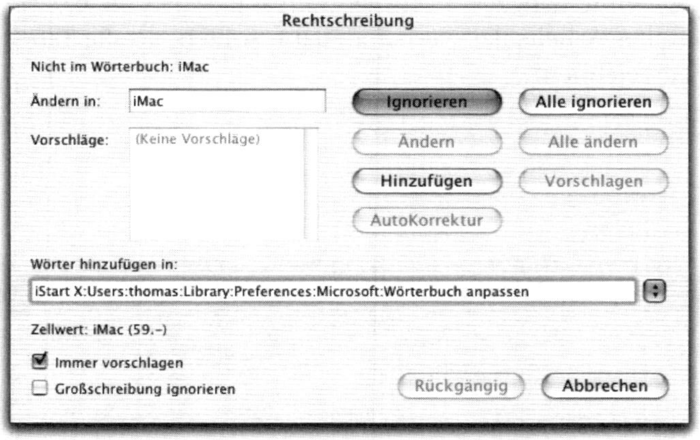

Leider korrigiert *Excel* ausschliesslich nach neuer deutscher Rechtschreibung, Umschalten auf die alte Rechtschreibung ist nicht möglich.

HEISSER TIPP

Benutzerwörterbücher (anzuwählen über *Extras | Rechtschreibung... | Wörter hinzufügen zu:*) sucht *Excel* ausschliesslich auf dem Startlaufwerk in der Ordnerhierarchie */Benutzer/Benutzername/Library/Preferences/Microsoft/*. Wenn Ihre woanders liegen: Legen Sie einfach Aliasdateien davon in diesen Ordner, dann findet *Excel* sie.

MERKET AUF!

Wenn Sie die Sprache für die Rechtschreibkorrektur einstellen möchten, dann müssen Sie über *Extras | Add-In-Manager…* das Add-In dazu aktiveren:

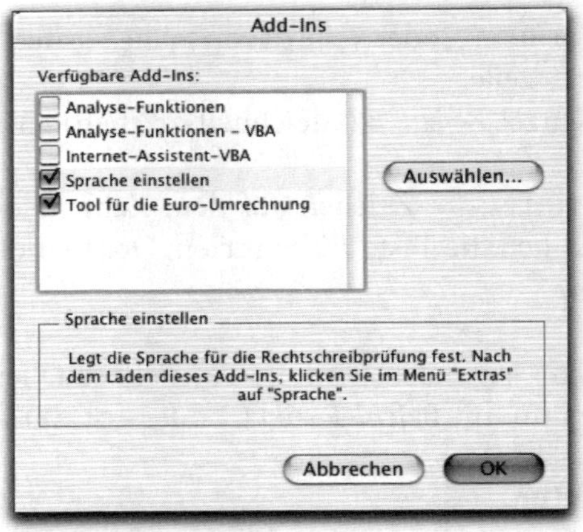

Tabellen gestalten

Wenn Sie das Gefühl haben, dass Sie langsam aber sicher die Übersicht über Ihr reichlich gefülltes Arbeitsblatt verlieren, dann sollten Sie alle Tabellen manuell mit Linien auszeichnen.

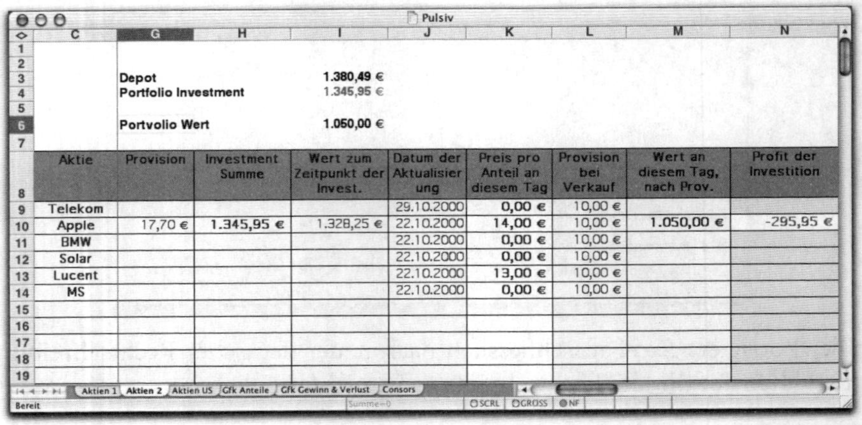

Markieren und strukturieren Sie Ihre Tabellen mit Hilfe der Symbolleiste *Format* und da besonders mit Hilfe der Knöpfe *Rahmen, Füllfarbe* und *Schriftfarbe.*

Anschliessend können Sie im Menü *Extras* den Befehl *Optionen* aufrufen. Klicken Sie auf den Reiter *Ansicht* und schalten Sie das Ankreuzfeld *Gitternetzlinien* aus. Nun sind nur noch die Rahmen sichtbar, die Sie manuell zugeteilt haben. Das kann die Verständlichkeit der Tabelle drastisch erhöhen.

Noch einfacher geht es dann, wenn Sie sich mit den vorgefertigten Layouts anfreunden können: Rufen Sie *AutoFormat* aus dem Menü *Format* auf.

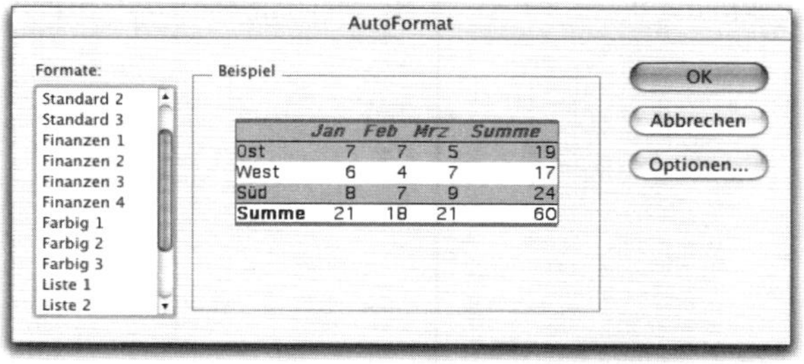

Druckvorschau und Druck

Vor dem Druck kann die richtige Position von Tabellenelementen und Diagrammen mit dem Befehl *Seitenumbruchvorschau* aus dem Menü *Ansicht* überprüft werden:

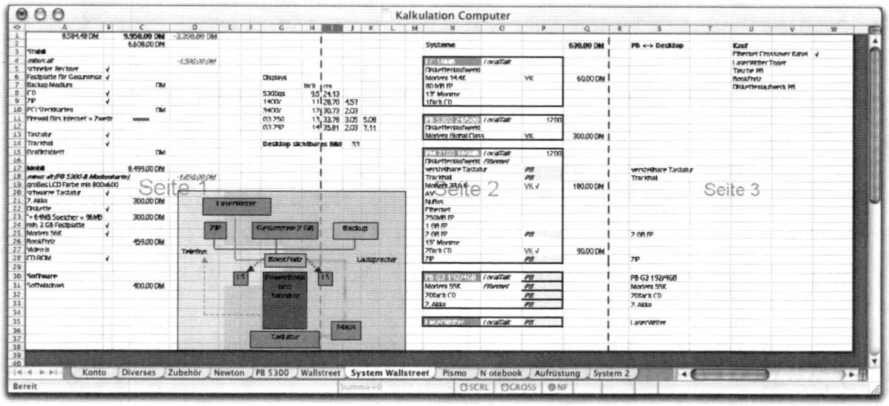

Wenn Ihnen die vorgeschlagenen Seitengrenzen nicht gefallen, können sie ganz einfach mit der Maus verschoben werden – im Rahmen des Möglichen.

RAFFINIERT

Die *Seitenumbruchvorschau* ist auch ein hervorragendes Mittel, nur die gefüllten Bereiche eines Arbeitsblattes darzustellen: Schalten Sie zur *Seitenumbruchvorschau* um und wählen Sie mit dem Menübefehl *Ansicht | Zoom...* eine passende Darstellungsgrösse aus.

Wenn Sie wieder zur Normalansicht umschalten, werden Sie dabei nicht selten feststellen, dass die Tabelle ein wenig zu gross ist, um auf das Blatt Papier zu passen. Doch auch da können Sie sich helfen:

- Tabellen sind meist quer ausgerichtet, die Standardeinstellung für das Papier jedoch ist das Hochformat. Oft ist schon viel gewonnen, wenn Sie unter *Datei | Seite einrichten…* auf dem Reiter *Papierformat* auf das Querformat umstellen.

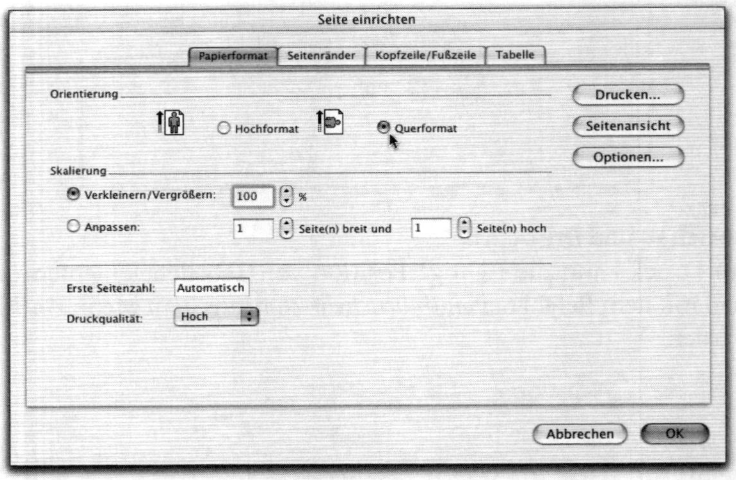

- Beliebig grosse Tabellen lassen sich auf wenigen Blatt Papier ausdrucken, indem Sie im Menü *Datei* den Befehl *Seite einrichten…* aufrufen und auf dem Reiter *Papierformat* das Arbeitsblatt unter *Skalierung* entweder prozentual *Verkleinern/Vergrößern* oder aber neben *Anpassen* gleich festlegen, mit wie vielen Seiten das Dokument ausgedruckt werden soll: darauf skaliert *Excel* automatisch.

Projekt: Rechnungserstellung

Zu den eher angenehmeren Arbeiten in *Excel* gehört das Schreiben von Rechnungen. (Unglücklicherweise gibt es auch andere, die das gerne tun – und die Rechnungen dann mir schicken.)

Unverständlicherweise finden sich unter den Vorlagen zu *Office X* Beispiele für Word-Dokumente zur Rechnungserstellung, nicht aber für *Excel*. Dabei lassen sich nach meinem Dafürhalten Rechnungen in *Excel* viel einfacher erstellen (schliesslich übernimmt *Excel* die Berechnungen) und mindestens genauso gut formatieren und gestalten wie in *Word*. Der Weg zur eigenen Rechnung ist mit wenigen Schritten getan:

1. Öffnen Sie mit dem Befehl *Datei | Neu* ein neues Arbeitsblatt.
2. Rufen Sie den Menübefehl *Ansicht | Seitenumbruchvorschau* auf und schalten Sie per *Ansicht | Standard* gleich wieder zurück zur Normalansicht. Die

Seitengrenzen sind jetzt als gestrichelte Linien in der Arbeitsmappe sichtbar und erleichtern das Gestalten der Rechnungsseite.

3. Doppelklicken Sie unten im Fenster den Reiter *Tabelle 1* und tippen Sie einen Begriff wie *Rechnung* oder Ähnliches ein. Das ist nicht zwingend notwendig, erhöht aber die Übersichtlichkeit zwischen den einzelnen Arbeitsblättern einer Arbeitsmappe.
4. Jetzt können Sie damit beginnen, die Daten einzugeben: Briefkopf, Rechnungsempfänger, Datum, Rechnungsposten und die Summe.
5. Rufen Sie nun den Menübefehl *Ansicht | Formatierungspalette* auf und gestalten Sie das Rechnungsblatt wie gewünscht. Hilfreich sind unter Umständen auch die Knöpfe *Rahmen*, *Füllfarbe* und *Schriftfarbe* aus der Symbolleiste *Format*. Das Ganze kann dann etwa so aussehen:

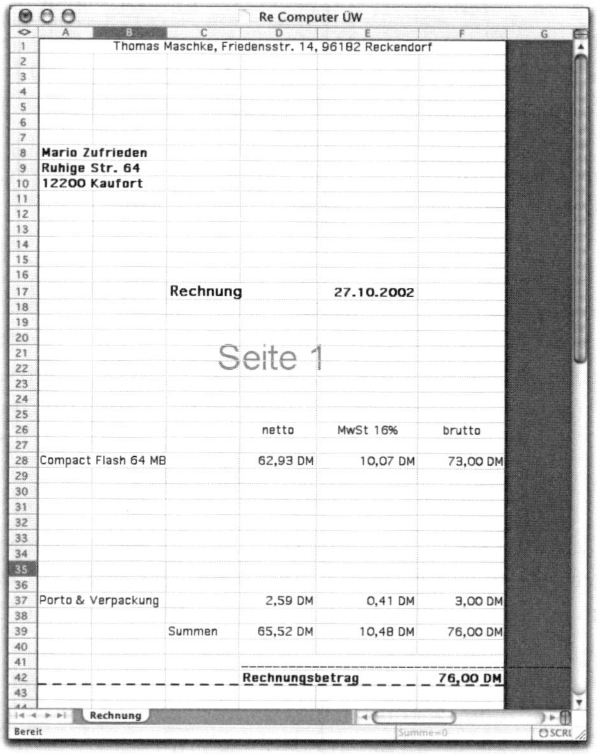

6. Die zur Rechnungsstellung notwendigen Formeln sind einfache Additionen, Subtraktionen und Multiplikationen. Wir ersparen uns hier eine genaue Auflistung.
7. Statt die Absenderangaben als Text einzufügen, können Sie auch einen Briefkopf als Grafik aus einer anderen Anwendung importieren:

Genaueres zum Datenimport finden Sie im Kapitel *Daten organisieren und austauschen.*

8. Markieren Sie den Bereich, der gedruckt werden soll, und legen Sie unter *Datei | Druckbereich | Druckbereich festlegen* just diesen fest. Der Druckbereich wird gestrichelt umrandet und Sie können sich jetzt ausserhalb unbesorgt Notizen machen: der Rechnungsempfänger wird sie nicht sehen.
9. Abschliessend sichern Sie das Dokument – fertig.

Rechnungsvorlage

Wenn Sie so ein Rechnungsformular einmal erstellt haben, können Sie sich viel Tipp- und Gestaltungsarbeit sparen, indem Sie es immer wieder verwenden. Geändert werden müssen ja immer nur die Empfänger, Daten und die Rechnungsposten. Der Absender bleibt der gleiche und die Rechnungssumme wird inklusive der Mehrwertsteuer nach Eingabe der neuen Rechnungsposten automatisch berechnet. Folgende Möglichkeiten tun sich auf:

- Kopieren Sie die Datei im Finder und benennen Sie die Kopie *Rechnung Kopie* (oder sinngemäss) um, etwa zu *Rechnung Weltbild 31.12.2000.* Das Dokument wird per Doppelklick in *Excel* geöffnet, kann wie gewünscht geändert und unbesorgt mit *Befehl-S* gespeichert werden.
- Öffnen Sie das Rechnungsdokument per Doppelklick in *Excel* und sichern Sie es gleich mit dem Menübefehl *Datei | Speichern unter…* unter neuem Namen. Jetzt erst beginnen Sie mit den Änderungen, die Sie dann gleichfalls per *Befehl-S* unbesorgt sichern können, ohne das ursprüngliche Dokument zu überschreiben.
- Und schliesslich können Sie aus dem Rechnungsformular auch eine *Mustervorlage* bauen. Rufen Sie dazu den Menübefehl *Datei | Speichern unter…* auf und stellen Sie bei *Format:* auf *Mustervorlage* um. Sie können darauf dann jederzeit über den *Projektkatalog* (Menübefehl *Datei | Projektkatalog…*) unter *Eigene Vorlagen* zugreifen.

Wird das Rechenblatt solchermassen als Vorlage gesichert, ergeben sich zwei Vorteile:

- Sie haben aus allen *Office*-Programmen über den *Projektkatalog* heraus Zugriff darauf.
- Beim Öffnen wird automatisch eine Kopie angelegt, die Sie dann unter neuem Namen sichern können (und müssen).

Bestellung per Fax

Möchten Sie keine Rechnung erstellen, sondern eine Bestellung aufgeben, so geht das eigentlich genauso wie eben bei *Rechnungserstellung* beschrieben. Nahezu der einzige Unterschied ist, dass Sie statt des Wortes *Rechnung* das Wort *Bestellung* in Ihr Formular eintippen.

Obwohl sich die Versender grösste Mühe geben, Ihnen die Bestellung so einfach wie möglich zu machen und ihren Katalogen zu diesem Zweck schöne Formulare beilegen, hat so ein Bestellformular in *Excel* seine Vorteile:

Artikelnummer und -bezeichnung müssen Sie auf jeden Fall hinschreiben. Wenn Sie es in *Excel* eintippen, wird das Ganze auf jeden Fall gut leserlich sein. In *Excel* können Sie sich gleich die Einzel- und Gesamtpreise und die Rechnungssumme berechnen lassen. Sie wissen damit sofort, wann es an der Zeit ist, mit dem Bestellen aufzuhören.

Und schliesslich können Sie die Bestellung direkt mit dem Mac faxen, sofern ein Programm wie *FaxSTF* installiert und ein Modem angeschlossen ist.

Diagramme und Grafiken

Möchten Sie ein Diagramm im gleichen Arbeitsblatt haben, dann markieren Sie den Wertebereich und wählen *Diagramm…* aus dem Menü *Einfügen*. Der Assistent geleitet Sie durch die Erstellung:

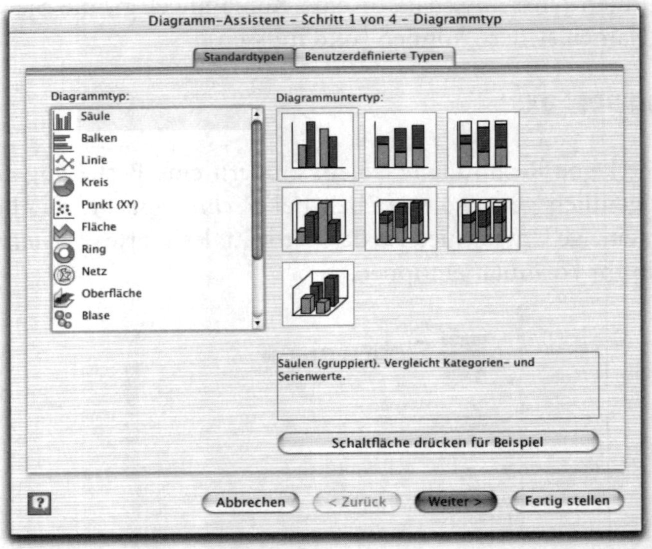

Die Möglichkeit, mit gedrückter *Befehls-Taste* unzusammenhängende Selektionen zu erstellen, kann bestens missbraucht werden, um aus verschiedenen Bereichen die Werte für einen Chart zusammenzukratzen, nämlich etwa so:

1. Die erste Datenreihe wählen Sie wie gewohnt aus, indem Sie mit der Maus einen Rahmen um die Daten aufziehen.

2. Die anderen Daten, die in Ihrem Diagramm enthalten sein sollen, markieren Sie ebenso mit der Maus – halten dabei aber die *Befehls-Taste* gedrückt. Wenn Sie jetzt im Menü *Einfügen* den Befehl *Diagramm…* aufrufen, führt Sie *Excel* bei der Erstellung des gewünschten Diagrammtyps.

Und so kommen Sie am schnellsten zu einem Diagramm auf dem eigenen Blatt: Markieren Sie den Wertebereich (auseinander liegende Bereiche mit gedrückter *Befehls-Taste* markieren) und drücken Sie die Taste *F11*. Jetzt platziert *Excel* den neuen (Standard-) Chart automatisch in einem eigenen Rechenblatt, und Sie können es beliebig anpassen.

Excel kann zwar dreidimensionale Charts erstellen, doch sind diese optisch meist weniger gelungen. Im Gegensatz dazu bieten Profiprogramme für 3D-Diagramme eine Fülle an Optionen, die dafür sorgen, dass ein Bild gut aussieht – so werden etwa Schriften in der Perspektive der Rotation angepasst. *Excel* bietet solche Funktionen nicht.

Hinzu kommt, dass überbunte 3D-Charts höchstens auf einem Dia gut aussehen, ansonsten aber eher verwirren. Wenn Sie also ein Diagramm erstellen, sollten Sie immer daran denken, auf welchem Drucker es ausgegeben wird. Oft ist es nämlich so, dass einfache 2D-Charts nicht nur dezenter aussehen, sondern auch verständlicher sind.

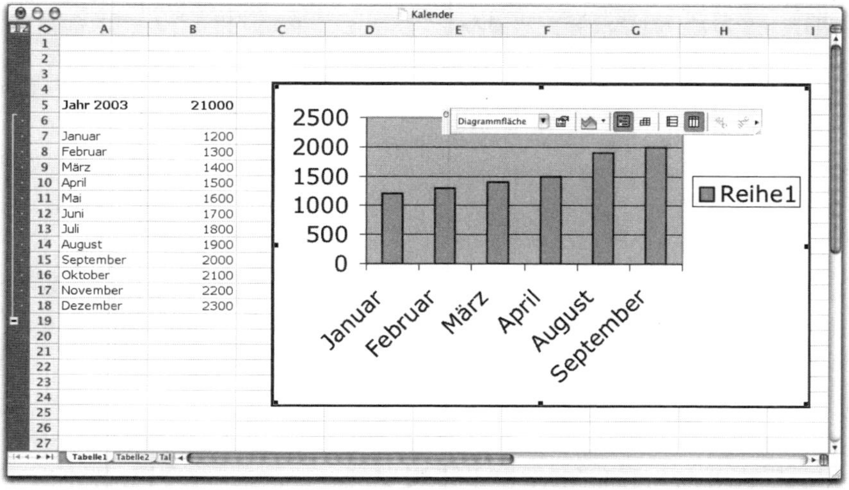

RAFFINIERT

Wenn Sie ein grafisches Element auf einem *Excel*-Rechenblatt verschieben und dabei die *Befehls-Taste* gedrückt halten, wird das Bild automatisch an den Zellen ausgerichtet.

Übersichtliche Diagramme

In Verbindung mit der Gliederungsfunktion von *Excel* (siehe weiter oben) lassen sich die angezeigten Diagrammdaten schnell erweitern oder reduzieren. Voraussetzung: Der Datenbereich für das Diagramm muss gegliedert sein.

Dann werden auch unübersichtlichste Datenbestände im Diagramm nur so weit angezeigt, als sie in der Gliederung zu sehen sind.

Das funktioniert aber nur, wenn folgende Option aktiviert ist: Klick auf das Diagramm, um es zu aktivieren; Menü *Excel* | *Voreinstellungen…*, Registerkarte *Diagramm*; Kontrollkästchen bei *Nur sichtbare Zellen werden gezeichnet* abhaken. Daraufhin werden auch im Diagramm all die Datenreihen ausgeblendet, die in der Gliederung nicht sichtbar sind.

Diagramme mit Symbolen

Excel erlaubt es auch, besondere Symbole für Diagramme zu benutzen. Sie könnten beispielsweise die Grafik, die den Kraftstoffverbrauch Ihres Autos darstellt, mit kleinen Benzinkanistern aufpeppen. Normale 2D-Balkendiagramme kann man auf folgende Weise oft noch ein wenig attraktiver machen:

1. Erstellen Sie den Chart und markieren Sie die Balken.

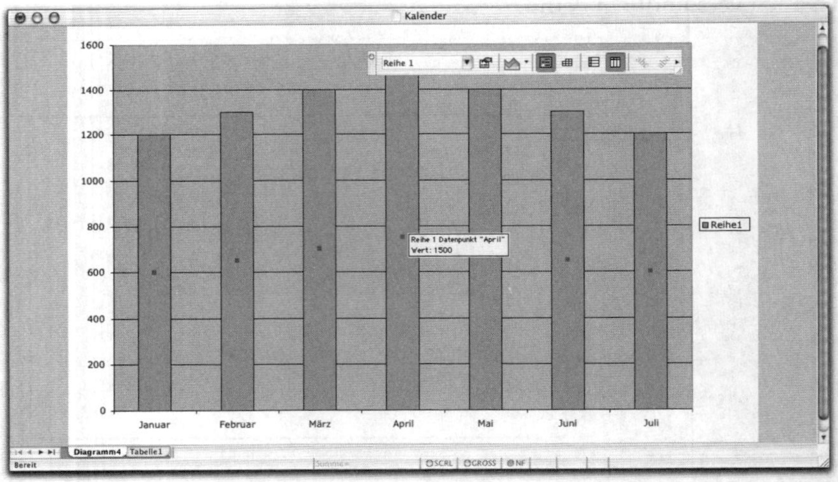

2. Kopieren Sie ein beliebiges Bild in die Zwischenablage. Je kleiner das Original, desto besser sieht das fertige Resultat aus, weil es weniger skaliert werden muss.
3. Setzen Sie das Bild ein (*Befehl-V*). Fertig. Allerdings wirkt das Ganze durch den starken Verzug noch nicht besonders überzeugend.

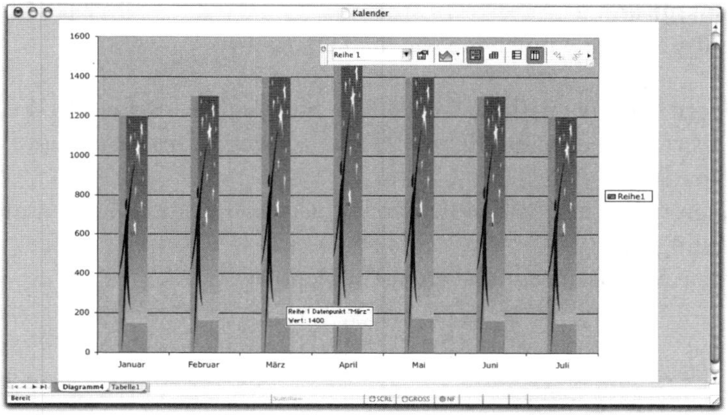

4. Doppelklicken Sie den Balken. Im folgenden Dialog können Sie nun den Reiter *Muster* | *Fülleffekte…* und dort die Option *Stapeln* anklicken.

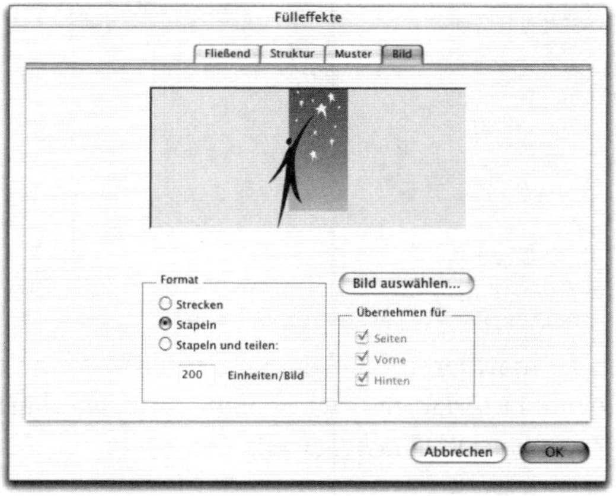

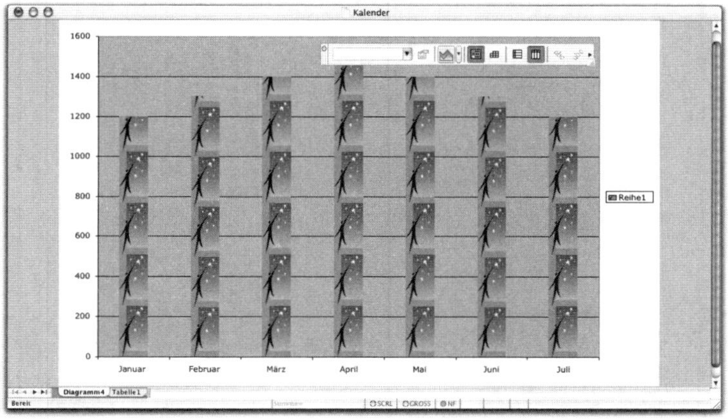

Schon besser!

Treppendiagramme

Treppendiagramme können Sie wie folgt erstellen:

1. Erzeugen Sie neben Ihrer Datenreihe eine weitere Reihe mit Konstanten (der Wert sollte etwa ein Zehntel des kleinsten Wertes der Hauptdatenreihe betragen).
2. Markieren Sie diese beiden Reihen inklusive der eventuell vorhandenen Bezeichnungen.
3. Erstellen Sie daraus ein gestapeltes Säulendiagramm.

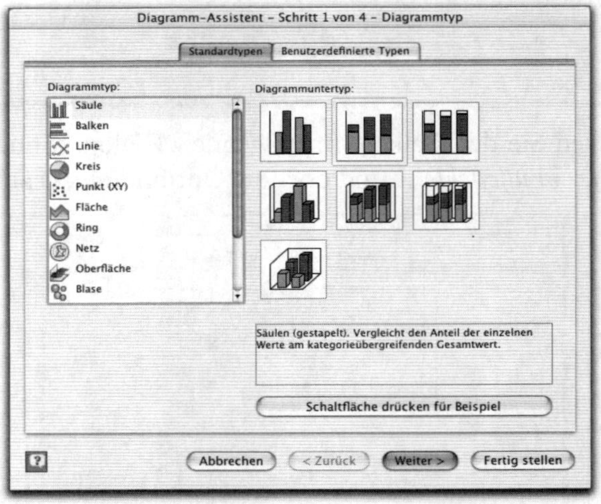

4. Um die Säulen zu markieren, klicken Sie einmal auf eine der Säulen.
5. Wählen Sie *Format | Markierte Datenreihen…*, Registerkarte *Muster* aus und legen Sie für *Rahmen* und *Fläche* jeweils *Ohne* fest.

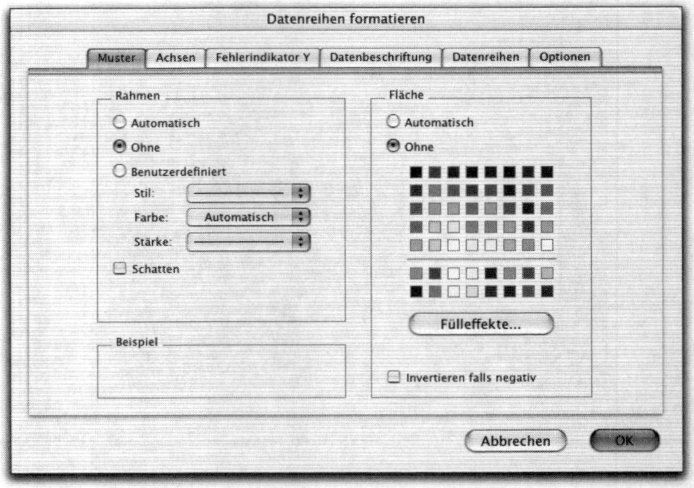

6. Stellen Sie auf der Registerkarte *Optionen* den Abstand der Säulen auf Null. Nun werden Ihre Werte als Treppe dargestellt. Sind Ihnen die Treppenstufen zu dick oder zu dünn, müssen Sie nur die Zweitwerte verändern:

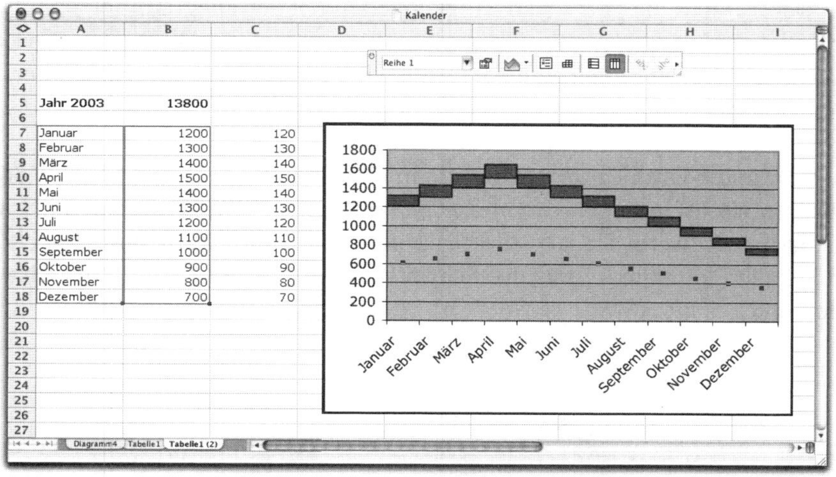

Um zwei Datenreihen in einem Diagramm darzustellen, legen Sie eine weitere Konstantenreihe an. Damit die korrekten Werte angezeigt werden, verwenden Sie anstelle der zweiten originalen Datenreihe die jeweilige Differenz aus den Werten der Reihen 1 und 2.

Diagramme exportieren

Diagramme lassen sich am besten über die Zwischenablage exportieren, indem Sie das Diagramm aktivieren, die *Shift-Taste* drücken und aus dem Menü *Bearbeiten* den Befehl *Bild kopieren…* anwählen. Anschliessend erscheint eine Dialogbox:

Wenn Sie die Option *Wie angezeigt* anwählen, übernimmt *Excel* die Grafik mit Grautönen und Farben – eben so, wie sie auf dem Bildschirm angezeigt wird. Wenn Sie die Option *Wie ausgedruckt* anwählen, werden die farbigen Elemente zwar weiterhin beibehalten, aber alle Flächen werden automatisch gerastert oder schwarz dargestellt – eben so, wie sie im Ausdruck aussehen würden.

Und wenn Ihnen die grafischen Möglichkeiten bei der Diagrammerstellung in *Excel* alleine nicht mehr ausreichen, dann können Sie das Diagramm über die Zwischenablage in ein Zeichenprogramm wie beispielsweise *FreeHand* oder das Zeichenmodul von *AppleWorks* überführen:

Wählen Sie die Grafik in *Excel* und dann den Befehl *Kopieren* im Menü *Bearbeiten* an, wechseln Sie zu Ihrem Zeichenprogramm und fügen Sie die Grafik ein (*Befehl-V*). Wenn Sie jetzt die Gruppierung für die Grafik aufheben, können Sie alle Elemente – inklusive Schrift und Farbe – ganz nach Wunsch verändern.

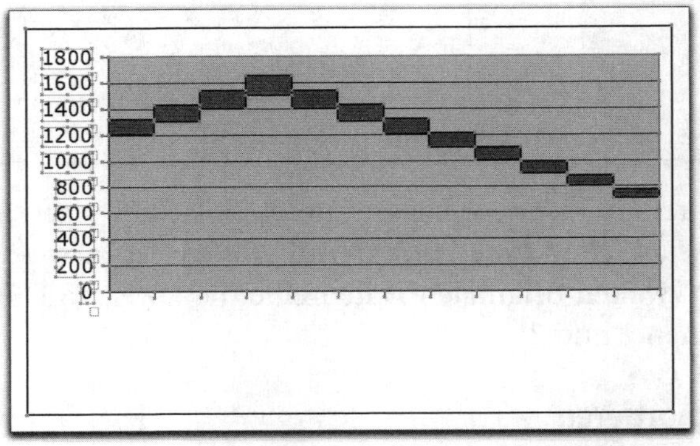

Grafiken

Auch in *Excel* steht Ihnen die Zeichenkunst von *Office* zur Verfügung – inklusive *WordArt*. Rufen Sie die Symbolleisten *Bild*, *WordArt* und *Zeichnen* auf. Hier können Sie nun Ihre Arbeitsblätter nach Herzenslust gestalten. Besondere Textverläufe, Schatteneffekte, Farbspiele, Formen, Verläufe… gewünscht? – Rufen Sie eine der Symbolleisten von *OfficeArt* auf.

RAFFINIERT

Möchten Sie ein Arbeitsblatt mit einer Grafik oder einem Hintergrundmuster aufpeppen, so geht das ganz einfach: Rufen Sie den Befehl *Format | Blatt | Hintergrund…* auf und wählen Sie ein Bild. Das wird dann mehrfach eingesetzt und als Hintergrund angezeigt. Das in so einem Fall meist nur störende Gitter blenden Sie unter *Excel | Voreinstellungen…* auf dem Reiter *Ansicht* aus, indem Sie das Häkchen bei *Gitternetzlinien* entfernen. Gelöscht werden Hintergrundbilder per *Format | Blatt | Hintergrund löschen.*

Überarbeiten, Vergleichen und Verwalten

Das *Office*-Paket wird zum Groupware-Projekt. Immer mehr Funktionen zum Überarbeiten, Vergleichen und für Korrekturen und sonstige Anmerkungen finden sich in den Programmen, so auch in *Excel.* Die wichtigen Befehle dazu sind als Knöpfe auf der Symbolleiste *Überarbeiten* untergebracht:

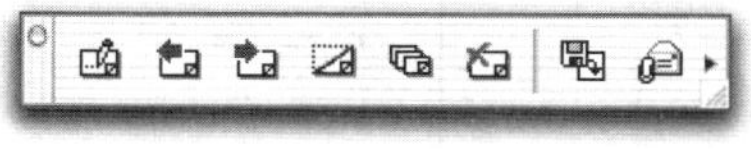

Rufen Sie diese Symbolleiste bitte jetzt auf (*Control-Mausklick* auf eine sichtbare Symbolleiste, im Popup-Menü *Überarbeiten* auswählen), Sie werden sie in diesem Abschnitt noch häufiger benötigen.

Excel erlaubt zwei Arbeitsweisen beim gemeinsamen Arbeiten mit Arbeitsmappen:

- Arbeitsmappen können freigegeben und dann von Netzwerkteilnehmern gemeinsam und gleichzeitig bearbeitet werden.
- Kopien einer Arbeitsmappe können zeitversetzt von verschiedenen Bearbeitern geöffnet werden; sie werden abschliessend mit dem Befehl *Arbeitsmappen zusammenführen* wieder vereinheitlicht.

Markieren

Mit dem Farbeimerchen aus der Symbolleiste *Zeichnen* können Sie ähnlich wie mit einem Textmarker Zellen und Diagrammelemente hellgelb (oder in einer anderen Farbe) absetzen, um sie besonders zu betonen.

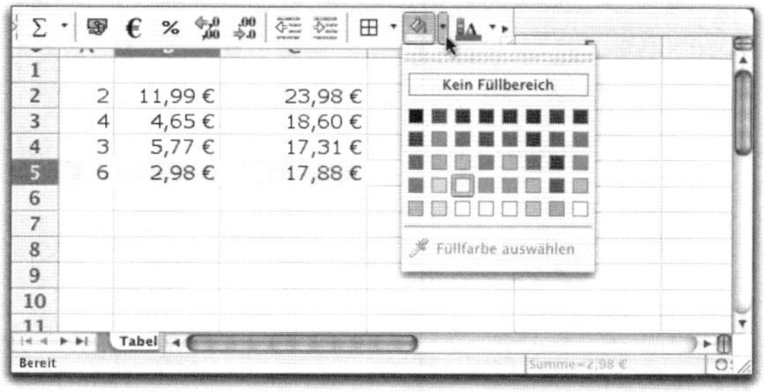

Behagt Ihnen die Farbe nicht – kein Problem. Der kleine Pfeil neben dem Hervorheben-Symbol bietet weitere Farboptionen. Dort können Sie auch *Kein Füllbereich* anwählen und so markierte Zellen wieder entfärben.

Kommentare einfügen

Zu finden im Menü *Einfügen | Kommentar*, können Sie hier Anmerkungen zu jeder beliebigen Zelle machen. Die schnellste Variante, um einer Zelle eine Notiz anzufügen, besteht darin, das Kürzel *Befehl-Shift-N* einzugeben.

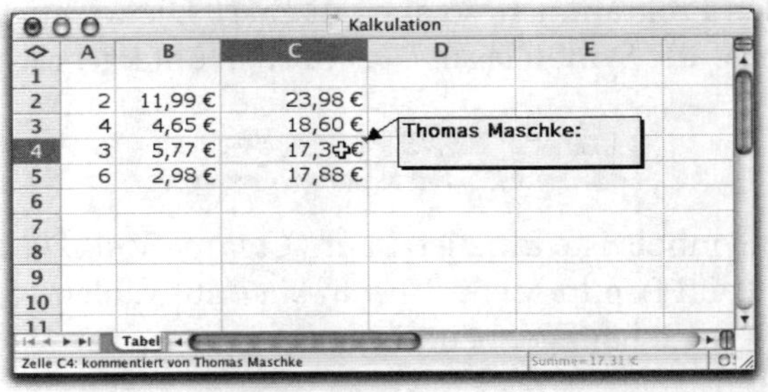

Ein kleines Dreieck weist auf Kommentare in Zellen hin, und wenn der Mauszeiger darüber steht, erscheint eine Box mit dem Kommentar.

Änderungen verfolgen

Eine Funktion, die nicht nur dann nützlich ist, wenn mehrere Personen an einem Dokument arbeiten. Ist *Überarbeiten* aktiv, dann können Sie die an einem Arbeitsblatt vorgenommenen Änderungen genau erkennen:

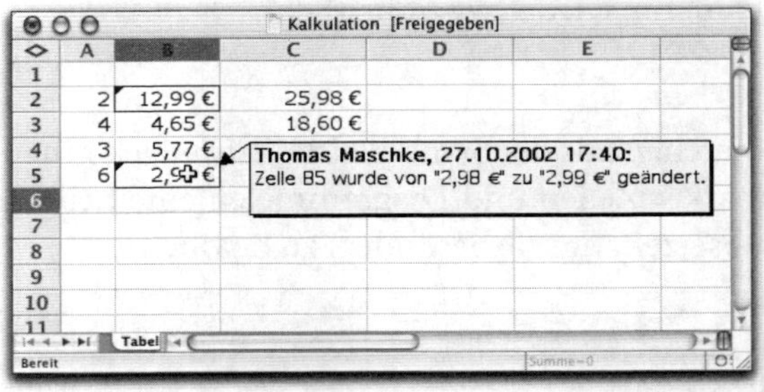

Eingeschaltet wird die Funktion unter *Extras | Änderungen nachverfolgen | Änderungen hervorheben…*

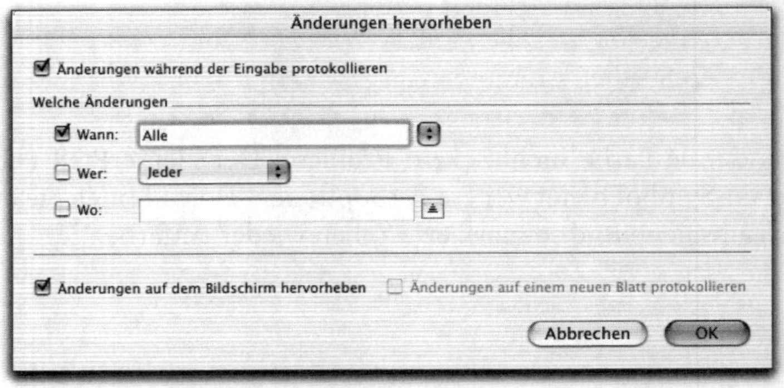

Dabei lassen sich Vorgaben zu den Änderungen machen, die aufgezeichnet werden sollen.

Unter *Extras | Änderungen nachverfolgen | Änderungen annehmen oder ablehnen* kann dann eben dies getan werden:

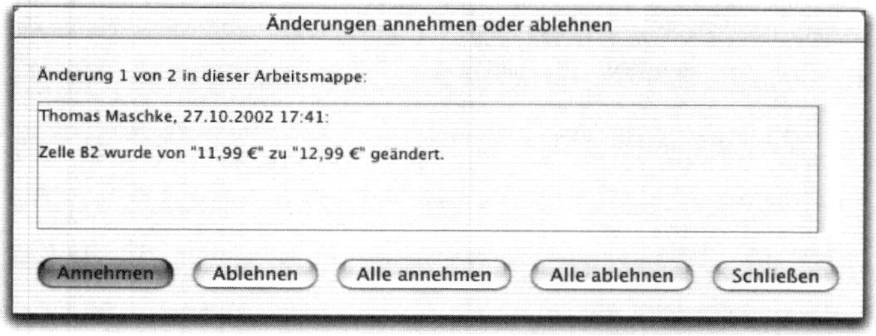

Arbeitsmappen zusammenführen

Mit dem Befehl *Arbeitsmappen zusammenführen...* aus dem Menü *Extras* können verschiedene Versionen eines Dokuments zusammengeführt werden, was im Umkehrschluss bedeutet, dass mehrere Kopien einer Arbeitsmappe im Umlauf sein können, die bearbeitet und dann wieder zu einer einzigen Arbeitsmappe zusammengeführt werden. Dazu müssen Sie die Dokumente vorbereiten, um sie später auch wieder zusammenführen zu können:

Schalten Sie *Änderungen verfolgen* ein: Menü *Extras | Änderungen verfolgen | Änderungen hervorheben...* Jetzt können Sie die Arbeitsmappen kopieren und verteilen (per Diskette, E-Mail, Netzwerk...). Sinnvollerweise benennen Sie die verteilten Arbeitsmappen logisch (Entwurf für Peter, Entwurf für Kathrin...). Interessant wird's, wenn die Versionen zurückkommen:

1. Öffnen Sie Ihr Originaldokument.
2. Wählen Sie im Menü *Extras | Arbeitsmappen zusammenführen...*
3. In der Dateiauswahlbox suchen Sie das Dokument, dessen Änderungen Sie einfügen möchten, und wählen *Öffnen.*
4. Wiederholen Sie das für alle zurückerhaltenen Dokumente.
5. Nun können Sie die Kommentare gegenlesen, Änderungen annehmen oder ablehnen (Tipp: Symbolleiste *Überarbeiten* aufrufen!).

Arbeitsmappen freigeben

Im Menü *Extras* können Sie den Befehl *Arbeitsmappe freigeben...* anwählen, woraufhin folgender Dialog erscheint:

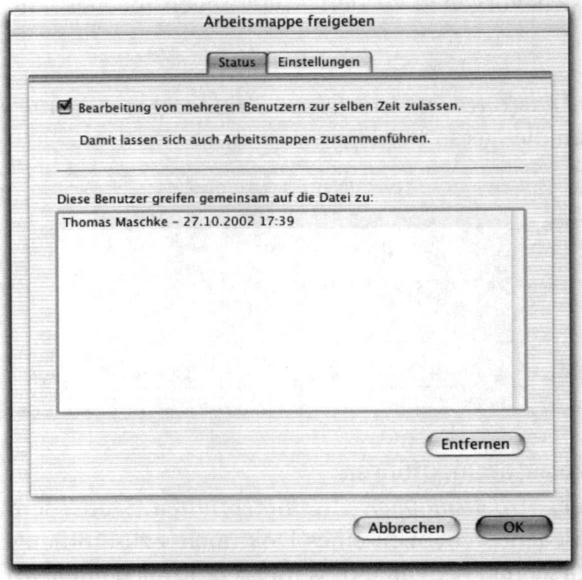

Damit wird der gleichzeitige (!) Zugriff anderer Netzwerkteilnehmer auf diese Arbeitsmappe ermöglicht. Von anderen vorgenommene Änderungen sind farblich abgehoben und können vom Eigentümer der Arbeitsmappe akzeptiert oder abgelehnt werden.

1. Wählen Sie im Menü *Extras* den Befehl *Arbeitsmappe freigeben…*
2. Erlauben Sie den Zugriff für mehrere Benutzer.
3. Speichern Sie das Arbeitsblatt auf einem Netzwerkvolume, auf das die anderen Nutzer zugreifen können.

Andere Benutzer können das gleiche Arbeitsblatt nun öffnen und bearbeiten. Änderungen werden aber erst beim Speichern reflektiert. Um also die Änderungen eines anderen Bearbeiters sehen zu können, muss der zunächst das Arbeitsblatt speichern (Schliessen ist nicht notwendig). Der Besitzer (oder ein anderer Bearbeiter) muss seine Version gleichfalls speichern, um die Änderungen zu sehen.

Unter *Extras | Arbeitsmappe freigeben…* können Sie auf dem Reiter *Erweitert* auch noch einige Voreinstellungen tätigen. Unter anderem lässt sich hier festlegen, wie lange die Änderungs-Historie erhalten bleiben soll:

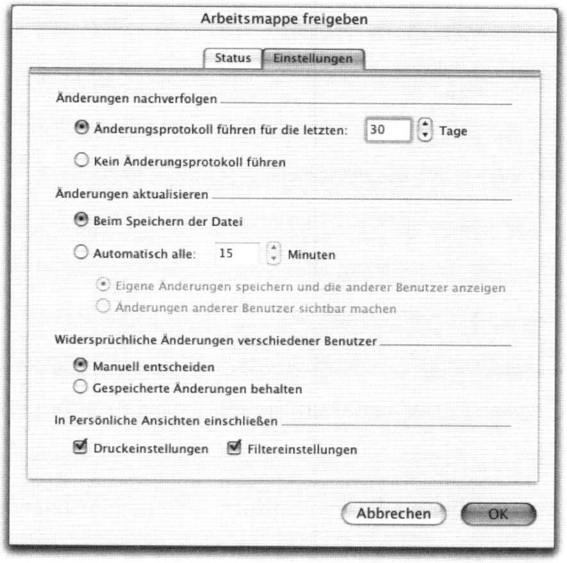

Datenbankfunktionen

Excel bietet auch die rudimentären Funktionen einer Datenbank, und das ist dann praktisch, wenn innerhalb einer Auflistung nicht nur Berechnungen durchgeführt werden sollen (es ist kein Problem, Summe, Durchschnitt, Minimal- oder Maximalwert einer Zahlenreihe zu bestimmen), sondern wenn das komplette Ergebnis – der Datensatz – interessiert (welcher Text steht beim Minimalwert?).

Bemühen wir dazu noch einmal unser kleines Projekt *Preisvergleich*. Bislang war es uns gelungen, mittels der Funktion *Minimalwert* den günstigsten Preis zu finden. Den Anbieter allerdings mussten wir aus der Liste heraussuchen. Was bei kleinen Listen kein Problem ist, bei grösseren aber mühsam. Es wäre doch schön, wenn in unserer Ergebniszeile «Günstigstes Angebot: Anbieter A 3757» stünde. Da wüssten wir gleich, wen wir sofort anrufen müssen.

Schnelle Datenbankauswertung

Mit dem Befehl *Filtern | AutoFilter* aus dem Menü *Daten* ist eine schnelle und oft auch ausreichende Datenauswertung möglich:

1. Markieren Sie den Zellbereich, der jene Werte enthält, die Sie interessieren.
2. Rufen Sie den Menübefehl *Daten | Filtern | AutoFilter* auf. Oben, an den markierten Spalten, tauchen kleine Popup-Menüs auf, die die Filtereinstellung erlauben:

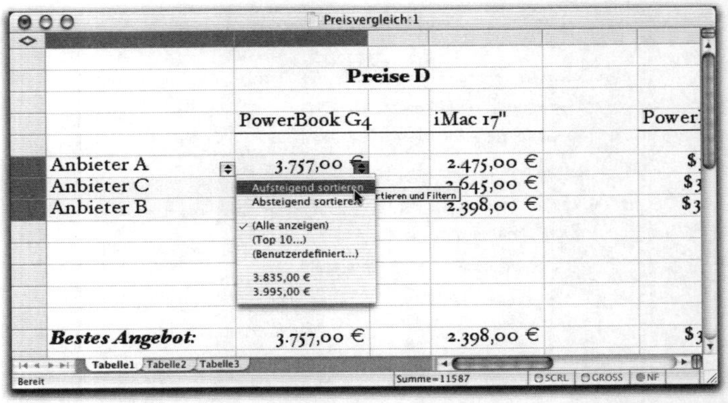

Mit *Aufsteigend sortiert* etwa erhalten Sie das beste Angebot ganz oben angezeigt.

Neben einigen vorgegebenen Filtern kann auch ein benutzerdefinierter Filter gesetzt werden:

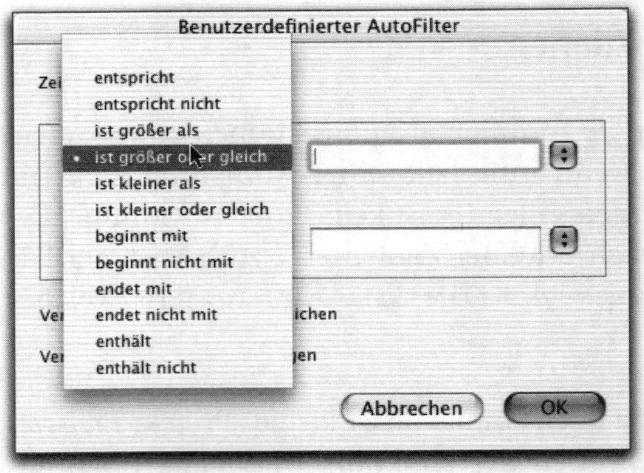

Hier lassen sich dann beispielsweise alle Werte filtern, die grösser oder kleiner sind als ein bestimmter Wert.

Komfortable Datenbankauswertung

Das ist schon ganz nett, aber geht es nicht noch besser? Der preisgünstigste Anbieter lässt sich doch auch hier nur per manuellem Suchen auffinden. Es geht: Mit dem Befehl *Spezialfilter,* zu finden im Menü *Daten | Filter.* Hierbei sind drei Eingaben verlangt, die erstmal verstanden sein wollen:

- Listenbereich. Wo wird gesucht?
- Kriterienbereich. Wonach wird gesucht?
- Ausgabebereich. Wo soll das Ergebnis erscheinen?

Sie sehen, der Platz auf dem Arbeitsblatt will gut aufgeteilt sein! Um eine Datenbankabfrage zu starten, gehen Sie wie folgt vor:

1. Definieren Sie einen Listenbereich mit Spaltentiteln. Rufen Sie den Befehl *Daten | Filtern | Spezialfilter...* auf, springen Sie per *Tabulator-Taste* in die jeweilige Eingabezeile und ziehen Sie die Bereiche mit der Maus auf:

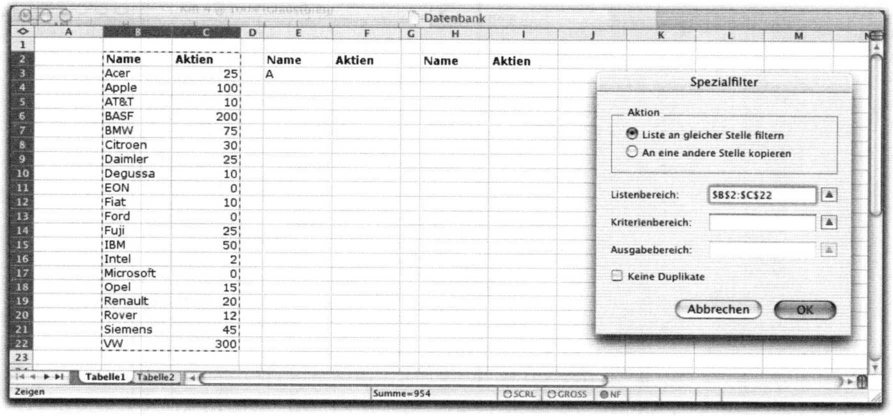

2. Definieren Sie einen Kriterienbereich mit denselben Spaltentiteln. Hier tragen Sie später ein, nach welchen Werten gesucht werden soll:

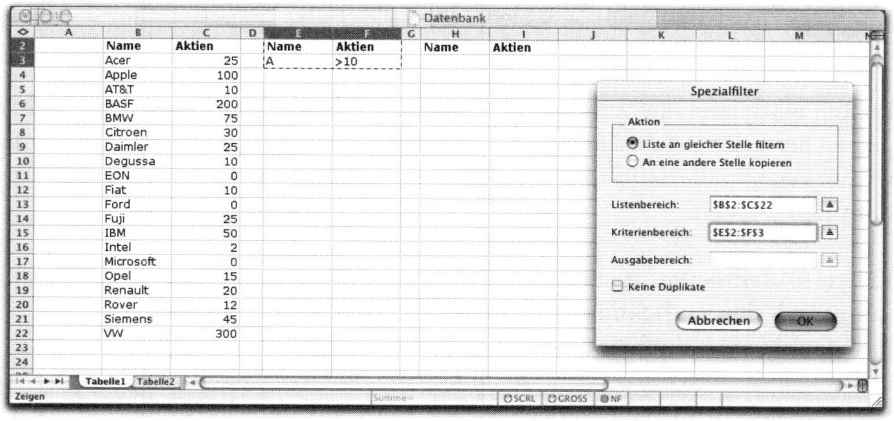

VORSICHT FALLE

Beachten Sie dabei, dass der Kriterienbereich nicht grösser sein darf als der Tabellenbereich, der die Kriterien enthält! Andernfalls – sofern leere Zellen im Kriterienbereich vorkommen – interpretiert *Excel* das als *Kein eindeutiges Kriterium gesetzt* und zeigt alle Daten.

3. Wahlweise kann dazu noch ein Ausgabebereich kommen, der mit denselben Spaltentiteln versehen ist, aber nicht alle Spalten enthalten muss. So ist beispielsweise die übersichtliche Auswertung einer umfangreichen Aktienliste realisierbar – im Ausgabebereich werden nur die Titel und Gewinne respektive Verluste angezeigt:

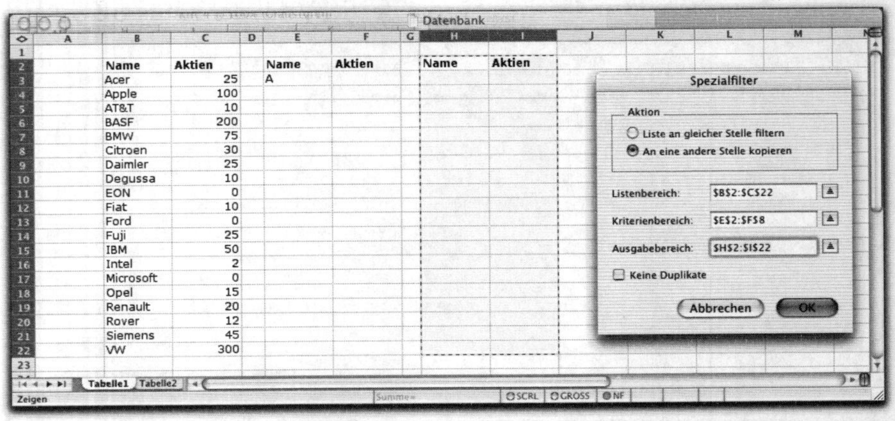

In dem Fall müssen Sie in der Dialogbox *An eine andere Stelle kopieren* abhaken.

258

Achten Sie darauf, den Ausgabebereich genügend gross zu definieren, damit alle Daten hineinpassen.

MERKET AUF!

Per *OK* wird dann die Datenbankabfrage durchgeführt. Diese Eingaben bleiben gespeichert, der Befehl *Daten | Filtern | Spezialfilter…* muss allerdings immer wieder erneut aufgerufen werden, wenn Änderungen in der Datenbank vorgenommen wurden.

Kriterien definieren. Richtig interessant wird die Auswertung natürlich nur, wenn die Kriterien richtig gesetzt sind. Dabei gilt, dass Spalten mit einer «Und-Bedingung» verknüpft sind, Zeilen mit einer «Oder-Bedingung».

Dieser Kriteriumsbereich findet alle Datensätze, die im Feld *Name* mit «M» beginnen *und* im Feld *Anzahl* mehr als «3» enthalten:

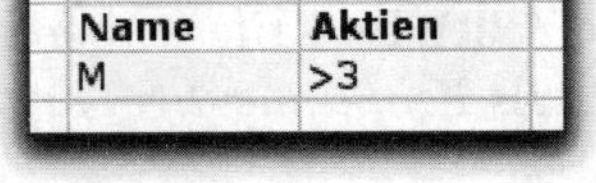

Name	Aktien
M	>3

Dieser Kriterienbereich findet alle Datensätze, die *entweder* mit M, N, *oder* O beginnen:

Name	Aktien
M	
N	
O	

Dieser Kriterienbereich findet alle Datensätze, die *entweder* mit M, N, *oder* O beginnen *und* wobei *M* und *O* im Feld *Anzahl* mehr als «3» enthalten müssen:

Name	Aktien
M	>3
N	
O	>3

Dieser Kriterienbereich schliesslich findet alle Datensätze, die entweder mit M, N, oder O beginnen *oder* im Feld *Anzahl* mehr als «3» enthalten. Beachten Sie, dass für diese Oder-Verknüpfung alle Kriterien in verschiedenen Zeilen stehen müssen!

Name	Aktien
M	
N	
O	
	>3

POWER USER

Wenn Sie die Datenbankauswertung öfter benötigen, können Sie sich das Ganze vereinfachen, wenn Sie

- Entweder einen Knopf für den Befehl *Extras | Anpassen...*, Register *Befehle*, Rubrik *Daten | Spezialfilter* auf eine Ihnen genehme Symbolleiste ziehen.
- Oder diesen Befehl mit einem Tastaturkürzel versehen.

Tipps und Tricks für Poweruser

Nützliche Tastaturkürzel

Excel X verwirrt den erfahrenen *Excel*-Benutzer zunächst ein wenig, denn altbekannte Tastenkombinationen wurden – nach zehn Jahren und etlichen *Excel*-Versionen – geändert.

Doch das haben Sie bald raus, wenn Sie sich vergegenwärtigen, dass bei den meisten Tastenkombinationen nur die «Triggertaste» gewechselt hat. Statt *Befehl* muss jetzt oft *Control* gedrückt werden:

Fett	*Befehl-Shift-B*
Kursiv	*Befehl-Shift-I*
Unterstrichen	*Befehl-Shift-U*
Zellinhalt löschen	*Control-B*
Zellen einfügen	*Control-I*
Zellen löschen	*Control-K*
Hyperlink einfügen	*Befehl-K*
Namen definieren	*Control-L*
Rechts füllen	*Control-R*
Unten füllen	*Control-D*
Kontur	*Befehl-Shift-D*
Schattiert	*Befehl-Shift-W*
Durchgestrichen	*Befehl-Shift--(Minus)*
Linksbündig	*Befehl-L*
Rechtsbündig	*Befehl-R*
Zentriert	*Befehl-E*
Aktuelles Datum	*Control-; oder Befehl-Minus (-)*
Aktuelle Zeit	*Control-Shift-:*

Dabei hat sich Microsoft bemüht, wenigstens die wichtigsten Tastenkürzel bei *Word* und *Excel* gleich zu halten. Es gibt noch mehr Tastenkürzel in *Excel* – schauen Sie doch einmal in der Online-Hilfe nach (Menü *Hilfe* | *Inhalt und Index*, Knopf *Suchen*).

Excel anpassen

Hier finden Sie alle Möglichkeiten im Überblick aufgelistet, *Excel* an die persönlichen Bedürfnisse anzupassen:

- Im Menü *Excel* | *Voreinstellungen…* lassen sich wichtige Grundeinstellungen festlegen.
- Im Ordner *Office* in Ihrem *Office X*-Ordner finden Sie den Pfad *Start – Excel*. Alle Arbeitsmappen, die hier abgelegt sind, werden automatisch geöffnet.
- Im Ordner *Office* in Ihrem *Office X*-Ordner finden Sie den Ordner *Add-Ins*. Die dort abgelegten Erweiterungen (zum Beispiel *Eurotool.xla*) werden automatisch geladen; manche müssen per *Extras* | *Add-In Manager…* eigens aktiviert werden.
- Befindet sich im Ordner *Excel* eine Arbeitsmappe, die als Mustervorlage gespeichert und *Arbeitsmappe* benannt ist, übernimmt *Excel* deren Voreinstellungen für neue Arbeitsblätter.
- Unter *Datei* | *Arbeitsbereich speichern…* können Sie einen Schnappschuss der aktuellen Arbeitssituation festhalten und jederzeit wieder öffnen (per Doppelklick im Finder oder per *Datei* | *Öffnen…*).

- Im Menü *Extras | Anpassen…* können Menü- und Symbolleisten ausgewählt und verändert werden.
- Dort können Sie auch neue Tastenkürzel für die Befehle definieren.

Daten formatieren

Wenn Sie Daten eingelesen haben, bei denen jeweils mehrere Wörter oder Werte, die durch Leerzeichen, Kommata oder Tabulatoren getrennt sind, in einer Zelle stehen, dann ist das zunächst unpraktisch, aber nicht unlösbar.

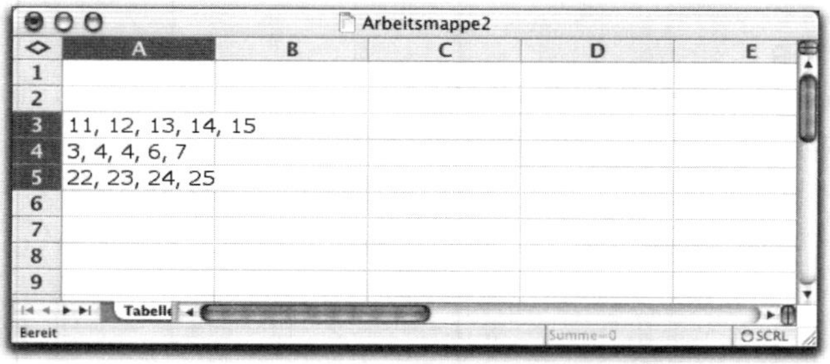

Der nahe liegende Gedanke mag sein, die überflüssigen Daten einzeln auszuschneiden und in neue Zellen zu schreiben.

Doch *Excel* kann das viel schneller: Markieren Sie die fraglichen Zellen und wählen Sie aus dem Menü *Daten* den Befehl *Text in Spalten…* Im daraufhin erscheinenden Text-Assistenten können Sie dann die Trennzeichen angeben, die Ihre Wörter oder Werte auseinander halten.

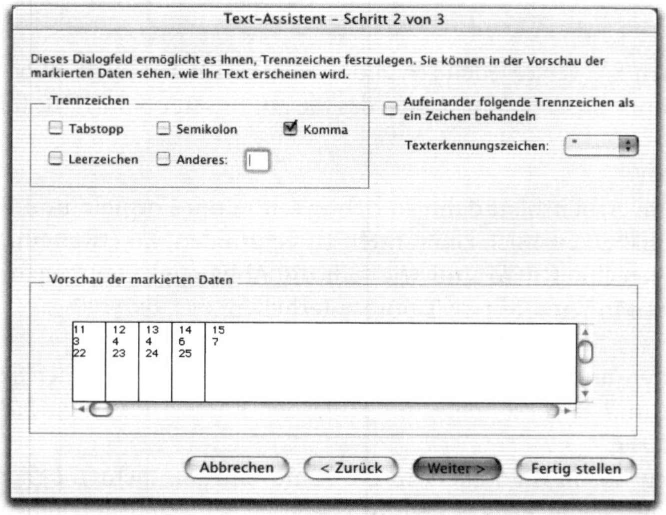

Anschliessend teilt *Excel* die Inhalte entsprechend auf.

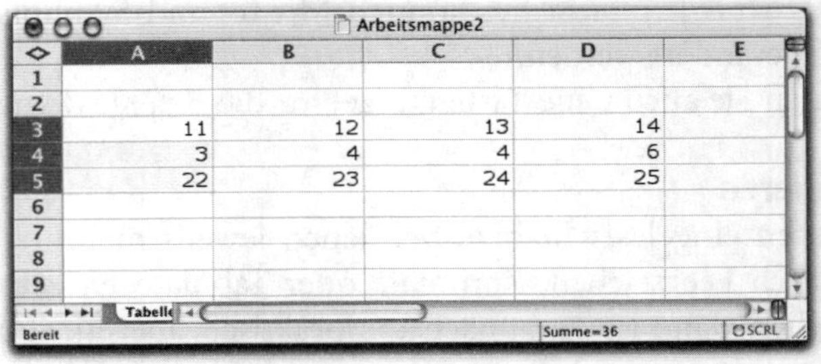

Dateien finden

Wenn Sie im Menü *Ablage* den Befehl *Öffnen...* aufrufen, so finden Sie ein wenig unscheinbar in der Dialogbox auch den Knopf für *Datei suchen...* Wenn Sie dann *Erweiterte Suche...* anklicken, erscheint folgende Dialogbox:

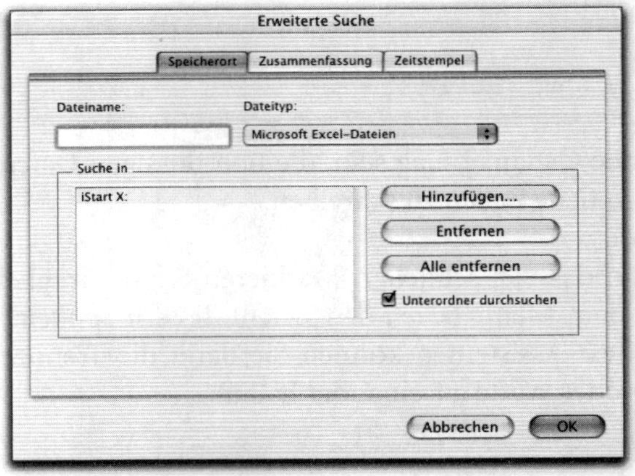

Hier können Sie verschiedene Suchoptionen einstellen. Nett, aber wir halten das Programm *EasyFind* für besser, das Sie auf unserer *SmartDisc* finden.

Der Detektiv

Wenn Sie Ihr Arbeitsblatt dann so richtig schön mit Formeln und Berechnungen gefüllt haben und sich kaum mehr zurechtfinden, wo etwas einzugeben ist, wo etwas berechnet wird und wie sich die Abhängigkeiten genau darstellen, dann können Ihnen folgende Tipps weiterhelfen:

- Markieren und strukturieren Sie Ihre Tabellen mit Hilfe der Symbolleiste *Format* und da besonders mit Hilfe der Knöpfe *Rahmen*, *Füllfarbe* und *Schriftfarbe*.
- Schützen Sie all die Zellen, in die keine Eingabe mehr möglich sein soll, sowie die Tabelle fertig gestellt ist (siehe *Zellschutz* etwas weiter hinten).
- Wenn Sie auf eine Zelle mit einer Formel doppelklicken, werden all die Zellbereiche umrahmt dargestellt, für die diese Formel gilt.

Und schliesslich gibt es noch den Menübefehl *Extras | Detektiv*, bei dem Sie unter den Befehlen *Spur zum Vorgänger*, *Spur zum Nachfolger*, *Spur zum Fehler* und *Alle Spuren entfernen* wählen können. Diese Befehle sind einerseits nützlich, um sich Abhängigkeiten anzeigen zu lassen, können andererseits aber auch bei der Fehlersuche sehr hilfreich sein.

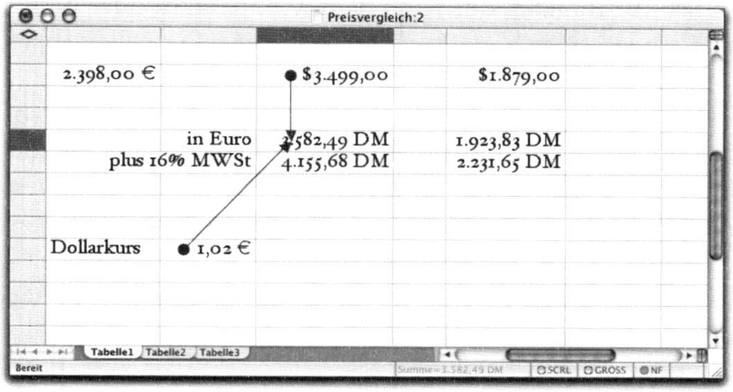

Add-In Manager

Wir haben ihn eingangs bereits kurz erwähnt, den *Add-In-Manager* (Menü *Extras*), mit dessen Hilfe sich verschiedene Module einbinden lassen.

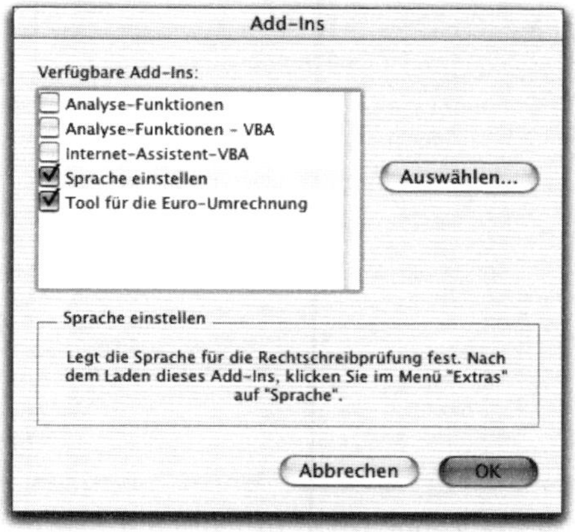

Sie können damit die Funktionalität von *Excel* noch weiter ausbauen, und das Experimentieren mit den Modulen empfiehlt sich unbedingt.

Zellen und Tabellen schützen

Haben Sie umfangreiche Formeln in Auswertungsfelder eingegeben, dann liegt der Gedanke nahe, diese Zellen zu schützen, damit der Inhalt nicht versehentlich überschrieben wird. Am Zellschutz von *Excel* kann man allerdings ganz schnell verzweifeln, denn wenn Sie den Befehl *Zellschutz* aus dem Menü *Format | Zellen | Schutz* aufrufen, passiert scheinbar gar nichts.

Rufen Sie dagegen im Menü *Extras | Schutz | Blatt…* auf, sind plötzlich alle Zellen gesperrt und Sie können selbst da, wo Sie es gerne möchten, keine Eingaben mehr tätigen.

Kaum zu glauben, dass ein so mächtiges Programm wie *Excel* einen so unvollkommenen Schutz anbietet, der nach dem Motto «alles oder nichts» funktioniert. Tatsächlich lassen sich in *Excel* aber auch einzelne Zellen sperren.

Die Verwirrung rührt daher, dass beim Neuanlegen eines Arbeitsblattes standardmässig alle Zellen den Status *geschützt* erhalten, der aber letztlich erst aktiviert wird, wenn Sie den Befehl *Blatt schützen* aufrufen: Dann werden richtig alle Zellen mit geschütztem Status – und damit das ganze Blatt – geschützt.

Um den Schutz für einzelne Zellen zu aktivieren, müssen Sie zunächst einmal den Schutz für alle Zellen aufheben:

1. Markieren Sie dazu das gesamte Arbeitsblatt mit *Befehl-A*, wählen Sie im Menü *Format | Zellen | Schutz* und deaktivieren Sie den Zellschutz.

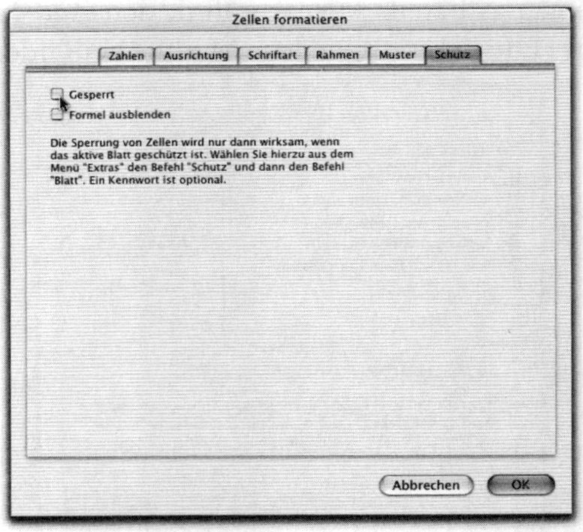

2. Nun markieren Sie die Zellen, die tatsächlich geschützt werden sollen, und aktivieren im gleichen Menü just für diese Zellen den Schutz.
3. Wenn Sie jetzt im Menü *Extras* den Blattschutz aufrufen, werden auch nur diese Zellen gesperrt.

«!» HEISSER TIPP

Der Befehl für den Zellschutz lässt sich auch mit einem Icon auf die Symbolleisten legen: Über das Menü *Ansicht | Symbolleisten | Anpassen…* können Sie vorhandene Symbolleisten modifizieren oder sich neue eigene schaffen.

Den notwendigen Knopf für das Blockieren respektive Freigeben von Zellen finden Sie in der Kategorie *Format* als einen der letzten Befehle, symbolisiert durch ein Vorhängeschloss. Ziehen Sie ihn einfach auf eine gewünschte Symbolleiste und fortan können Sie Zellen schnell sperren und entsperren.

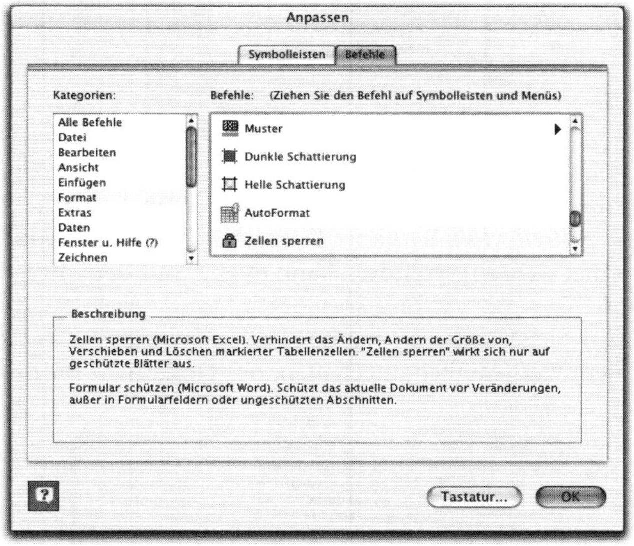

Vergessen Sie aber nicht, jeweils auch immer wieder den Blattschutz zu aktivieren, damit die Zellen auch tatsächlich geschützt sind.

Sie können übrigens an dem Vorhängeschloss erkennen, ob Sie sich gerade in einer geschützten oder ungeschützten Zelle befinden: Entsprechend ändert sich die Helligkeit des Icons.

Etwas unglücklich ist dabei allerdings gelöst, dass sich Zellen nachträglich nur schützen respektive entschützen lassen, wenn der komplette Blattschutz aufgehoben ist. Dabei wäre es doch durchaus sinnvoll, wenn zumindest der Schutz von Zellen auch bei einem geschützten Blatt möglich wäre.

So aber müssen Sie immer die Prozedur *Blatt entschützen | Zellen schützen/ entschützen | Blatt schützen* durchlaufen.

Arbeitsmappen schützen

Beim *Speichern unter...* verbirgt sich im Dateidialog hinter dem Knopf *Optionen...* die Möglichkeit, die Arbeitsmappen von *Excel* zu schützen:

- Wenn Sie ein *Lese-Schreibkennwort* vergeben, kann das Dokument grundsätzlich nur nach Passworteingabe geöffnet werden.
- Bei einem *Schreibschutzkennwort* kann das Dokument von jedem zum Lesen geöffnet werden, verändern kann es aber nur derjenige, der das Passwort kennt.
- Die geringste Sicherheitsstufe hat die Option *Schreibschutz empfehlen.* Hier wird ein Benutzer lediglich angehalten, das Dokument im Lese-Modus zu öffnen:

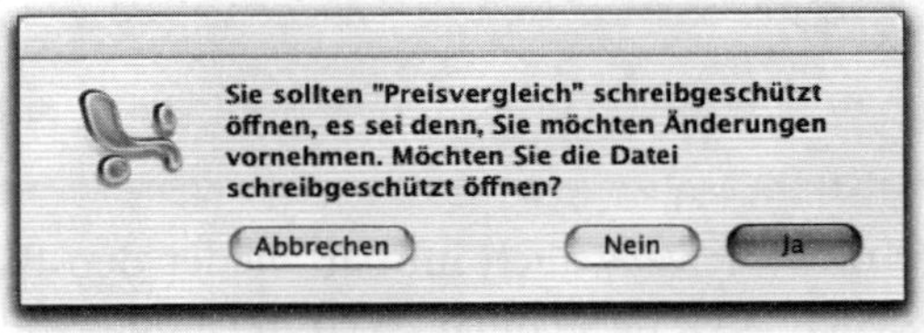

Excel verschlüsselt passwortgeschütze Abreibsmappen mit 40-Bit RC4. Das ist ok für den privaten Schutz, hält ernsthafte Angreifer aber nicht lange von den Daten fern. Bei erhöhten Sicherheitsanforderungen müssen Sie zu einer externen Verschlüsselung wie zum Beispiel *PGP* – siehe `www.versiontracker.com` – greifen.

Projekt: Zeitberechnungen

Standardmässig verwendet *Excel* ein 24-Stunden-Zeitformat, was so lange kein Problem darstellt, als tatsächlich mit Uhrzeiten gerechnet wird oder die Stundenzahl unter 24 bleibt.

Sollen allerdings Zeitangaben – etwa für die Kostenabrechnung über die für ein Projekt aufgewendete Zeit – aufaddiert werden, führt das dazu, dass nach 24:00 Uhr wieder bei Null begonnen wird.

Möchten Sie beispielsweise die drei Tage (à acht Stunden) Arbeit an einem Projekt abrechnen, dann sehen Sie kläglich aus (und der Auftraggeber freut sich): *Excel* berechnet als Summe aus «8:00, 8:00 und 8:00» – 0:00! Und meint damit 0:00 Uhr (8:00 Uhr + 8:00 = 16:00 Uhr + 8:00 = 0:00 Uhr).

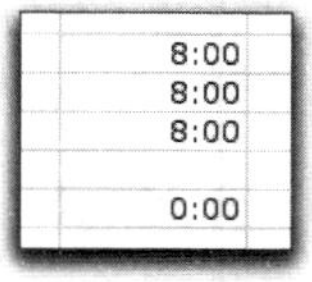

Um die mühevoll verbrachten Stunden tatsächlich aufzuaddieren, müssen Sie in *Excel* das Zeitformat für die Berechnung umdefinieren: Markieren Sie die Zelle, in der die Zeiten summiert werden, und wählen Sie das Menü *Format | Zellen...* an. Auf der Registerkarte *Zahlen* markieren Sie die Kategorie *Uhrzeit* und wählen in der Liste *Formate* den Eintrag «26:30:55» aus:

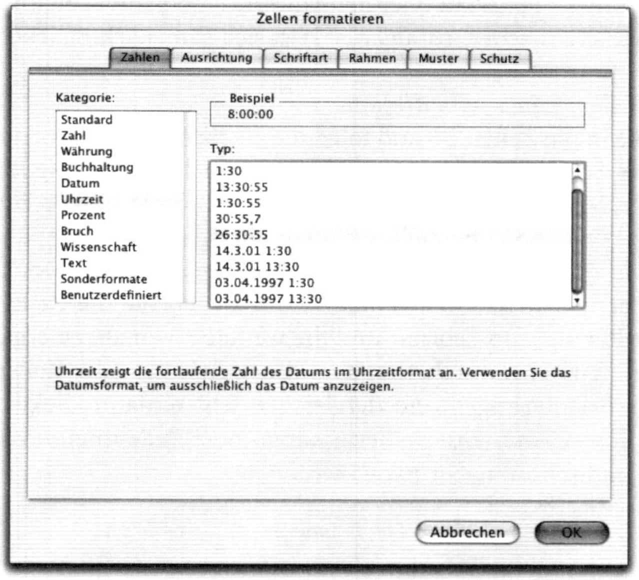

Jetzt rechnet *Excel* wie gewünscht:

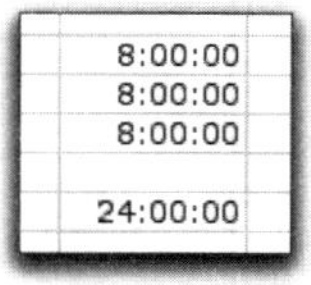

Und mit dem Wissen um diese beiden Formate können Sie Ihre eigene kleine Zeitauswertung schreiben.

1. Mit dem Uhrzeitformat (*13:30*) berechnen Sie die tatsächlichen Stundenzahlen (Arbeitsende 16:00 – Arbeitsbeginn 10:00 = 6:00).
   Tipp für Nachtarbeiter: Damit die Stundenzahl auch dann richtig berechnet wird, wenn Sie nachts über die Geisterstunde hinaus arbeiten, geben Sie generell die Formel «24+(Arbeitsende-Arbeitsbeginn)» für die Berechnung

ein. Damit wird eine Arbeitszeit von 8:00 Uhr bis 16:00 Uhr ebenso richtig mit acht Stunden erfasst wie die Arbeitszeit von 8:00 Uhr morgens bis 2:00 Uhr nachts mit 18 Stunden.

2. Diese Stundenbeträge addieren Sie anschliessend mit dem Stunden-Format (*26:30:55*).

Projekt: Projektplanung

Zum Abschluss möchten wir Ihnen ein einfaches und dennoch nützliches Projekt vorstellen, das sich für viele zeitlich basierte Planungen eignet.

Ob Sie damit Ihren Hausbau oder den Jahresurlaub planen, bleibt Ihnen überlassen. Denn das einfache Grundgerüst lässt sich ganz nach Belieben ausweiten.

1. Öffnen Sie ein neues Arbeitsblatt.
2. Tragen Sie in die Zeilen *B6* und folgende all die Aufgaben ein, die Ihnen einfallen. Ein Sortieren oder Ordnen ist noch nicht notwendig, das erledigen Sie später. Mit einem Doppelklick auf die schwarze Linie rechts der Titelzeile «A» können Sie die Zellbreite dem längsten Eintrag anpassen.
3. Tragen Sie ab Spalte *C2* Ihr Zeitraster ein: Tage, Wochen, Monate… Beginnen Sie beispielsweise mit «Januar» und ziehen Sie die Zelle am Anfasspunkt weiter auf, um Februar und die weiteren Monate zu ergänzen.

4. Stellen Sie zwischendurch fest, dass Ihnen Spalten oder Zeilen für Überschriften, Erläuterungen und dergleichen fehlen, dann klicken Sie einfach mit gedrückter *Wahl-Taste* in den Spalten- oder Zeilentitel, wo der Nachtrag hin soll, und schon macht *Excel* Platz.

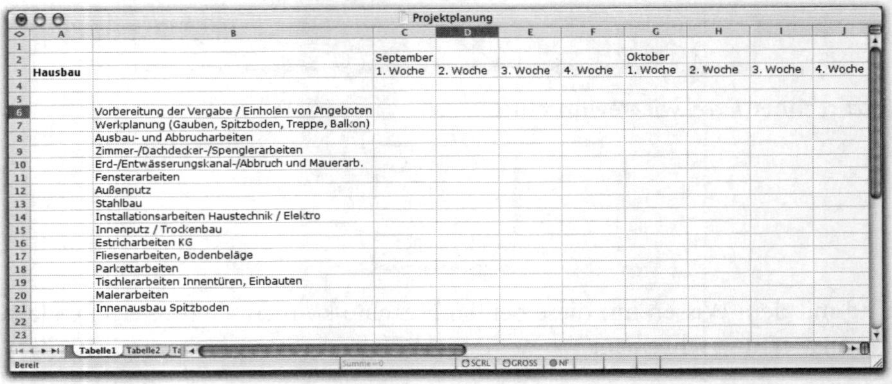
Projektplanung

	A	B	C	D	E	F	G	H	I	J
1										
2			September				Oktober			
3	Hausbau		1. Woche	2. Woche	3. Woche	4. Woche	1. Woche	2. Woche	3. Woche	4. Woche
4										
5										
6		Vorbereitung der Vergabe / Einholen von Angeboten								
7		Werkplanung (Gauben, Spitzboden, Treppe, Balkon)								
8		Ausbau- und Abbrucharbeiten								
9		Zimmer-/Dachdecker-/Spenglerarbeiten								
10		Erd-/Entwässerungskanal-/Abbruch und Mauerarb.								
11		Fensterarbeiten								
12		Außenputz								
13		Stahlbau								
14		Installationsarbeiten Haustechnik / Elektro								
15		Innenputz / Trockenbau								
16		Estricharbeiten KG								
17		Fliesenarbeiten, Bodenbeläge								
18		Parkettarbeiten								
19		Tischlerarbeiten Innentüren, Einbauten								
20		Malerarbeiten								
21		Innenausbau Spitzboden								
22										
23										

5. Mit eindeutigen Markierungen – zum Beispiel «x» für anstehende und «v» für erledigte Aufgaben – können Sie die Aufgaben jetzt dem Zeitraum zuordnen:

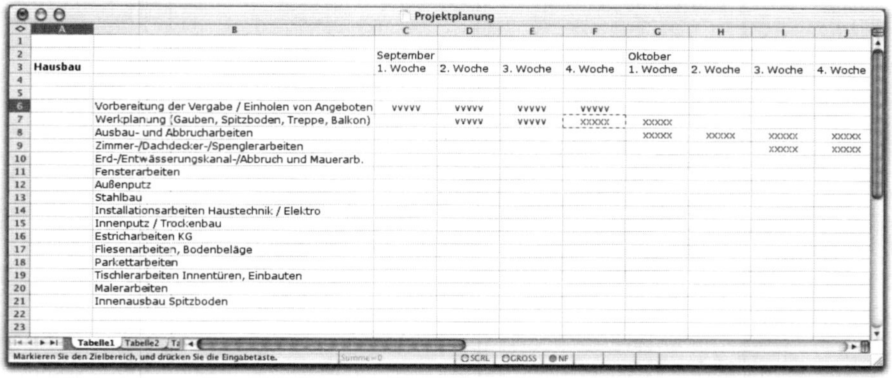

	A	B	C	D	E	F	G	H	I	J
1										
2			September				Oktober			
3	**Hausbau**		1. Woche	2. Woche	3. Woche	4. Woche	1. Woche	2. Woche	3. Woche	4. Woche
4										
5										
6		Vorbereitung der Vergabe / Einholen von Angeboten	vvvvv	vvvvv	vvvvv	vvvvv				
7		Werkplanung (Gauben, Spitzboden, Treppe, Balkon)		vvvvv	vvvvv	xxxxx	xxxxx			
8		Ausbau- und Abbrucharbeiten					xxxxx	xxxxx	xxxxx	xxxxx
9		Zimmer-/Dachdecker-/Spenglerarbeiten							xxxxx	xxxxx
10		Erd-/Entwässerungskanal-/Abbruch und Mauerarb.								
11		Fensterarbeiten								
12		Außenputz								
13		Stahlbau								
14		Installationsarbeiten Haustechnik / Elektro								
15		Innenputz / Trockenbau								
16		Estricharbeiten KG								
17		Fliesenarbeiten, Bodenbeläge								
18		Parkettarbeiten								
19		Tischlerarbeiten Innentüren, Einbauten								
20		Malerarbeiten								
21		Innenausbau Spitzboden								
22										
23										

Dazu noch ein paar Tipps:

- Wir haben hier auch noch eine Tagesunterteilung verwirklicht: Je nachdem, wie viele Tage in der Woche für das Projekt reserviert sind, erhält es bis zu sieben Symbole.
- Mit Farbe lassen sich unterschiedliche Vorgänge (Beruf, Privat…) deutlich machen.
- Projekt-Zeilen können markiert und nach Zeilen geordnet werden. Menü *Daten | Sortieren…*
- Durch Ausblenden der Gitternetzlinien (Menü *Excel | Voreinstellungen… | Ansicht*) und eigene Rahmen- und Farbgestaltung (Symbolleisten *Format* und *Zeichnen*) lässt sich die Tabelle übersichtlicher darstellen.
- Mit Hilfe der Gliederungsfunktion schliesslich können auch feine Zeitunterteilungen (das ganze Jahr mit Einzeltagen) strukturiert werden, und Sie können die nicht benötigten Monate einklappen.

4

PowerPoint:mac v.X

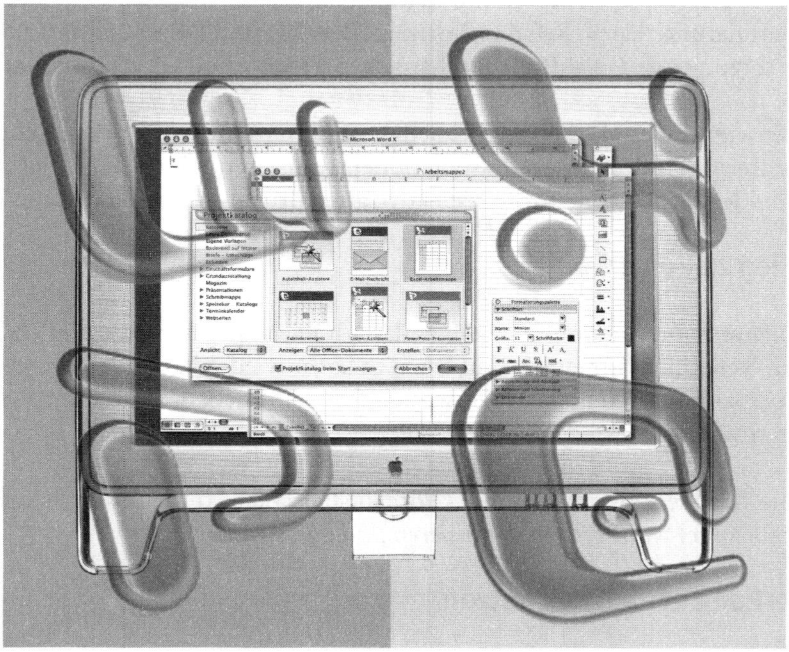

PowerPoint:mac v.X

PowerPoint ist das Präsentationsprogramm aus dem Paket *Office X*, und es kann im privaten, schulischen und beruflichen Bereich hilfreich sein: So lassen sich Seminarunterlagen, Referate, Vorträge, Berichte und Präsentationen mit der Unterstützung von *PowerPoint* anschaulicher zeigen – und wirken gekonnter.

Mit den vielen Gestaltungsmöglichkeiten des Programms lassen sich schon in kurzer Zeit beeindruckende Präsentationen realisieren, die als Folie, per Bildschirm oder als Dia vorgeführt respektive ausgedruckt werden können.

Umstieg zu PowerPoint

Auch *PowerPoint X* kann – wie die anderen *Office*-Programme – frühere Programm-Versionen öffnen und auf Wunsch sogar wieder in dieser Version speichern, es sollte also keine nennenswerten Probleme geben, wenn Sie von einer früheren Version aufsteigen.

Wie Sie fremde Dokumente mit *Office* austauschen können, das ist uns ein eigenes Kapitel wert: *Daten organisieren und austauschen.*

PowerPoint effektiv einsetzen

Einer der am häufigsten geäusserten Verbesserungswünsche bezüglich *PowerPoint* war, es solle mit möglichst wenig oder am besten gar keinem Lernaufwand zu bedienen sein. Dieser Wunsch ist nicht weiter verwunderlich und erklärt sich vor allen Dingen aus der Tatsache, dass *PowerPoint* das in der Regel am seltensten genutzte Programm aus dem *Office*-Paket ist. Und wenn es denn schon benutzt wird, sollen die Präsentationen möglichst einfach zu erstellen sein.

Diesem Wunsch ist Microsoft mit *PowerPoint 98* und mehr noch mit *PowerPoint 2001* und dann *PowerPoint X* nachgekommen. Mit dieser Applikation werden einige sehr eindrucksvolle Präsentationsvorlagen mitgeliefert.

Zwar wird sich der absolute Designprofi damit wohl nicht zufrieden geben und sie entweder deutlich abändern oder gar ganz neue, eigene erstellen, für denjenigen Anwender allerdings, der damit nur gelegentlich in Berührung kommt, stellen sie eine ganz hervorragende Basis für die eigene Arbeit dar.

Neue Präsentation

Wenn Sie den Befehl *Projektkatalog...* aus dem Menü *Datei* wählen, präsentiert *PowerPoint* Ihnen alle Präsentationsvorlagen und Assistenten und Sie können sich was aussuchen. Mit der Tastenkombination *Befehl-N* oder dem Menübefehl *Datei | Neues leeres Dokument* öffnen Sie eine leere Präsentation.

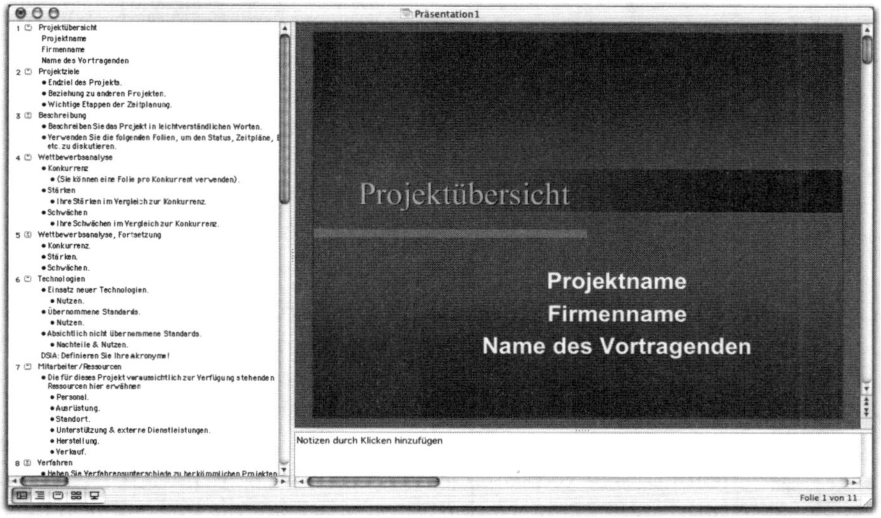

Öffnen Sie gleich einmal eine Präsentation über den *Projektkatalog* (unter *Präsentationen* zu finden). Sie erhalten erste Tipps für das Erstellen von Präsentationen und können sich auch gleich mit *PowerPoint* ein wenig vertraut machen.

HEISSER TIPP

Präsentationsvorlagen erstellen und nutzen

Neben den mitgelieferten Vorlagen können Sie natürlich auch eigene Vorlagen – das kann zum Beispiel eine vorhandene modifizierte Vorlage sein – sichern und dann immer wieder nutzen.

So eine Präsentationsvorlage bestimmt das Aussehen der gesamten Präsentation. Sie können diese ganz nach Belieben formatieren und dann komplett abspeichern:

1. Erstellen Sie eine Datei, die als Vorlage dienen soll.
2. Wählen Sie den Befehl *Speichern unter...* aus dem Menü *Datei* und als Dateiformat *Entwurfsvorlage.*
3. Speichern Sie die Datei im Vorlagen-Ordner.

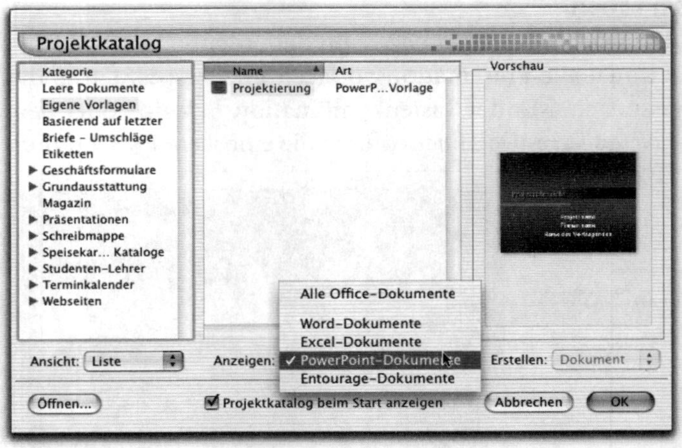

Mit beliebigen Unterordnern, die Sie im Ordner *Vorlagen* anlegen, können Sie die Mustervorlagen der *Office*-Programme sinnvoll einteilen.

RAFFINIERT

Wenn Sie aus dem Menü *Format* den Befehl *Entwurfsvorlage übernehmen…* wählen, können Sie der aktuellen Präsentation ein neues Design verpassen. Mit dem Knopf *Anwenden* wird das von Ihnen ausgewählte Design automatisch auf die Präsentation übertragen.

Präsentationen verwalten

Im Menü *PowerPoint | Voreinstellungen…*, Register *Allgemein | Zuletzt geöffnete Dateien* legen Sie fest, wie viele Arbeitsmappen (maximal neun) im Menü *Datei* aufgelistet werden sollen. Diese Liste wird ständig aktualisiert und enthält immer die Präsentationen, an denen Sie zuletzt gearbeitet haben.

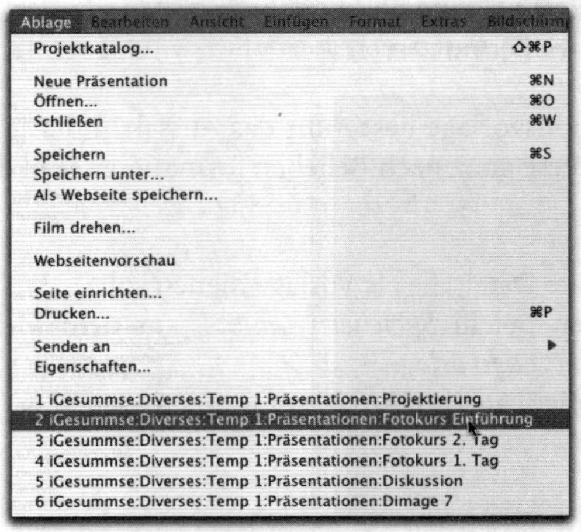

Speichern

Ja, Sie wissen es bereits: auch Präsentationen wollen eifrig gesichert sein. Tut uns leid, wenn wir uns wiederholen, aber einerseits ist es wirklich wichtig und andererseits haben wir dazu noch ein paar Tipps parat:

- Wenn Sie die Datei unter anderem Namen oder an anderem Ort oder beides ablegen möchten: Wählen Sie den Befehl *Speichern unter...* aus dem Menü *Datei.*
- Mit dem Befehl *Speichern unter...* können *PowerPoint*-Präsentationen auch in anderen Formaten gesichert werden.

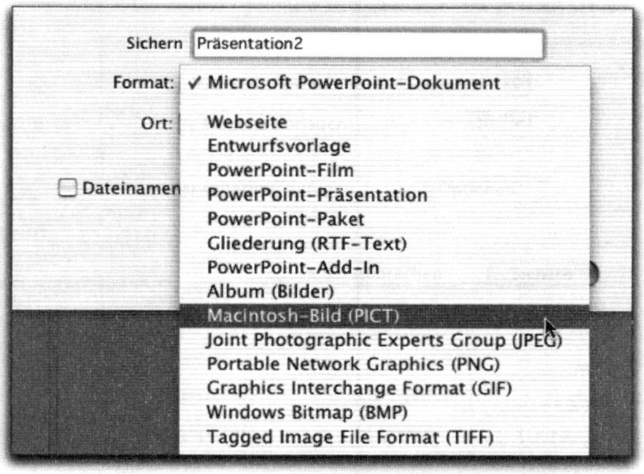

MERKET AUF!

Wenn Sie Ihre Präsentation unter dem Dateityp *PowerPoint-Präsentation* abspeichern, wird eine solche Datei auf Doppelklick hin von *PowerPoint* geöffnet und automatisch abgespielt. Anschliessend wird die Datei wieder geschlossen. Möchten Sie eine solche Datei noch nachträglich bearbeiten, so müssen Sie sie in *PowerPoint* mit dem Befehl *Datei | Öffnen...* öffnen.

Automatische Speicherung

Vorsicht vor der *AutoWiederherstellen*-Info, die Sie im Menü *PowerPoint* unter *Voreinstellungen...* auf der Karteikarte *Speichern* ankreuzen können: Diese automatische Speicherung sichert nur eine temporäre Datei Ihres Dokumentes, nicht etwa das Dokument selbst.

Bei einem Programmabsturz und ähnlichen Unfällen versucht das Programm, aus dieser temporären Datei wieder ein vollständiges Dokument zu erzeugen. Dabei ist aber nicht unbedingt sichergestellt (eher im Gegenteil), dass sich dieses vermeintlich gesicherte Dokument auch wieder vollständig rekonstruieren lässt. Weit besser ist es, stattdessen möglichst oft den Menüpunkt *Spei-*

chern im Menü *Datei* aufzurufen respektive die Tastenkombination *Befehl-S* zu drücken.

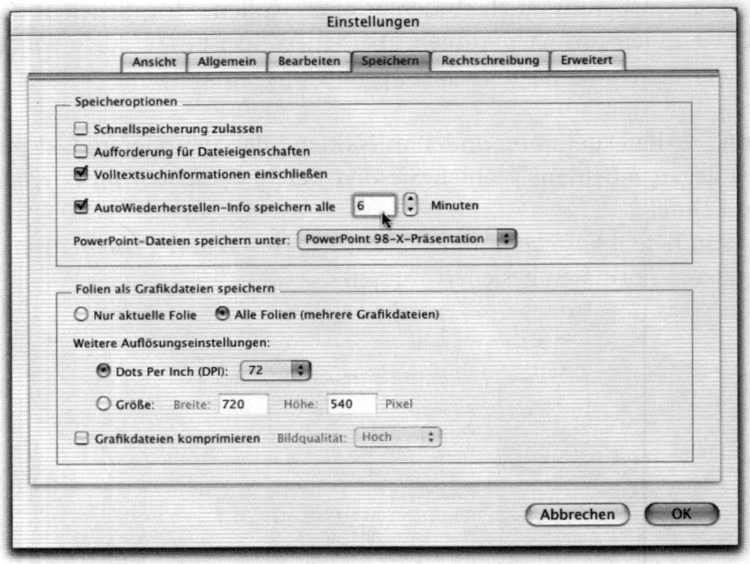

Schnellspeicherung

Im Hinblick auf höchstmögliche Datensicherheit sollten Sie die Option zur Schnellspeicherung, die *PowerPoint* bietet, immer abschalten. Sie wird so ausgeschaltet: Menü *PowerPoint | Voreinstellungen…*, Karteikarte *Speichern*: *Schnellspeicherung zulassen* darf nicht abgehakt sein:

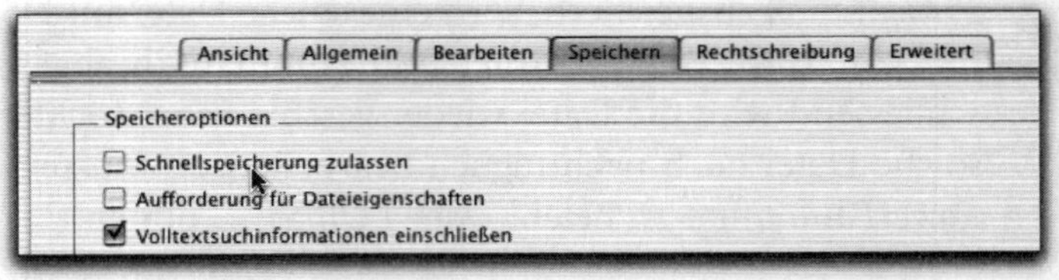

Der Geschwindigkeitsvorteil während des Speicherns kann vernachlässigt werden, die Folgen bei einer defekten Datei können allerdings fatal sein. Was es so alles gegen die Schnellspeicherung einzuwenden gibt, davon war bereits im Kapitel zu *Word* die Rede (im Abschnitt *Schnellspeicherung*).

Schnell vertraut mit PowerPoint

Im Gegensatz zu *Word* und *Excel* zeigt sich *PowerPoint* verschlossen, was die Anpassung durch den Benutzer angeht. So lassen sich keine eigenen Tastaturkürzel für die Menübefehle definieren, und das beeinträchtigt die einheitliche Benutzerführung der *Office*-Programme doch etwas.

Die Symbolleisten allerdings lassen sich in *PowerPoint* den eigenen Bedürfnissen anpassen, zusätzliche Befehle können in die Menüleiste und in die Symbolleisten aufgenommen werden. *PowerPoint* hält folgende Bedienelemente parat:

- Menüleiste mit den Pulldown-Menüs.
- Tastenkombinationen, mit denen sich die häufigsten Befehle schnell über die Tastatur aufrufen lassen.
- Symbolleisten mit den meistgebrauchten Befehlen.

Wie Sie sowohl die Menüleiste wie auch die Symbolleiste eigenen Vorstellungen anpassen, schlagen Sie bitte im ersten Kapitel zu *Office* nach.

Die Arbeitsfläche von PowerPoint

Wenn *PowerPoint* aufgestartet wird, so bietet sich in etwa folgendes Bild:

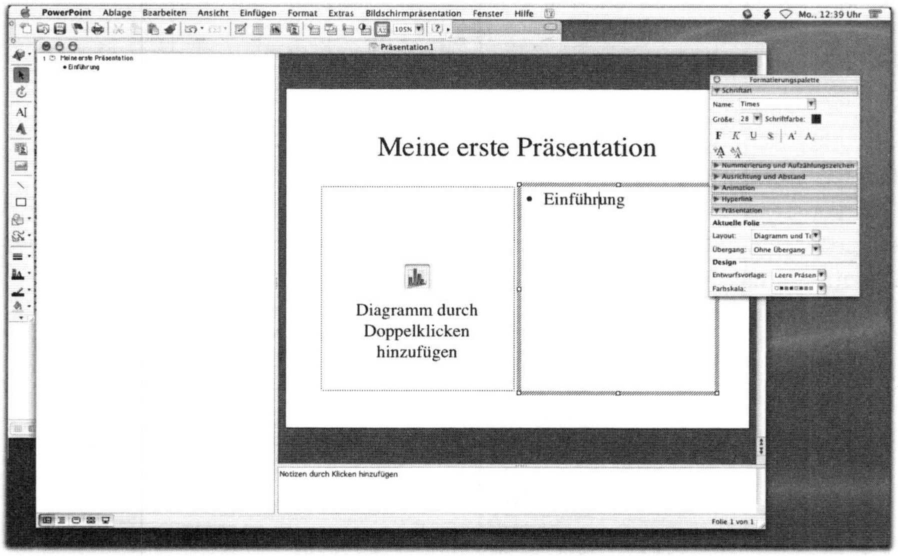

Zentrales Element ist das übersichtliche Präsentationsfenster, das die Gliederung, die aktuelle Folie und die Notizen dazu anzeigt. Dazu gleich noch mehr. Es wurde in *PowerPoint X* dreigeteilt (Gliederung, Folie, Notizen), ist deutlich übersichtlicher geworden und man muss jetzt nicht mehr zwischen den unterschiedlichen Ansichten umschalten.

Menü. Ganz oben befindet sich das Menü, über das die wichtigsten Befehle zugänglich sind. Wie Sie es eigenen Bedürfnissen anpassen, ist im ersten Kapitel beschrieben.

Symbolleisten. Darunter eine oder mehrere Symbolleisten (je nach Auswahl), die die Befehle zu bestimmten Arbeitsbereichen (Zeichnen, Grafik…) bereitstellen. Per *Control-Mausklick* auf einen freien Bereich der Symbolleiste oder über das Menü *Ansicht | Symbolleisten* werden sie ein- und ausgeschaltet. Auch hier Genaueres zur Anpassung im ersten Kapitel dieses Buchs.

Kontextmenü. Wenn Sie die *Control-Taste* drücken und mit der Maus auf ein Element klicken, klappt *PowerPoint* automatisch eine Liste mit den dazu passenden, wichtigsten Befehlen auf:

Fensterelemente

Das Fenster von *PowerPoint* bietet – wie jedes Fenster auf dem Macintosh – einige altbekannte Bedienelemente, erweitert diese aber um etliche *PowerPoint*-spezifische Elemente.

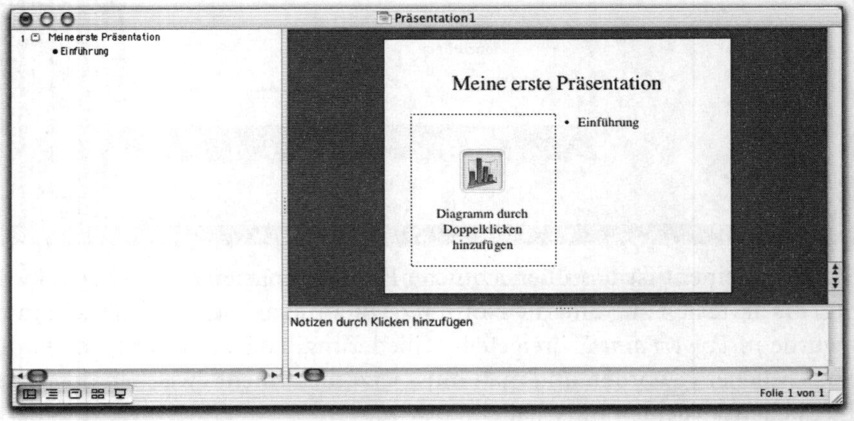

Ganz links oben in der Titelleiste finden Sie drei «Ampelsymbole». Mit dem roten Knopf schliessen Sie das Fenster. Drücken Sie den gelben Knopf, dann wird das Fenster im *Dock* abgelegt und Sie können es von dort jederzeit wieder hervorholen (einfach darauf klicken). Der grüne Knopf schliesslich stellt die optimale Fenstergrösse ein.

OSTEREI

Wenn Sie den gelben Knopf mit gedrückter Tastenkombination *Shift-Control* betätigen, dann zoomt das Fenster im Zeitlupeneffekt ins *Dock*.

Sofern nicht alle Daten in ein Fenster passen, erscheinen unten und rechts am Fenster Rollbalken, mit deren Hilfe Sie dann auch die bislang noch nicht sichtbaren Fensterbereiche herbeiholen können. Die Rollbalken sind proportional angelegt, was bedeutet, dass sie sich – je nachdem, wie viel sich im unsichtbaren Teil des Fensters noch verbirgt – länger (wenig verborgen respektive kurz zu scrollen) oder kürzer (viel verborgen respektive lang zu scrollen) darstellen.

In der Mitte der Titelleiste ist der Dokumentname aufgelistet.

Diese Elemente sind Macintosh-Standard und Sie kennen sie aus vielen anderen Programmen. *PowerPoint* fügt dem Fenster weitere sinnvolle Elemente hinzu:

Links unten finden Sie fünf kleine Knöpfe, mit denen Sie zwischen verschiedenen Ansichten von *PowerPoint* – Normalansicht, Gliederungsansicht, Folienansicht, Foliensortierung und Bildschirmpräsentation – umschalten können.

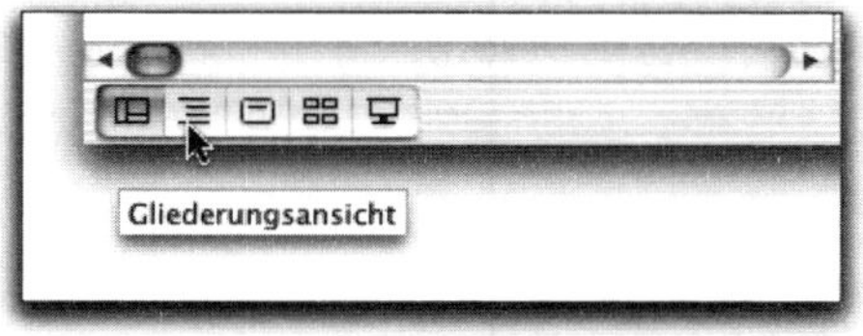

Diese Ansichten werden uns gleich noch – bei unserem ersten Projekt *Bildschirmpräsentation* – beschäftigen.

Rechts unten finden Sie Pfeile für die Befehle *Vorherige Folie* respektive *Nächste Folie.*

Lineal. Das Lineal wird im Menü *Ansicht* ein- und ausgeschaltet. Ebenso wie in *Word* setzen und verschieben Sie hier verschiedene Tabulatoren einfach durch Mausklick in das Lineal. Damit das geht, muss der Mauszeiger natürlich in einem Textfeld stehen.

Was für einen Tabulator Sie setzen, bestimmt das Umschaltfeld links oben im Fenster. Je nach Wahl wird der Text ab Tabulatorposition nach links, rechts oder mittig geschrieben, ein Dezimaltabulator richtet Zahlen aus. Alles vor dem Komma wird nach links gerückt, alles dahinter nach rechts.

Mehr zu den einzelnen Tabulator-Typen finden Sie im Abschnitt *Schnelle Layout-Änderung mit dem Lineal* im Kapitel zu *Word*.

Rechtschreibkorrektur und AutoKorrektur

Ebenso wie in *Word* und *Excel* kann auch in *PowerPoint* die Rechtschreibung überprüft werden – im Menü *Extras | Rechtschreibung…* findet sich der passende Befehl. Auf Wunsch wird bereits während der Eingabe der Text von *PowerPoint* im Hintergrund überprüft und fragliche Wörter werden unterkringelt – per *Control-Mausklick* auf ein solches Wort erscheint das Kontextmenü zur Rechtschreibkorrektur.

Unter *PowerPoint | Voreinstellungen… | Rechtschreibung* legen Sie fest, ob gleich bei der Eingabe korrigiert werden soll. Weiterhin legen Sie hier fest, ob nach der alten oder neuen deutschen Rechtschreibung geprüft werden soll:

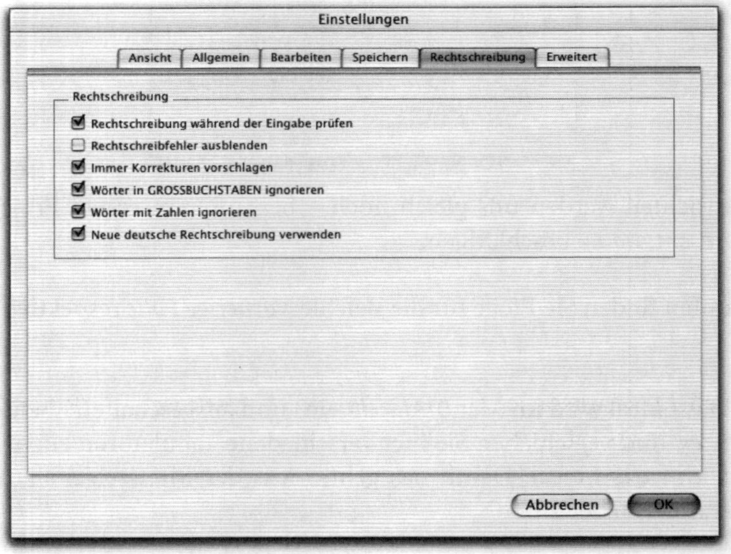

HEISSER TIPP

Was die Benutzerwörterbücher angeht (anzuwählen über *Extras | Rechtschreibung… | Wörter hinzufügen zu:*) greift *PowerPoint* auf all die zu, die auf dem Startlaufwerk in der Ordnerhierarchie *Benutzer/Benutzername/Library/Preferences/Microsoft* zu finden sind. Wenn Ihre woanders liegen: Legen Sie einfach Aliasdateien davon in den Order *Benutzer/«Benutzername»/Library/Preferences/Microsoft*, dann findet *PowerPoint* sie.

Auch die *AutoKorrektur* funktioniert in allen vier *Office*-Programmen, und weil die alle auf die gleichen *AutoKorrektur*-Einträge zugreifen, genügt es, häufig auftretende Tippfehler einmal in einem der Programme zu definieren, um sie künftig in allen nutzen zu können.

So definieren Sie *AutoKorrektur*-Einträge in *PowerPoint*:

1. Rufen Sie *AutoKorrektur...* aus dem Menü *Extras* auf.
2. Tippen Sie eine Abkürzung oder einen beliebten «Dreher» bei *Ersetzen* ein.
3. Geben Sie die richtige Schreibweise bei *Durch* ein.

Weitere Hilfestellungen und Tipps hierzu finden Sie auch im Kapitel *Grundlagen zu Office:mac v.X* im Abschnitt *Kontra Tippfehler: AutoKorrektur.*

Grafiken

In *PowerPoint* stehen Ihnen alle Möglichkeiten von *Office* offen – inklusive *WordArt*. Rufen Sie die Symbolleisten *Bild*, *WordArt* und *Zeichnen* auf. Hier können Sie Ihre Folien nach Herzenslust aufpeppen. Besondere Textverläufe, Schatteneffekte, Farbspiele, Formen, Verläufe... gewünscht? – Rufen Sie eine der Symbolleisten auf.

Mehr zu diesem Thema finden Sie im einleitenden Kapitel unter der Überschrift *Visuelle Gestaltung*.

Notizen und Handzettel

Das Feld für Notizen sehen Sie in der Normalansicht unter der jeweiligen Folie. Sie können aber über den Menübefehl *Ansicht | Notizblatt* auch die Notizansicht einschalten.

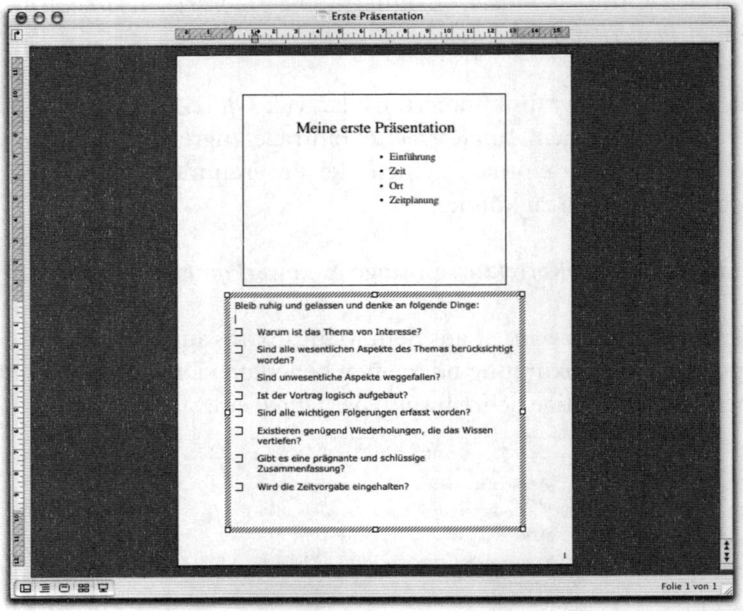

282

Hier können Sie sich jene Dinge notieren, an die Sie während der Vorführung Ihrer Präsentation gerne erinnert werden möchten. Alles, was Ihnen während der Gestaltung der Präsentation so einfällt und was Sie für wichtig halten, notieren Sie hier und drucken es später aus.

Sie haben dann phantastische kleine Spickzettel für Ihre Präsentation, so dass Sie während Ihres Vortrags hoffentlich nichts Wichtiges mehr vergessen.

Um die Notizen auszudrucken, wählen Sie den Befehl *Datei | Drucken…* und unter den Optionen für *PowerPoint* die *Notizseiten.*

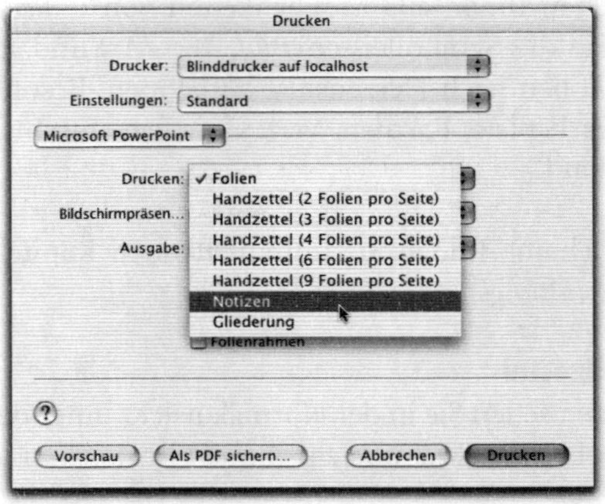

Auf die gleiche Weise können Sie *Handzettel* via Option im Druckerdialog ausdrucken. Dann werden zwei, drei, vier, sechs oder neun Folien per Seite ausgedruckt und Sie behalten einen Überblick über die Folien und deren Reihenfolge.

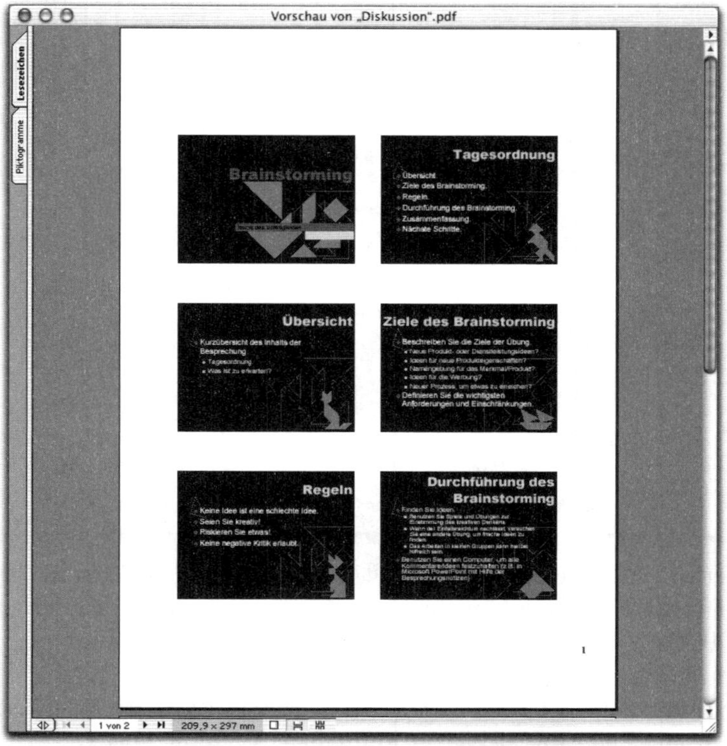

Das Layout von Notizen und Handzetteln können Sie über den Befehl *Ansicht* | *Master* | *Notizenmaster* respektive *Handzettelmaster* ändern.

Projekt: Eine Bildschirmpräsentation

Unser erstes Projekt soll Sie mit den wesentlichen Funktionen von *PowerPoint* vertraut machen und Sie in die Lage versetzen, eigene Präsentationen schnell und effizient zu konzipieren und zu erstellen.

1. Ideen sammeln und strukturieren

Dazu beginnen wir mit einem *Word*-Dokument, in dem der Text für unsere Präsentation gesammelt und geordnet wird. Sie werden dabei sicherlich bevorzugt mit der Gliederungsansicht von *Word* arbeiten und können die verschiedenen Punkte Ihrer Präsentation gleich unterschiedlich gewichten, indem Sie ihnen verschiedene Überschriftenformate zuweisen:

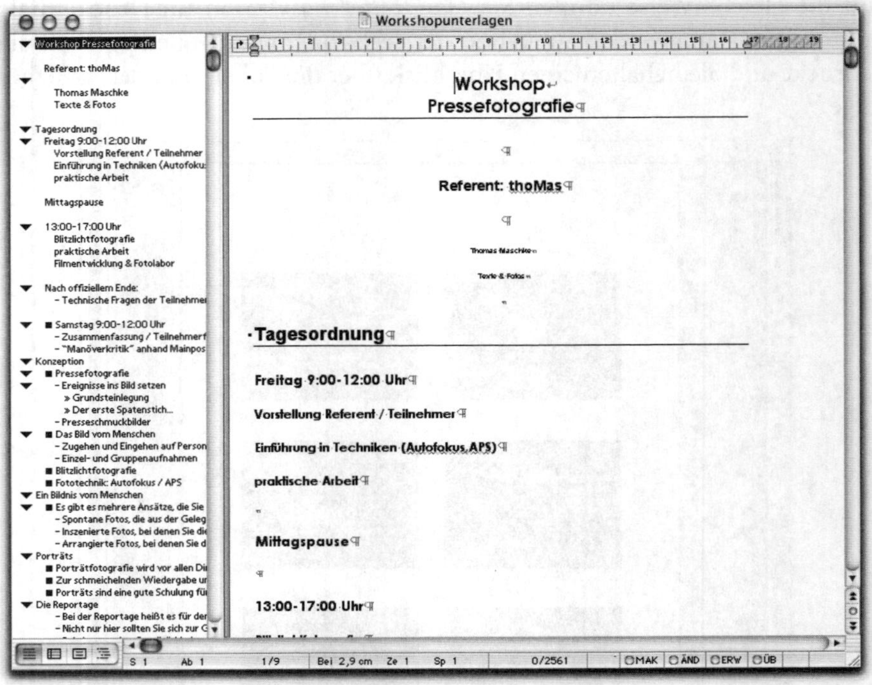

Texte, denen Sie das Format *Überschrift1* zuweisen, werden später in *PowerPoint* jeweils eine neue Folie ergeben, die Überschriftenformate 2–5 gliedern die Texte auf den Folien.

Was den Textgehalt als solches angeht, wählen Sie in *Word* den Befehl *Senden an* aus dem Menü *Datei* und geben als Empfänger *Microsoft PowerPoint* an.

Beachten Sie dabei, dass nur Textteile aus *Word* zu *PowerPoint* gesendet werden, denen ein Überschriftenformat zugewiesen worden ist. Alle anderen Textteile aus dem *Word*-Dokument bleiben unberücksichtigt.

RAFFINIERT

Umgekehrt können Sie Texte übrigens auch schnell aus *PowerPoint* an das Textverarbeitungsprogramm *Word* senden (mit dem Befehl *Datei | Senden an | Microsoft Word*), wenn Sie zunächst die doch weit umfangreicheren Textbearbeitungsmöglichkeiten dieses Programms für Ihre Konzeption nutzen möchten.

2. Ordnen in PowerPoint

Daraufhin wird zu *PowerPoint* umgeschaltet, das die eben versandte Gliederung in einer neuen unbenannten Präsentation öffnet:

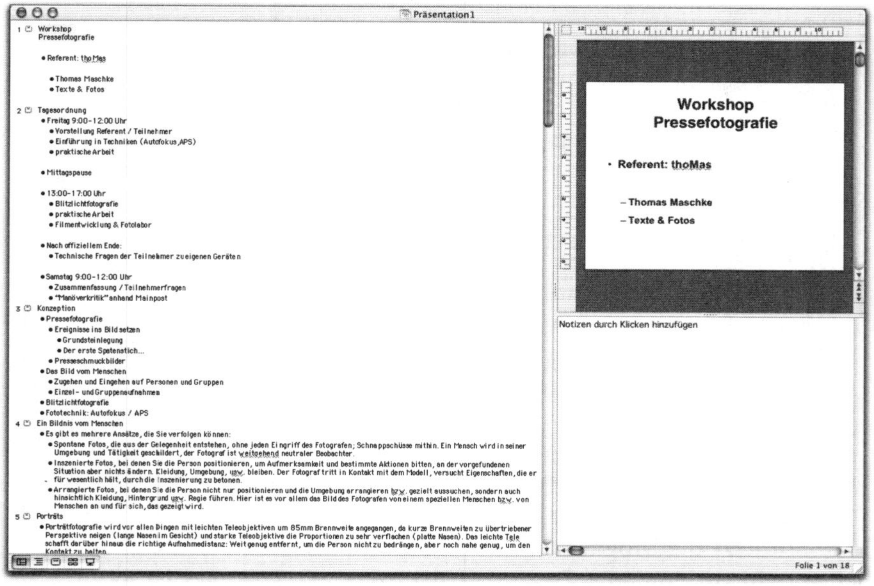

Hier können Sie nun in der Gliederungsansicht die verschiedenen Einträge noch einmal überprüfen, wunschgemäss höher oder tiefer stufen und die Rechtschreibung korrigieren lassen.

Mit der *Tabulatortaste* können Sie den aktuellen Absatz schnell tiefer, mit *Shift-Tabulator* höher stufen.

HEISSER TIPP

Und wenn Ihnen die Folienanordnung noch nicht gefällt, können Sie einzelne Folien (= Überschriften) einfach mit der Maus an einen anderen Ort verschieben.

Auch in der Folienansicht können Sie die Reihenfolge der Folien noch ändern, indem Sie die Folien einfach an die gewünschte Stelle ziehen.

RAFFINIERT

3. Folien gestalten

Spätestens beim Umschalten zur Folienansicht (über das kleine Symbol links unten im *PowerPoint*-Fenster oder über das Menü *Ansicht | Foliensortierung*) werden Sie feststellen, dass Ihre Präsentation noch ein wenig farblos wirkt:

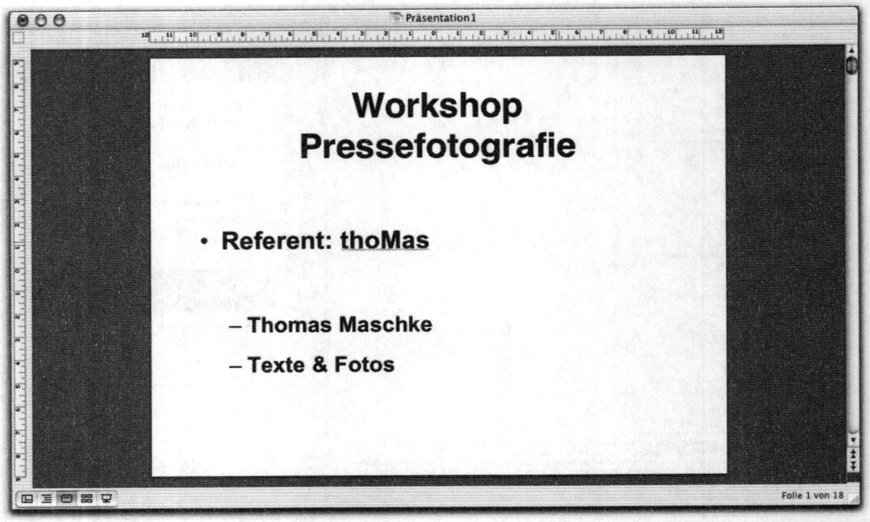

Sie haben jetzt die Möglichkeit, Ihre Folien komplett selbst zu gestalten oder aber auf ein vorhandenes Design zurückzugreifen. Letzteres ist natürlich viel einfacher.

Wählen Sie aus dem Menü *Format* den Befehl *Entwurfsvorlage übernehmen…* und suchen Sie sich in der daraufhin erscheinenden Dialogbox eines der mit *PowerPoint* bereits mitgelieferten Designs aus:

Wenn Sie jetzt auf den Knopf *Anwenden* klicken, wird das von Ihnen ausgewählte Design automatisch auf die neue Präsentation übertragen:

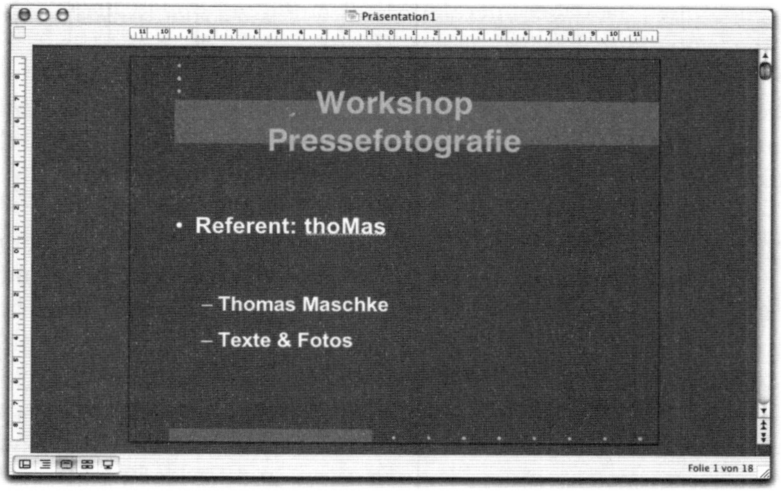

Falls Sie es bislang noch nicht getan haben: Es wird höchste Zeit, Ihre Präsentation zu speichern!

HEISSER TIPP

Wenn Sie ein komplett neues Design erstellen oder auch ein bereits vorhandenes modifizieren möchten, so müssen Sie im Menü *Ansicht* unter dem Befehl *Master* zum *Folienmaster* umschalten und können dann alle Elemente einer Folie (Text und Grafik) ganz nach Belieben ändern. Dabei stehen Ihnen die Symbolleisten *Zeichnen*, *Grafik* und *WordArt* hilfreich zur Seite. 287

Hier können Sie die Textgrösse und die Schrifttype für die einzelnen Gliederungshierarchien ebenso festlegen wie Sie Hintergrundfarbe und Grafik wählen und platzieren können.

Grafiken können Sie dabei über das Menü *Einfügen | Bild | Clipart…* aus der Bibliothek von *Office* übernehmen.

Mit dem Befehl *Einfügen | Bild | Aus Datei…* wiederum lassen sich alle gängigen Macintosh- und PC-Bildformate öffnen, und Sie können damit praktisch jede beliebige Bilddatei für Ihre *PowerPoint*-Präsentationen verwenden.

HEISSER TIPP

Wir können Ihnen hier insbesondere den heissen Tipp geben, sich einmal intensiv mit der Symbolleiste *Zeichnen* – und hier wieder mit den Befehlen *Zeichnen* und *AutoFormen* – auseinander zu setzen.

Aber auch die anderen Knöpfe auf dieser Symbolleiste (wie zum Beispiel das Farbeimerchen) haben es in sich. Hier können Sie unter weit über hundert vordefinierten Formen wählen, können Farb- und Verlaufseffekte einstellen und Objekte mit Schattenwurf und 3D-Darstellung ausstatten.

RAFFINIERT

Eine einmal gefundene Gestaltung, die Ihnen gefällt (Farbe, Verlauf, Text usw.) können Sie schnell auf andere Elemente übertragen: Klicken Sie das fragliche Element mit dem Mauspfeil an, so dass es aktiv ist, und wählen Sie dann aus der Symbolleiste *Standard* den Befehl *Format übertragen* (symbolisiert durch einen kleinen Pinsel).

Auch der Mauszeiger zeigt jetzt einen kleinen Pinsel, und wenn Sie nun ein anderes Element anklicken, werden die zuvor ausgewählten Formatierungen auf dieses Element angewandt.

Kommentare. Über das Menü *Einfügen | Kommentar* lässt sich ein Kommentar zur aktuellen Folie eingeben, der auch bei der Bildschirmpräsentation der Folien mitangezeigt wird (sofern im Menü *Ansicht* der Kommentar abgehakt ist). Auf diese Weise können mehrere Bearbeiter Anmerkungen zu einer Präsentation hinzufügen, ohne die eigentliche Präsentation zu ändern.

Die Symbolleiste *Überarbeiten* bietet dabei die notwendigen Schaltflächen, um Kommentare anzulegen und anzuzeigen.

RAFFINIERT

Text und Form des Kommentars können wie jedes andere *PowerPoint*-Element geändert werden. Um beispielsweise die äussere Form anzupassen, müssen Sie den Kommentar-Rahmen markieren und den Befehl *AutoForm ändern* aufrufen.

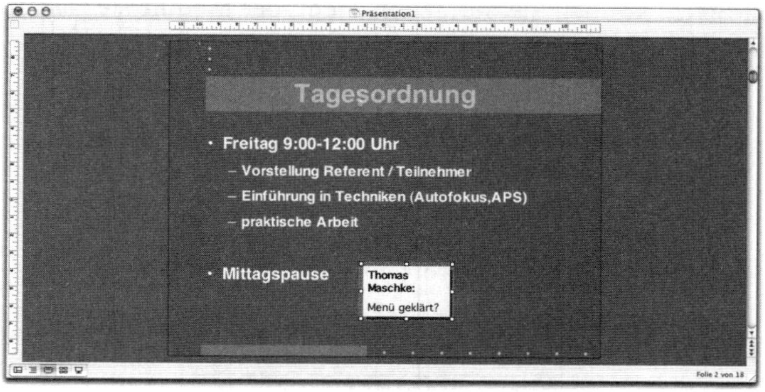

Dieser Befehl verbirgt sich im Befehlsumfang von *PowerPoint* hinter dem Knopf *Zeichnen* auf der Symbolleiste *Zeichnen.* Er kann aber auch leichter zugänglich gemacht werden:

1. Wählen Sie den Befehl *Anpassen…* aus dem Menü *Extras.*
2. Klicken Sie auf das Register *Befehle* und aktivieren Sie links unter *Kategorien* den Eintrag *Alle Befehle.*
3. Wählen Sie jetzt in der Box *Befehle* den ersten Befehl an und springen Sie per Taste zum gewünschten Befehl respektive blättern Sie die Liste bis zum gewünschten Befehl durch:

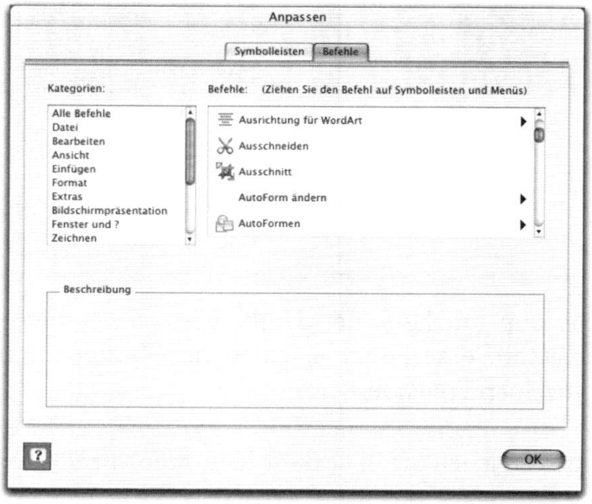

4. Diesen Befehl können Sie nun in ein Menü der Menüleiste ziehen oder ihn aber auch in jede andere, sichtbare Symbolleiste aufnehmen.

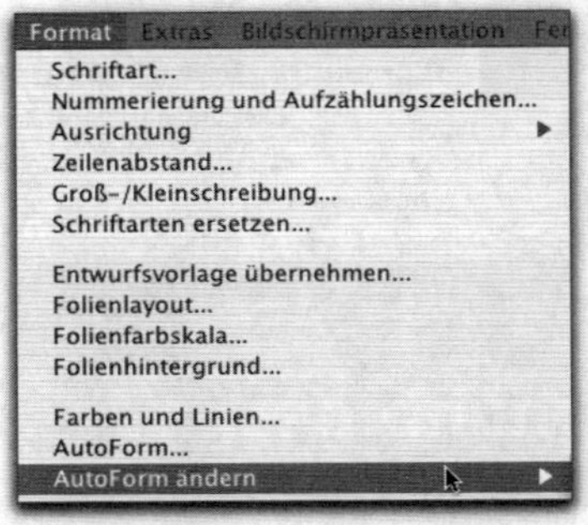

Beim Beenden von *PowerPoint* werden die Änderungen automatisch gesichert und Sie können künftig jederzeit auf *AutoForm ändern* zugreifen.

4. Folien sortieren

Wenn Sie zu der Ansicht *Foliensortierung* umschalten, so sehen Sie all Ihre bis dato erstellten Folien inklusive ihrer kunstvollen Gestaltung in einem Überblicksfenster:

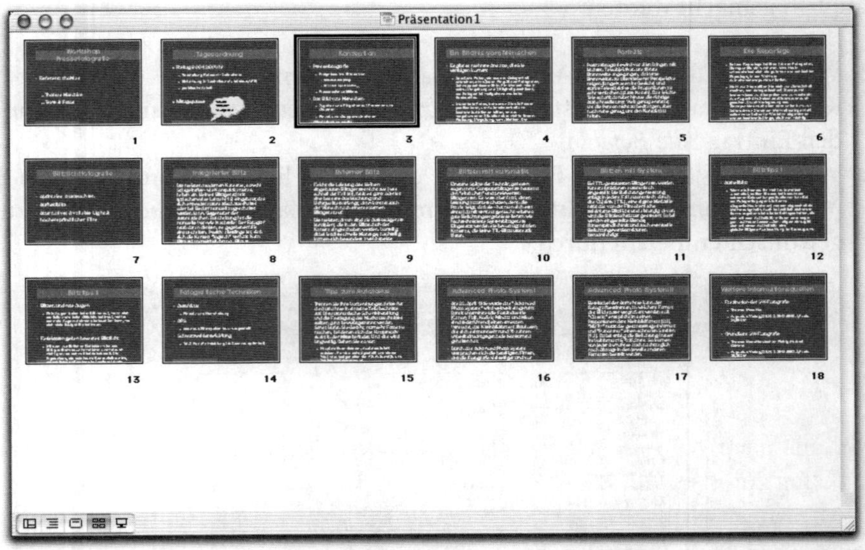

Hier können Sie nun mit Hilfe der Symbolleiste *Animationseffekte* oder per *Control-Mausklick* auf eine Folie verschiedene Überblend- und Texteffekte zwischen den einzelnen Folien festlegen.

Überblendeffekte erreichen Sie über das Menü *Bildschirmpräsentation | Folienübergang…*

Die eingestellten Effekte werden durch kleine Symbole unter jeder Folie repräsentiert:

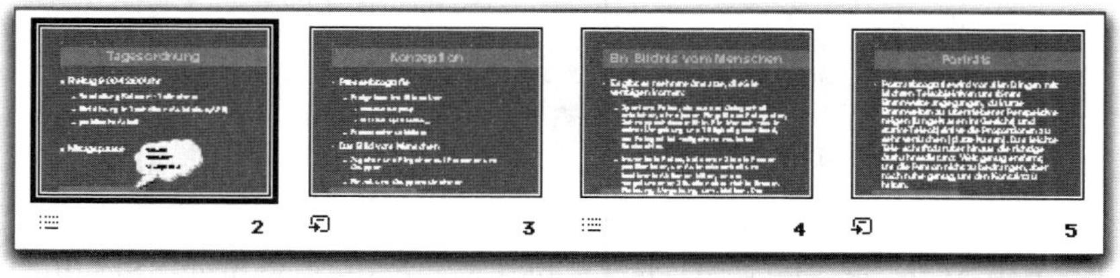

Denken Sie beim Einsetzen der Effekte daran, dass allzu viele verschiedene Effekte beim Betrachter allzu schnell zu einer Überreizung führen können. Es empfiehlt sich deshalb, alle Folien gleichartig zu formatieren und dann allenfalls noch wenige Zusatzeffekte auf einzelne Folien anzuwenden:

1. Markieren Sie alle Folien mit *Bearbeiten | Alles markieren.*
2. Öffnen Sie das Dialogfeld für die Folienübergänge im Menü *Bildschirmpräsentation | Folienübergang…*
3. Wählen Sie einen Effekt und als Geschwindigkeit *Mittel.*

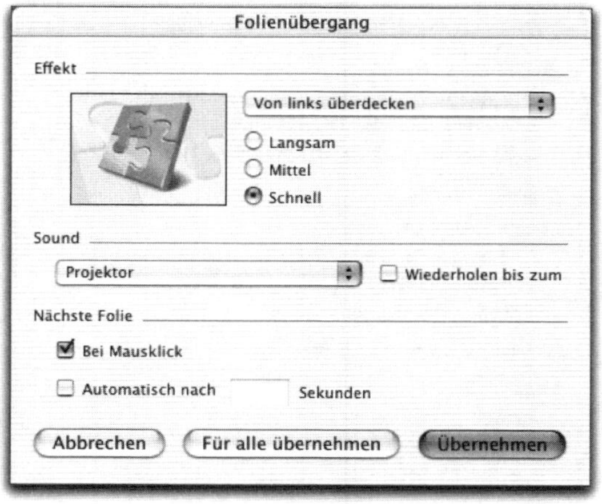

4. Ganz nach Wunsch können Sie dem Folienübergang hier auch noch einen Klang zuweisen.
5. Mit Klick auf den Knopf *Für alle übernehmen* wenden Sie künftig die eben getätigten Einstellungen für alle Folien Ihrer Präsentation an.

Wenn Sie eine Folie anklicken und dann das kontextsensitive Menü per *Control-Mausklick* aufrufen, können Sie die Folienübergänge und die Textanimationen schnell auswählen und auch ändern:

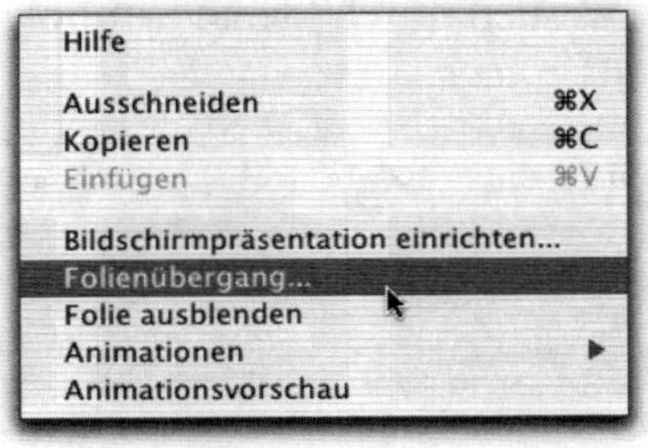

Sie können auch den Text auf den Folien animieren. Während Sie mit dem Folienübergang den Wechsel von einer Folie zur nächsten festlegen, wird mit der Animation der schrittweise Aufbau der Folie selbst definiert.

Markieren Sie dazu den Titel, den Folientext oder ein Objekt auf der Folie, um den Effekt gezielt zuweisen zu können.

Im Menü *Bildschirmpräsentation* können Sie unter dem Befehl *Bildschirmpräsentation einrichten…* schliesslich noch genau festlegen, wie die Präsentation letztendlich ablaufen soll:

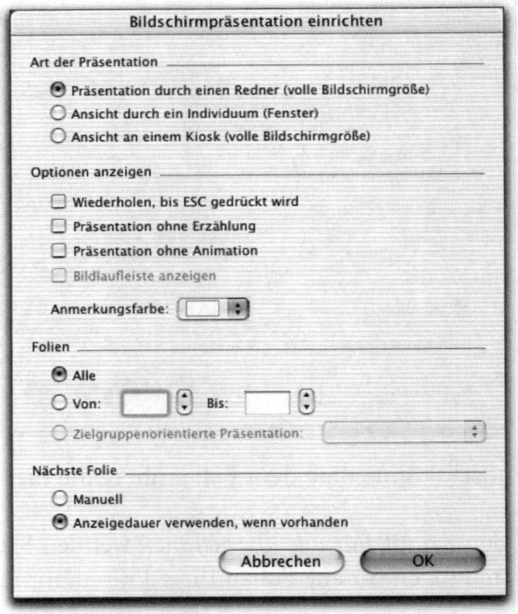

Verfeinerte Animationseinstellungen finden sich im Menü *Bildschirmpräsentation* unter dem Befehl *Animationen | Benutzerdefiniert…* (diese Option ist nur in der *Normalansicht* verfügbar, nicht bei *Foliensortierung*).

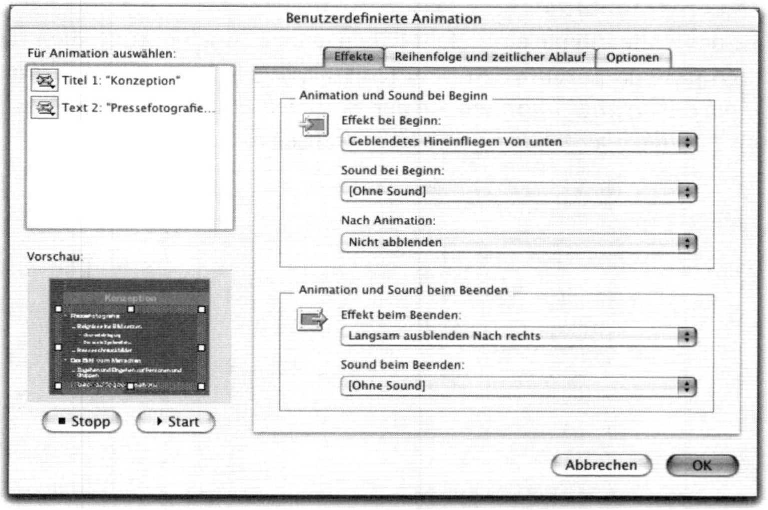

Hier können Sie die verschiedensten Effekte ganz nach Lust und Laune einstellen – und nach Druck auf den Knopf *Start* auch gleich überprüfen.

Weiterhin legen Sie dann auch gleich bei den Folienübergängen fest (neben den Effekten), ob die nächste Folie auf Mausklick hin oder automatisch nach einer bestimmten Zeit (oder beides) erscheinen soll:

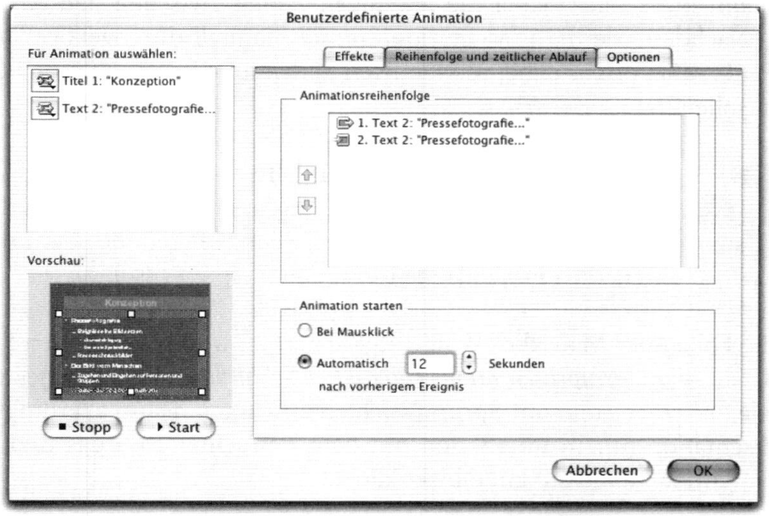

Eine einheitliche Zeit für alle Folien dagegen definieren Sie schneller mit dem Menübefehl *Bildschirmpräsentation | Folienübergang...* Siehe folgender Abschnitt.

5. Ablauf der Präsentation

Wenn Sie dann alle Effekte eingestellt haben, geht es noch darum, die Präsentation in den passenden zeitlichen Rahmen zu bringen. Unter *Bildschirmpräsentation | Folienübergang…* können Sie der aktuellen Folie oder auch allen Folien (= Knopf *Für alle übernehmen*) eine fixe Wechselzeit zuweisen.

Individueller allerdings und besser auf Ihren Vortrag abgestimmt wird das Ganze sein, wenn Sie unter *Bildschirmpräsentation | Neue Einblendezeiten testen* eine zeitoptimierte Folienabfolge wählen.

Nach Aufruf dieses Befehls spielen Sie die Präsentation einmal manuell ab und *PowerPoint* merkt sich dabei die jeweiligen Zeiten zwischen den einzelnen Folien. Nachdem Sie die Präsentation einmal manuell durchgeklickt haben, fragt *PowerPoint*, ob die dabei verwendeten Zeiten für die Präsentation benutzt werden sollen.

HEISSER TIPP

Sie kennen Ihre Folien und Inhalte – und erfahrungsgemäss werden die Zeiten deshalb oft etwas knapp festgelegt. Aus diesem Grund ist es keine schlechte Idee, wenn Sie Freunde oder Kollegen bitten, die Einblendzeiten zu testen.

Statt die Folien per Mausklick oder zeitgesteuert zu wechseln, können Sie mit dem Befehl *Bildschirmpräsentation | Interaktive Schaltflächen* auch Objekte oder Symbole auf einer Folie mit Sprungbefehlen ausstatten. Dann allerdings läuft die Präsentation nur in Interaktion mit dem Betrachter ab – das Bild bleibt stehen, wenn niemand auf ein Objekt klickt.

Andererseits können Sie hier beispielsweise einen Knopf für jede Folie definieren, der den Rücksprung auf die Titelfolie erlaubt. Sie können aber auch Pfeilsymbole so belegen, dass sowohl der Sprung zur vorigen wie auch zur nächsten Folie möglich wird.

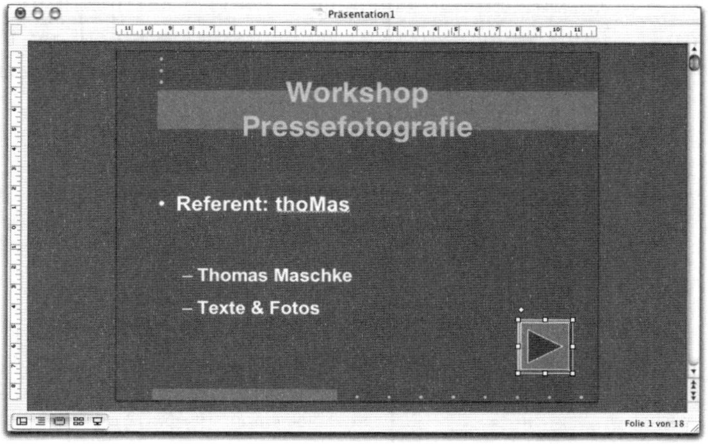

RAFFINIERT

Alle Möglichkeiten halten Sie sich offen, wenn Sie den einzelnen Folien unter *Bildschirmpräsentation | Folienübergang...* sowohl Einblendzeiten zuweisen (*Automatisch nach ... Sekunden*) als auch definieren, dass die Folie auf Mausklick hin gewechselt werden kann. Sind beide Optionen bei *Nächste Folie* aktiviert, werden die Folien nach Zeitablauf automatisch weitergeschaltet. Durch Mausklick lassen sie sich aber auch schon vorher manuell weiterschalten.

6. Bildschirmpräsentation

Und das war eigentlich schon alles. Wenn Sie jetzt den Befehl *Bildschirmpräsentation vorführen* aus dem Menü *Bildschirmpräsentation* aufrufen – oder das entsprechende kleine Symbol links unten im Fenster anklicken – so können Sie Ihre erste eigene Präsentation stolz ablaufen lassen und überprüfen.

Die Präsentation startet mit jener Folie, die Sie in der Folienansicht aktiviert hatten, und jeweils auf Mausklick hin wird die nächste Folie eingeblendet respektive der nächste Effekt abgespielt. So können Sie genau prüfen, ob alles nach Ihren Wünschen abläuft.

HEISSER TIPP

Auch während einer ablaufenden Bildschirmpräsentation können Sie das kontextsensitive Menü mit *Control-Mausklick* aufrufen.

RAFFINIERT

Während einer Bildschirmpräsentation können Sie jederzeit Notizen und Aufgaben festhalten, damit beispielsweise während einer Besprechung die aufgetauchten Punkte nicht verloren gehen.

Per *Control-Mausklick* in den Bildschirm taucht ein Kontextmenü auf, aus dem Sie den Punkt *Besprechungsnotizen…* wählen. Hier können Sie nun alles notieren – geordnet nach Notizen und Aufgaben – was Ihnen wichtig erscheint.

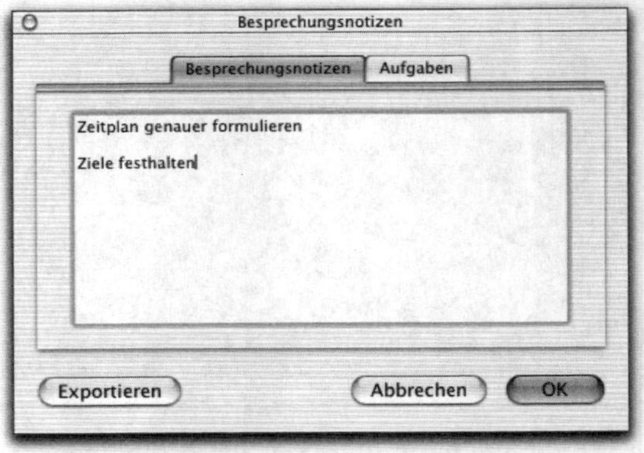

Wenn Sie dann den Knopf *Exportieren* anklicken, werden Ihre Notizen in ein neues Dokument in *Word* exportiert. Die Notizen und den Export-Befehl können Sie jederzeit auch über das Menü *Extras* | *Besprechungsnotizen…*. erreichen.

Präsentieren

Die Präsentation soll dann natürlich auch vorgeführt werden, denn wozu sonst die ganze Arbeit? Je nach Grösse des Auditoriums werden unterschiedliche Möglichkeiten gewählt werden.

Bei kleinem Publikum können die Folien, Anmerkungen und Handzettel preisgünstig ausgedruckt werden. Die Präsentation selbst wird direkt auf dem Bildschirm des Macintosh gezeigt.

Unterwegs ist es etwas unhandlich, immer den Schreibtischrechner mitzuschleppen. Ideal ist da ein PowerBook, idealerweise mit Videoausgang (entweder gleich eingebaut wie bei einigen G3- und G4-PowerBooks oder per Erweiterungskarte realisiert), so dass der Monitor im Konferenzraum genutzt werden kann.

Für eine grosse Zuhörerschaft werden die Folien, Anmerkungen und Handzettel gleichfalls einmalig ausgedruckt, dann aber rationeller kopiert. Oder die Daten werden an eine Druckerei gegeben, die absolut professionelle Handouts daraus fertigt – inklusive einer beeindruckenden Mappe.

Die Vorführung selbst verlangt mindestens nach einem Overheadprojektor oder Grossbildschirm, besser noch einem Videobeamer oder einem Diaprojektor. Vorteilig an der Videoausgabe ist, dass die Bild- und Toneffekte erhalten bleiben. Nachteilig sind die geringere Qualität und die Notwendigkeit eines weitgehend abgedunkelten Raums. Kann auf die Effekte verzichtet werden (und das ist meistens der Fall, weil sie oft nur ablenken) und sollen respektive müssen keine Filmsequenzen vorgeführt werden, dann ist der Tageslicht-Overheadprojektor die angenehmste Präsentationsform. Die Diavorführung glänzt demgegenüber mit einer fantastischen Qualität und die Bildgrösse wird selbst im grossen Kongresssaal die hinteren Reihen erfreuen.

POWER USER

Um Dias aus Ihren *PowerPoint*-Folien zu erstellen, benötigen Sie entweder einen Filmrekorder (teuer) oder Sie reichen Ihre Daten an ein Belichtungsstudio weiter, das daraus professionelle 35-mm-Dias erstellen kann. Sprechen Sie sich mit dem Studio ab, welches Datenformat in Frage kommt. Dann stellen Sie unter *Datei | Seite einrichten...* die Seitengrösse auf *35-mm-Dias* ein, wählen den Befehl *Speichern unter...* und speichern in einem passenden Format (PICT, JPEG...).

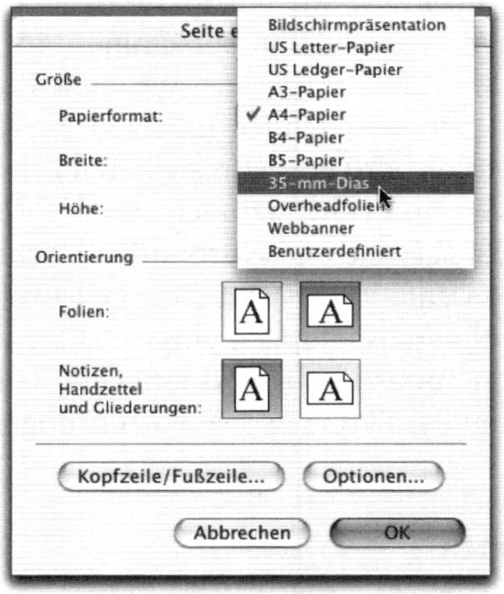

PowerPoint legt daraufhin einen neuen Ordner mit dem von Ihnen vergebenen Namen am angegebenen Speicherort an und dort hinein einzeln alle Folien der Präsentation (sofern in *PowerPoint | Voreinstellungen...*, auf der Registerkarte *Speichern* die Option *Alle Folien speichern* aktiviert ist).

Je nach Zweck können Sie die Bildschirmpräsentation unterschiedlich einrichten. Im Menü *Bildschirmpräsentation | Bildschirmpräsentation einrichten...* zeigen sich folgende Optionen:

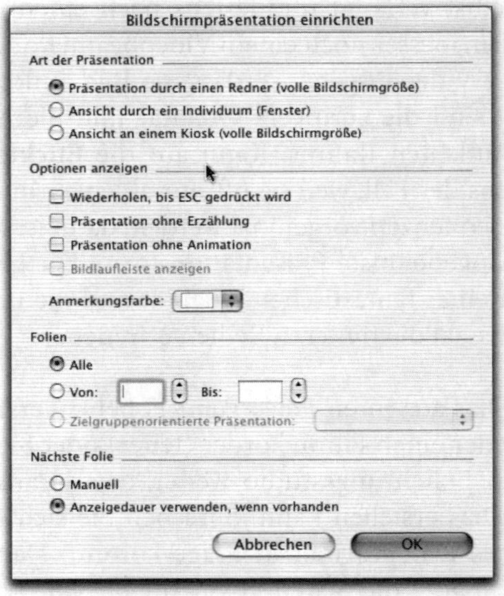

- *Präsentation durch einen Redner* (volle Bildschirmgrösse). Diese Option wird in der Praxis am häufigsten verwendet und Sie behalten hier die vollständige Kontrolle über die Bildschirmpräsentation. Sie können Folien auslassen, die Präsentation anhalten, Besprechungsnotizen einfügen…
- *Ansicht durch ein Individuum* (Fenster). Wenn Sie Präsentationen weiterleiten oder über das Netzwerk senden möchten, ist diese Option ideal. Die Bildschirmpräsentation wird in einem kleineren Fenster gezeigt, die Präsentation kann gesteuert und Folien können ausgedruckt werden.
- *Ansicht an einem Kiosk* (volle Bildschirmgrösse). Hierbei wird eine automatisch ablaufende Präsentation erstellt, die an einem Kiosk oder für Vorführungen auf Verkaufsveranstaltungen eingesetzt werden kann. Die meisten Steuerelemente von *PowerPoint* sind deaktiviert, damit Betrachter die Präsentation nicht verändern können. Die Vorführung wird automatisch ständig wiederholt.

Variable Präsentationen

RAFFINIERT

Mit dem Befehl *Zielgruppenorientierte Präsentation…* aus dem Menü *Bildschirmpräsentation* können Sie aus einer einzigen Präsentation beliebig viele machen, wobei Sie bestimmten Anwendern auch nur bestimmte Folien zeigen.

Legen Sie dazu zunächst eine Präsentation an, in der alle überhaupt benötigten Folien enthalten sind. Anschliessend rufen Sie den Befehl *Zielgruppenorientierte Präsentation* auf, vergeben einen Namen für diese Präsentation und wählen dann die Folien einzeln in der Reihenfolge aus, wie sie präsentiert werden sollen.

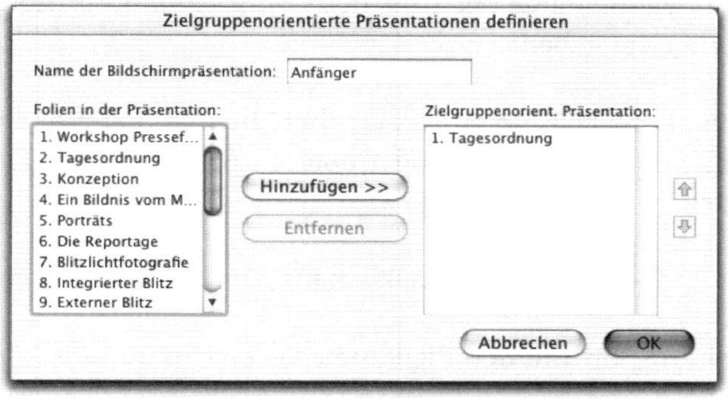

Das war schon alles. Wenn Sie diesen Befehl das nächste Mal aufrufen, können Sie auf alle Präsentationen zugreifen, die Sie solchermassen definiert haben.

So können Sie beispielsweise sehr schnell aus einem einzigen – grossen – Vortrag auch einen kleinen basteln, der nicht mehr 45 Minuten dauert, sondern statt dessen die wichtigsten Aspekte in 15 Minuten zusammenfasst.

Oder Sie erstellen eine Präsentation, die auf gemeinsamen Folien aufbaut, dann aber auch jeweils spezielle Folien für die unterschiedlichen Zielgruppen (Management, Verkäufer, Kunden) enthält.

QuickTime in und für Präsentationen

PowerPoint kann nun auch ganz hervorragend mit *QuickTime*-Movies umgehen. *QuickTime*-Movies lassen sich per *Drag&Drop* respektive über das Menü *Einfügen | Film und Sound* problemlos in jede Präsentation einfügen:

Natürlich können Sie Filme auch aus der *ClipArt*-Bibliothek holen, sofern Sie dort welche abgelegt haben.

Den Filmablauf steuern Sie entweder über die Symbolleiste *Film*, über die Steuerelemente unter dem Movie oder über die aus dem *QuickTime Player* bekannten Tasten:

- Filmstart und -stopp per Doppelklick ins Movie-Fenster oder mittels *Leertaste.*
- Einzelbildtransport mit den Pfeiltasten *Pfeil rechts* und *Pfeil links.*

Damit Letzteres funktioniert, müssen die Steuerelemente unter dem Movie sichtbar sein.

Bei den Folienübergängen (*Bildschirmpräsentation | Folienübergang…*) stehen auch die Effekte von *QuickTime* zur Verfügung:

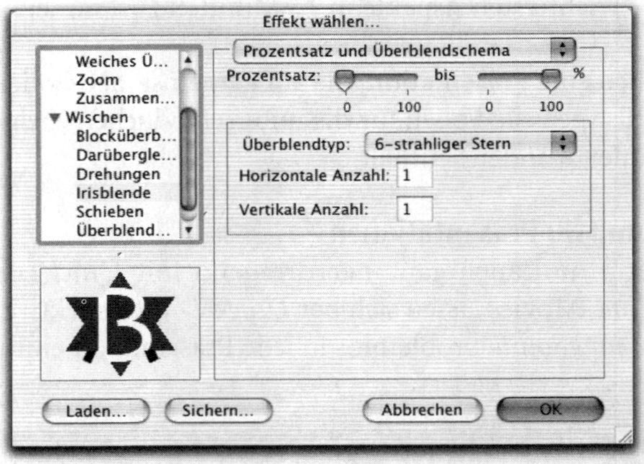

Und schliesslich kann jede Präsentation auch als *QuickTime*-Movie gesichert werden: Die fertige Präsentation wird per *Datei | Film drehen…* in ein *QuickTime*-Movie konvertiert. Im Dateidialog können Sie die Option *Einstellungen ändern…* anwählen und erhalten dann eine Menge an Einstellmöglichkeiten.

Dauerhaft lassen sich diese Optionen im Menü *PowerPoint | Voreinstellungen…*, Register *Allgemein*, Knopf *Filmoptionen…* speichern. Hier können Sie die Wiedergabegrösse festlegen, eine Audiodatei auswählen, die im Hintergrund abgespielt wird, und *QuickTime*-Effekte für die Folienübergänge benutzen.

Per Druck auf den Knopf *OK* startet die Konvertierung in ein *QuickTime*-Movie und anschliessend können Sie das Ganze mit dem *QuickTime Player* vorführen.

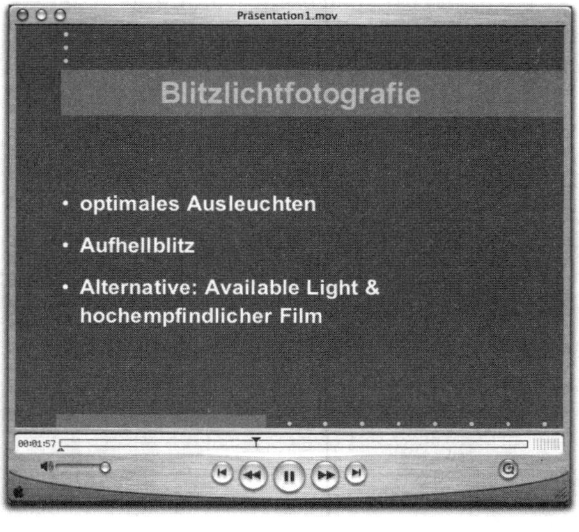

HEISSER TIPP

Wenn Sie im *QuickTime Player* den Menübefehl *Film | Endlosschleife* aktivieren und dann unter *Ablage* den Befehl *Film vorführen* wählen, läuft die einstige *PowerPoint*-Präsentation als *QuickTime*-Movie immer wieder über den Bildschirm. Jetzt noch einen Mac ins Fenster gestellt und Sie können endlos Werbung für Ihre Produkte machen.

Auf diese Weise können *PowerPoint*-Präsentationen auch problemlos weitergegeben werden, denn nicht jeder besitzt *PowerPoint* (oder den *PowerPoint*-Abspieler), aber auf jedem Macintosh findet sich *QuickTime* – und für Windows gibt es das auch.

Web-Präsentationen

Richtig gut ist auch die Möglichkeit, Präsentationen im HTML-Format zu speichern. Das ist bei der Gestaltung einer eigenen Webseite hilfreich, aber auch, um Präsentationen plattformunabhängig weiterzugeben. Ist doch die einzige Voraussetzung für den Empfänger, dass er über einen Internet-Browser verfügt, und den dürfte heute nahezu jeder besitzen, werden diese Programme doch für den Endanwender kostenlos verteilt.

Sehr praktisch ist in diesem Zusammenhang der Befehl *Datei | Webseitenvorschau. PowerPoint* erstellt dann eine temporäre Datei der aktuellen Präsentation und sendet diese Daten an den Web-Browser. So kann man sich das Ergebnis schnell ansehen und nötigenfalls auch schnell ändern.

Alles, was dann noch zu tun ist, ist, den Befehl *Datei | Als Webseite speichern…* anzuwählen und die Datei zu speichern. Daraufhin erstellt *PowerPoint* eine schon recht professionell wirkende Präsentation, die sogar die Schaltknöpfe für den Fortgang (Folie vor, zurück usw.) enthält.

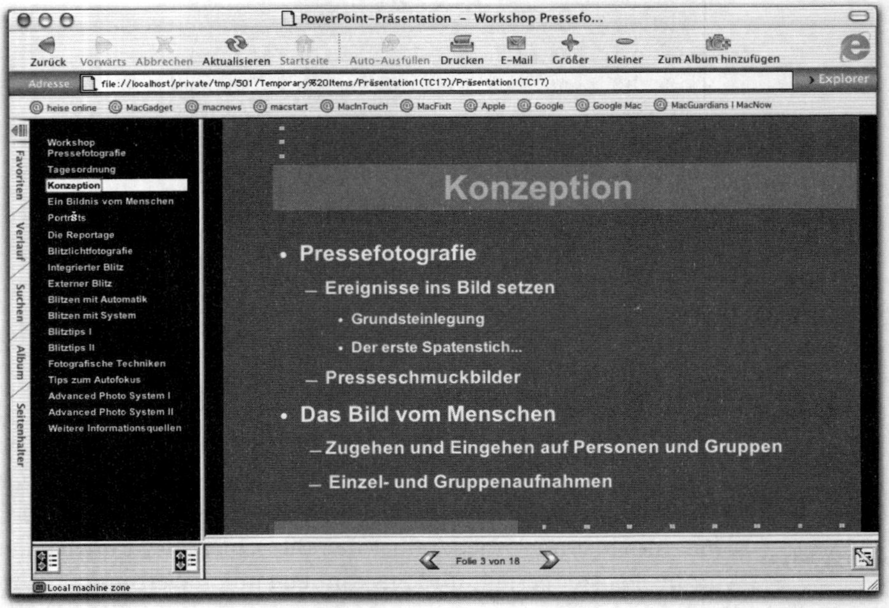

Lediglich auf die in *PowerPoint* möglichen Animations- und Klangeffekte muss bei einer solchen Präsentation verzichtet werden. Dafür kann sie auf jeden Computer dieser Welt abgespielt werden, auf dem sich auch ein Browser starten lässt.

Präsentationen weitergeben

Sollen die Präsentationen in voller Pracht angesehen werden, dann ist – sofern der Empfänger *PowerPoint* nicht hat – der *PowerPoint Viewer* notwendig, mit dem auch jene Macintosh- und Windows-Anwender, die nicht im Besitz von *PowerPoint* sind, die Präsentation ansehen und ausdrucken können. Ändern allerdings können sie nichts.

Der *PowerPoint Viewer* ist für Windows und Macintosh erhältlich, kostenlos und lizenzfrei und kann beliebig weiterverteilt werden – Microsoft ermuntert sogar dazu. Er kann Präsentationen abspielen, die in den Formaten Macintosh *PowerPoint 3.0* und höher oder Windows *PowerPoint 2.0* und höher abgespeichert wurden.

Präsentationen ausdrucken

Je nachdem, welche Ausgabemedien Ihnen zur Verfügung stehen (Laserdrucker, farbiger Tintenstrahldrucker usw.) können Sie Ihre Präsentation in den unterschiedlichsten Formaten ausdrucken.

Im Menü *Datei* lässt sich unter dem Befehl *Seite einrichten…* die Grösse Ihres Ausgabemediums festlegen. Unter dem Punkt *Drucken…* lassen sich weitere Einstellungen für den Drucker (aber auch für *PowerPoint*) vornehmen.

Ändern Sie die Grösse Ihrer Präsentation, so passt *PowerPoint* die Folien automatisch dem neuen Format an.

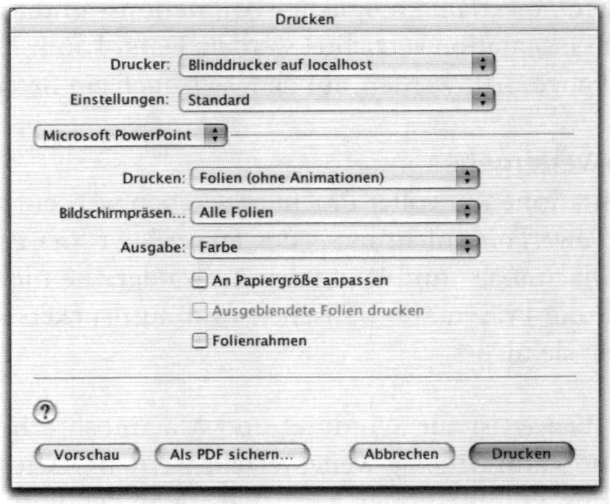

RAFFINIERT

PowerPoint kann pro Präsentation mehrere Masterfolien verwalten – und genau das kann hilfreich sein, wenn eine Präsentation in unterschiedlichen Formaten ausgegeben werden soll. Dazu müssen Sie unter *PowerPoint | Voreinstellungen... | Erweitert* unter *Mehrere Master* ein Häkchen setzen.

HEISSER TIPP

Wenn Sie Overheadfolien erstellen möchten, Ihnen aber die (teueren) Spezialmaterialien für Ihren Drucker fehlen, so können Sie die Folien auf ganz normales Papier ausgeben und dann in einem Copy-Shop auf Folie umkopieren lassen.

Möchten Sie auf einem Schwarzweiss-Drucker ausgeben, so können Sie *PowerPoint* im Menü *Ansicht* unter dem Befehl *Graustufen* dazu veranlassen, die Folien in Graustufen wiederzugeben. Ist diese Ansicht eingeschaltet, so erscheint im Kontextmenü auch der Befehl *Graustufeneinstellungen* und Sie können dann in einem Untermenü unter verschiedenen Optionen für die Graustufendarstellung – und damit Druckausgabe – wählen:

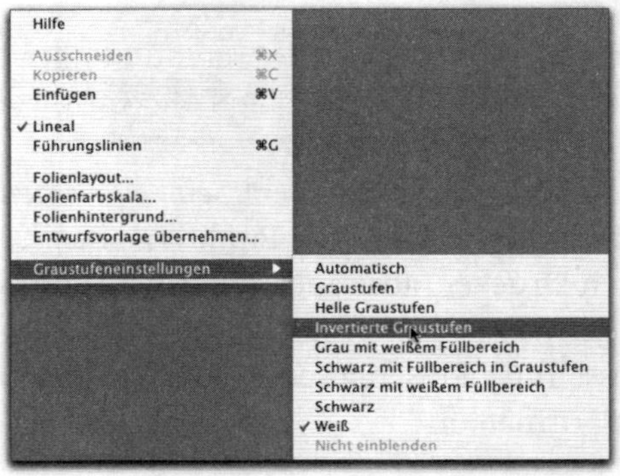

Sie können diese Optionen entweder für einzelne aktivierte Elemente oder für die gesamte Folie übernehmen.

MERKET AUF!

Damit diese Einstellungen auch beim Drucken gültig sind, müssen Sie im Menü *Datei | Drucken...* bei den Voreinstellungen für *PowerPoint* die Option *Graustufen* respektive *Schwarzweiss* abhaken.

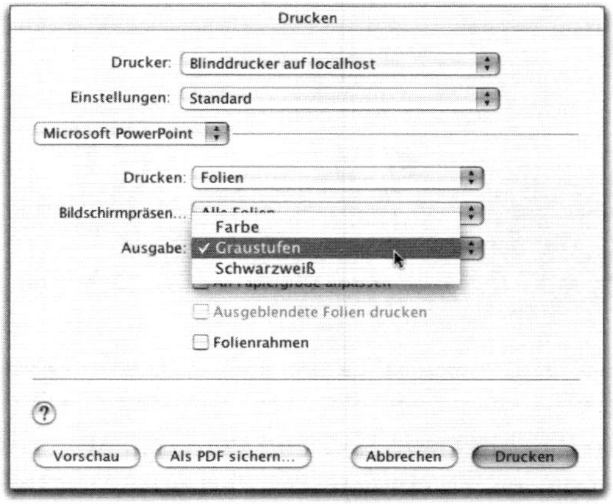

Projekt: Tischkarten, Plakate und mehr

Sofern Sie im Besitz eines farbfähigen Druckers sind, können Sie die Fähigkeiten von *PowerPoint* auch ganz hervorragend ausnutzen, um diverse Schriftstücke wie zum Beispiel Tischkarten, Visitenkarten, Plakate, Poster, Gruss- oder Glückwunschkarten zu gestalten.

Auch die Einladung für das anstehende Sommernachtsfest lässt sich mit Hilfe der grafischen Möglichkeiten von *PowerPoint* ganz besonders farbenprächtig illustrieren.

Es muss ja nicht immer eine komplette Präsentation mit vielen Folien sein, die Sie da gestalten: Warum nicht eine einzelne Folie entwerfen – und diese dann einem der oben erwähnten Verwendungszwecke zuführen?

Die Gestaltungsmöglichkeiten von *PowerPoint*, die Sie dazu benötigen, haben Sie bereits kennen gelernt. Das Einzige, was nach Gestaltung der Folie gemäss Ihren Wünschen eventuell noch zu tun bleibt, ist das Anpassen des Folienformats an Ihre Anforderungen.

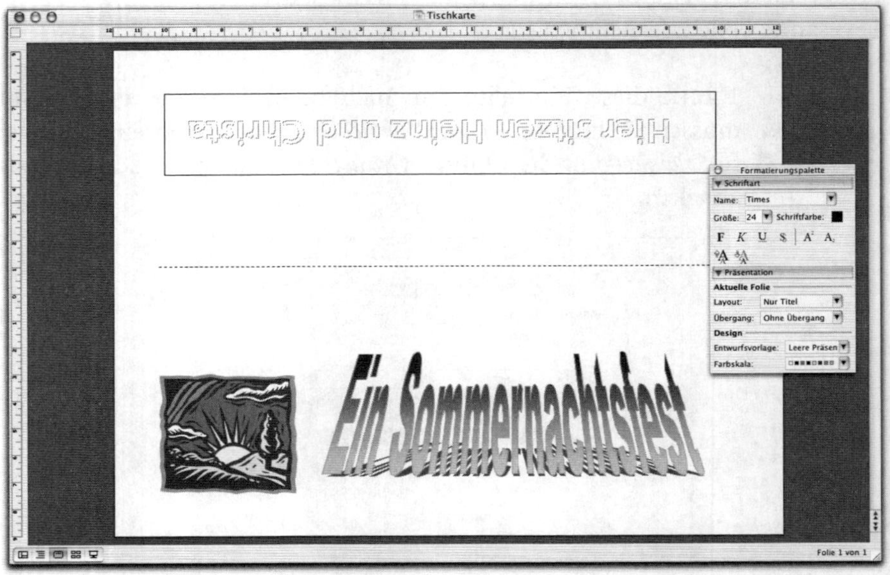

Dazu rufen Sie den Befehl *Datei | Seite einrichten…* auf und können hier unter dem Punkt *Seitengröße* neben einigen vorgefertigten Ausgabegrössen auch eine Sondergrösse gemäss Ihren Wünschen definieren:

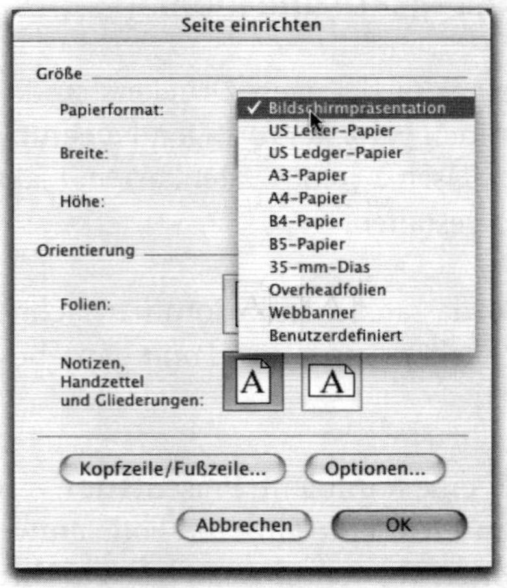

HEISSER TIPP

Auch hierbei kann Ihnen der *Projektkatalog* mit Vorschlägen für die Gestaltung – zum Beispiel von Flugblättern – hilfreich zur Seite stehen.

Tipps und Tricks für Poweruser

PowerPoint anpassen

Hier die Möglichkeiten im Überblick, *PowerPoint* an die persönlichen Bedürfnisse anzupassen:

- Im Menü *PowerPoint | Voreinstellungen...* lassen sich wichtige Grundeinstellungen festlegen.
- Im Menü *Extras | Anpassen...* können Menü- und Symbolleisten ausgewählt und verändert werden.
- Im Ordner *Office* in Ihrem *Office X*-Ordner finden Sie den Pfad *Start – PowerPoint.* Alle Präsentationen, die hier abgelegt sind, werden automatisch geöffnet.
- Im Ordner *Office* in Ihrem *Office X*-Ordner finden Sie den Ordner *Add-Ins.* Die dort abgelegten Erweiterungen (zum Beispiel *Kamera & Scanner Plug-In*) werden automatisch geladen und erweitern die Funktionalität – in dem Fall um den Menübefehl *Einfügen | Bild | Von Scanner oder Kamera...*
- Präsentationen können als *Entwurfsvorlage* gespeichert werden (Menü *Datei | Speichern unter...*), deren Voreinstellungen dann für neue Präsentationen übernommen werden können.

PowerPoint an Word

Wie Sie bereits wissen, lassen sich mit Hilfe von *PowerPoint* auch anspruchsvolle Seitengestaltungen recht schnell realisieren. Und deshalb kann es manchmal viel einfacher sein, eine Seite in *PowerPoint* zu gestalten, um sie dann komplett in *Word* zu überführen, statt sie direkt in *Word* anzulegen.

Möchten Sie nur die Texte übertragen, so ist das ganz einfach: Menübefehl *Datei | Senden an | Microsoft Word.*

Sollen die Layouts mitkopiert werden, dann geht das so: In der Ansicht *Foliensortierung* können Sie eine einzelne Folie markieren und dann mit den Befehlen *Kopieren* und *Einsetzen* von *PowerPoint* nach *Word* transferieren.

Normalerweise wird die Folie farbig kopiert. Möchten Sie nur eine Schwarzweissdarstellung, so schalten Sie vor dem Kopieren im Menü *Ansicht* auf Graustufen um. In *Word* können Sie die Folie dann wie jedes andere Grafikobjekt behandeln, beispielsweise also durch Aktivieren und Ziehen an den Eckpunkten in der Grösse ändern.

Professionelle Vorträge mit PowerPoint

Es spielt eigentlich keine Rolle, ob Sie «nur» ein Referat vorbereiten oder eine wichtige Firmenpräsentation erstellen möchten: Die grundlegenden Prinzipien gelten für jede Art Vortrag.

Sie sollten beim Aufbau Ihres Vortrags berücksichtigen, dass Informationen, die mit bereits Bekanntem verknüpft werden, leichter zu merken sind und dass bereits das einmalige Wiederholen einer neuen Information den Lernerfolg deutlich steigert.

Überfordern Sie dabei Ihr Publikum nicht: Folgen die neuen Informationen zu schnell aufeinander, so können sie sich sogar negativ gegenseitig beeinflussen – will heissen, gelernt wird kaum mehr etwas.

Das bedeutet für den Aufbau Ihres Vortrags, dass Sie neue Informationen gut dosieren sollten, dass neue Informationen zudem – eventuell in leicht abgeänderter Form – wiederholt werden sollten und dass Sie das Ganze idealerweise an bereits Bekanntem festmachen oder damit verknüpfen.

Nicht alles, was Sie zu sagen haben, kann und soll auf den Folien enthalten sein: Dort sind die wichtigsten Stichpunkte notiert, die sowohl Ihnen als auch Ihren Zuhörern das Grundgerüst an die Hand geben, das beim Aufnehmen und Strukturieren Ihrer Inhalte hilfreich ist. Überprüfen Sie Ihre Folien daraufhin, dass darauf nicht zu viel enthalten ist – das betrifft Bilder wie Texte.

Besonders der Beginn und das Ende Ihres Vortrages werden sich einprägen. Schenken Sie diesen Teilen deshalb die entsprechende Aufmerksamkeit und bereiten Sie sich darauf ganz besonders sorgfältig vor.

Üben Sie die Präsentation in den eigenen vier Wänden in Ruhe ein und führen Sie sie gegebenenfalls einem Testpublikum vor, damit Sie den Vortrag im Ernstfall sicher und locker halten können. Sie können sich dann viel besser auf Ihr Publikum konzentrieren und werden nicht durch den Präsentationsvorgang selbst abgelenkt.

Versuchen Sie, mit Ihrem Vortrag folgende Schlüsselfragen befriedigend zu beantworten:

- Warum ist das Thema von Interesse?
- Sind alle wesentlichen Aspekte des Themas berücksichtigt worden?
- Sind unwesentliche Aspekte weggefallen?
- Ist der Vortrag logisch aufgebaut?

- Sind alle wichtigen Folgerungen erfasst worden?
- Existieren genügend Wiederholungen, die das Wissen vertiefen?
- Gibt es eine prägnante und schlüssige Zusammenfassung?
- Wird die Zeitvorgabe eingehalten?

Visuelle Hilfen

Die Bedeutung des Einsatzes visueller Hilfen bei der Übermittlung von Wissen kann kaum hoch genug eingeschätzt werden. So existieren wissenschaftliche Untersuchungen, nach denen bei den Zuhörern nur rund 10% dessen ankommt, was der Vortragende übermittelt.

Unter Zuhilfenahme visueller Hilfen – Overheadfolien, Grafiken, Dias, Flipchart usw. – kann dieses niederschmetternde Resultat allerdings deutlich verbessert werden, es bleiben dann nämlich bis zu 50% beim Zuhörer hängen.

Das ist zwar immer noch nur die Hälfte dessen, was der Referent zu sagen hat, aber immerhin fünfmal mehr als bei einem trockenen Vortrag. Die Redundanz innerhalb des Vortrags kann damit deutlich gesenkt werden, während gleichzeitig der Lernerfolg wesentlich steigt und die Teilnehmer sicherlich auch mehr Spass an der Sache haben.

Durch den Wechsel der verschiedenen Medien ergibt sich als positiver Effekt eine deutliche Auflockerung des Stoffes, so dass die Zuhörer geistig rege bleiben und entsprechend besser aufnehmen. Sie werden durch den abwechslungsreichen Ablauf animiert, bei der Sache zu bleiben.

Dabei ist darauf zu achten, dass das Thema insgesamt gut strukturiert ist und logisch aufgebaut vorgetragen wird – der Medienwechsel darf nicht zu einem Auseinanderreissen des Stoffes führen oder die Teilnehmer in ihrer Aufmerksamkeit beeinträchtigen. Insbesondere sind langwierige Vorbereitungen beim Wechsel zu vermeiden – alles Benötigte muss bereits vor dem Vortrag komplett und vorführfertig bereitstehen.

Als Erfolg versprechend haben sich folgende Ansatzpunkte und Hilfen erwiesen, die je nach Themengebiet teilweise oder insgesamt eingesetzt werden können:

Zielgruppe

Wie hoch ist das durchschnittliche Alter Ihrer Zielgruppe? Welche Sprache spricht sie? Verfügt sie über Fremdsprachenkenntnisse? Welche Bildsprache versteht sie und welche nicht?

Referent
Nebst Kleidung und Gestik bestimmen auch Kleinigkeiten entscheidend den Eindruck, den der Referent hinterlässt.

Benötigte Geräte und Kleinteile werden im «Servicekoffer» verstaut, nicht in der Plastiktüte. Mappen und Unterlagen sind sauber und zeigen keine «Eselsohren».

Kosten
Berücksichtigen Sie bei kostenpflichtigen Vorträgen nicht nur die Kosten des Vortrags selbst, die allein schon – je nach Thema und Umfang von Seminar und Zielgruppe – deftig genug sein können. Dazu kommen für den einzelnen Teilnehmer immer noch Zusatzkosten und Unbequemlichkeiten: Kosten und Zeitaufwand bei der Anreise, Kosten für Unterkunft und Verpflegung.

Das bedeutet: Für den Teilnehmer stellen sich die Kosten ganz anders dar, denn die Seminargebühr ist nur ein Teil der Gesamtkosten. Aber an diesen Gesamtkosten wird der Erfolg – oder Misserfolg – des gesamten Seminars gemessen. Bieten Sie also etwas. Ein professionell vorbereitetes und vorgetragenes Seminar ist da das Mindeste.

Technik
Sollen technische Geräte zur Demonstration oder zur praktischen Arbeit eingesetzt werden, dann ist die Ausrüstung insgesamt – im Rahmen des Möglichen – so einfach wie möglich zu halten. Je komplizierter die Geräte bzw. deren Verschaltung wird, desto wahrscheinlicher ist die Gefahr, dass im entscheidenden Augenblick etwas nicht funktioniert.

Organisation
Der gesamte organisatorische Teil wird vor dem Eintreffen der Teilnehmer geregelt. Unterlagen liegen für jeden Teilnehmer an seinem Platz, alle Geräte sind aufgebaut und betriebsbereit, die Overheadfolien sind in der richtigen Reihenfolge geordnet, gleichfalls die Dias im Magazin usw.

Erfolgserlebnis
Wann immer möglich, sollte den Teilnehmern ein Erfolgserlebnis vermittelt werden (praktische Arbeit mit Ergebnissen, Diplom – kurz, planen Sie etwas ein, das nach Hause mitgenommen werden kann).

Inhalte verständlich vermitteln
Gehen Sie bei der Vorbereitung davon aus, dass Ihre Zuhörer weniger von der Sache verstehen als Sie selbst – übermitteln Sie Ihre Inhalte auf interessante und anschauliche Weise.

Abwechslung
Jede Darstellungsform, sie mag an und für sich noch so interessant sein, wird bei zu starker Ausbreitung langweilig. Wechseln Sie deshalb öfter. Das lockert den gesamten Vortrag auf.

Spannungsbogen
Der Vortrag sollte sich auf einen Höhepunkt hin bewegen, um die Spannung zu steigern und das Interesse zu erhalten.

Medien nutzen
Ein Medienverbund, bei dem unterschiedliche Darstellungsformen denselben Inhalt transportieren, erleichtert das Verständnis. Zu der verbal übermittelten Information etwa kommen Overheadfolien. Diese Inhalte wiederum findet der einzelne Teilnehmer noch einmal als Fotokopie in seinen Unterlagen.

Notizen
Ein Flipchart oder eine Tafel dienen dazu, Zwischenfragen zu notieren. Der Vortrag wird auf diese Weise nicht unterbrochen, der Fragende hat das Gefühl, ernstgenommen zu werden. Und natürlich wird die Frage dann in einem passenden Moment auch aufgegriffen und beantwortet.

Weiter können auf der Tafel Dinge noch einmal spontan aufgegriffen und verständlicher dargestellt werden, wenn sich zeigt, dass die vorgesehene Darstellungsform im Unverständnis mündet. Besonders verbale Aussagen können hier noch unterstützend begleitet werden, soweit sie nicht auch als Grafik oder Bild vorliegen.

5 Internet Explorer:mac

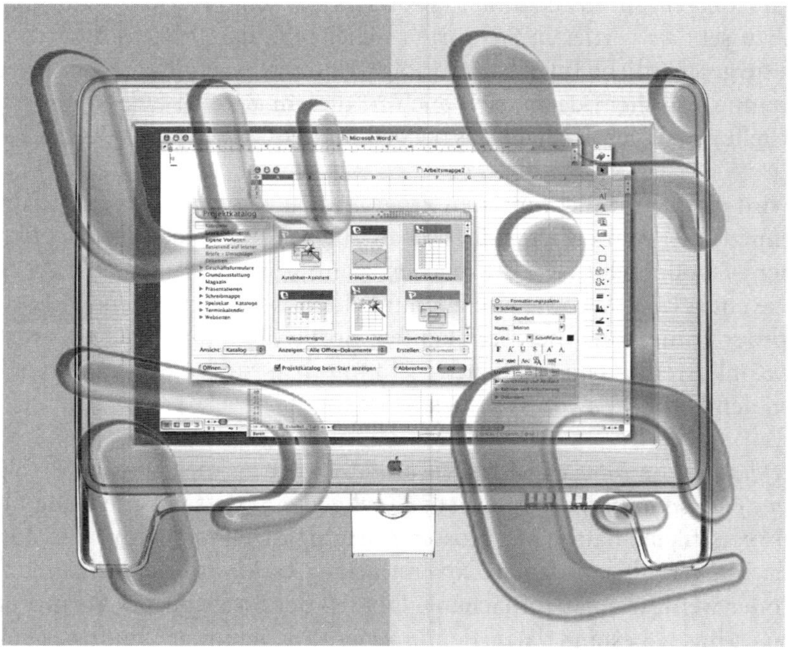

Internet Explorer:mac

Während *Microsoft Office* selbst viel Geld kostet, wird das Internet-Programm *Internet Explorer* (ein so genannter «Browser») kostenlos verteilt. Ohne das hier jetzt allzu sehr zu vertiefen: Sie dürfen sicher sein, dass Microsoft auch dabei handfeste geschäftliche Interessen verfolgt. Und die liegen im Fall der Internet-Programme vor allem darin, sich auch in diesem Bereich eine ähnliche Vormachtstellung zu schaffen, wie dies bei den Betriebssystemen bereits der Fall ist.

Geld wird dann zwar nicht mit den Programmen verdient, die der Endanwender benutzt, aber wenn Microsoft es schafft, beispielsweise den *Internet Explorer* zu einem Standard im Netz zu machen, dann müssen früher oder später all jene, die eine eigene Website aufbauen möchten, die entsprechenden Entwicklungsprogramme von Microsoft kaufen. So verdiente Netscape – einst der grosse Konkurrent – sein Geld auch nicht mit dem Navigator, sondern holte es sich bei den Betreibern von Websites.

Der *Erforscher des Internet* ist Microsofts Antwort auf den grossen Erfolg des *Netscape Navigator* und des Internet ganz allgemein (dessen Bedeutung Microsoft fast verschlafen hätte). Mit grossen Anstrengungen und dem kostenlos und grossflächig verteilten *Internet Explorer* gelang es Microsoft, die Konkurrenz mehr oder weniger «plattzumachen». Ein Teil der Strategie, die Vormachtstellung zu erringen, bestand darin, den *Internet Explorer* unter Windows ganz eng ans Betriebssystem zu koppeln. Microsoft behauptete gar, Windows sei ohne den *Internet Explorer* gar nicht mehr lauffähig (andere versuchten durchaus erfolgreich, das Gegenteil zu beweisen). Fakt war und ist jedenfalls, dass auf praktisch jedem PC der *Internet Explorer* vorinstalliert und nur schwierig zu entfernen war und ist – kein Wunder, dass Microsoft so nach den Betriebssystemen auch bei den Browsern zum Marktführer wurde.

Einwurf: Schon das ist ein guter Grund, froh zu sein, einen Mac zu besitzen. Sie können den *Internet Explorer* benutzen, es ist aber auch überhaupt kein Problem, einen Alternativbrowser einzusetzen. Nicht, dass der *Internet Explorer* schlecht wäre. Ganz im Gegenteil. Aber Ihr Betriebssystem Mac OS X «fesselt» Sie nicht an eine Firma und deren Wohlwollen.

Und in dem Fall belebt Konkurrenz nicht nur das Geschäft, sondern sorgt auch dafür, dass wir Anwender endlich einmal etwas davon haben: kostenlose Programme nämlich. Es bleibt zu hoffen, dass das Internet, eine von Anbeginn an anarchistische Gemeinde mit sehr viel Freiheit und sehr vielen Ideen, weder von Netscape noch von Microsoft überrannt werden wird. Freuen wir uns also, dass die Programme kostenlos sind und achten wir darauf, dass das Netz so frei bleibt, wie es immer war.

Wenn Sie nach einer Alternative suchen, sollten Sie sich einmal *iCab* ansehen (`www.icab.de`). Dieser Browser ist sehr schlank, schnell und stabil. Es gibt jedoch auch weitere Alternativen wie beispielsweise *Mozilla.* Mehr dazu weiss `www.versiontracker.com`.

Das Internet

Das Internet führte jahrzehntelang ein Schattendasein und existierte fast ausschliesslich mit FTP, Gopher usw. in der wissenschaftlichen Welt. Mit dem Protokoll WWW (World Wide Web) allerdings, entwickelt am CERN (Centre Européen de Recherches Nucléaires) in Genf, und den entsprechenden Browsern wurde das Web farbig, anschaulich – und die Massen stürzten sich darauf.

Es ist anscheinend viel attraktiver, sich nackte Mädchen auf der Site von Penthouse anzusehen, als aus dem Gutenberg-Archiv literarische Texte (ganze Bücher liegen hier zum Abruf bereit) zu holen. Zumindest weisen das die Nutzungsstatistiken aus. «Erotik» ist *der* Anziehungspunkt im Internet. Hat also die freie Informationsbeschaffung nurmehr Alibifunktion?

Für Universitäten ist das Internet ein alter Hut – seit vielen Jahren wird es genutzt. Ursprünglich als Netz für militärische Zwecke angelegt, weitete es sich bald zu einem internationalen Kommunikationsmittel aus, in dem Informationen zuhauf aufzufinden sind. Praktisch jede Uni der Welt hat eine Internetadresse – und das wiederum bedeutet, dass an dieser Uni mindestens ein Rechner steht, der 24 Stunden täglich mit der Aussenwelt verbunden ist und aufgesucht werden kann.

Diese freie Informationsverbreitung – und das jederzeit mögliche Abrufen der Informationen – macht einigen Staaten sogar regelrecht Angst. China etwa zensiert den Internetzugang. Es gibt nur einen kontrollierten Zugang nach draussen «in die freie Welt», und den wiederum darf nur benutzen, wer autorisiert ist.

Reise durch das Internet

Früher gab es für die einzelnen Protokolle (ftp, Gopher, WWW...) auch einzelne Programme, heute kümmert sich ein Browser wie der *Internet Explorer* um fast alles. Er ermöglicht den Zugang ins World Wide Web (WWW) und zu FTP-Servern (FTP = File Transfer Protocol), und mit *Entourage* lassen sich E-Mails verschicken, Newsgroups besuchen und Mails und News herunterladen.

Jeder Computer im Internet ist über eine bestimmte Adresse erreichbar. Diese Adresse kann zum Beispiel `http://www.apple.de` lauten. Sie geben sie oben in der Adresszeile Ihres Browsers ein und drücken die *Return-Taste*: Das Programm sucht diese Site (in unserem Beispiel Apple Deutschland) und zeigt die Homepage, welche Titelbild und Inhaltsverzeichnis ist:

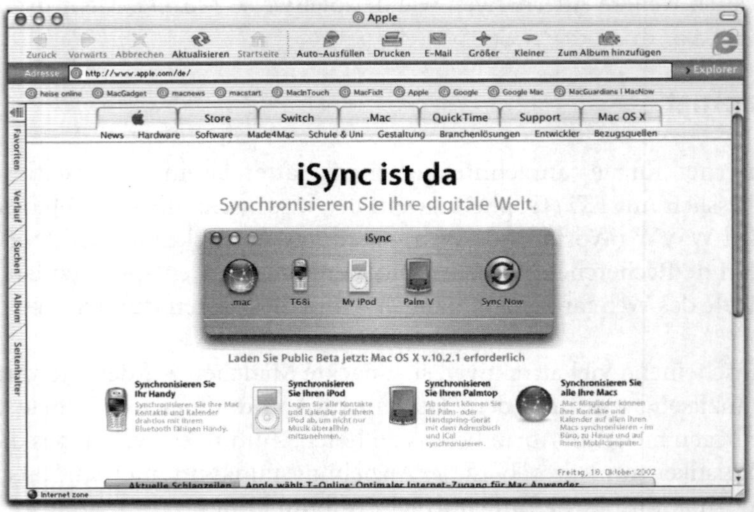

Aus dem Anfang der Adresse können Sie ersehen, was Sie da erreichen werden:

http *Hyper Text Transfer Protocol.* Damit erreichen Sie eine Site im schönen bunten World Wide Web.

ftp *File Transfer Protocol.* Über diese Adressen greifen Sie auf Server zu, die ihren Inhalt ohne grossen Schnickschnack zeigen. Meist sind dort umfangreichere Texte und Programme zu finden.

E-Mail `Thomas.Maschke@munich.netsurf.de` Immer, wenn der Klammeraffe @ auftaucht, handelt es sich um eine E-Mail-Adresse im Internet. Sie können mir jetzt eine E-Mail schicken.

Das Ende der Adresse sagt Ihnen, in welchem Land sich der Server findet:

.com	Amerika
.ch	Schweiz
.de	Deutschland
.at	Österreich
.edu	(= education, Erziehung) bezeichnet eine Bildungseinrichtung (Universität)

Und so weiter.

HEISSER TIPP

Bei den ersten Schritten im Internet können Ihnen Suchmaschinen wie *Yahoo* (`http://www.yahoo.com`) helfen, werden doch dort alle Sites, geordnet nach Themengebieten, aufgelistet. Ausserdem können Sie dort Suchbegriffe eingeben und das gesamte Internet danach durchsuchen:

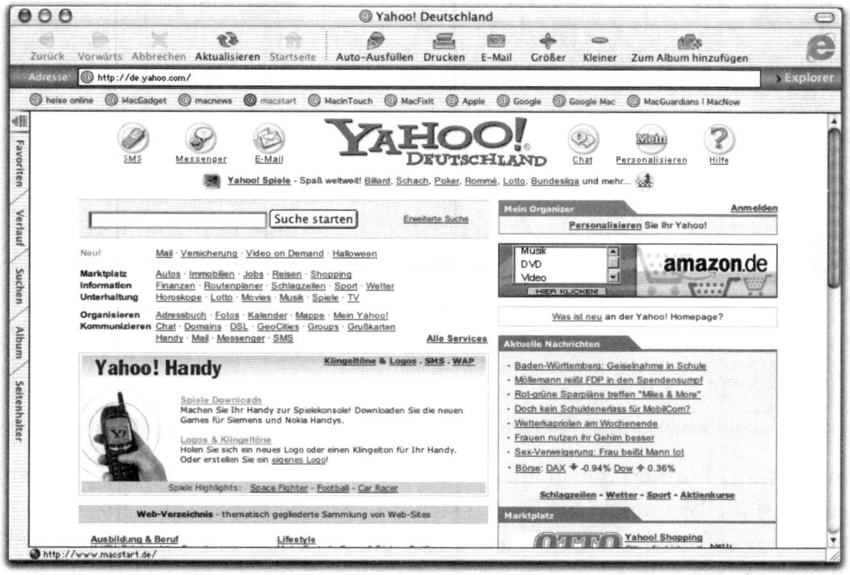

WWW – World Wide Web

Webseiten besuchen Sie mit einem *Browser* – einem Blätterer mithin, und Sie erkennen das an der Adresse, die immer mit `http://www` beginnt, was in etwa bedeutet: «Benutze das Hypertext Transport Protocol (http) und suche die gleich folgende Adresse im World Wide Web (www)». *MacInTouch* etwa ist unter `http://www.macintouch.com` zu erreichen, und wer des Englischen einigermassen mächtig ist, findet hier zu den jeweils aktuellen Geräten und Softwareversionen eine Menge an Tipps und Tricks zu Inkompatibilitäten und sonstigen Problemen.

Aber selbstverständlich gibt es auch gute und informative deutsche Seiten, von denen gleich noch einige interessante aufgelistet werden.

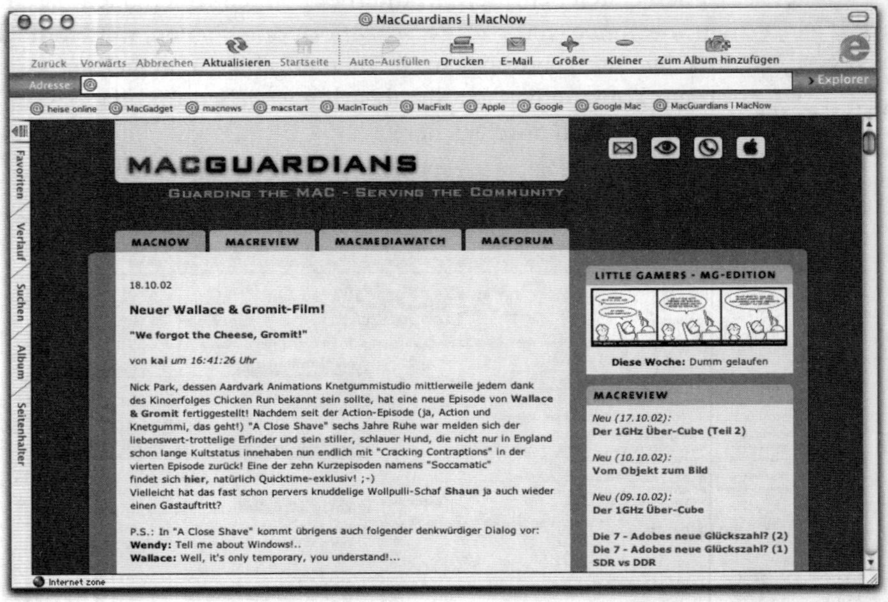

Von dort aus können Sie sich dann durch die deutschen und internationalen Webseiten klicken, denn oft finden sich auf den Webseiten so genannte Links – Verweise auf interessante andere Seiten oder andere Server. Auf diese Weise können Sie wirklich in Sekundenschnelle einmal mit einem australischen und dann gleich wieder mit einem neuseeländischen Rechner verbunden sein!

FTP – File Transfer Protocol

Es gibt sie noch, aber sie verlieren zunehmend an Bedeutung, die Hilfsprogramme (Clients) für das *FTP* (File Transfer Protocol). Das liegt nicht so sehr daran, dass es keine FTP-Server mehr gäbe, sondern vielmehr daran, dass die WWW-Browser diese Aufgabe meist stillschweigend übernehmen.

Denn auch die Browser beherrschen dieses Protokoll, und wenn unten in der Statuszeile kurz solche Dinge wie *Login:* und *anonymous* auftauchen (und *ftp://irgendwas* in der Adresszeile steht), dann wissen Sie, dass Ihr Browser soeben automatisch eine Verbindung zu einem FTP-Server aufgebaut und sich auch gleich erfolgreich eingeloggt hat.

Die Notwendigkeit des Einloggens ist typisch für FTP-Server, die auch heute noch genutzt werden, um Dateien ohne das grosse Brimborium einer aufwendigen Oberfläche schnell auszutauschen. Nicht wenige Software-Updates von Apple – die Sie ganz schick per Browser auf Apples Webseite anwählen – kommen dann doch von einem FTP-Server – achten Sie mal auf die Statuszeile.

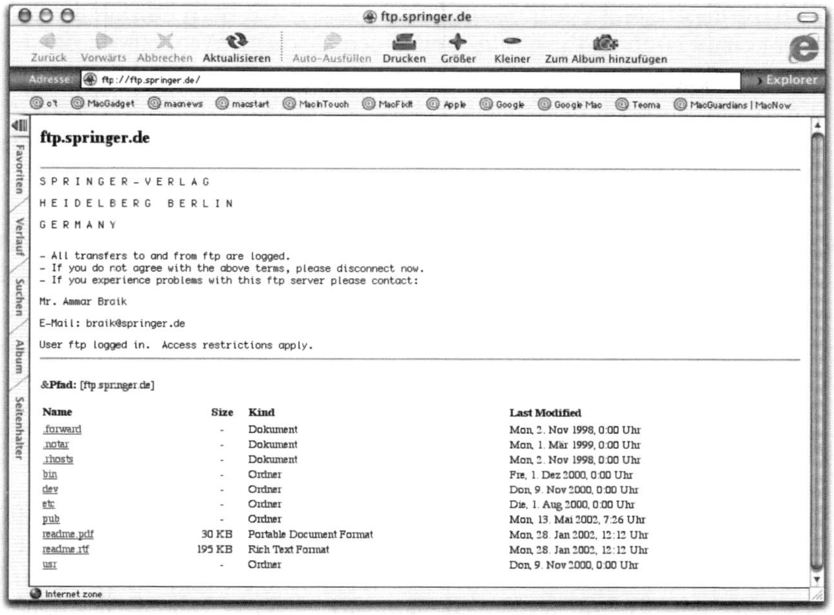

Ebenso wie es geschlossene Netzwerke gibt, in die nur autorisierte Nutzer gelangen können (sollen), gibt es FTP-Server, die nur einem eingeschränkten Personenkreis nach Eingabe von Benutzername und Passwort offen stehen.

Oft aber dienen FTP-Server auch dazu, Dateien – zum Beispiel eben Software – bereitzuhalten, auf die jeder Zugriff hat. In dem Fall ist der Benutzername *guest* und das Passwort lautet *anonymous*. Und da das alle wissen, kommen auch alle rein. Allerdings nicht gleichzeitig, denn FTP-Server begrenzen sehr oft die mögliche Anzahl gleichzeitiger Zugriffe auf 50, 100 oder 200 – je nach Leistungsfähigkeit des Rechenzentrums.

In der Regel können Sie auch die Aufgabe des FTP-Transfers Ihrem Browser übertragen. Wenn Sie diese Funktionalität allerdings öfter benötigen und besonders effiziente Up- oder Downloads starten möchten, dann sollten Sie sich einen der dafür spezialisierten FTP-Clients wie zum Beispiel *Fetch* oder *Anarchie* ansehen.

Java

Java ist eine von Sun Microsystems entwickelte Computersprache, die mittels einer Engine (dem Motor) Applets (Programme) ausführen kann. Vorteil: Nur die Java-Engine muss für das Computersystem bereitstehen, die Java-Applets laufen dann problemlos. Hauptanwendung ist natürlich das Internet. Ähnlich wie jeder Internet-Browser die Seitenbeschreibungssprache HTML versteht, kann ein Java-geeignetes Programm Java-Befehle ausführen (egal, auf welchem Rechner es läuft) und so Ton-, Bild- und Videoeffekte im Webbrowser darstellen.

Einst mussten wir noch bemängeln: «Wie fast immer, versucht Microsoft auch bei seinem Browser ein eigenes Süppchen zu kochen und Microsoft-Standards durchzudrücken. Das führt zu einigen Unverträglichkeiten.»

Doch in Amerika konnte die Firma Sun (die die Java-Technologie entwickelt hat und an andere Firmen lizenziert) einen Prozess gegen Microsoft (die Java modifizierte, aber als Java-kompatibel auswies) gewinnen, und es wurde Microsoft untersagt, seine eigene Java-Technologie als kompatibel anzupreisen. Das führte dazu, dass Microsoft seit dem *Internet Explorer 4.5* wieder auf Apples Java (das wirklich kompatibel ist) vertraut, und das wiederum beseitigt besagte Unverträglichkeiten.

Java kommt der berühmten «eierlegenden Wollmilchsau» schon recht nahe, kann es doch Programmiersprache, Programm oder Dokument sein. Mit *Java* wurden Sie wahrscheinlich bei Ihren Internet-Streifzügen schon mehrfach konfrontiert, wenn nämlich beispielsweise Ihr Browser eine kürzere oder längere Pause macht und dabei irgendwo eine kleine Meldung auftaucht, die sinngemäss *Java Applet loading* lautet. Hier greift Ihr Browser dann auf eine Java-Applikation aus dem Internet zu, lädt dieses kleine Programm und erweitert damit beispielsweise die Fähigkeiten der gerade angezeigten Webseite um ein Berechnungsprogramm.

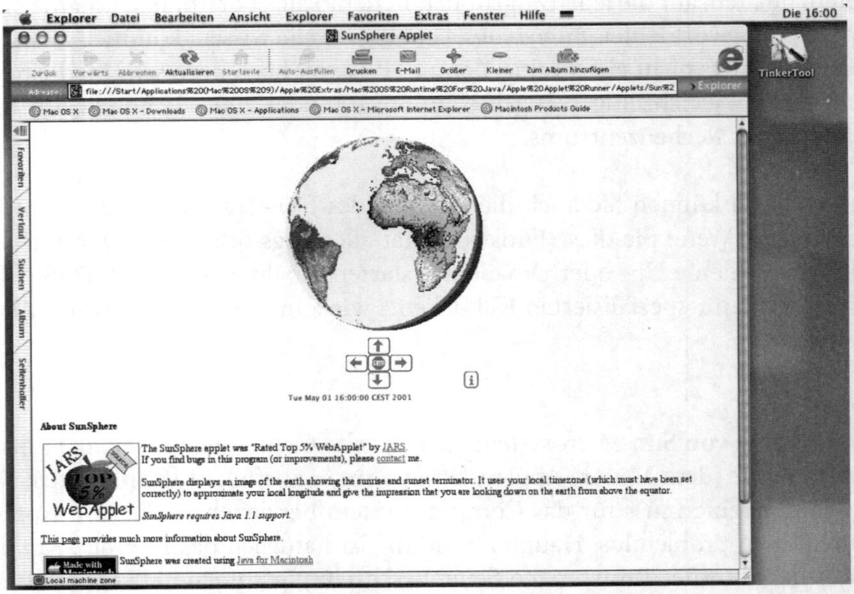

Doch *Java* ist nicht nur im Internet interessant. Ganz im Gegenteil hat dieser hoch interessante Ansatz einer universellen Programmiersprache nur einen einzigen wesentlichen Nachteil, der darin besteht, dass *Java*-Programme im Vergleich zu Programmen anderer Programmiersprachen deutlich langsamer sind. Der Grund dafür ist die *Java Virtual Machine* (VM), die Highlight und Bremsklotz in einem darstellt.

Diese «virtuelle Maschine» ist eine im Grunde ganz ausgezeichnete Idee, denn sie sorgt für die Kommunikation von *Java*-Programmen mit dem jeweiligen speziellen Computer. Hardwareabhängig ist dann auch nur diese virtuelle Maschine, während die *Java*-Programme auf allen beliebigen Computern dieser Welt laufen können, für die eine *Virtual Machine* (VM) existiert. Und das sind fast alle.

In diesem Zusammenhang ist bemerkenswert, dass Apple diesmal wohl eine wirklich gelungene Implementierung von *Java* realisiert hat. Langjährige Mac-Benutzer wissen, dass das bislang immer ein etwas leidiges Thema war. So bot die eine Zeitlang von Microsoft mit dem *Internet Explorer* mitgelieferte *Java*-Umgebung mehr Möglichkeiten und war zudem stabiler als Apples eigene *Java*-Implementierung (sie war allerdings nicht ganz kompatibel). Doch das ist Schnee von gestern. Als sich Mitte des Jahres 2000 die beiden Chefs der Firmen Apple (Steve Jobs) und Sun (Scott McNealy) trafen, bemerkte Letzterer, dass es Apple sei, die mit Mac OS X die «beste Java-Plattform des Planeten» zur Verfügung stelle. Dieses Wort bekommt umso mehr Gewicht, wenn man sich vergegenwärtigt, dass die Firma Sun *Java* entwickelt hat.

Das Internet hat viel zu bieten

Ein guter Einstieg für Internet-Neulinge sind die im Folgenden genannten Dienste und Seiten, denn im Internet lassen sich eine Fülle an Informationen und Material finden. Werden Probleme bekannt, so gibt es meist auch schnell eine Lösung dafür. Ratschläge, Patches (Fehlerbereiniger), aktualisierte Treiberversionen und neue Software – all das findet sich im Internet so schnell und reichlich wie nirgends sonst.

Doch auch ohne aktuelle Probleme ist das Internet eine fantastische riesige Bibliothek, in der Sie viel entdecken werden.

Suchmaschinen und Kataloge sind gewissermassen das Inhaltsverzeichnis des Internet. *AltaVista*, *Yahoo*, *Lycos*, *Excite* usw. durchforsten das Netz und stellen Informationen geordnet zur Verfügung.

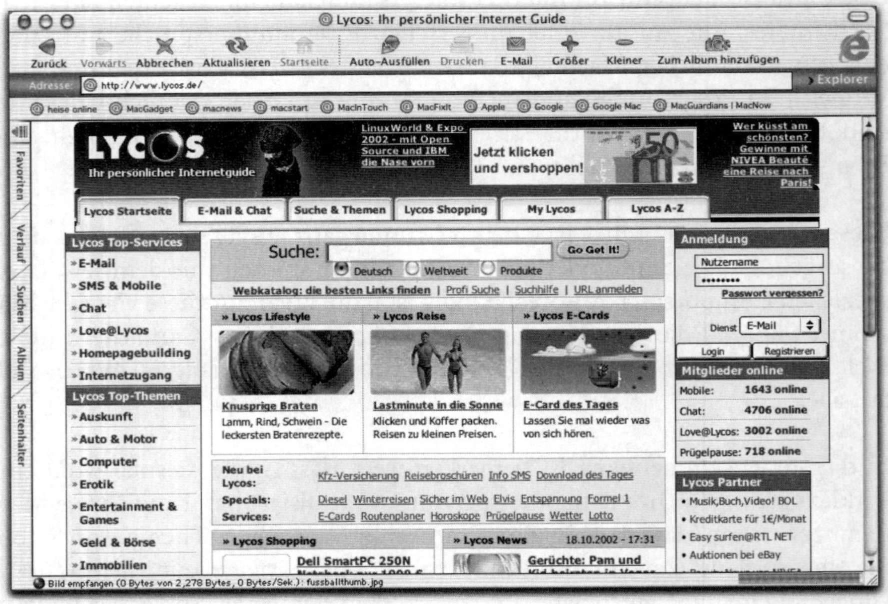

Meta-Suchmaschinen bieten den Vorteil, dass sie die zum Teil unterschiedlichen Suchanfragen und Parameter vereinheitlichen. Sie müssen Ihre Suchbegriffe nur in der Syntax der Meta-Suchmaschine eingeben, allfällige Anpassungen der Suchanfrage an die einzelnen Suchmaschinen erledigt die dann automatisch.

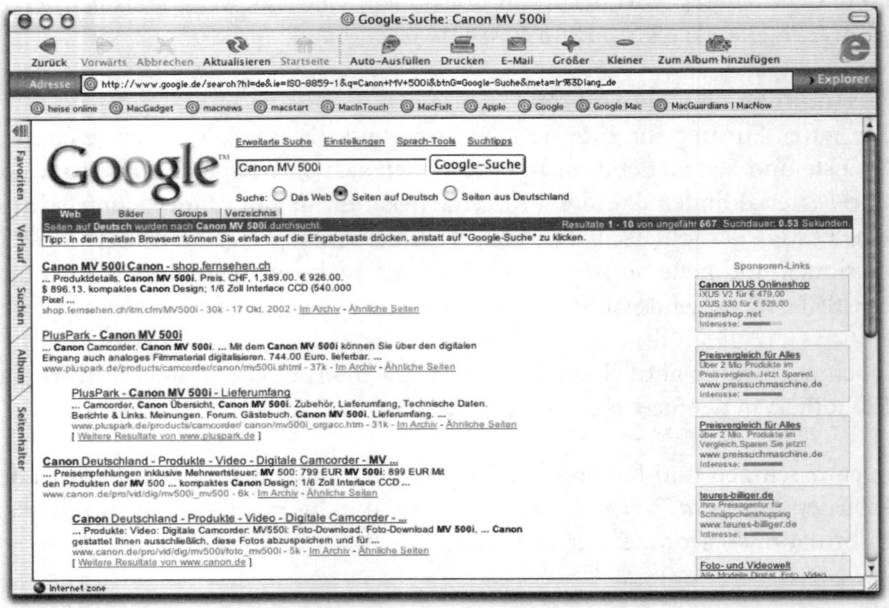

Wenn Sie allerdings nur eine dieser Suchmaschinen aufrufen, wird Ihnen im besten Fall knapp ein Drittel des tatsächlichen Internet-Angebotes präsentiert. Um eine möglichst komplette Auswahl zu bekommen, sollten Sie mehrere dieser Suchdienste bemühen. Und auch dann – selbst in Kombination – kratzen Sie immer nur an der Oberfläche: Drei Suchmaschinen bemüht, das bedeutet nicht etwa 3 x 33% = 99%, da sich die Suchbereiche überschneiden. Sie kommen zusammen vielleicht auf 37% – das «invisible web» lässt grüssen.

BEDENKEN SIE!

Wenn Sie etwas nicht finden, dann bedeutet das nicht, dass es nicht vorhanden ist. Es bedeutet nur, dass Sie nicht an der richtigen Stelle gesucht haben. Forscher, die das Internet und seine Strukturen untersuchen, schätzten den Umfang des Internet im Jahr 2001 auf rund neun Milliarden Webseiten mit 700 Terabyte Inhalt.

Hier ein paar gute Adressen für die allgemeine Suche:

MetaCrawler	`http://www.metacrawler.com/`
Highway61	`http://www.highway61.com/`
Google	`http://www.google.de`
Google Image (Bildersuche):	`http://images.google.com/`
Teoma	`http://www.teoma.com/`
MetaGer	`http://meta.rrzn.uni-hannover.de/`

Letztgenannte hat sich auf deutschsprachige Inhalte spezialisiert. Alle genannten sind wirklich brauchbar (im Gegensatz zu mancher Augenwischerei-Suchmaschine, die gut klingt, aber wenig kann). So suchen diese Maschinen parallel, fügen die Ergebnisse zusammen und stellen sie in einem einheitlichen Format dar, wobei doppelte Fundstellen erkannt werden. Und natürlich muss sich der Anwender nicht mit den Syntax-Gepflogenheiten der anderen Suchmaschinen beschäftigen – all das erledigt die Meta-Suchmaschine.

Oft reichen die genannten Suchmaschinen aus, um die gewünschten Informationen zu finden. Falls nicht, sollten Sie spezialisierte Verzeichnisse bemühen:

Tagesaktuelle Nachrichten suchen Sie hier:

Paperazzi	`http://www.paperazzi.de`
Paperball	`http://www.paperball.de`
Newsclub	`http://www.newsclub.de`
Daypop	`http://www.daypop.com`
Newshub	`http://www.newshub.com`

Mac-spezifische Themen sind unter anderem unter folgenden Adressen zu finden:

MacNews	`http://www.macnews.de`
MacGuardians	`http://www.macguardians.de`
Google speziell für Mac-Themen	`http://www.google.com/mac`
ct	`http://www.heise.de/ct/`

Letztgenannte Webseite behandelt nicht nur den Mac, sondern bringt kritische und kompetente Neuheitenmeldungen rund um die gesamte Computerbranche.

Gepackte Daten

Die meisten Dateien, die Sie per Datenfernübertragung aus dem Internet oder aus Mailboxen herunterladen, sind komprimiert, um die Übertragungszeiten kleinstmöglich zu halten. Vor einer Nutzung müssen Sie entpackt werden. Das zu diesem Zweck universellste Programm ist der *StuffIt Expander* (auf der System-CD). Damit können Sie praktisch alles, was Ihnen so unterkommt, wieder entpacken. Umgekehrt können Sie mit dem Pendant *DropStuff* jede Datei vor dem Versenden komprimieren.

- Gepackte Daten tragen meist die Endung *.sit*, *.sea* oder *.tar*.
- Um Dateien im Internet besonders zuverlässig und ohne Informationsverlust zu versenden, sollten Sie sie im so genannten *Binhex*-Format kodieren.
- *BinHex*-kodierte Dateien werden in der Regel durch das Dateianhängsel *.hqx* kenntlich gemacht.
- Wenn Sie eine Datei an eine E-Mail anhängen, erledigt das Mailprogramm das Packen und Kodieren auf Wunsch automatisch für Sie.
- In anderen Fällen können Sie sich mit dem kleinen Shareware-Programm *DropStuff* weiterhelfen, das auf Wunsch eine komprimierte Datei ins *Binhex*-Format umwandelt.

Der Internet Explorer im Detail

Der *Internet Explorer* hat sich bereits unter dem klassischen Mac OS und jetzt auch unter Mac OS X als ein sehr funktionaler und zuverlässiger Browser erwiesen. Nicht nur, dass er unter Mac OS X der erste Browser überhaupt war, der zur Verfügung stand (wenn damals auch in einer Beta-Version), er funktionierte auch auf Anhieb ziemlich stabil.

Er unterstützt die Verschlüsselung mit 128 Bit (das ist sehr sicher und beispielsweise beim Senden von Kreditkarten-Daten nützlich).

«Internet Explorer» beherrschen

Nach dem Aufstarten präsentiert sich der *Internet Explorer* in etwa so:

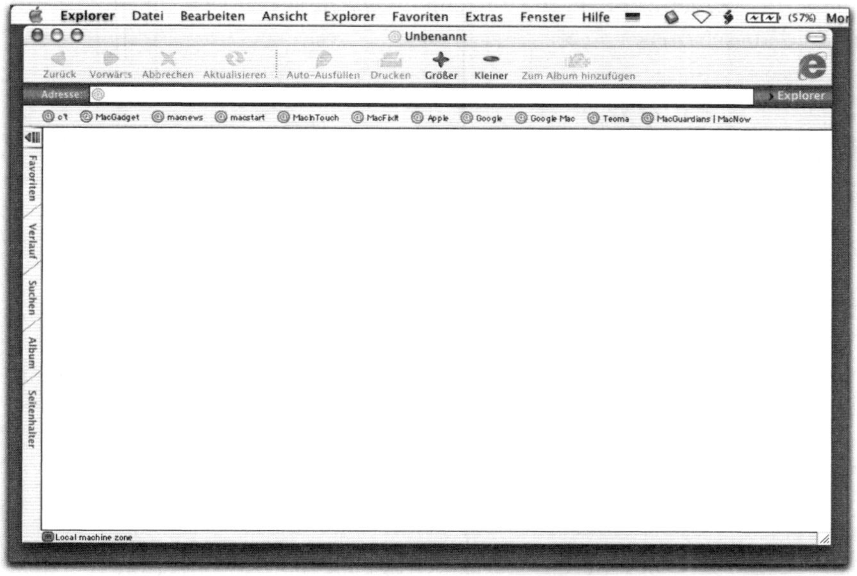

Unter der bekannten Menüleiste finden sich Symbolleisten, die über das Menü *Ansicht* ein- und ausgeschaltet werden können.

Wichtigstes Element ist die Adresszeile (in der die Internet-Adresse der Site aufgeführt ist), mit der Sie gerade Kontakt aufnehmen. Diese Leiste kann aber noch viel mehr, denn der *Internet Explorer* merkt sich die zuletzt besuchten Sites.

Tippen Sie beispielsweise den Begriff *Mac* in dieser Zeile ein, dann machen Sie mit sehr hilfreichen Funktionen des *Internet Explorer* Bekanntschaft:

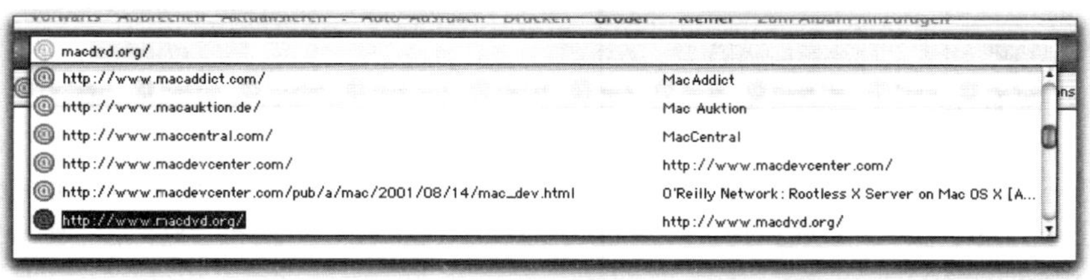

Per *AutoVervollständigen* versucht das Programm, aus den eingetippten Zeichen eine Website zu rekonstruieren, die entweder bereits einmal besucht wurde oder die unter den Favoriten aufgeführt ist. Der erste Treffer wird angezeigt. Dazu muss unter *Explorer* | *Einstellungen…* | *Browseranzeige* die Funktion *Auto-Vervollständigen für Adressen* aktiviert sein.

Auf der Standard-Symbolleiste finden sich die wichtigsten Knöpfe zum Erforschen des Internet. Andere Einstellungen werden über *Ansicht | Symbolleiste anpassen…* vorgenommen, die einzelnen Leisten lassen sich im Menü *Ansicht* ein- und ausschalten:

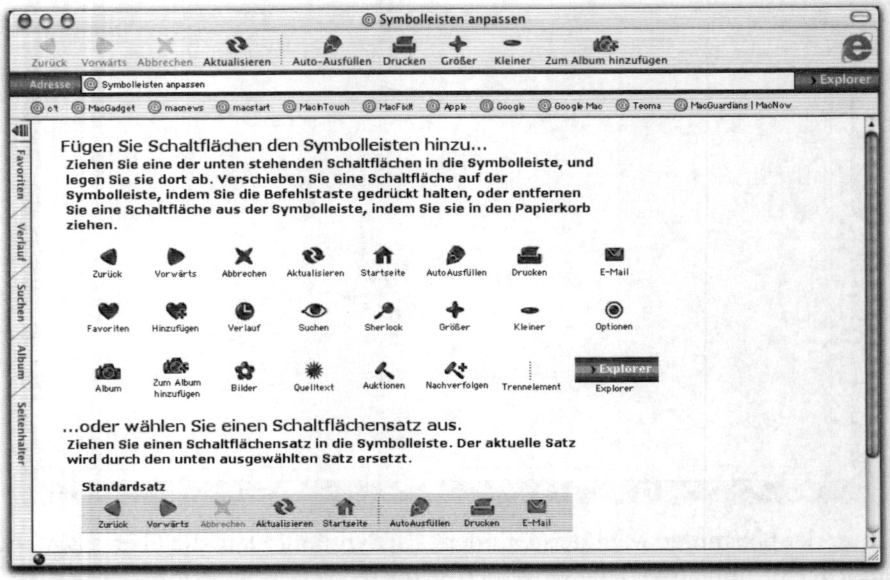

Doch zurück zur Standardleiste und den Möglichkeiten:

Zurück / Vorwärts – blättert zur vorherigen respektive nächsten bereits besuchten Seite.

HEISSER TIPP

Wenn Sie die Knöpfe *Vorwärts* oder *Zurück* anklicken und gedrückt halten, klappt eine Liste mit den bereits besuchten Sites auf.

Abbrechen – bricht das Laden einer Seite ab und ist nützlich, wenn Sie feststellen, dass diese Seite doch zu lange zum Laden benötigt, weil sie so viele Grafiken enthält.

Aktualisieren – lädt eine Seite erneut, und Sie drücken diesen Knopf, wenn Grafiken oder auch Textteile unvollständig geladen worden sind.

Startseite – lädt die Seite, die Sie in *Explorer | Einstellungen... | Browseranzeige* definiert haben. Wir finden, dass das Definieren einer Startseite eher hinderlich ist, da sie dann automatisch bei jedem Aufstarten des Browsers geladen wird. Sie könnten aber als Startseite z. B. `http://www.smartbooks.ch` vorgeben...

AutoAusfüllen – eine tolle Funktion! Wie oft haben Sie schon Ihre persönlichen Angaben eingegeben, weil Sie Informationsmaterial anfordern oder einen elektronischen Newsletter abonnieren wollten? Dabei sind immer wieder die gleichen Informationen (Name, Adresse, E-Mail-Adresse) gefragt und das Ausfüllen ist lästig und dauert... Das ist vorbei, wenn Sie unter *Explorer | Einstellungen... | AutoAusfüllen* anwählen und dort Ihre Daten eintragen:

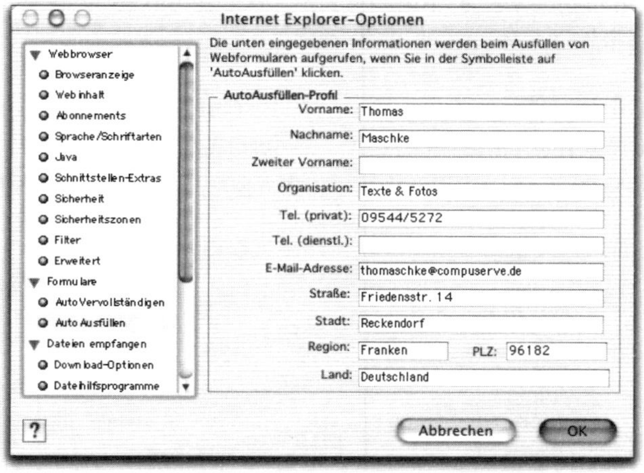

Stossen Sie künftig auf ein Formular einer Webseite, dann müssen Sie nur das Symbol für *AutoAusfüllen* drücken oder die Tasten *Befehl-=* betätigen. Die eingefügten Informationen sind gelb markiert und Sie können sie überprüfen, bevor Sie das Formular an die Website senden.

Dem setzt dann *AutoVervollständigen* noch die Krone auf. Zum einen lassen sich unter *Explorer | Einstellungen... | AutoVervollständigen* Begriffe (Wörter, aber auch ganze Ausdrücke) eingeben, die dann vom *Internet Explorer* automatisch vervollständigt werden, wenn er die ersten Zeichen erkannt hat. Zum anderen greift *AutoVervollständigen* auch auf die Begriffe zu, die Sie in *AutoAusfüllen* definiert haben. Und das bedeutet, selbst wenn im Web Formularfelder auftauchen, die *AutoAusfüllen* nicht kennt, können Sie die Formulare mit wenigen Tastenanschlägen ausfüllen.

Drucken – wenn Sie diesen Knopf drücken, wird die aktuelle Seite gedruckt. Wenn Sie den Knopf gedrückt halten, erscheinen weitere Optionen:

Auch hier hat sich Microsoft Gutes einfallen lassen, um uns das Leben ein wenig zu erleichtern. Normalerweise ist das Drucken nämlich eine ziemlich haarige Angelegenheit: Da werden Leerseiten gedruckt, der Seitenumbruch stimmt hinten und vorne nicht und die vielen bunten Hintergrundbildchen beeinträchtigen die Lesbarkeit.

Der *Internet Explorer* zeigt sich aber recht intelligent, was das Drucken angeht, und versucht beispielsweise Bilder nicht über mehrere Seiten zu zerstückeln und Tabellen nicht auseinander zu reissen.

Im *Drucken*-Dialog (*Datei | Drucken…*) können Sie ein Pop-Up zu verschiedenen Voreinstellungen aufrufen, unter anderem zu *Internet Explorer*. Und dort können Sie festlegen, ob Bilder und Hintergrundbilder mitgedruckt werden sollen oder wie die Seiten zu behandeln sind:

Die genaue Kontrolle, wie sich die einzelnen Optionen auswirken und wie sich die Seiten am besten ausdrucken lassen, bekommen Sie über *Datei | Seitenansicht*.

E-Mail – hier wird jenes E-Mail-Programm gestartet, das in der Systemeinstellung *Internet* als Standard definiert wurde. Auch hier haben Sie Zugriff auf weitere Optionen, wenn Sie den Knopf gedrückt halten.

Besonders hilfreich sind die Reiter links im Fenster, wo sich die wichtigsten Funktionen schnell ausklappen lassen:

Geschlossen wird so ein Reiter wieder, indem einfach erneut auf den aktivierten Reiter geklickt wird.

Favoriten – verwaltet die Liste der von Ihnen angelegten liebsten Websites. Das ist – wie Sie schnell bemerken werden – die wichtigste Verwaltungsfunktion, die Ihnen einigermassen den Überblick über das Internet freihält. Im Wesentlichen funktioniert hier alles wie im Finder: Ordner können einfach verschoben werden und durch das Ziehen auf den Papierkorb lassen sich Adressen und Ordner löschen. 329

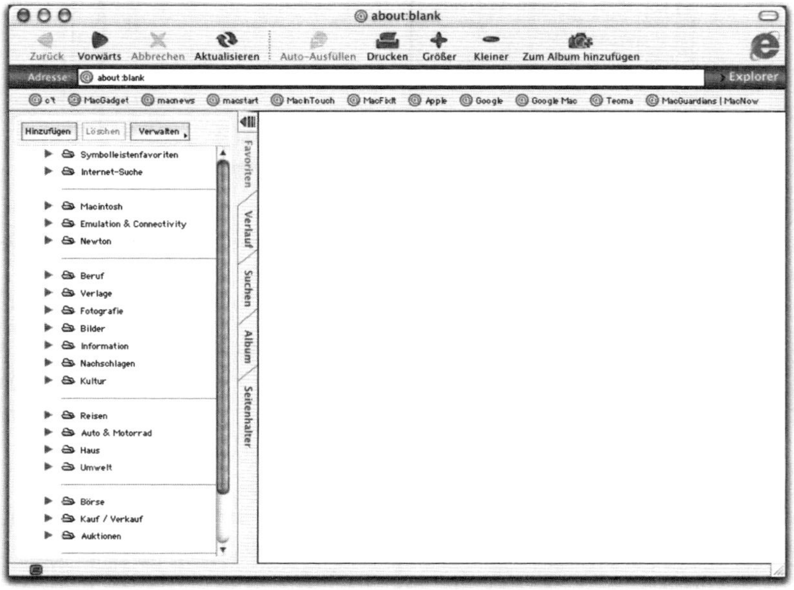

Wenn Sie auf eine interessante Website stossen, dann wählen Sie *Favoriten | Seite zu Favoriten hinzufügen* (oder drücken schneller *Befehl-D*). Nachdem Sie das Internet verlassen haben, räumen Sie hier besonders gut auf, damit Sie den Überblick nicht verlieren.

HEISSER TIPP

In der Favoritenliste eines Browsers steckt viel Arbeit, weshalb Sie sie von einem alten System 9 übernehmen sollten: Der *Internet Explorer* verwaltet wie alle Browser seine *Favoriten* in der HTML-Datei *Favorites.html*, und wenn Sie die von */Systemordner/Preferences/Explorer/* nach */Benutzer/Benutzername/Library/Preferences/Explorer/* kopieren beziehungsweise die dort angelegte Favoriten-Standarddatei ersetzen, dann stehen Ihnen all Ihre bekannten Favoriten beim nächsten Aufstart des *Explorer* zur Verfügung.

Verlauf – speichert die zuletzt besuchten Websites chronologisch. Wie viele, das legen Sie unter *Explorer | Einstellungen… | Erweitert* fest:

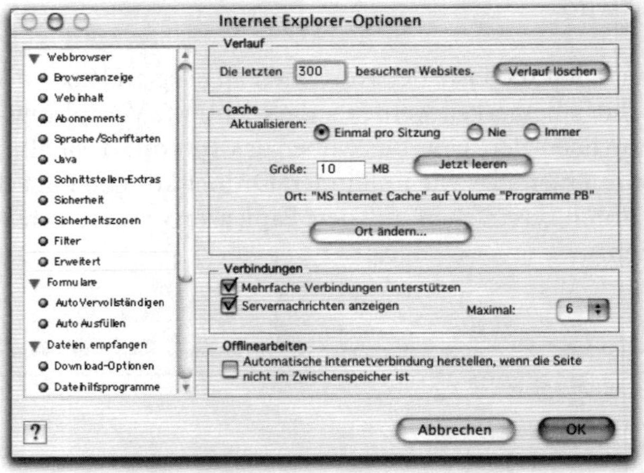

Das ist praktisch, wenn Sie schnell wieder eine kürzlich aufgesuchte Webseite besuchen möchten, die aber nicht in den Favoriten gespeichert wurde, weil sie so wichtig auch wieder nicht war.

GELD GESPART

Einmal besuchte Sites werden im Cache gespeichert – und wenn Sie den gross genug anlegen (unter *Explorer | Einstellungen… | Erweitert*), dann können Sie auch dank *Verlauf* offline auf bereits besuchte Sites zugreifen und sparen Verbindungszeit.

Mit dem Menübefehl *Offline arbeiten* stellen Sie den Internetzugriff ab. Dies erkennen Sie dann jederzeit an der kleinen durchgestrichenen Weltkugel unten links.

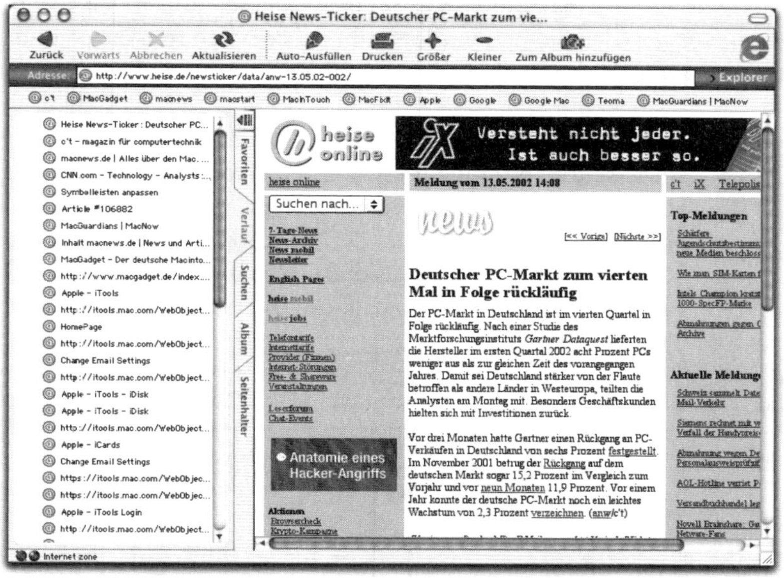

Suchen – ruft die Microsoft-Suchseite auf, von der aus Sie sich zu den verschiedenen Suchdiensten verbinden lassen können.

Album – das ist für Sites gedacht, die Sie speichern möchten, um sie später in Ruhe offline anzusehen:

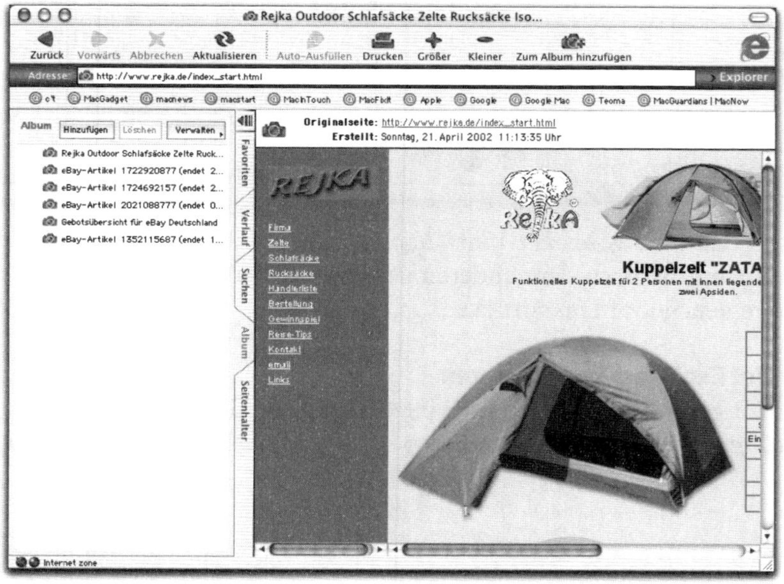

Besuchen Sie eine interessante Site, dann drücken Sie einfach den Knopf *Zum Album hinzufügen* (den Sie sich in die Symbolleiste holen müssen) – und schon wird die komplette Webseite inklusive der Bilder im Album abgespeichert.

RAFFINIERT

Seitenhalter – der Reiter ist dann hilfreich, wenn Sie auf einer Seite auf viele interessante Links (= Querverweise) stossen, die Sie gern besuchen möchten. Normalerweise müssen Sie dann ganz diszipliniert immer wieder den *Zurück*-Knopf betätigen oder Sie verlieren den Überblick. Jetzt klicken Sie auf *Seitenhalter* und dann auf den Knopf *Hinzufügen*, um die aktuelle Seite hier zu speichern.

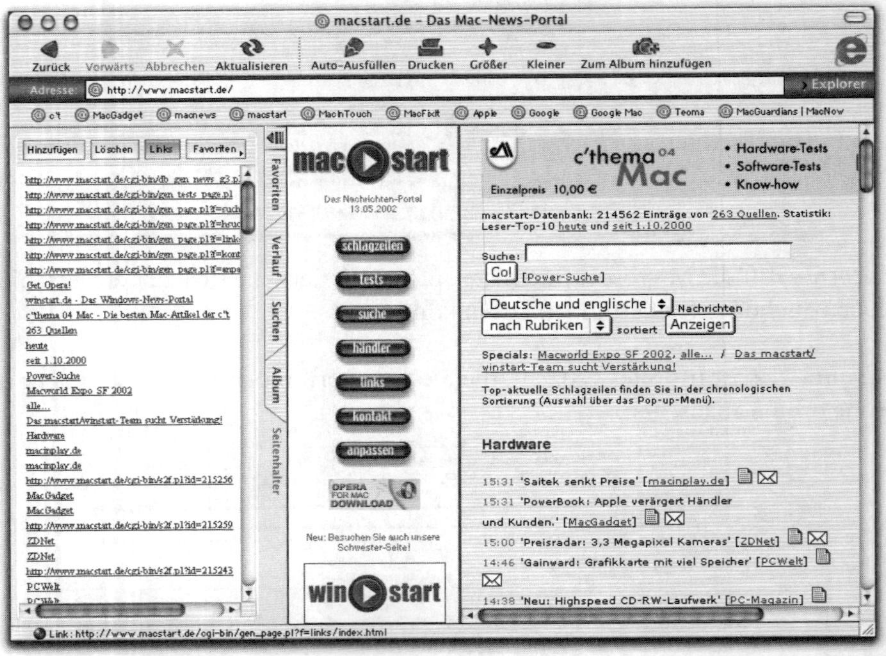

Es dauert ein wenig, bis alle Links übertragen sind. Dann aber können Sie in Ruhe einen Link nach dem anderen verfolgen. Übersichtlich wird das Ganze, wenn Sie den Knopf *Links* drücken.

«Internet Explorer» konfigurieren

Die wichtigsten Einstellungen zum *Internet Explorer* finden sich unter *Explorer | Einstellungen…*, und Neulinge sind ob der Vielfalt vielleicht ein wenig verwirrt:

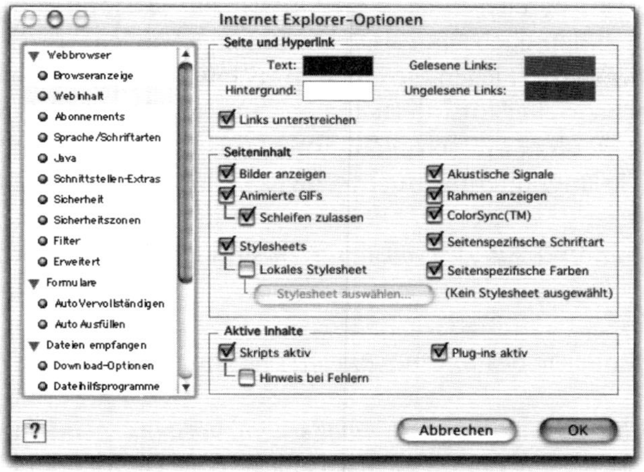

Doch Microsoft hat die Online-Hilfe diesbezüglich wirklich sehr ausführlich gehalten, so dass Sie dort nachschlagen sollten, was wie eingestellt wird und wozu es dient:

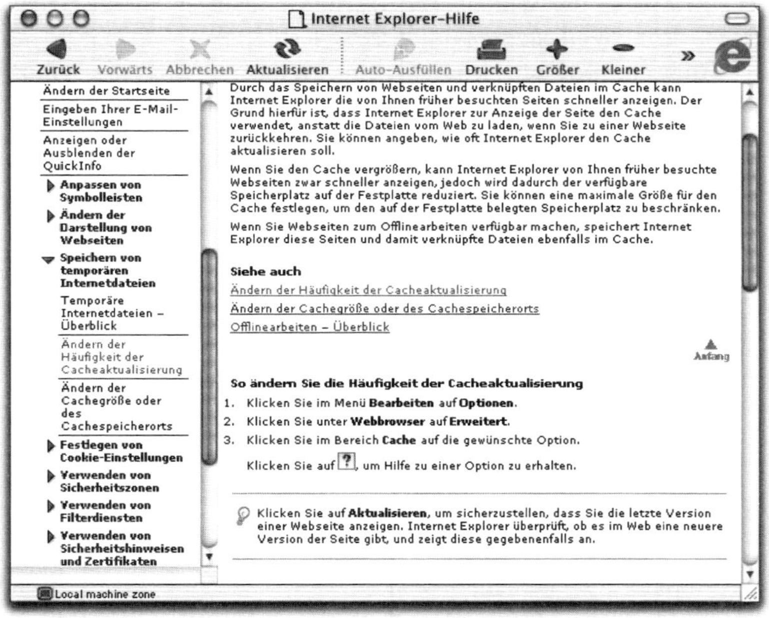

Diese Konfiguration samt Rückgriff auf die Hilfe ist ganz nebenbei ein hervorragender Weg, die Fähigkeiten des *Internet Explorer* kennen zu lernen.

Hier aber auf jeden Fall schon mal die wichtigsten Einstellungen, die wir Ihnen empfehlen:

- Wählen Sie im Bereich *Cookies* die Option *Für jede Site nachfragen.* Lesen Sie dazu auch den nächsten Abschnitt *Verraten wird nichts.*
- Im Bereich *Erweitert* legen Sie einen möglichst grossen *Cache* (= temporärer Zwischenspeicher für Internetdaten) an – alle Daten, die dort temporär gespeichert werden, müssen nicht erneut aus dem Internet geholt werden. Faustregel: Je langsamer Ihr Internetzugang ist, desto grösser sollte der *Cache* sein.
- *AutoAusfüllen* und *AutoVervollständigen* sind äusserst hilfreich. Nutzen Sie das.

Auch die Symbolleiste des *Internet Explorer* können Sie konfigurieren:

- Alle Links, die Sie im Ordner *Symbolleistenfavoriten* (Menübefehl *Favoriten* | *Favoriten verwalten* oder *Befehl-J*) ablegen, erscheinen direkt unter der Adressleiste und sind per Mausklick schnell aufgerufen:

- Welche Knöpfe in der *Symbolleiste* zu sehen sind, legen Sie über den Menübefehl *Ansicht* | *Symbolleisten anpassen…* fest.
- Die gewünschten Knöpfe ziehen Sie einfach nach oben in die Symbolleiste. Sie können auch die Farbe festlegen: *Ansicht* | *Browserfarbe* oder per *Control-Klick* in die Symbolleiste:

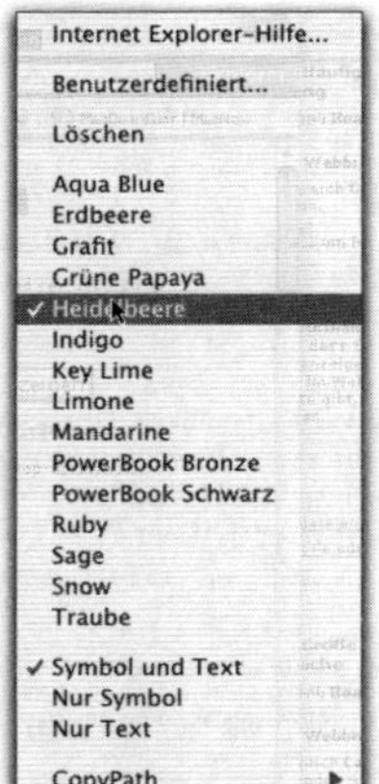

Verraten wird nichts

Cookies (Schlauberger) sind kleine Informationspakete, die ein Webserver an den Macintosh sendet – und die wir nicht wollen. Denn erstens gefällt uns nicht, dass da ein anderer auf unserem Computer rumschreibt, und zweitens liest der Server beim nächsten Besuch dieser Website den Cookie gar noch von unserem Computer – und identifiziert uns auf diese Weise.

So löblich die Absicht von Fall zu Fall sein mag (da weiss der Server gleich, welche Sprache und Anzeige Sie bevorzugen), in der Summe ist sie ein Schritt zum gläsernen Internet-Nutzer, kann doch festgehalten werden, welche Sites Sie wann und wie oft besuchen, was Sie da so machen und dergleichen mehr.

Schalten Sie die Cookies aus: Menü *Explorer | Einstellungen... | Cookies.* Stellen Sie unter Empfangsoptionen mindestens *Für jede Site nachfragen,* besser noch *Für jedes Cookie nachfragen,* oder am allerbesten *Nie annehmen* ein.

POWER USER

Falls Sie die Cookies doch einmal benötigen (Microsoft lässt Sie beispielsweise auf manche Download-Seiten nur, wenn Sie Cookies akzeptieren, andernfalls landen Sie auf einer Seite, die Sie informiert, dass Sie die Cookies abgelehnt haben), dann müssen Sie die Cookie-Voreinstellungen löschen oder ändern, denn der *Internet Explorer* merkt sich, bei welchen Sites Cookies abgelehnt werden sollen:

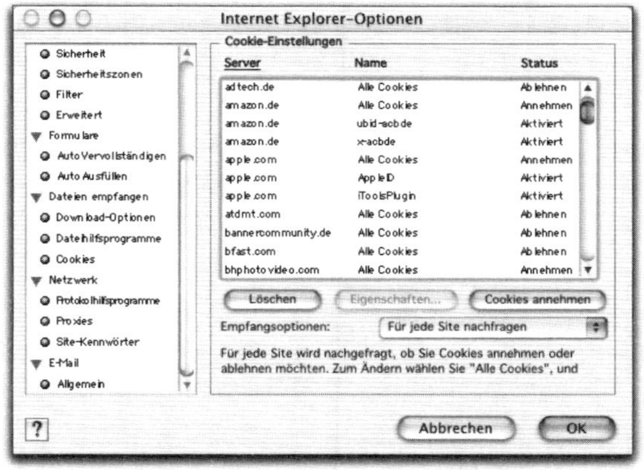

Unter *Explorer | Einstellungen... Cookies* lassen sich die Voreinstellungen ändern oder ganz löschen. Wir empfehlen die Option *Für jede Site nachfragen.*

Abonnieren

Eine hochinteressante Option verbirgt sich unter *Favoriten | Abonnieren...* Hier können Sie die aktuelle Website «abonnieren», will heissen, wenn Sie auf eine Site stossen, von der Sie gerne wissen möchten, ob sie sich geändert hat, dann wählen Sie den *Abonnieren*-Befehl.

Das macht natürlich bei Nachrichtenseiten, die sowieso täglich aktualisiert werden, wenig Sinn. Es ist aber für Seiten wie zum Beispiel die Seite eines Herstellers interessant, die sich seltener ändern, Sie aber an Neuerungen beziehungsweise neuen Produkten interessiert sind.

Ohne weitere Einstellungen tätigen zu müssen, drücken Sie einfach den Knopf *Abonnieren* in der Dialogbox. Um dann all Ihre Abos zu überprüfen, müssen Sie nur noch jeweils den Befehl *Favoriten | Abonnements aktualisieren* anwählen.

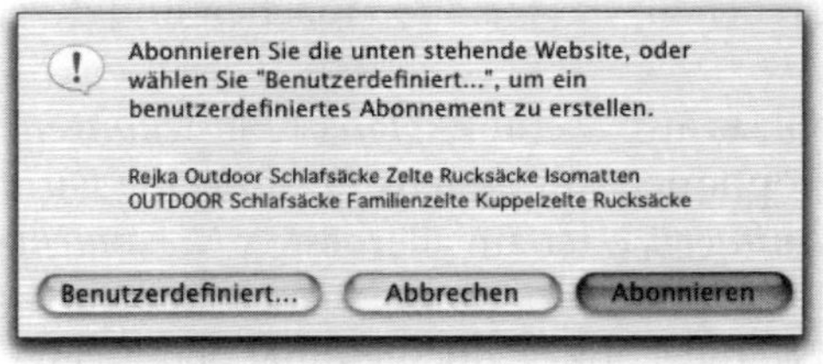

Wählen Sie dagegen *Benutzerdefiniert...* aus, so können Sie genau festlegen, wann und wie das Abonnement dieser Site verlaufen soll:

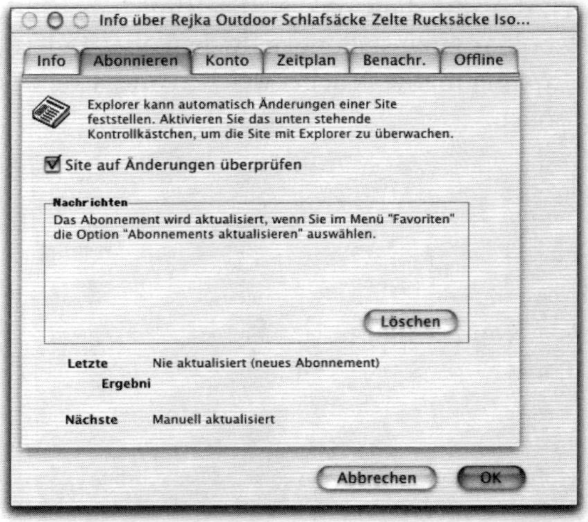

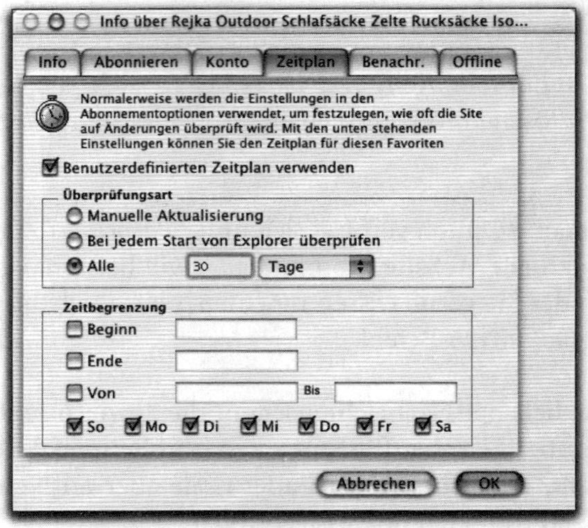

Löschen lassen sich Abos ganz einfach, wenn man weiss, wie es geht: Die aktuellen Abos sind mit einem Symbol markiert:

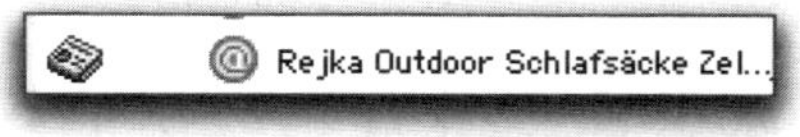

Sie können sich die Favoriten (und damit auch die Abonnements) entweder über *Favoriten | Favoriten verwalten* anzeigen lassen oder sie bei der Explorer-Leiste linker Hand aufklappen. Dann markieren Sie den Link und drücken auf den Knopf *Löschen*.

Tipps und Tricks für Poweruser

- WWW-Adressen können per *Drag&Drop* an den *Internet Explorer* übergeben werden. Dazu wird – in einem anderen Fenster (auch eines anderen Programms) – die Adresse markiert und dann in das Fenster des *Internet Explorer* gezogen.
- Bilder lassen sich per *Drag&Drop* aus dem Fenster auf den Schreibtisch ziehen und werden dort im GIF- oder JPEG-Format abgelegt (je nachdem, wie sie geliefert wurden).
- Wenn Sie im Browserfenster auf ein Element *Control-Mausklicken*, taucht ein Kontext-Menü mit weiteren Befehlen auf:

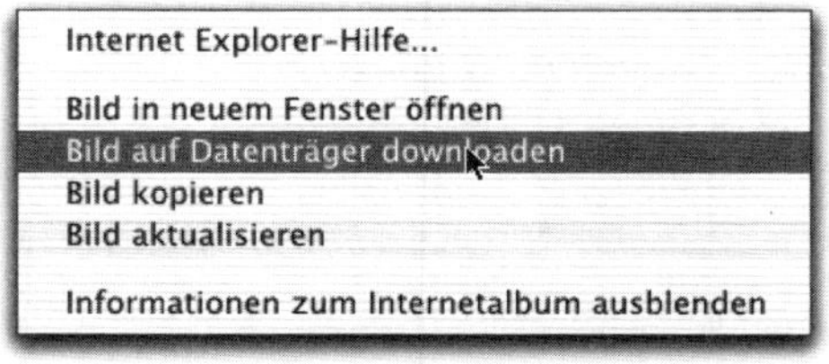

- Im Menü *Ansicht | Zeichensatz* können Sie die gewünschte Schriftart auswählen. Einige Seiten verwenden eigene Schriftarten; gefällt Ihnen das nicht, können Sie im Menü *Explorer | Einstellungen... | Web Content* das Kontrollkästchen bei *Style Sheets* deaktivieren.

- Kleine Schriften lassen sich besser lesen, wenn Sie sie im Menü *Ansicht | Textzoom* oder über den Knopf *Grösser* in einer höheren Punktgrösse darstellen lassen.

Neben den Standard-Tastenkürzeln, wie sie auch in den Menüs verzeichnet sind (*Befehl-V* für Einfügen etc.), beherrscht der *Internet Explorer* auch noch weitere:

- *Tabulator-Taste* springt in die Adresszeile und markiert sie komplett.
- *Befehls-Taste Pfeil hoch / runter* springt an den Textanfang respektive das Textende.
- *Wahl-Taste Pfeil hoch / runter* scrollt eine Seite hoch respektive runter.
- *Befehl-J* für das Verwalten von Favoriten.
- *Befehl-Shift-Mausklick* auf einen Link öffnet ein neues Browserfenster im Hintergrund – Sie können auf der aktuellen Seite weiterlesen, während die neue im Hintergrund geladen wird. Praktisch.

Unterbrochene Dateiübertragung fortsetzen

Wahrscheinlich ist es Ihnen auch schon passiert, dass Sie sich das neueste System-Update von knapp 20 Megabyte Grösse herunterladen wollten – und bei 18,5 Megabyte übertragener Datenmenge plötzlich die Verbindung zusammenbrach. Und das bedeutete, ganz von vorne anzufangen.

Glücklicherweise erlaubt der *Internet Explorer* das Fortsetzen einer solch unterbrochenen Dateiübertragung. Die Option ist allerdings gut versteckt und auch wir haben es lange Zeit nicht gewusst: Abgebrochene Downloads merkt sich der *Internet Explorer* auch nach dem Verbindungsabbruch und über das Beenden (Ausschalten) hinaus.

Das geht so:

1. Menübefehl *Fenster | Download Manager*.

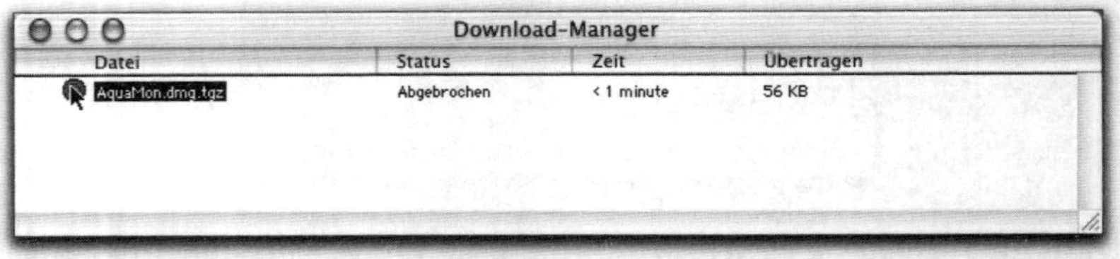

2. Die fragliche Datei doppelklicken und dann im neu auftauchenden Fenster den Knopf *Aktualisierung* drücken.

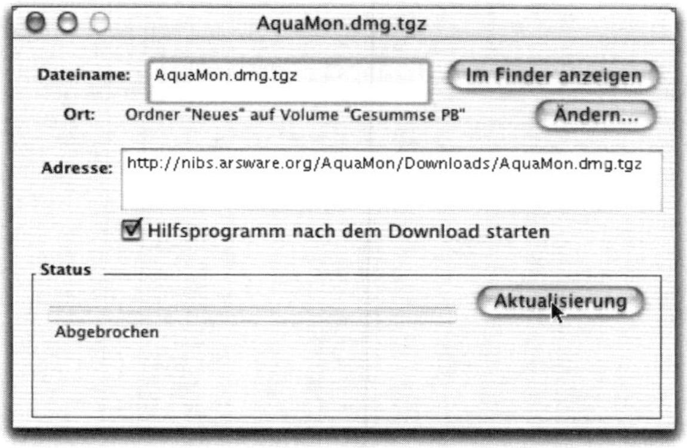

3. Der Download wird fortgesetzt.

Internet Explorer beschleunigen

- Deaktivieren Sie unter *Explorer* | *Einstellungen...* | *Webinhalt* die Übertragung von Audio, Video und eventuell sogar Bildern, um Seiten schneller anzuzeigen. Sie können Bilder jederzeit einzeln übertragen, indem Sie entweder im Menü *Ansicht* den Befehl *Bilder laden* aufrufen oder auf den Platzhalter für das Bild *Control-klicken* und im Kontextmenü *Fehlendes Bild laden* aufrufen.
- Aktivieren Sie unter *Explorer* | *Einstellungen...* | *Erweitert* die Option *Mehrfache Verbindungen* unterstützen. Bilder etwa werden ansonsten eins nach dem anderen übertragen; bei Verwendung einer Mehrfachverbindung jedoch können die Bilder gleichzeitig übertragen werden.

Browsen auf der Platte

Mit dem *Internet Explorer* (und anderen Internet-Browsern) können Sie nicht nur das weltweite Netz durchforsten, sondern auch lokale Festplatten und Netzwerke. Der Trick: Geben Sie als Adresse *file:///* an und drücken Sie die *Return-Taste.* Daraufhin wird das Verzeichnis des Schreibtisches dargestellt (Abbildung siehe bitte nächste Seite, oben).

Jetzt können Sie sich durch Ihre Volumes und Ordner klicken, als wären es Hyperlinks, und wenn Sie auf ein Dokument oder Programm stossen und das anklicken, wird es so geöffnet, als hätten Sie es im Finder doppelgeklickt.

Wenn Sie jetzt noch einen Bookmark (= Lesezeichen) für den Ordner anlegen, in dem Sie interessante Seiten aus dem Internet aufbewahren, können Sie schnell aus Ihrem Browser auf die Seiten zugreifen.

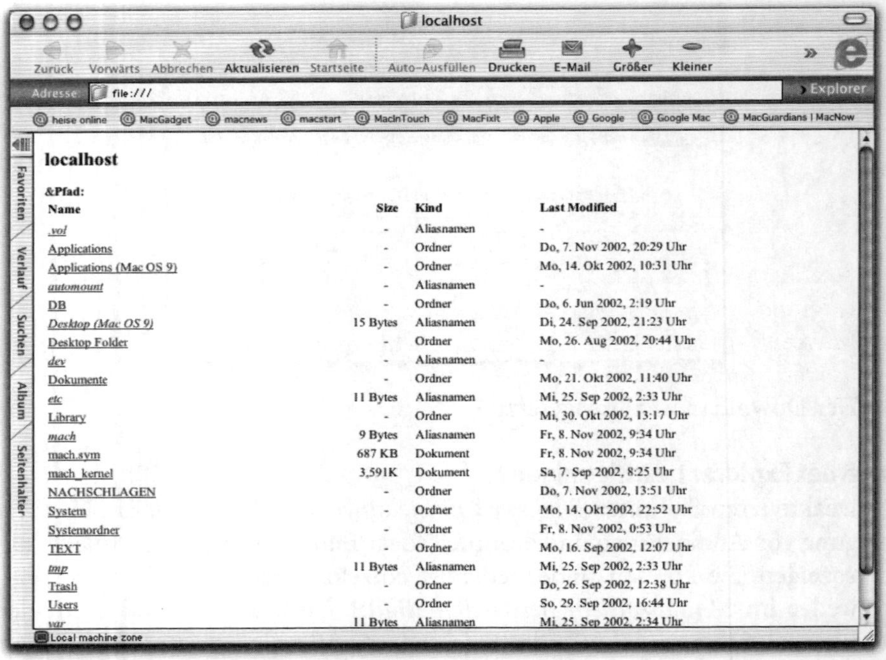

Bugs – Fehler im Programm

Uns sind keine schwerwiegenden Fehler bekannt.

MSN Messenger

Der *MSN Messenger* ist ein Programm für den so genannten «Internet Relay Chat»: Hier unterhalten Sie sich auf IRC-Channels mit Gleichgesinnten in Echtzeit und rund um die Uhr. Im Gegensatz zu Newsgroups und Mailinglisten ist das, was Sie zu sagen haben, unmittelbar von allen anderen lesbar und die können auch sofort darauf antworten. Diese Online-Unterhaltungen werden auch «chatten» genannt.

Chat-Rooms existieren zu den unterschiedlichsten Themen mit privaten, technischen oder regionalen Schwerpunkten. Der Nutzer tritt unter einem Pseudonym auf und muss gegenüber den Mitrednern nichts von sich preisgeben, was er nicht will. Noch nicht einmal das Geschlecht: Hinter der «süssen Maus» verbirgt sich nicht notwendigerweise ein junges Mädchen.

Solche Anonymität macht frei. Die Gespräche sind zwanglos und jeder kann sich so geben, wie er gern wäre, er kann eine neue Identität entwickeln und frei von der Leber weg chatten.

Doch nicht ganz zufällig taucht der *MSN Messenger* hier unter Fehlern auf. Er setzt *.NET Passport* von Microsoft voraus, das umfangreiche Benutzerdaten verlangt und sammelt und über das seit seiner Einführung nicht nur Gutes verbreitet wurde. Dazu Auszüge aus Meldungen der Zeitschrift c't (`www.heise.de`):

Vom 10.2.2002:

> *Letztlich erstreckt sich der Einfluss von .NET auf alles, was wir heute als «digitale Welt» kennen. … Und Misstrauen ist sicherlich angebracht: Microsoft deklariert .NET zwar als «offenes System», doch schon jetzt behindern unvollständige Spezifikationen und Standards den Mitbewerb. Hinzu kommen datenschutzrechtliche Bedenken: Über den Anmeldedienst Passport sollen sich Anwender gegenüber den Dienstanbietern ausweisen. Nicht nur dabei werden persönliche Daten des Nutzers abgefragt und zentral auf Microsoft-Servern gespeichert. Die Kritiker können zudem darauf verweisen, dass Microsoft schon des Öfteren mit harten Bandagen seine vermeintlichen EDV-Erbhöfe verteidigt hat – und dies gerichtsnotorisch.*

Vom 14.6.2002:

> *Die Firma von Bill Gates hat in den vergangenen Jahren immer wieder Ängste bei Kunden und Verbrauchern im Umgang mit den wertvollen privaten Daten ausgelöst. Regelmäßig wurden Praktiken aufgedeckt, wie Microsoft etwa über Identifikationsnummern in Windows und Office-Dokumenten oder durch den Windows Media Player die Nutzer ausspionierte.*

.NET Passport ist als ein weiterer Versuch Microsofts zu werten, sich die Vorherrschaft in einem Bereich zu verschaffen, und das wollen wir nicht unterstützen. Deshalb haben wir weder *.NET Passport* abonniert noch können und wollen wir den *MSN Messenger* nutzen. Apple bietet mit *iChat* eine gelungene Alternative.

6

Entourage:mac v.X

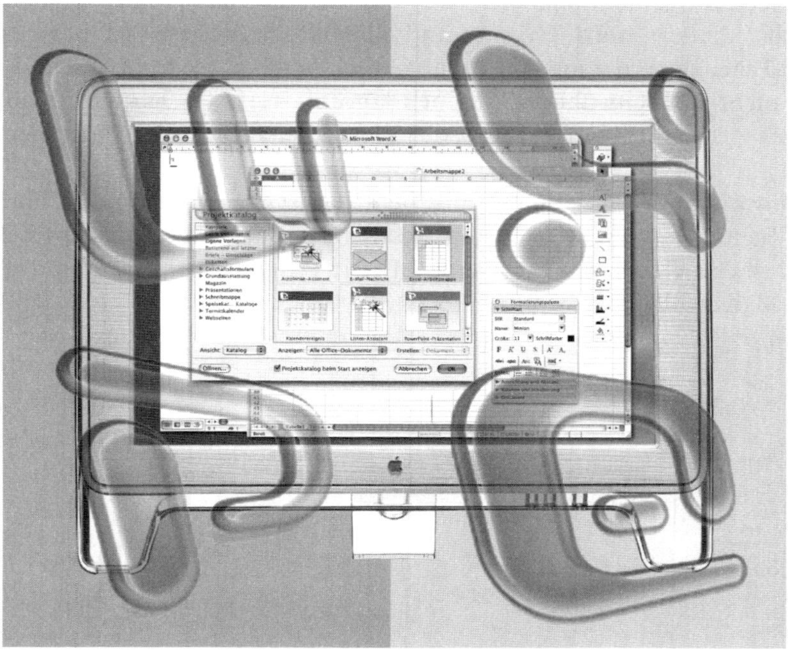

Entourage:mac v.X

Entourage (sprich Ontuhraahsch), der französische Begriff für «Umgebung», ist nicht schlecht gewählt angesichts der Tatsache, dass das Programm nicht nur E-Mails, sondern auch Termine und Kontakte verwalten und das gesamte *Office*-Paket steuern kann. Im Amerikanischen – wo der französische Begriff wohl nicht so leicht über die Lippen kommt – erfreut sich die Abkürzung «Erage» grosser Beliebtheit. Das bedeutet Ära, Zeitalter. Auch nicht schlecht.

Entourage ist zuvorderst ein E-Mail-Client: das ist ein Programm, das die Mails eines Benutzers verwaltet. Es holt und sendet Daten, die von dem E-Mail-Server des Providers verwaltet werden. Dieses Programm verwaltet und verteilt die E-Mails zahlreicher Benutzer.

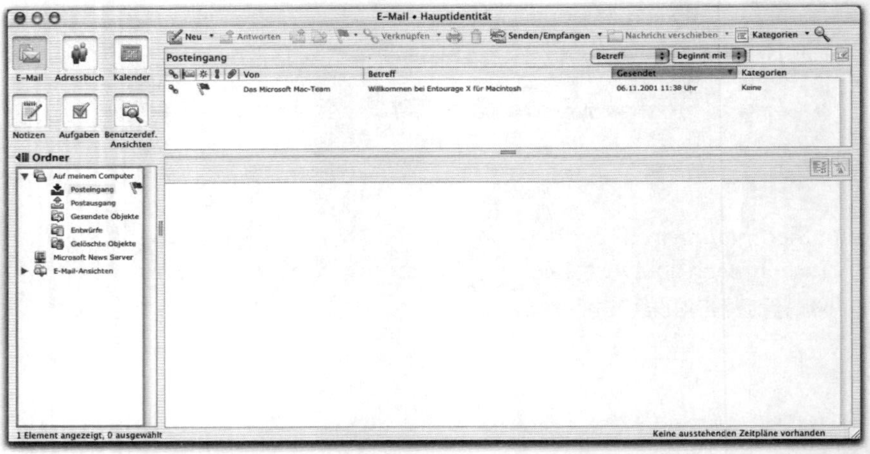

Entourage ist damit aber mehr als ein einfacher E-Mail-Client. Es bietet darüber hinaus Kontaktmanagement, einen Kalender für Termine und Aufgaben und arbeitet recht gut mit den anderen *Office*-Programmen zusammen. So lassen sich beispielsweise mit den Kontaktinformationen von *Entourage* Serienbriefe in *Word* erstellen und Termine können mit Dateien verknüpft werden – beispielsweise für eine Erinnerung, morgen das *Word*-Dokument rechtzeitig fertig zu stellen.

Die Hilfe zu *Entourage* (Menü *Hilfe*) ist sehr umfangreich und detailliert – dort werden Ihnen viele Dinge enthüllt, die ansonsten im Dunklen blieben. Das aber wäre doch schade, rufen Sie die Hilfe deshalb auf und machen Sie sich mit dem Programm vertraut.

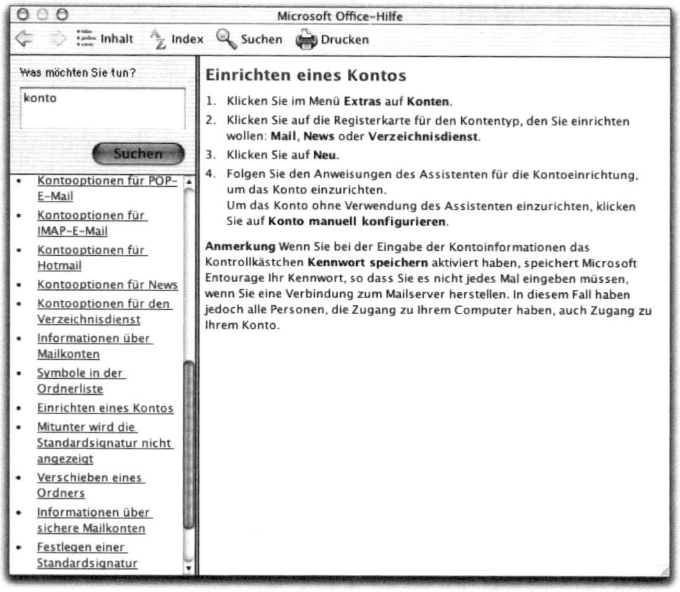

Entourage ganz einfach konfigurieren

Wenn Sie *Entourage* das erste Mal aufstarten, fragt das Programm die wichtigsten Einstellungen ab. Dort tragen Sie die Informationen Ihres Providers ein, was in aller Regel schon genügen sollte, um den E-Mail-Empfang zu ermöglichen:

Dabei werden Sie auch gefragt, ob Sie Daten aus anderen E-Mail-Programmen importieren möchten – siehe dazu Abschnitt *E-Mail importieren* weiter hinten.

Entourage konfigurieren

Es hängt massgeblich von den verwendeten Protokollen ab, wie Sie Ihren E-Mail-Client am besten konfigurieren, ja es ist sogar so, dass Sie erst mit dem Wissen und dem Verständnis über die verschiedenen Protokolle in der Lage sein werden, Ihren E-Mail-Client nicht nur blind zu konfigurieren, sondern auch zu verstehen, was Sie da tun. Das ist einerseits beruhigend und kann andererseits in den Fällen enorm helfen, in denen nicht alles glatt geht.

E-Mail-Protokolle

Im Internet existieren prinzipiell drei Möglichkeiten, E-Mails zu verwalten: *POP* (Post Office Protocol), *IMAP* (Internet Message Access Protocol) und das *Web-Frontend.*

Das älteste Protokoll *POP* wird von vielen Internet Service Providern benutzt. Dazu loggt sich der Benutzer mit seinem E-Mail-Client unter Angabe von Benutzername und Passwort in den POP-Account ein und der Client lädt alle Mails vom POP-Server herunter. Die Verwaltung der Mails – Lesen, Sortieren und so weiter – findet dann offline auf dem heimischen Rechner statt.

Der Vorteil dieses Protokolls liegt darin, dass die Verbindung zum POP-Server nur für die Dauer des Mail-Empfangs bestehen muss. Das Lesen und Beantworten der E-Mails kann ohne Verbindung ins Internet erfolgen und die Verbindung muss erst wieder für den nächsten Sende- und Empfangsvorgang aufgebaut werden.

Die Mails werden auf dem POP-Server eine Zeit lang vorrätig gehalten (typischerweise 30 Tage), dann werden sie gelöscht. Die meisten E-Mail-Clients erlauben aber auch eine Einstellung darüber, was mit den Mails geschehen soll, die von der lokalen Festplatte gelöscht wurden. Sprich, der Client kann so konfiguriert werden, dass er beim nächsten Verbindungsaufbau automatisch all die Mails auf dem POP-Server löscht, die der Benutzer auch lokal gelöscht hat.

Theoretisch und auch praktisch ist das POP-Protokoll etwas sicherer als andere, da die kompletten Daten nicht auf einem (prinzipiell jedem zugänglichen) Server im Internet zu finden sind. Die Verwaltung und Datensicherung allerdings obliegt allein dem Benutzer und dem speziellen E-Mail-Programm. Wer schon einmal versucht hat, E-Mails aus dem einen Programm zu exportieren, um es in ein anderes zu importieren, der weiss um die möglichen Fallstricke.

Beim Protokoll *IMAP* verbleibt im Gegensatz dazu die gesamte Mail auf dem Server und kann und muss dort verwaltet werden. Das bedeutet, dass für das

Lesen und Schreiben von E-Mails eine ständige Verbindung bestehen muss. IMAP wird deshalb vorwiegend in Unternehmensnetzwerken eingesetzt, in denen die einzelnen Client-Rechner sowieso permanent mit dem Mail-Server verbunden sind.

Die Verwaltungsarbeit, das Verwalten, Sortieren und Filtern der E-Mails übernimmt der Server, und für den Benutzer ist es vorteilhaft, dass er von überall und mehrfach auf seine E-Mails zugreifen kann. Dazu ist kein spezielles Programm notwendig, es genügt jeder *IMAP*-fähige E-Mail-Client.

Im Gegensatz zu *POP* spielt es dabei keine Rolle, von wo aus die E-Mails bearbeitet werden: Die jeweilige E-Mail bekommt immer den richtigen Status (gelesen, beantwortet, weitergeleitet...), und der wird auf dem Server verwaltet. Auch wenn der Benutzer dann von woanders oder von einem anderen E-Mail-Client auf seine Mails zugreift, findet er jeweils den aktuellen und richtigen Status vor.

Bei *POP* sieht das anders aus, denn hier werden diese Informationen vom E-Mail-Client verwaltet. Wird zu einem anderen Client gewechselt, so kennt der natürlich den Status der Mails nicht.

Eine Web-Frontend schliesslich ist der Zugang zu den E-Mail-Diensten, auf die man von jedem Internet-Terminal aus per Browser zugreifen kann. Diese Dienste werden von etlichen Anbietern wie `www.freemail.de`, `www.hotmail.de` oder `mail.yahoo.de` kostenlos (bis auf die Telefonkosten) zur Verfügung gestellt und durch mehr oder weniger aufdringliche Werbung finanziert.

Was diese Dienste neben der reinen E-Mail-Funktionalität so interessant macht, sind vor allem die Zusatzangebote wie zum Beispiel der Versand von SMS-Nachrichten an Handys, das Senden und Empfangen von Fax- und Pager-Nachrichten und zum Teil sogar eine Voice-Mailbox, sprich ein Anrufbeantworter.

RAFFINIERT

Nicht jeder dieser so genannten «Freemailer« hat das gleiche Angebot. Was der eine bietet, schliesst der andere aus und umgekehrt. Hier gibt es den meisten Speicherplatz, dort das grösste SMS-Kontingent. Informieren Sie sich über die Angebote und melden Sie sich dann ruhig bei mehreren Freemailern an. Aus dem Angebot des Einzelnen nutzen Sie dann jeweils die Sahnestückchen.

E-Mail-Datenformate

Das gesamte E-Mail-System ist schon ziemlich alt (tatsächlich war es vor vielen Jahren eine der ersten «Killerapplikationen» im Internet) und war und ist nur für reine ASCII-Zeichen konzipiert. Prinzipiell können deshalb weder Formatierungen noch Sonderzeichen in E-Mails übertragen werden. Dazu hätte es einer Änderung des zugrunde liegenden Protokolls bedurft. Man hat sich aber statt dessen eines anderen Tricks bedient, um die Funktionalität von E-Mails zu erhöhen: Für die verschiedenen Datenformate wurden Konvertierer entwickelt, die den Text für das Senden in ASCII umwandeln, das das empfangende Mailprogramm dann wieder in das eigentliche Datenformat zurückverwandeln kann. Das übernimmt *MIME* (Multipurpose Internet Mail Extensions), das unter anderem die Umwandler *Base 64*, *uuencode*, *BinHex* und *Wincode* zur Verfügung stellt.

Historisch gesehen sind das Konvertierer, die eigens für den Datenaustausch zwischen speziellen Plattformen entwickelt wurden. Gute E-Mail-Programme können heute (fast) alles und es spielt kaum eine Rolle, wie Sie die Daten kodieren. Vorausgesetzt, Sie sitzen vor einem Macintosh, denn der kann eigentlich schon immer so gut wie alles öffnen.

Eigens für den Macintosh wurde *BinHex* entwickelt. Damit lassen sich sowohl Daten- wie Ressourcenzweig einer Datei übertragen, denn diese Informationen benötigt ein Macintosh zwingend, um beispielsweise eine Programmdatei ausführen zu können. Windows- und UNIX-Derivate allerdings wissen nur selten um *BinHex*, so dass es deshalb wichtig ist, dass Sie eine Konvertierungsart wählen, die von diesen Plattformen auch verstanden wird. Die in diesem Zusammenhang universellsten Formate sind *Base 64* oder *uuencode*.

Apple Double schliesslich ist ein Konvertierungsformat, das einerseits alle für den Macintosh notwendigen Informationen erhält, es andererseits aber auch fremden Computern ermöglicht, solche E-Mail-Anhänge zu öffnen.

Zugang einrichten

Für den Mailverkehr müssen Sie *Entourage* mitteilen, wo es die Daten holen und hinschicken soll. Hier können Sie so genannte Konten für Mail, News und Verzeichnisdienste anlegen und konfigurieren. Das erledigen Sie mit dem Menübefehl *Extras | Konten*.

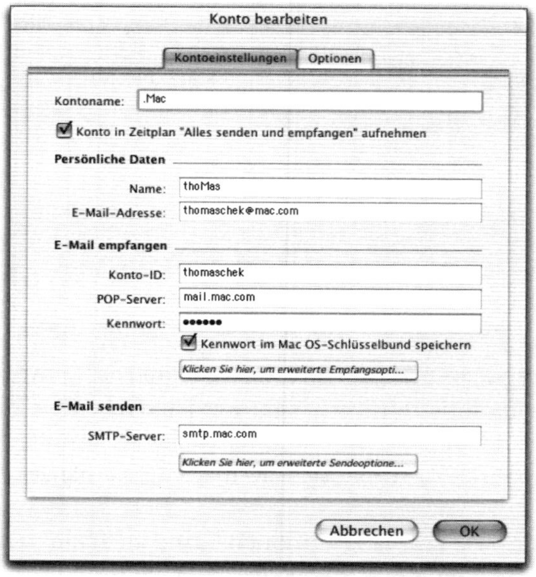

Die Informationen tragen Sie wie hier gezeigt sinngemäss ein, die entsprechenden Daten stellt Ihnen Ihr Internet Service Provider zur Verfügung.

Hinter dem Knopf *Klicken Sie hier, um erweiterte Empfangsoptionen...* verbergen sich weitere Einstellungen, in denen Sie aber in aller Regel nichts vorgeben müssen:

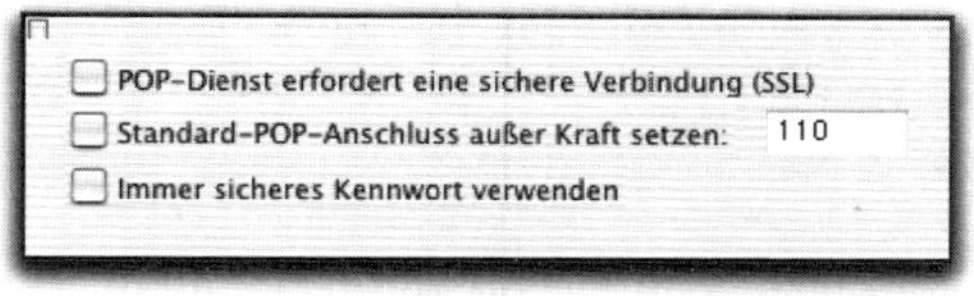

Immer sicheres Kennwort verwenden sollten Sie auf jeden Fall aktivieren, wenn Ihr Internetprovider das unterstützt (im Zweifel einfach mal ausprobieren, ob der Zugang bei Aktivierung auch noch klappt. In dem Fall wird das Passwort verschlüsselt gesendet.

Hinter *Klicken Sie hier, um erweiterte Sendeoptionen...* müssen Sie die Zugangsdaten eintragen, die Ihr Provider für das Versenden von Mails vorgibt. Sind das dieselben wie für den eingehenden Mailserver, können sie die entsprechende Option abhaken:

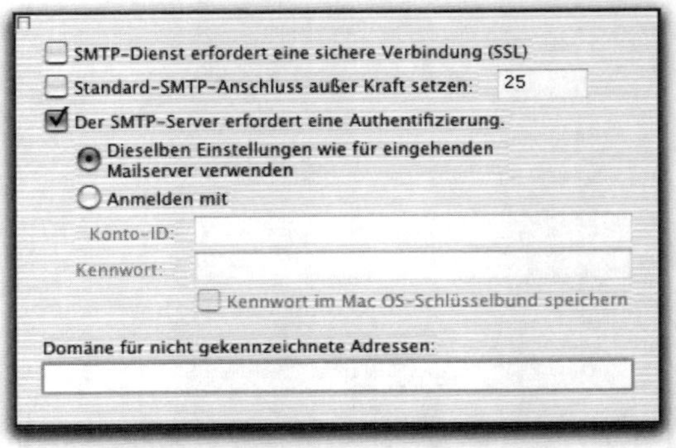

Domäne für nicht gekennzeichnete Adressen bedeutet, dass unvollständige E-Mail-Adressen automatisch hierhin verwiesen werden: Geben Sie hier beispielsweise «mac.com» vor und tippen dann «thomaschek» als Empfänger einer E-Mail, würde das automatisch zu «thomaschek@mac.com» ergänzt.

Für beide – Sende- wie Empfangsoptionen – sind auch ein paar weitere Einstellungen vorgesehen, die Sie in der Regel aber völlig ignorieren können. Sie werden sie nur unter besonderen Umständen benötigen:

- «Sichere Verbindung» (*SSL*). Wenn *SSL* (Secure Sockets Layer) aktiviert wird, werden alle Mails inklusive der Kopfinformationen (welche die Informationen über den Sendeweg enthalten) verschlüsselt verschickt respektive empfangen. Der Mailserver muss das aber unterstützen.
- In dem Fall kann es auch ein, dass der Standardanschluss ausser Kraft gesetzt werden muss – die Angaben dazu kommen vom Netzwerkadministrator oder Provider.

Unter dem Reiter *Optionen* können Sie dann noch ein paar Voreinstellungen tätigen:

Bei *Standardsignatur* können Sie vorgeben, mit welcher Signatur alle Nachrichten, die über dieses Mailkonto versandt werden, automatisch versehen werden sollen.

Hier legen Sie auch fest, wie grosse Mails behandelt werden sollen: *Teilweiser Empfang von Nachrichten über* meint, dass nur solche Mails automatisch empfangen werden, die kleiner sind als die hier vorgegebene Grösse. Bei grossen Mails werden dann nur die ersten paar Zeilen empfangen und Sie können die gesamte Mail später komplett empfangen (Nachricht öffnen und oben in der Fensterleiste auf *Gesamte Nachricht vom Server übertragen* klicken), oder sie gleich löschen, wenn es Werbemüll ist.

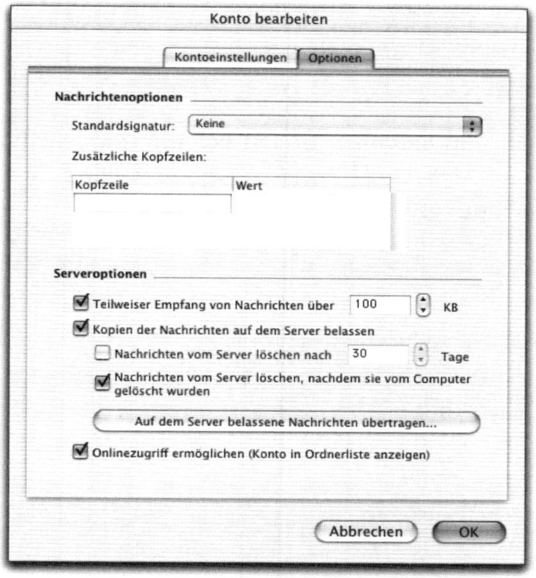

Weiterhin bietet *Entourage* die Option, Nachrichten auf dem Server zu belassen. Bei uns wird jede empfangene Nachricht immer gleich vom Server gelöscht; wer auch später noch (aus anderen Mailprogrammen heraus) auf die Mails zugreifen möchte, kann einen Zeitraum definieren, nach dem sie automatisch gelöscht werden. Alternativ werden die Mails dann gelöscht, wenn sie auch im E-Mail-Programm gelöscht werden.

Uralte Mail?

Wenn Sie das erste Mal Ihre neue E-Mail mit *Entourage* abholen möchten und das Ganze ewig dauert, und Ihnen dann auch noch mitgeteilt wird, dass gerade Meldung 1 von 635 empfangen wird, dann haben Sie in Ihrem früheren E-Mail-Programm *Empfangene Nachrichten auf Server belassen* oder sinngemäss eingestellt. Das alte Programm wusste zwar, welche Nachrichten es bereits empfangen hat und hat deshalb immer nur die neuesten abgeholt, *Entourage* aber kann das nicht wissen und beginnt deshalb ganz von vorne.

Abhilfe: Starten Sie Ihr altes E-Mail-Programm noch einmal auf und stellen Sie sicher, dass die Option *Empfangene Nachrichten auf Server belassen* nicht eingeschaltet ist. Nun nehmen Sie noch einmal Kontakt zu dem Server auf. Sicherheitshalber sollten Sie noch eine letzte kleine Mail (an sich selbst) komponieren, damit der Server auf jeden Fall angesprochen wird.

Jetzt sollte es auch ein wenig länger dauern und die Meldung erscheinen, dass ältere Nachrichten gelöscht (aktualisiert) werden.

Danach können Sie unbesorgt zu *Entourage* wechseln und werden richtig nur die neuen Nachrichten empfangen.

Voreinstellungen

Unter dem Menübefehl *Entourage* finden sich die Voreinstellungen: *Allgemeine Einstellungen…* und *Mail- und Newseinstellungen…* Die Reiter unter *Allgemeine Einstellungen:* sind zum grossen Teil selbsterklärend:

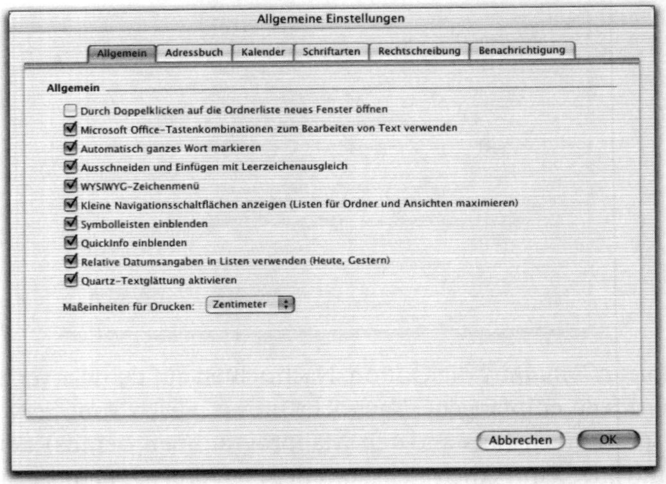

Klicken Sie sich unverzagt durch die Tafeln und probieren Sie einfach aus. Auf einzelne Einstellungen werden wir im Laufe dieses Kapitels noch näher eingehen. Zum Reiter *Benachrichtigung* möchten wir aber jetzt schon ein paar Worte verlieren:

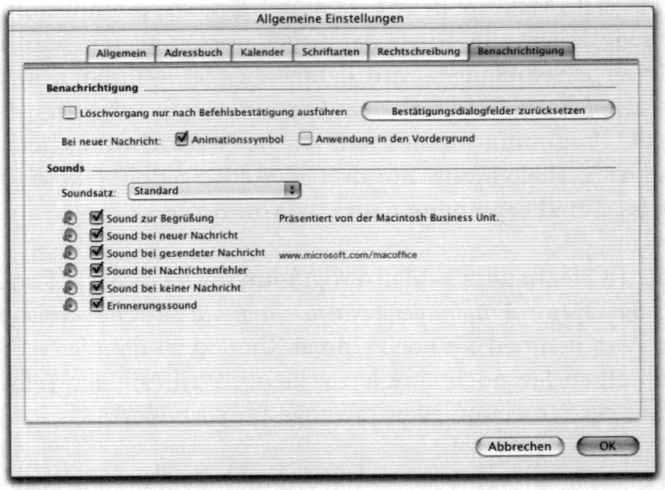

Hier legen Sie fest, welche Aktionen und welche Klangsätze verschiedenen Aktionen zugeordnet sein sollen. Die Klangsätze finden Sie im Ordner *Benutzer/Benutzername/Programme/Microsoft Office X/Office/Entourage First Run/ Entourage Sound Sets/* oder im Ordner *Benutzer/Benutzername/Documents/ Microsoft-Benutzerdaten/Entourage Sound Sets/*, und dort können Sie auch weitere Klänge deponieren, zwischen denen Sie dann wechseln können.

Unter der Adresse `http://soundsetcentral.com/` finden Sie über 300 neue Klangsätze für *Entourage*. Sie können aber auch eigene Klangsets zusammenstellen:

1. Sammeln Sie Tondateien (Mikrofonaufnahmen, Soundclips...). Wie wäre es mit einer melodischen Männer- oder Frauenstimme, die «Sie haben Post» ins Mikrofon haucht?
2. Mit dem Hilfsprogramm *Expression* (das Sie auf unserer *SmartDisc* finden) können Sie daraus dann einen Klangsatz für *Entourage* herstellen. Das Programm läuft unter *Classic* und erzeugt *Entourage-2001-Klangsets*, die Sie aber ebenso gut für *Entourage X* nutzen können.
3. Legen Sie den Klangsatz in bereits oben erwähnte Ordner und wählen Sie ihn in den Voreinstellungen aus.

Entourage bedienen und beherrschen

Fenster und Knöpfe

Nach dem Aufstarten präsentiert sich ein voll konfiguriertes und längere Zeit benutztes *Entourage* in etwa so:

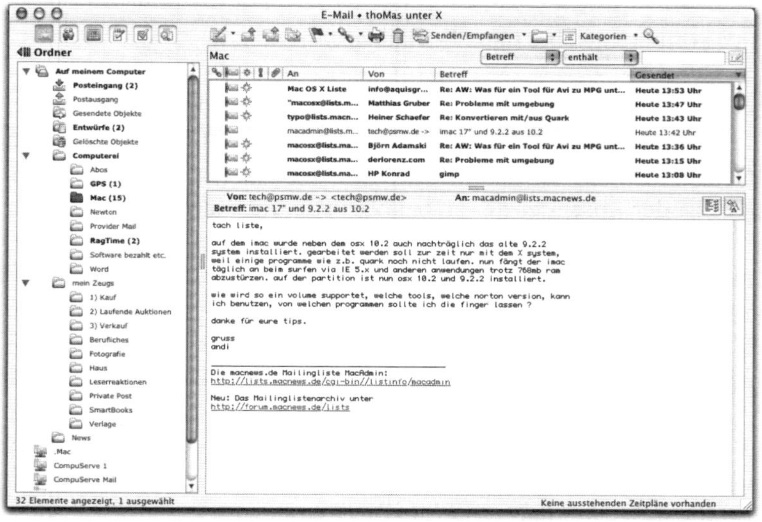

Ordner mit ungelesenen Nachrichten werden fett dargestellt, in Klammern dahinter steht die Anzahl ungelesener Nachrichten. Das Aussehen können Sie mit dem Befehl *Entourage | Mail- und Newseinstellungen...* unter dem Reiter *Ansicht* festlegen.

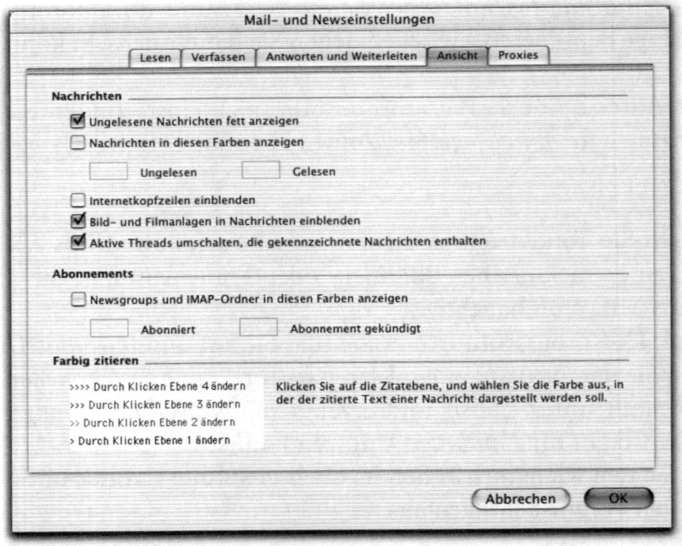

Unter der bekannten Menüleiste findet sich die Symbolleiste, die sich über das Menü *Ansicht* ein- und ausschalten lässt. Hier finden sich die wichtigsten Knöpfe für das Verwalten der E-Mails:

Neu: Hier können Sie eine neue E-Mail verfassen.

Antworten: Zur aktivierten Nachricht wird eine Antwort angelegt, wobei markierte Textteile (oder der gesamte Nachrichtentext, sofern nichts markiert ist) in die Antwort eingesetzt werden. Auch der Empfänger wird automatisch eingefügt – es ist der Absender der zu beantwortenden Nachricht.

Allen antworten: Legt eine Antwort an alle Absender an. Auch die CC-Leute bekommen so eine Antwort.

Vorwärts: Sendet die aktuelle Nachricht an einen Empfänger Ihrer Wahl weiter.

Kennzeichnen/Zur Nachverfolgung kennzeichnen: An Gekennzeichnetes werden Sie erinnert. Typische Funktion für's Projektmanagement. Mehr dazu weiter hinten unter *Kontakt- und Projektmanagement.*

Verknüpfen: Hier können Sie alles mit allem verknüpfen: etwa E-Mails mit Aufgaben. Auch dies eine typische Funktion für's Projektmanagement. Siehe weiter hinten unter *Kontakt- und Projektmanagement.*

Drucken: Dieser Knopf druckt die aktuelle Nachricht aus. Vorher erscheint ein Dialog zum Einstellen der Optionen:

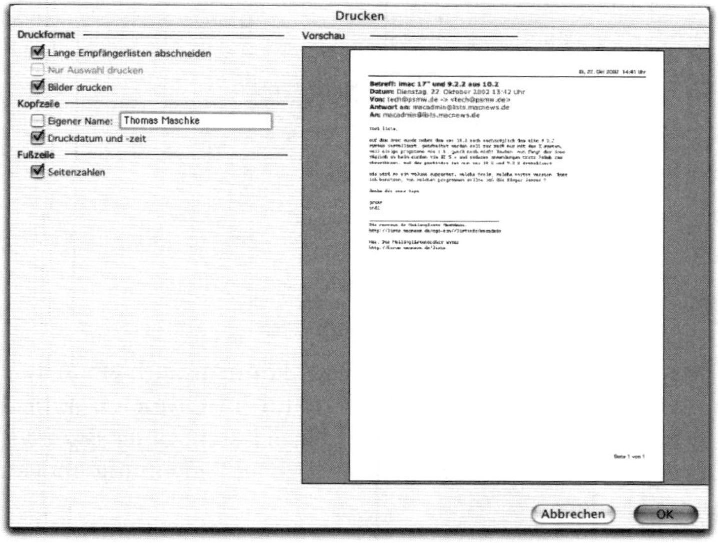

Löschen: Die aktuelle Nachricht wird in den Ordner *Gelöschte Objekte* verschoben. Was damit passiert, bestimmt das Menü *Extras | Zeitpläne.* Ist dort *Ordner Gelöschte Objekte leeren* aktiv, wird beim Beenden von *Entourage* genau dies getan. Andernfalls muss der Ordner manuell entleert werden.

Senden und Empfangen: Sendet und empfängt alle Nachrichten. Feinsteuern lässt sich dies im Menü *Extras | Senden und Empfangen* oder über das kleine Dreieck rechts neben dem Knopf.

Sie können dort einzelne Konten wählen, deren Nachrichten gesendet und empfangen werden sollen. Die Konten dazu definieren Sie unter *Extras | Konten,* und was wann wohin gesendet und von wo empfangen wird, legen Sie mittels *Extras | Zeitpläne* fest.

Verschieben: Ausgewählte Mails können in anderen Ordnern abgelegt werden.

Kategorien: Mails, Adressen, Termine usw. können Sie hier unter einer bestimmten Kategorie ablegen – und sich dann im Ordner *E-Mail-Ansichten* beispielsweise nur geschäftliche Daten anzeigen lassen. Unter *Bearbeiten* | *Kategorien* | *Kategorien bearbeiten* können Sie Farben, Benennung und Kategorien definieren und ändern.

Suchen: Die aktuelle Nachricht, alle oder einzelne Ordner lassen sich nach Stichworten durchsuchen.

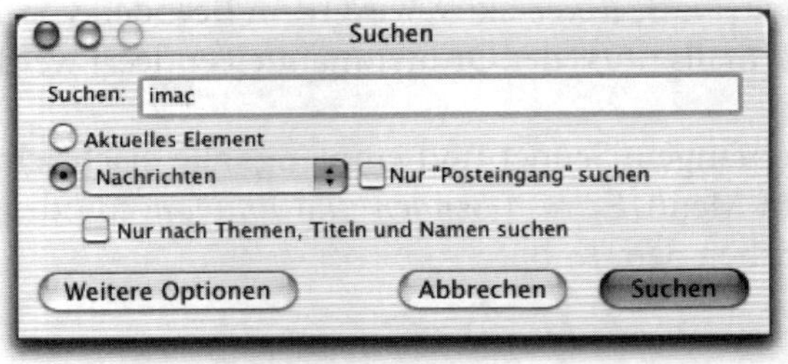

Schaltzentrale ist das linke geteilte Fensterelement. Hier finden Sie in hierarchischer Struktur Nachrichtenordner, Adressbuch, Kalender, Aufgaben, Notizen, Newsserver, LDAP-Server und E-Mail-Konten in der Ordnerliste.

Um Nachrichten zu verschieben, fassen Sie die Nachricht an und ziehen Sie sie in den gewünschten Ordner – bei Ziehen der Nachricht auf das kleine Dreieck lassen sich auch Unterordner öffnen. Neue Ordner erstellen Sie über das Menü *Datei* | *Neu* | *Ordner*.

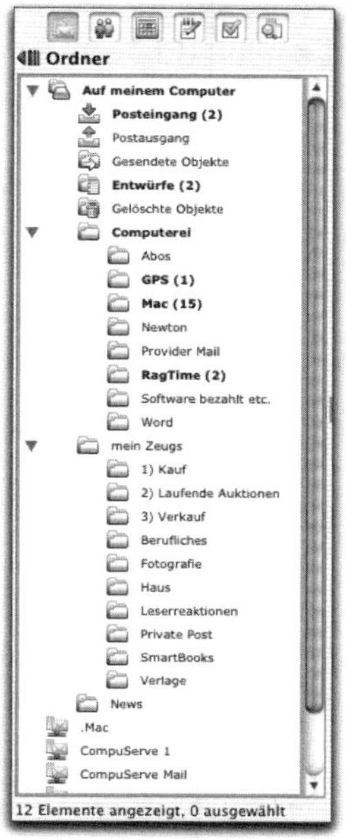

Wenn Sie die Tastenkombination *Control-Maustaste* drücken, taucht ein Kontextmenü mit weiteren Befehlen auf:

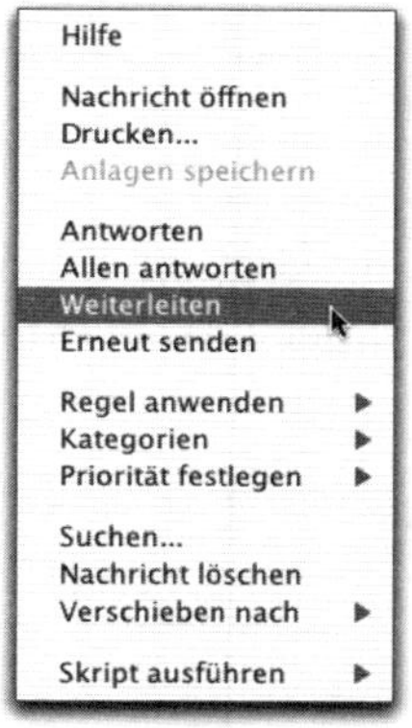

Je nachdem, was gerade angewählt war, werden nur die passenden Befehle gezeigt.

Sichtweisen

Im Menü *Ansicht | Spalten* wird festgelegt, welche Informationen zu den E-Mails angezeigt werden sollen. Dazu ein paar Tipps:

- Die angezeigten Spalten lassen sich auch per *Control-Mausklick* auf die Leiste ändern.

- Die Spaltenbreite lässt sich jederzeit ändern, indem der Cursor auf die Spaltentrennung gestellt und die neue Breite aufgezogen wird.
- Die Spalten können durch Anfassen und Ziehen mit der Maus beliebig angeordnet werden.
- Ein Klick in den Spaltentitel sortiert nach dieser Spalte.
- Ein erneuter Klick in dieselbe Spalte kehrt die Sortierung um.
- Benutzerdefinierte Ansichten sind praktisch:

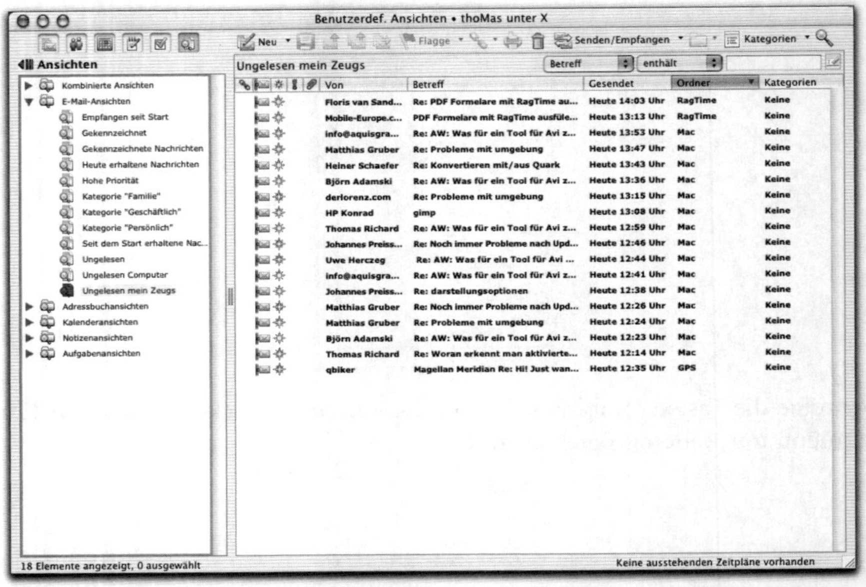

Per *Control-Mausklick* auf die Obergruppierungen (*E-Mail-Ansichten…*) lassen sich neue Ansichten definieren; per *Control-Mausklick* auf eine Ansicht kann diese geändert oder gelöscht werden:

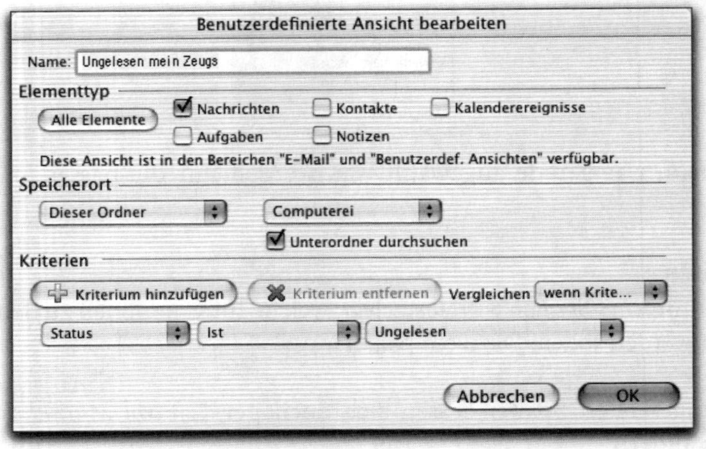

E-Mails verfassen und versenden

E-Mails sind nichts anderes als elektronische Briefe, die im Internet verschickt werden. Genau wie bei jedem normalen Brief benötigen Sie dazu die Adresse des Empfängers, die dann zum Beispiel so aussehen kann:

`thomaschek@mac.com`

Wählen Sie im Menü *Datei* den Befehl *Neu | E-Mail-Nachricht*, so erscheint eine leere Nachricht. Hier können Sie Adressat und Text eingeben.

An: Das ist der primäre (eigentliche) Empfänger Ihrer Nachricht.

CC (*Carbon Copy*): Verschicken einer Kopie für weitere Empfänger. Sie könnten natürlich auch dieselbe Nachricht einfach mehrfach verschicken. Aber per *CC* muss sie nur einmal versandt werden – das spart Online-Zeit – und zudem kann der Empfänger erkennen, dass die Nachricht auch an andere gegangen ist. Das ist dem «Verteiler» im normalen Schriftverkehr vergleichbar.

BCC (*Blind Carbon Copy*): Für sekundäre Empfänger, wobei die Namen der Empfänger für die anderen Empfänger nicht sichtbar sind. Sichtbar für alle (*An*, *CC* und *BCC*) ist immer nur *An* und *CC*. Wenn Sie beispielsweise eine Mail an sich selber schicken und alle anderen Empfänger als Blindkopie eintragen, sieht keiner, wohin die Mail noch gegangen ist. In der Regel ist dies extrem unhöflich und unerwünscht – warum die Geheimnistuerei? 359

Betreff: Hier geben Sie einen Titel an, damit der Empfänger gleich sieht, worum es geht.

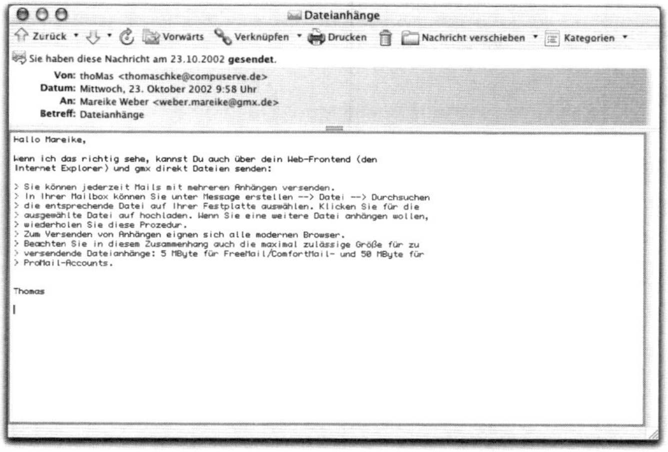

Ein Druck auf den Knopf *Jetzt senden* schickt die Nachricht los (und holt neue ab). Sofort, sofern eine Verbindung zum Internet besteht und *Entourage* online ist. Andernfalls wird die Nachricht im Ordner *Postausgang* abgelegt und kann per *Senden und Empfangen* verschickt werden. Sie können aber auch *Später senden* wählen – die Nachrichten werden dann im Postausgang gespeichert und können zu einem späteren Zeitpunkt alle gleichzeitig abgeschickt werden.

Eine E-Mail wird übrigens fast genauso wie ein normaler Brief transportiert, dies allerdings elektronisch: Wenn Sie sie absenden, legt Ihr E-Mail-Programm die Mail richtig in den Ordner *Gesendete Objekte*. Tatsächlich aber haben Sie sie – um bei dem Bild mit dem Brief zu bleiben – erst in den Briefkasten geworfen (= Ihrem Provider übermittelt). Noch ist die Mail nicht angekommen, sie ist erst abgeschickt. Von dort wird sie weitergeleitet, auf Transportwegen quer durchs Internet zum Provider des Empfängers. Dort liegt sie im Briefkasten des Empfängers, bis der sie abholt.

Wie verzweigt dieser Weg mitunter sein kann, sehen Sie, wenn Sie den Menübefehl *Ansicht | Quelltext* aufrufen:

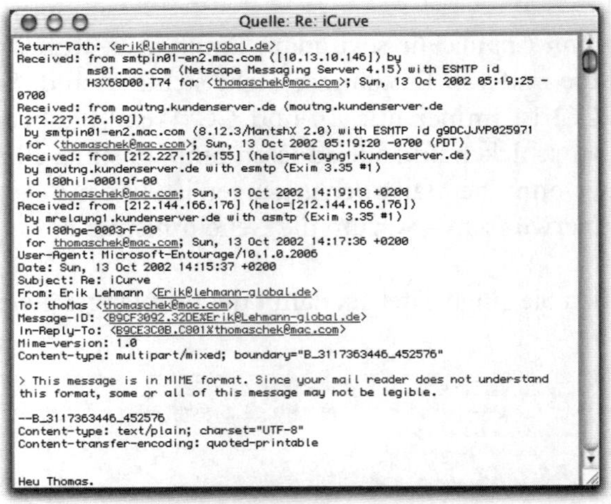

Mails im HTML-Format

Unter *Entourage | Mail- und Newseinstellungen | Verfassen* können Sie vorgeben, ob Sie Standardmails verfassen möchten oder das HTML-Format bevorzugen, das wesentlich mehr Formatoptionen bietet.

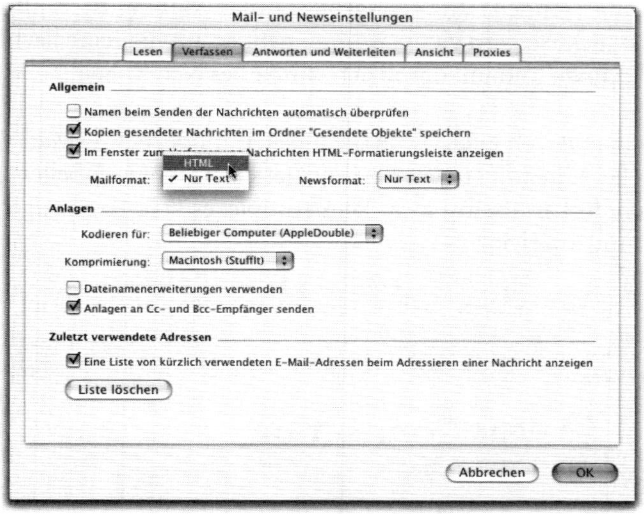

Wir empfehlen Ihnen Letzteres, denn Ihre Mails sind dann übersichtlicher und schöner. So stehen Ihnen verschiedene Schriften, Stile und Farben zur Auszeichnung zur Verfügung. Ausserdem können Sie damit auch Grafiken in Ihre Briefe einbinden.

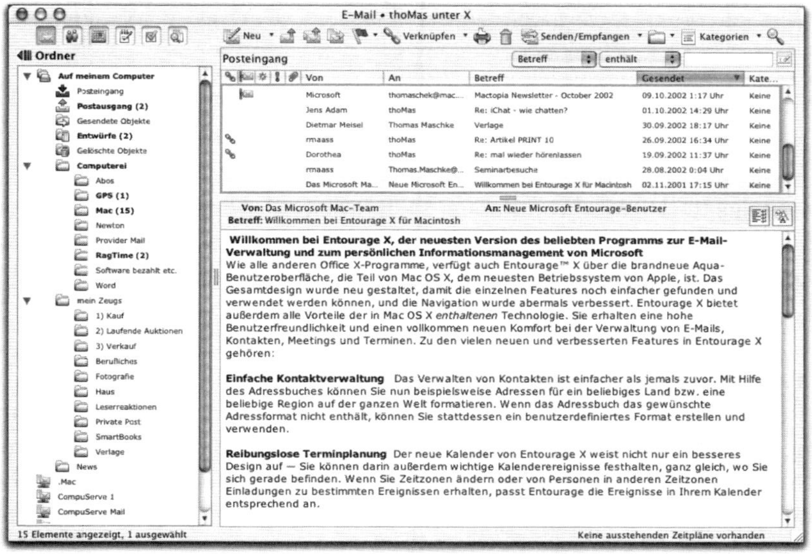

Versteht der Empfänger HTML-Mails nicht, ist das kein grosses Problem, weil *Entourage* dann eine Standardmail mit einfachem Text daraus macht. Die HTML-Datei kann der Empfänger dann trotzdem mit seinem Browser öffnen und lesen (sofern sie unbeschadet durch die verschiedenen Server und Gateways gelangt).

Beim «posten» (senden) an Newsgroups- und Mailinglisten allerdings wird HTML meist nicht so gern gesehen – hier geht es um die reine Sachinformation und die soll schnell und unkompliziert durch das Netz gehen.

Entourage versteht sich auch – wie die meisten modernen E-Mail-Clients – auf «komplexes HTML» mit erweiterten Formatierungen wie Tabellen und Navigationsknöpfen. Es kann selbst zwar kein komplexes HTML erzeugen, wohl aber empfangen und anzeigen:

Die Anzeige für HTML beeinflussen Sie mit dem Menübefehl *Entourage | Mail- und Newseinstellungen | Lesen.* Wenn Sie die Option abschalten, werden Nachrichten schneller geladen, aber alle speziellen Formatierungen werden nicht angezeigt.

Rechtschreibung und AutoKorrektur

Die Rechtschreibkorrektur von *Office* funktioniert auch in *Entourage* – und wie sinnig das ist, habe ich gemerkt, als ich damals all meine alten E-Mails importiert und bei dieser Gelegenheit wieder einmal gegengelesen habe – die Nachrichten strotzten nur so vor Tippfehlern. Damit ist jetzt weitgehend Schluss.

Im Menü *Entourage | Allgemeine Einstellungen… | Rechtschreibprüfung* findet sich der passende Befehl. Wahlweise kann *Entourage* die Rechtschreibung bereits während der Eingabe im Hintergrund überprüfen und fragliche Wörter unterringeln – per *Control-Mausklick* auf ein solches Wort erscheint das Kontextmenü zur Rechtschreibkorrektur.

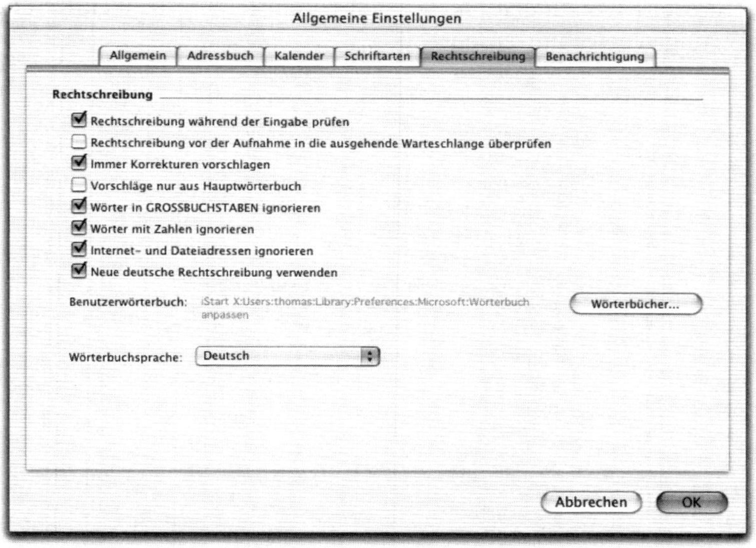

Und weil *Entourage* – ebenso wie *Excel*, *Word* und *PowerPoint* – auf die gleichen *AutoKorrektur*-Einträge zugreift, genügt es, häufig auftretende Tippfehler einmal in einem dieser Programme zu definieren, um sie künftig in allen nutzen zu können.

So definieren Sie *AutoKorrektur*-Einträge in *Entourage*:

1. Rufen Sie *AutoKorrektur…* aus dem Menü *Extras* auf.
2. Tippen Sie eine Abkürzung oder einen beliebten «Dreher» bei *Ersetzen* ein.
3. Geben Sie die richtige Schreibweise bei *Durch* ein.

Auf der Registerkarte *AutoFormat* können Voreinstellungen zu einigen häufigen Formatierungen gewählt werden:

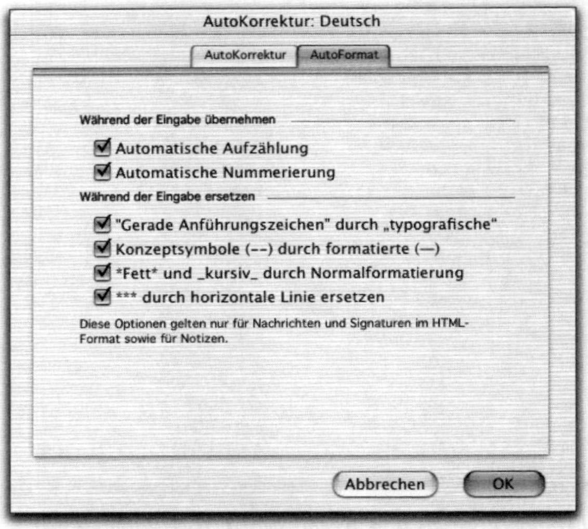

Hier wird beispielsweise eingestellt, ob aus *Shift-2* typographische Anführungszeichen werden und wie Aufzählungen und Nummerierungen behandelt werden sollen.

Weitere Hilfestellungen und Tipps hierzu finden Sie – wie bereits erwähnt – im Kapitel *Grundlagen zu Office:mac v.X* im Abschnitt *Kontra Tippfehler: AutoKorrektur.*

Signaturen

Eine Signatur enthält in aller Regel die Absenderdaten und ist gewissermassen der Briefkopf (nur ist die Signatur immer am Ende der E-Mail). Sie kann aber auch andere Dinge wie einen neckischen Spruch oder ein Zitat enthalten. Signaturen erstellen und verwalten Sie im Menü *Extras* mit dem Befehl *Signaturen.*

Beim Erstellen einer Nachricht kann über den Knopf *Signatur* jederzeit eine bestimmte Signatur für diese Mail ausgewählt werden.

Automatisch können Sie Signaturen anhängen, indem Sie den Menübefehl *Extras* | *Konten* aufrufen und ein Konto zum Bearbeiten auswählen, wo Sie dann auf dem Reiter *Optionen* eine Standardsignatur vorgeben können:

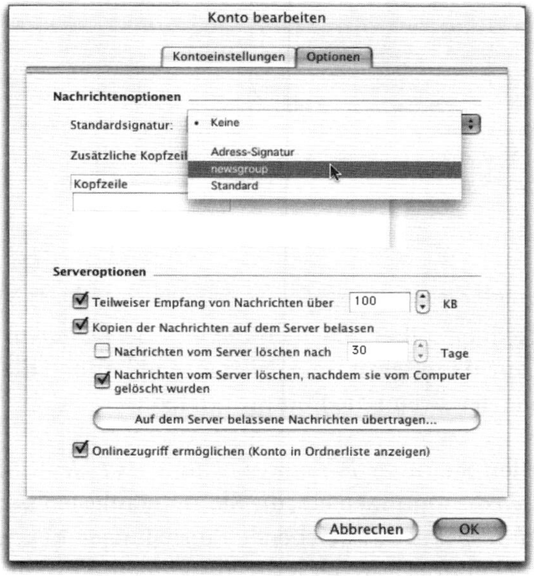

Mehr zu Signaturen verrät die Online-Hilfe zu *Entourage.*

Anlagen

Sollen der E-Mail Anlagen (Bild-, Textdateien) hinzugefügt werden, so geht das entweder über *Nachricht* | *Anlagen hinzufügen…*, wobei in der folgenden Dateiauswahlbox die fragliche Datei ausgewählt wird. Oder aber die Datei wird einfach per *Drag&Drop* ins Nachrichtenfenster gezogen – *Entourage* fügt sie selbsttätig als Anlage hinzu.

Unter *Entourage* | *Mail- und Newseinstellungen* | *Verfassen* legen Sie dabei fest, wie die Anlage kodiert werden soll. Dabei gilt:

An Empfänger mit Macs: *AppleDouble* und *StuffIt-Komprimierung.* Die verstehen das und das hält die Nachrichten schön klein.

An Empfänger mit PCs: *AppleDouble* und keine (!) *StuffIt-Komprimierung.* Denn die verstehen das sonst nicht. Gibt es Schwierigkeiten, schalten Sie auch die Kodierung auf *Windows* um.

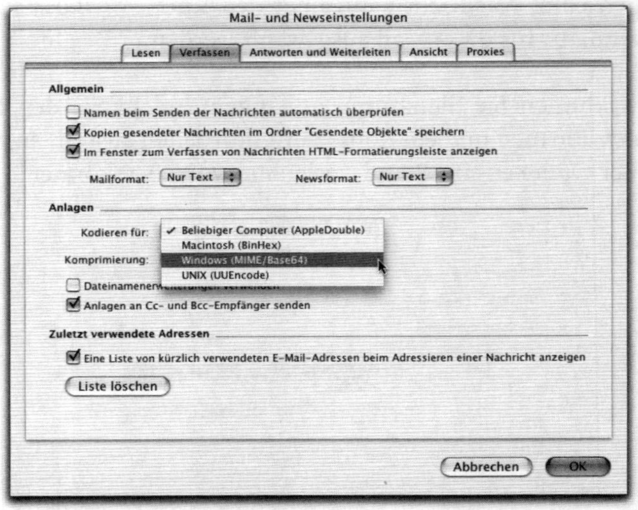

Für Windows-Rechner sollten Sie auch die Option *Dateinamenerweiterungen verwenden* abhaken, denn selbst im 3. Jahrtausend können die nichts mit einer Excel-Tabelle anfangen, wenn die Endung *.xls* fehlt.

366

HEISSER TIPP Stellen Sie unter *Entourage | Mail- und Newseinstellungen | Verfassen* die Optionen ein, die Sie am häufigsten benötigen. Ausnahmen respektive abweichende Einstellungen können Sie dann auch jederzeit direkt an der Mail vornehmen:

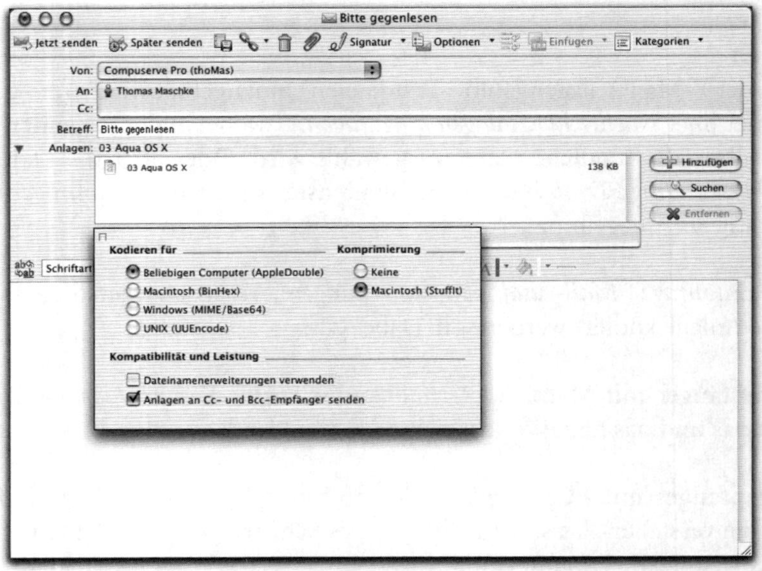

E-Mail beantworten

Entourage macht das Beantworten einer Nachricht einfach: Markieren Sie die gesamte erhaltene E-Mail oder Teile davon und wählen Sie *Antworten* respektive *Allen antworten*, wenn die ursprüngliche Mail an mehrere Empfänger gegangen ist und auch Sie Ihre Mail an alle Empfänger schicken möchten. Der Text erscheint in einem Antwortfenster, der Betreff und der alte Nachrichtentext mit Zitatzeichen ist schon eingetragen.

So können Sie die Mail beim Beantworten noch einmal in Ruhe durchlesen und sparen sich Schreibarbeit: In Ihrer Antwort können Sie sich direkt auf den eingegangenen Text beziehen.

Sie können nun die Teile der alten Nachricht, die uninteressant sind, löschen. Interessante Teile aber behalten Sie als so genanntes Zitat. Vorteil: Sie müssen nicht noch einmal alles neu formulieren, sondern können sich bei Ihrer Antwort direkt auf das Zitat beziehen und sich kurz fassen:

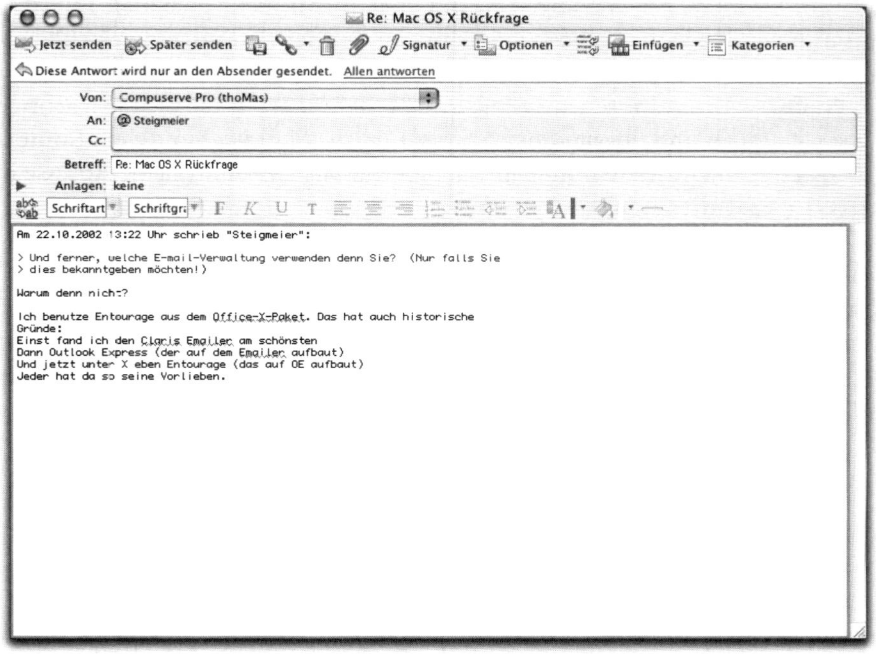

Die Lesbarkeit und Übersichtlichkeit bei der Beantwortung von E-Mails wird durch farbige Zitate deutlich erhöht. Unter *Entourage | Mail- und Newseinstellungen*, Reiter *Ansicht* lassen sich Vorgaben zur Leserlichkeit machen. Und auf dem Reiter *Antworten und Weiterleiten* legen Sie fest, ob die ursprüngliche E-Mail komplett als Zitat aufgenommen werden soll.

RAFFINIERT

Wenn Sie nicht die gesamte Nachricht als Zitat benutzen möchten, dann markieren Sie die interessanten Teile in der E-Mail, bevor Sie den Knopf *Antworten* drücken: Daraufhin wird nur der markierte Teil als Zitat in die Antwort übernommen.

Wenn die E-Mail fertig gestellt ist, können Sie sie mit dem Knopf *Jetzt senden* sofort losschicken. Das klappt aber nur, wenn eine Verbindung zum Internet besteht.

Andernfalls drücken Sie den Knopf *Später senden*, die Mail wird in den Ordner *Postausgang* gelegt, und wenn Sie das nächste Mal mit dem Internet verbunden sind, drücken Sie den Knopf *Senden und empfangen*, um die Nachricht zu verschicken.

Möchten Sie Ihre Antwort vor dem endgültigen Versenden noch etwas ausfeilen, dann drücken Sie den Knopf *Als Entwurf speichern*. Die Nachricht wird im Ordner *Entwürfe* abgelegt und erst einmal nicht gesendet. Damit sie versandt werden kann, müssen Sie sie in den Ordner *Postausgang* verschieben.

HEISSER TIPP

Um Adressen aus Mails zu übernehmen, klicken Sie die Nachricht an und übernehmen Sie per *Control-Mausklick* und dem Kontextmenü-Befehl *Absender dem Adressbuch hinzufügen* die Adresse ins Adressbuch.

Zeitpläne

Konten (Menübefehl *Extras | Konten*) sind das eine: Dort definieren Sie die Zugangsvoraussetzungen für das Senden und Empfangen von E-Mails. Zeitpläne (Menübefehl *Extras | Zeitpläne*) sind das andere: Hier legen Sie fest, wann auf welche Konten zugegriffen werden soll:

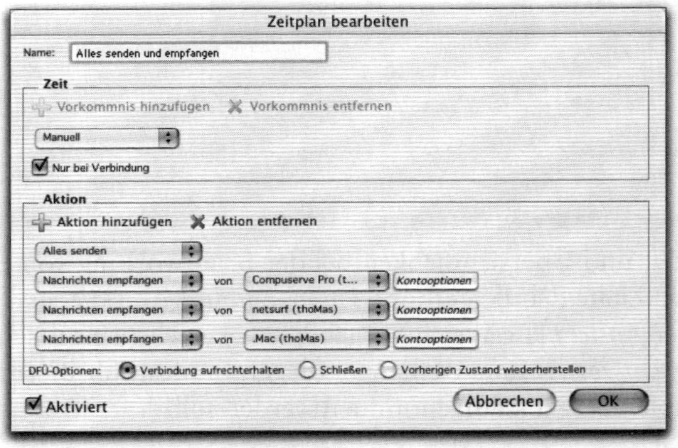

Den Standard-Zeitplan erreichen Sie über den Knopf *Senden/Empfangen*, andere über das kleine Dreieck daneben:

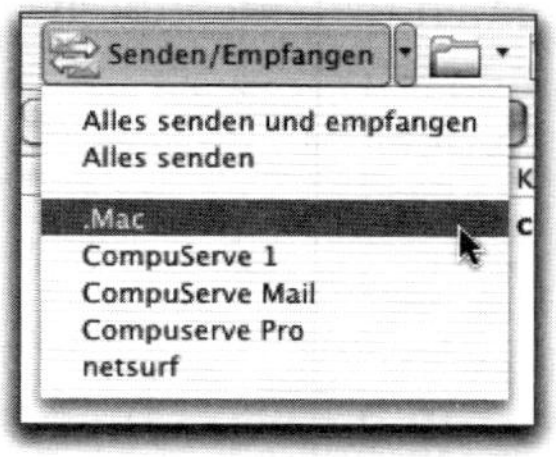

E-Mail abonnieren

Neben den privaten Briefen gibt es auch so etwas wie Postwurfsendungen im Internet. So können Sie beispielsweise verschiedene elektronische Zeitschriften und Nachrichtendienste abonnieren (viele davon sind kostenlos) und bekommen die dann regelmässig zugestellt. Das kann bei manchen mehrmals täglich sein, andere kommen wöchentlich, zweiwöchentlich oder monatlich.

Wenn Sie im Internet unterwegs sind, werden Sie immer wieder auf solche Angebote stossen, und wir können Ihnen nur empfehlen, diejenigen, die Sie interessieren, auch tatsächlich zu abonnieren. Sie müssen dann nicht jedes Mal wieder nachforschen, ob es eine neue Ausgabe gibt, sondern bekommen sie postwendend ins Haus gesandt.

E-Mail organisieren

Es ist der Übersichtlichkeit ungemein dienlich, wenn Sie eigene Postfächer anlegen und dann auch gleich noch Regeln definieren, so dass eintreffende und ausgehende Post sofort in die richtigen Postfächer einsortiert wird.

Im Menü *Extras* können Sie unter *Regeln…* neue Regeln definieren, nach denen Ihre eingehende Post sortiert wird.

So lassen sich alle Nachrichten, die von einem bestimmten Empfänger kommen, gleich automatisch in das entsprechende Postfach legen. Es ist gleichermassen möglich, alle Nachrichten mit einem bestimmten Betreff einzusortieren oder auch bestimmte Aktionen wie etwa das Abspielen eines Tonsignals oder das automatische Weiterleiten oder Beantworten zu veranlassen. Der Möglichkeiten sind wirklich viele.

Visitenkarten

Die so genannte «vCard» ist ein Standard für Visitenkarten, die an E-Mails angehängt werden können. Üblicherweise ist es allerdings besser, Signaturen zu verwenden, die direkt unten an Ihre E-Mail angehängt werden. Das ist übersichtlicher und verbraucht weniger Speicher. So eine «vCard» sieht aber unzweifelhaft eleganter aus.

Der Schlüssel für den Umgang von *Entourage* mit diesen Visitenkarten ist im Wesentlichen *Drag&Drop* – Ziehen und Fallenlassen.

Wenn Sie eine E-Mail mit einer *vCard* als Anlage erhalten, dann können Sie diese gesammelten Informationen ganz einfach in Ihr Adressbuch übernehmen: Öffnen Sie das Fenster mit der E-Mail und das Fenster des Adressbuches und ziehen Sie die *vCard* auf das Adressbuch-Fenster. Sofort wird ein neuer Adressbucheintrag mit allen Informationen der *vCard* angelegt.

Der Weg, um die eigene *vCard* zu versenden, ist ein wenig steiniger:

1. Suchen Sie im *Adressbuch* Ihre eigene Adresse und markieren Sie sie.
2. Wählen Sie den Menübefehl *Kontakt | als vCard weiterleiten.* Daraufhin öffnet sich ein neues E-Mail-Fenster:

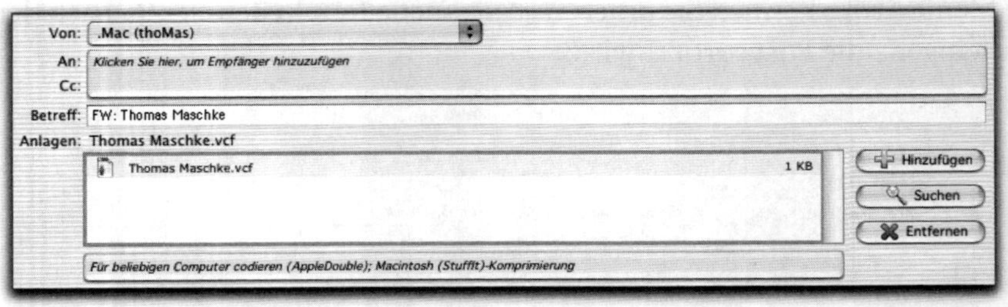

3. Sie geben aber jetzt weder einen Empfänger ein noch senden Sie die E-Mail. Statt dessen ziehen Sie die *vCard*, die der E-Mail als Anlage hinzugefügt wurde und an der Dateiendung *.vcf* kenntlich ist, per *Drag&Drop* auf den Schreibtisch.

4. Damit haben Sie Ihre persönliche *vCard* angelegt und die können Sie nun jederzeit vom Schreibtisch in das Fenster einer neuen E-Mail ziehen. Sie wird dann als Anlage hinzugefügt und gleichzeitig mit der eigentlichen E-Mail an den Empfänger versandt.

Alternativ können Sie:

- Jedes Mal den Befehl Menübefehl *Kontakt | als vCard weiterleiten* aufrufen.
- Das *Adressbuch* anzeigen lassen (Klick auf den *Adressbuch*-Knopf links oben), mit dem Menübefehl *Datei | Neu | E-Mail-Nachricht* eine neue Mail anlegen und die *vCard* per *Drag&Drop* ins Mailfenster ziehen.

RAFFINIERT

Daten im *vCard*-Format verstehen sehr viele Programme. Adressdaten zwischen diesen Programmen lassen sich einfach per *Drag&Drop* austauschen: Ausgewählte Adressen aus dem exportierenden Programm auf den Schreibtisch oder in einen Ordner ziehen, und von da wieder ins Fenster des importierenden Programms.

Gruppen

Möchten Sie eine Nachricht an mehrere Empfänger gleichzeitig senden, dann erleichtert Ihnen die Gruppe das erheblich. Wählen Sie das *Adressbuch* in der Ordnerliste von *Entourage* aus und drücken Sie dann den Knopf *Neue Gruppe*.

Daraufhin wird eine neue Gruppe angelegt, und jetzt können Sie die gewünschten Empfänger aus Ihrer bereits vorhandenen Adressenliste durch einfaches *Drag&Drop* in das Fenster neue Mailingliste aufnehmen. Sie können auch den Knopf *Hinzufügen* drücken und die Anfangsbuchstaben eines Adressaten eintippen – sofort klappt eine Liste auf, aus der Sie den Empfänger wählen können.

Gefällt Ihnen der Name *Unbenannte Gruppe* nicht, dann klicken Sie einfach darauf, und schon können Sie ihn ändern.

Wenn Sie dann eine E-Mail an diese Gruppe schicken möchten, geben Sie im Feld *An:* statt eines einzelnen Empfängers den Gruppennamen ein.

Newsgroups

«Neuheitengruppen» verwalten Nachrichten zu bestimmten Themengebieten – beispielsweise zum Macintosh, zur Fotografie oder zum Gärtnern. Jeder kann ohne irgendeine Anmeldung die entsprechenden Nachrichten einsehen und lesen, das Ganze ist so etwas wie ein öffentliches Nachrichtenbrett. Eine Newsgroup ist eine Art Diskussionsforum, das immer zu einem bestimmten Thema angelegt ist und wo ein reger Gedankenaustausch zu eben diesem Thema stattfindet. Mit *Entourage* haben Sie Zugang zu diesen so genannten Newsgroups.

Beispielsweise können Sie dort eine Frage zu einem Problem stellen – oder jemand anderem bei seinem Problem helfen. Es existieren zigtausend Newsgroups, und es gibt wohl kein Thema auf dieser Welt, das nicht auch von einer Newsgroup behandelt würde.

Zunächst müssen Sie sich einen Newsserver aussuchen (meist stellt der Provider einen) und den in *Entourage* unter *Extras* | *Konten* unter dem Reiter *News* anlegen:

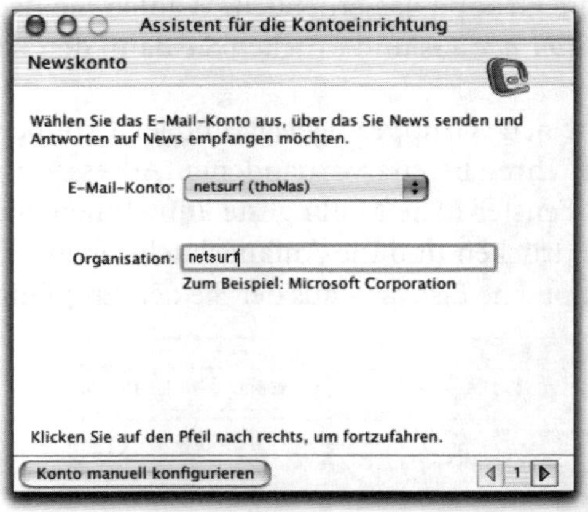

Dabei gilt:

- Wenn Sie die Newsliste des Providers aufrufen, über den Sie auch die Internetverbindung aufbauen, müssen Sie sich in der Regel nicht authentifizieren (weder Name noch Passworteingabe sind notwendig).
- Wenn Sie die Newsliste eines anderen Providers aufrufen, müssen Sie sich in der Regel authentifizieren (Name und Passworteingabe sind notwendig).
- Es gibt auch «freie» Newsgroup-Listen wie etwa `msn.com`, die alle besuchen dürfen.

Bauen Sie dann eine Verbindung zum Internet auf und klicken Sie in *Entourage* auf das Icon des Newsservers. Das erste Mal werden Sie ein wenig warten müssen, bis die Liste aller Newsgroups eingelesen ist (das sind oftmals mehrere Zehntausend!).

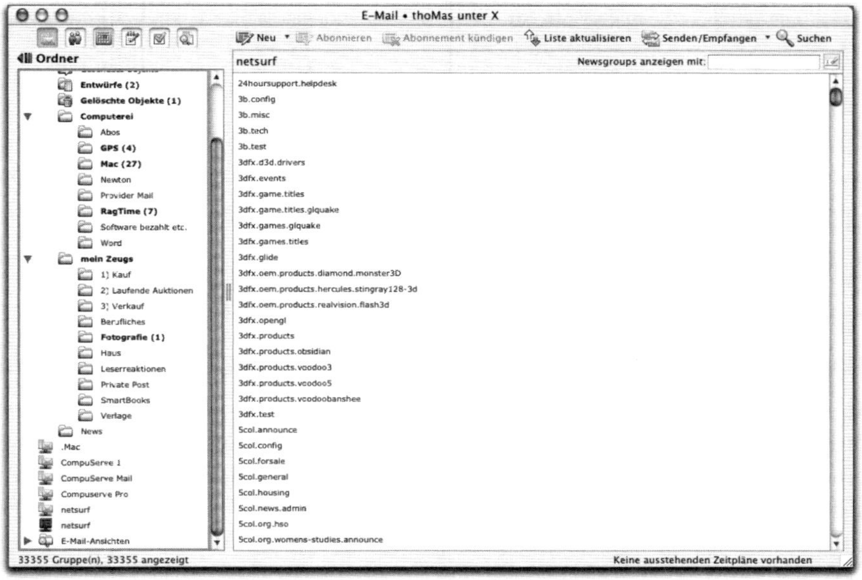

In der Liste können Sie die für Sie interessante Newsgroup aufrufen…

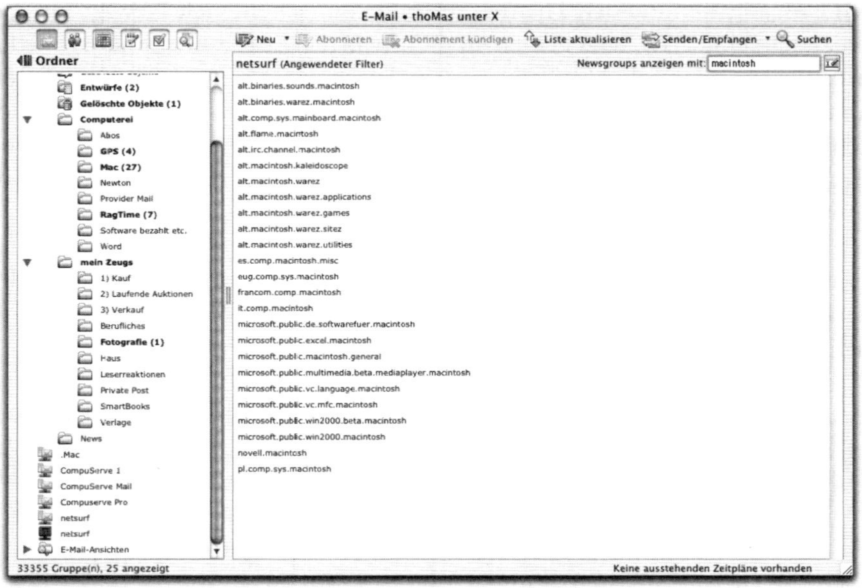

…und die Nachrichten der letzten Tage lesen:

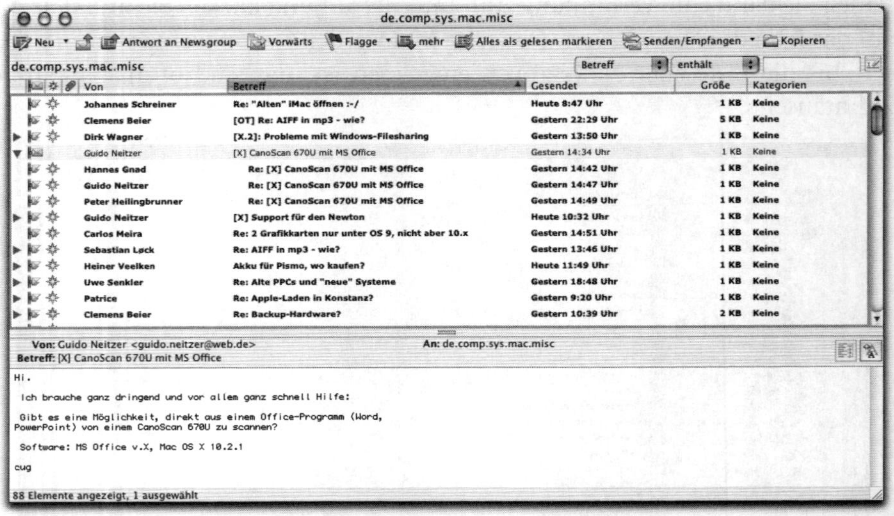

Sie können nun auch auf eine Nachricht antworten oder aber eine eigene Nachricht zu einem neuen Thema ins Netz stellen. Dabei sollten Sie selbstverständlich im Themengebiet bleiben: Es macht keinen guten Eindruck, wenn Sie in der Fotogruppe nach dem besten Computer fragen. Die Frage nach Erfahrungen mit Digitalkameras dagegen ist durchaus gestattet.

Tipp: Lesen Sie erst einmal eine Zeit lang mit, um sich mit dem dort herrschenden Umgangston und den Themen vertraut zu machen. Viele Newsgroups bieten zudem eine FAQ, eine Fragen-und-Antworten-Liste zu den meistgestellten Fragen. Besonders als Neuling (in dem Fachgebiet) sollten Sie sich die erst einmal besorgen (in der Newsgroup danach fragen oder warten, bis eine Nachricht mit dem entsprechenden Hinweis auftaucht). Denn viele grundlegende Fragen werden immer und immer wieder gestellt – und die alten Hasen in der Gruppe reagieren dann manchmal etwas ungehalten.

Eine Newsgroup müssen Sie immer wieder besuchen, um über die aktuellen Nachrichten auf dem Laufenden zu bleiben. Bei regen Newsgroups kann das täglich notwendig werden, wenn Sie nichts verpassen möchten.

HEISSER TIPP

Auch (aber nicht nur) die älteren Nachrichten sehr vieler Newsgroups finden Sie unter `www.google.de`, wenn Sie den Reiter *Groups* anklicken:

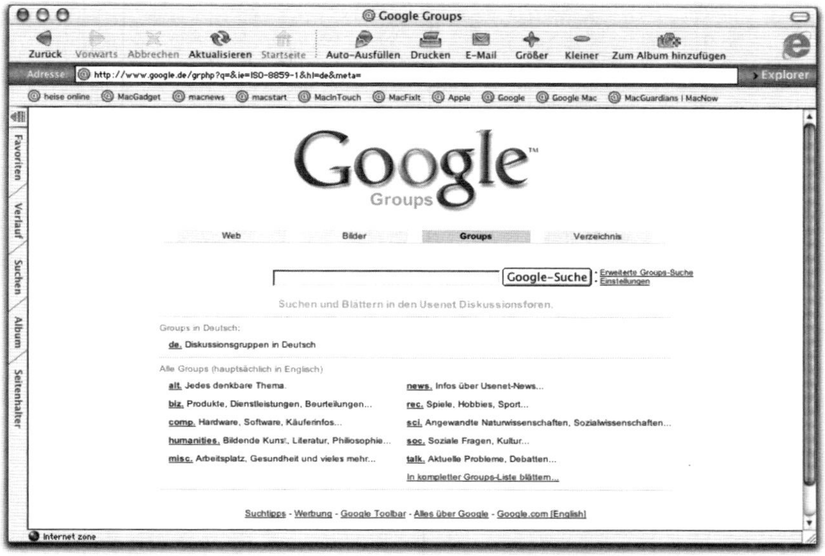

RAFFINIERT

Auch für Newsgroups lassen sich Filter definieren, die abhängig vom Absender, dem Betreff, dem Alter oder der Grösse der Nachricht bestimmte Aktionen auslösen.

Mailinglisten

Mailinglisten gibt es zu verschiedenen Themengebieten (schauen Sie dazu mal unter `http://www.macnews.de` nach!). Im Unterschied zu einer Newsgroup muss man sich jedoch anmelden und seine E-Mail-Adresse angeben (bleibt also nicht anonym), erhält aber im Gegenzug alle Nachrichten, die an den Mailserver geschickt werden, per E-Mail an die eigene Adresse und kann sie wie ganz normale E-Mails lesen und auch beantworten. Und auch hier lassen sich selbstverständlich eigene Fragen und Anregungen an die Mailingliste schicken.

Unmoderierte Mailinglisten dienen lediglich als Verteiler: Alles, was an die Liste gesandt wird, wird sofort und unzensiert an alle Teilnehmer weitergeleitet. Es funktioniert trotzdem hervorragend, denn die Nettiquette (Verhaltensregeln für das Verfassen und Beantworten von Mails) wird meist strikt befolgt. Und wenn nicht, bekommt der Fragliche sofort eine aufs Dach.

Bei moderierten Mailinglisten werden oft mehrere Mails zusammengefasst und den Teilnehmern zugeschickt, auf jeden Fall aber überwacht der Moderator, dass nur dem Themengebiet zugehörige Nachrichten an die Abonnenten gelangen.

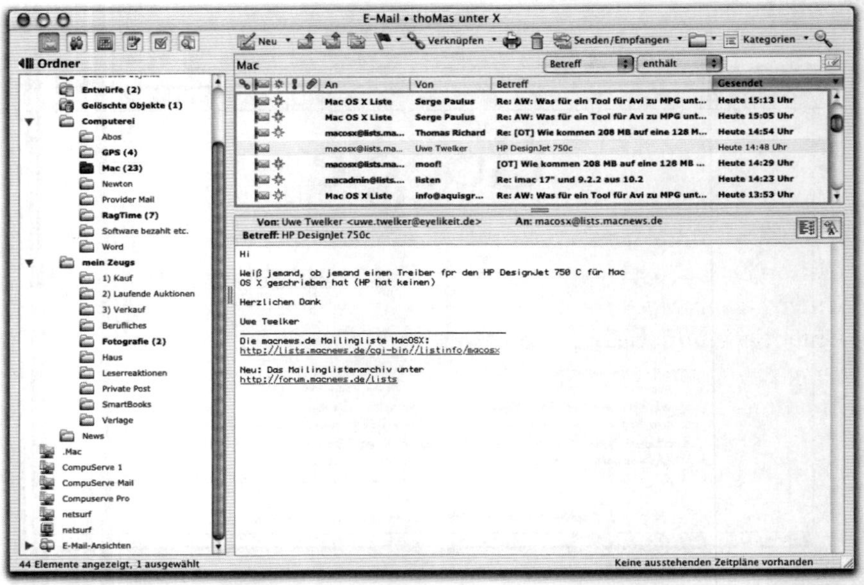

HEISSER TIPP Im Menü *Extras* können Sie unter *Mailinglisten-Manager* Regeln definieren, nach denen Ihre eingehenden Mails sortiert werden. So lassen sich alle Nachrichten gleich in das entsprechende Postfach legen.

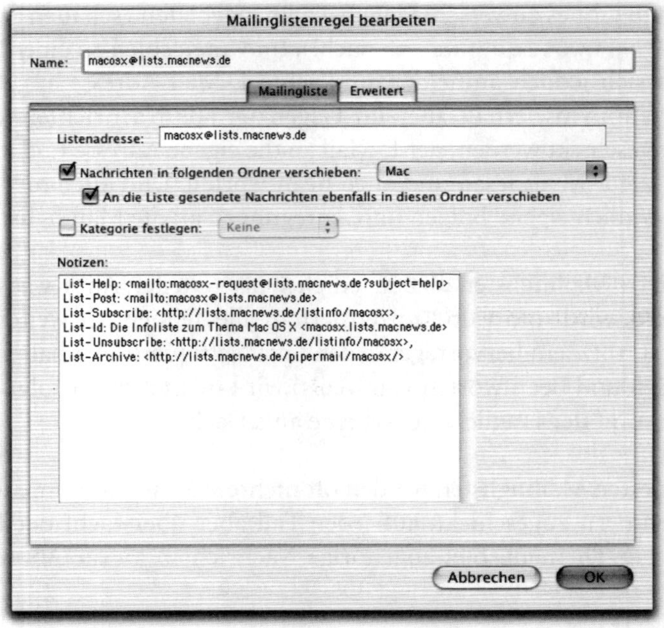

Serien-E-Mails

Sie können in Zusammenarbeit zwischen *Word* und *Entourage* auch Serien-E-Mails versenden. Genau wie bei einem Serienbrief bekommt jeder Empfänger eine eigene Mail, in der nur er als Empfänger benannt ist. Und das geht so:

1. Erstellen Sie Ihr Anschreiben in *Word.*
2. Rufen Sie den Menübefehl *Extras | Seriendruck-Manager* auf.
3. Klicken Sie unter *Hauptdokument* den Knopf *Erstellen* und wählen Sie die Option *Serienbriefe* aus.
4. Unter *Datenquelle | Daten abrufen* wählen Sie das *Office-Adressbuch…*
5. Unter *Seriendruckfeld* sind die einzelnen Datenfelder aufgelistet, die Sie per *Drag&Drop* an die gewünschte Stelle in Ihr Dokument ziehen können. Für *Entourage* macht nur die E-Mail-Adresse Sinn.
6. Unter *Vorschau* können Sie den Knopf *Seriendruck | Vorschau* drücken und dann mit den Pfeiltasten die einzelnen Datensätze durchblättern, um zu überprüfen, ob alles in Ordnung ist.
7. Unter *Zusammenführen* können Sie schlussendlich den Seriendruck nun als E-Mail an *Entourage* schicken. Die Mails werden dort in den Postausgang gelegt.

Mehr zu Serienbriefen finden Sie im Kapitel zu *Word.*

E-Mail-Knigge

Ebenso wenig, wie es «Gesetze» für den konventionellen Schriftverkehr gibt, existieren auch keine Vorschriften für E-Mails. Aber hier wie dort sollte man sich einer bestimmten äusseren Form bedienen, um das Lesen zu erleichtern und bestimmte Anstandsregeln nicht zu verletzen. Hier die wichtigsten Regeln für E-Mails:

Wenn Sie auf eine E-Mail antworten und dabei Zitate aus der alten Nachricht benutzen, so tun Sie das sparsam und nur da, wo es Sinn macht. Es gilt als flegelhaft, eine «lange» E-Mail komplett zu zitieren und vielleicht gar nur eine kurze Antwort dazuzuschreiben.

In die gleiche Kerbe schlagen auch die sog. «Ich-auch-Mails», mit denen Sie sich besonders in Newsgroups und Mailinglisten schnell unbeliebt machen können: Da wird dann die komplette Mail zitiert, nur um dazuzuschreiben, dass der Absender der gleichen Meinung ist. So etwas kann man sich auch sparen.

In Newsgroups und Mailinglisten ist das «Du» die normale Anredeform. Wer die anderen siezt, macht sich ein wenig lächerlich.

Ganz im Gegensatz dazu normale E-Mails: Hier gelten eher die Regeln des normalen Schriftverkehrs und das bedeutet insbesondere, dass die Anreden «Du» und «Sie» genau wie sonst auch gehandhabt werden. Nur Freunde und Verwandte werden mit dem «Du» angeredet, alle anderen wie gewohnt per «Sie».

Nicht anders als rüpelhaft ist es da, wenn Sie eine E-Mail, in der Sie per «Sie» angeredet wurden, mit einem plumpen «Du» beantworten.

In Newsgroups und Mailinglisten gilt das Motto: möglichst kurz und knapp, aber aussagekräftig.

Es gehört zum guten Umgangston, in «offiziellen» E-Mails eine Signatur aufzunehmen, die ähnlich einem Briefkopf Name, Adresse und ggf. auch Telefonnummer enthält.

Es gilt auch als äusserst unfein, Dateien an Mails anzuhängen. Ganz besonders trifft das auf Mailinglisten und Newsgroups zu; da soll die Nachricht schön klein und kompakt bleiben. Aber auch in E-Mails von Mensch zu Mensch sollten Sie Dateien nur anhängen, wenn's nötig ist – und den Empfänger vorab informieren. Besonders, wenn derjenige einen Windows-Computer hat, ist er nämlich ein gebranntes Kind: Viren (etwa Melissa) werden gern via Dateianhang verbreitet.

Abkürzungen

Bei E-Mails sind einige Abkürzungen gebräuchlich. Damit Sie wissen, was der andere Ihnen sagen möchte:

BTW	by the way (übrigens)
FAQ	frequently asked question (häufig gestellte Frage)
FYI	for your information (zu deiner Information)
IMHO	in my humble opinion (meiner bescheidenen Meinung nach)
LOL	laughing out loud (lach' laut auf)
OTH	on the other hand (andererseits)
ROTFL	rolling on the floor laughing (lachend am Boden wälzen)
RTFM	read the f__king manual (lies das besch_ene Handbuch)
TIA	thanks in advance (Danke im voraus)
Flame	sehr starke Kritik
:-)	Smiley, lächelndes Gesicht (legen Sie Ihren Kopf auf die linke Schulter, dann wissen Sie, warum das ein Smiley ist).
:-(	das ist kein Smiley!

Tastenkombinationen auf einen Blick

Öffnen der *Entourage*-Fenster *Adressbuch, Status, Notizen, Aufgaben…*	*Befehl-Ziffer* (*Befehl-6* etwa öffnet die Notizliste)
Schliessen eines Fensters	*Befehl-W*
Drucken eines Exemplars	*Befehl-Wahl-P*
Bewegen zum nächsten Feld in einem Dialogfeld	*TAB*
Suchen	*Befehl-F*
Suchen nach dem nächsten Vorkommen	*Befehl-G*
Öffnen der markierten Nachricht	*Befehl-O*
Beantworten einer Nachricht	*Befehl-R*
Weiterleiten einer Nachricht	*Befehl-J*
Anzeigen nur ungelesener Nachrichten/aller Nachrichten	*Befehl-Y*
Aktualisieren der Newsgroupliste	*Befehl-L*
Projektkatalog öffnen	*Befehl-Shift-P*
Benutzer wechseln	*Befehl-Shift-Q*
Datenbank neu anlegen und komprimieren	*Wahl-Taste* beim Aufstarten von *Entourage* drücken

Kontakt- und Projektmanagement

Entourage bietet über die reine E-Mail-Funktionalität hinaus auch die grundlegenden Funktionen eines Personal Information Manager (PIM). Dazu sei aber gleich einschränkend angemerkt, dass diese Funktionen zwar durchaus brauchbar sind, letztlich aber die Funktionalität eines eigenständigen PIM nicht ganz erreichen. So fehlt beispielsweise die Möglichkeit, Termine, Kontakte und dergleichen mehr mit anderen im Netzwerk abzugleichen.

Doch die normalen Aufgaben eines Terminplaners erledigt *Entourage* sehr gut – es erinnert dabei ein wenig an den mittlerweile nicht mehr erhältlichen *Claris Organizer* (der heute als *Palm Desktop* weiterentwickelt wird) und bietet den ganz besonderen Vorteil einer weit gehenden Integration in das restliche *Office*-Paket.

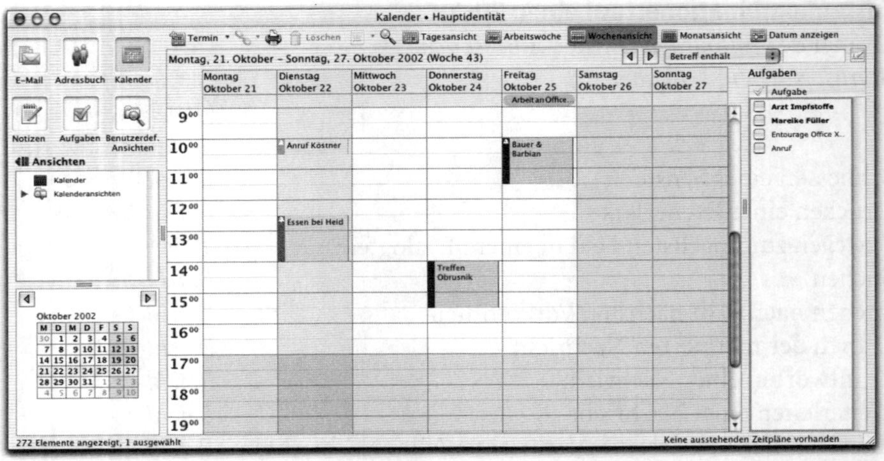

So findet sich beispielsweise in der Standardsymbolleiste aller *Office*-Programme der Knopf *Zur Nachverfolgung kennzeichnen.* Wird er gedrückt, dann wird das aktuelle Dokument aus *Word*, *Excel* oder *PowerPoint* respektive das in *Entourage* gerade markierte Element wie E-Mail oder Adresse auf Termin gelegt, in die Aufgabenliste von *Entourage* aufgenommen, und Sie können sich sogar zu einem bestimmten Zeitpunkt daran erinnern lassen. Das kann beispielsweise dann sehr nützlich sein, wenn Sie keinesfalls vergessen dürfen, die Kalkulation in *Excel* noch heute nachmittag fertigzustellen.

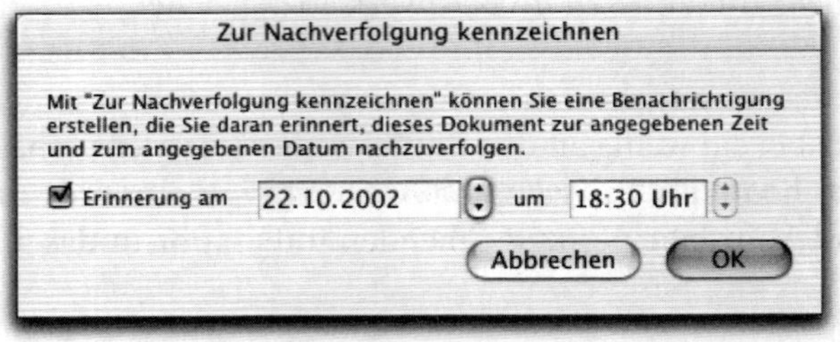

Entourage bietet Ihnen etliche Möglichkeiten für Aufgaben, Notizen, Mails, *Office*-Dokumente:

- *Zur Nachverfolgung kennzeichnen* – Sie werden dann zu einem bestimmten Termin daran erinnert.

- *Verknüpfungen* – Beispielsweise können Sie eine Datei mit einer Aufgabe verknüpfen (Aufgabe *Nicht vergessen, die Grafik fertigzuzeichnen!* verknüpft mit *Wankelmotor*).

Eine tolle Funktion, mit deren Hilfe Sie das gesamte Projektmanagement auf dem Mac erledigen können!

- Sie können Kategorien anlegen (*Bearbeiten* | *Kategorien* | *Kategorien bearbeiten*) und Aufgaben, Notizen, Mails … unter bestimmten Kategorien ablegen, ordnen und ansehen.

Ebenso wie die gesamte Bedienoberfläche von *Entourage* sind auch die Termin- und Adressfunktionen sehr einfach zu bedienen und in der Online-Hilfe recht ausführlich erklärt. Wer mit der grundlegenden Bedienung eines Macintosh vertraut ist, wird auch mit den verschiedenen Funktionen von *Entourage* sehr schnell und weitgehend problemlos zurechtkommen.

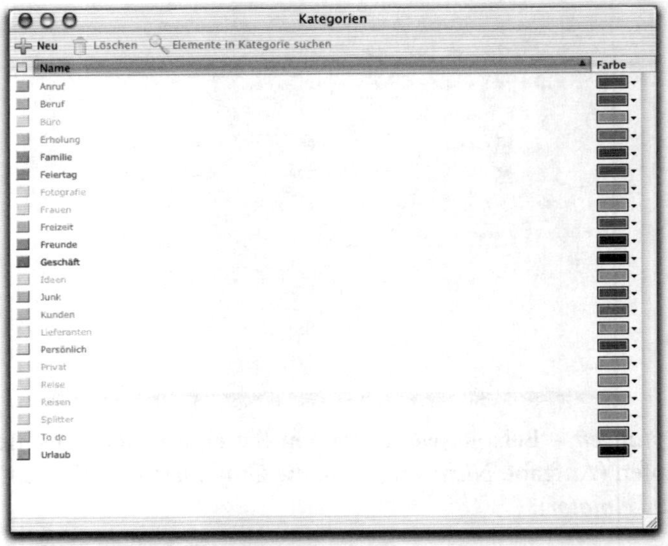

Wir verzichten hier deshalb (wieder einmal) auf die zum einen weitgehend überflüssige und zum anderen äusserst langweilige exakte Auflistung aller Knöpfe und Menübefehle. Forschen Sie ruhig selber ein wenig, denn das macht Spass.

Daten importieren

Beim ersten Aufstarten erscheint ein Importdialog, aber nicht jeder hat jetzt schon den Nerv, alte Daten zu importieren. Doch das ist kein Beinbruch, können Sie doch jederzeit den Importbefehl in *Entourage* wählen. Daneben haben wir noch ein paar weitere Möglichkeiten für Sie auf Lager…

Import I

Haben Sie vorher mit einem anderen Programm gearbeitet, dann können – und sollten – Sie bereits vorhandene Daten wie E-Mail-Adressen und natürlich auch Ihre gesamte E-Mail in *Entourage* importieren. E-Mails, Adressen, Termine, Aufgaben und Regeln können Sie via Menübefehl *Datei | Importieren…* von den im Dialog aufgezeigten Programmen direkt importieren.

Uns wollte es allerdings nicht gelingen, Dateien von *Palm Desktop X* zu importieren.

- Bei anderen Programmen starten Sie das alte Programm, sichern dort die Daten als Tabulator-getrennte Datei und können diese Datei dann in *Entourage* importieren (nur Adress- und Notizdaten).

Wählen Sie dazu aus dem Menü *Datei* den Befehl *Importieren* (wahlweise Nachrichten oder Kontakte):

Geben Sie an, was Sie importieren möchten, und wo sich die Datei befindet. Den Rest erledigt *Entourage*.

Import II

Um Daten aus Apples Programm *Mail* zu importieren, benutzen Sie das Apple-Script, das Sie auf der Office-CD im Ordner *Value Pack* finden.

Import III

Etwas weiter vorne war davon die Rede, wie lästig es sein kann, wenn im alten E-Mail-Programm die Option *Empfangene Nachrichten auf Server belassen* eingeschaltet war. Andererseits birgt genau diese Speichermöglichkeit eine Lösung, um auch solche E-Mails in *Entourage* zu importieren, die anders nur sehr schwierig oder gar nicht übernommen werden könnten.

Schalten Sie dazu in Ihrem alten E-Mail-Programm die Option «Nachrichten auf Server speichern» ein und geben Sie gegebenenfalls eine genügend lange Zeitspanne (z. B. 90 Tage) an. Wo Sie diese Optionen einstellen, können Sie der Dokumentation zu Ihrem alten E-Mail-Programm entnehmen.

Wenn Sie nun Ihr altes E-Mail-Programm aufstarten und eine Verbindung mit dem Mail-Server herstellen, werden die Nachrichten von Ihrer Festplatte auf den Server gespielt.

Wenn Sie anschliessend *Entourage* aufstarten und eine Verbindung mit dem Internet herstellen, holt sich das Programm alle Mails vom Server ab. Einfacher geht es kaum.

Daten exportieren

Für das Exportieren von Daten aus *Entourage* gibt es etliche Utilities, von denen Sie einige auf unserer *SmartDisc* finden, den ganzen Rest können Sie unter `www.versiontracker.com` aufstöbern.

Nicht selten aber funktioniert der Export auch mit Bordmitteln ganz hervorragend, denn *Entourage* legt die Daten in Standardformaten ab, auf die sich auch viele andere Programme verstehen – beispielsweise auch *Outlook* unter Windows. Ziehen Sie die fraglichen Daten (Auswahl oder alle markieren) einfach per *Drag&Drop* auf einen Ordner:

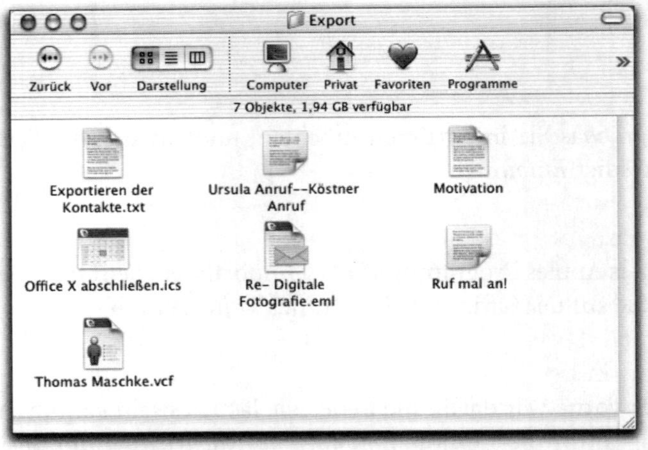

- E-Mails werden einzeln im Format *.eml* abgelegt und können (per *Drag&Drop*) in andere E-Mailer importiert werden, die sich auf dieses Format verstehen. Einzelne Mails lassen sich über den Menübefehl *Datei | Speichern unter…* auch als Textdatei sichern.

- Kontakte werden im Format *.vcf* abgelegt, können über das Menü *Datei | Kontakte exportieren...* aber auch als Tabulator-getrennte Textdatei exportiert werden.
- Einzelne Kalenderereignisse werden im Format *.ics* abgelegt und können so unter anderem in *iCal* übernommen werden.
- Notizen und Aufgaben werden einzeln als Textdatei gesichert.

Wie Sie E-Mails noch exportieren können, davon ist in den folgenden Abschnitten die Rede.

E-Mail archivieren

E-Mails zu verfassen war zunächst das Freizeitvergnügen einiger weniger. Freunde tauschten mehr oder minder wichtige Nachrichten aus. Das hat sich gründlich geändert und die elektronische Post ist auf dem besten Wege, die «Schneckenpost» in wichtigen Bereichen abzulösen. Neben der privaten Post werden zunehmend auch geschäftliche Vorgänge per E-Mail abgewickelt. Von Besprechungsterminen über Arbeitsanweisungen bis hin zu Vertragsabschlüssen. Umso wichtiger wird es, diese Mails genau wie den restlichen Schriftverkehr auch zu archivieren. Möglichst so, dass sie auch bequem verwaltet – und wiedergefunden (!) – werden.

Hinsichtlich *Entourage* sind uns mehrere Möglichkeiten eingefallen:

1. In *Entourage* werden genügend Unterordner angelegt (Privat, Geschäft, Kauf, Verkauf...), in denen die Mails gesammelt und organisiert werden können. Der Ordner *Microsoft-Benutzerdaten* wird regelmässig gesichert.

RAFFINIERT

Die Benutzerdaten werden standardmässig auf dem Startlaufwerk im Ordner *Benutzer/Benutzername/Documents/Microsoft-Benutzerdaten* abgelegt. Sie können aber auch an einen anderen Ort verschoben werden. Das ist etwa dann nützlich, wenn Sie ein Datenlaufwerk angelegt haben, von dem Sie regelmässig Sicherungskopien (Backups) erstellen und das der Übersichtlichkeit halber alle Benutzerdaten aufnehmen soll. Legen Sie in dem Fall eine Aliasdatei des Ordners *Microsoft-Benutzerdaten* in den Dokumente-Ordner auf dem Startlaufwerk (die Aliasdatei muss auch exakt *Microsoft-Benutzerdaten* benannt sein).

Nachteil: Im Laufe der Zeit wird die Datenbank sehr gross. Und wenn sie mal kaputt geht, ist guter Rat teuer.

2. Einzelne Mails oder auch ganze Ordner werden aus dem *Entourage*-Fenster auf den Schreibtisch gezogen: Dort wird dann eine Textdatei angelegt, die sich per Doppelklick wieder in *Entourage* importieren, aber auch von einem Editor wie *BBEdit* oder *Tex-Edit Plus* öffnen lässt. Auch *Word* kann die Datei öffnen, wenn im *Öffnen*-Dialog unten bei *Zeigen: Text aus belieb. Datei wiederherstellen* angewählt wird.
   Nachteil: Sonderzeichen erscheinen nur bei einem Reimport nach *Entourage* korrekt.
3. Ausgewählte E-Mails werden mit dem Skript *Ausgewählte E-Mails nach Word*, das Sie auf unserer *SmartDisc* finden, nach Word exportiert und können dann als Word-Datei gesichert werden. Die exportierten Datensätze werden manuell in *Entourage* gelöscht. Legen Sie das Skript in den Skripte-Ordner von *Entourage (Benutzer/Benutzername/Documents/Microsoft-Benutzerdaten/)*, damit Sie direkt über das Skriptmenü darauf zugreifen können.

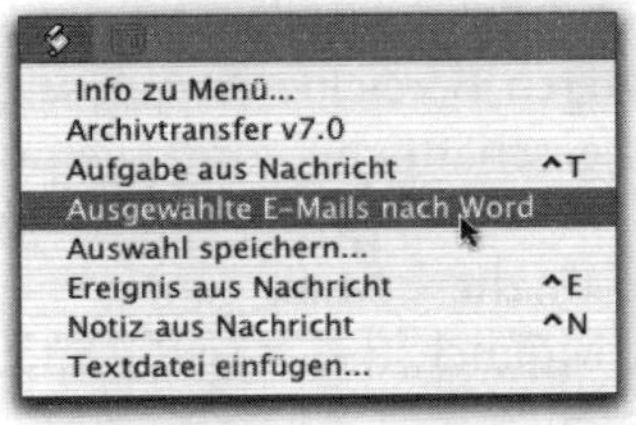

   Vorteil: Die Datenbank bleibt klein, die E-Mails können übersichtlich nach Ordner und Datum sortiert in Textdateien abgelegt werden.
4. Zwei andere Skripte (*Nachrichtentexte in Textdatei…* und *Quelltexte in Textdatei…* auf unserer *SmartDisc* erlauben es, ausgewählte Mails inklusive oder exklusive der Kopfinformationen in eine Textdatei zu sichern.
5. Das Skript *E-Mails speichern…* sichert ausgewählte E-Mails einzeln im *Entourage*-Format in einen Ordner Ihrer Wahl, so dass sie diese jederzeit wieder in *Entourage* öffnen und reimportieren können (dazu einfach die Datei doppelklicken und dann in *Entourage* den Knopf *Verschieben* drücken und einen Ordner auswählen).
   Das Skript merkt sich den einmal gewählten Pfad, und wenn Sie sich mehrere Kopien davon sinnig benannt in den Skripte-Ordner legen, können Sie die Nachrichten ganz gezielt archivieren.
   Möchten Sie den gewählten Pfad löschen, dann öffnen Sie das Skript *E-Mails speichern…* mit dem Apple Skripteditor und übertippen ganz oben bei «property pFolderPath :» die beiden Anführungszeichen durch – zwei Anführungszeichen. Danach fragt das Skript beim nächsten Mal wieder nach einem neuen Pfad.
6. Mit dem Skript *Archivtransfer* können ausgewählte E-Mails in eine *FileMaker*-Datenbank exportiert werden. Die Einrichtung ist nicht ganz ohne, aber dafür sind die E-Mails sicher archiviert, denn *FileMaker* besitzt eine

sehr sichere Datenstruktur und kann auch defekte Dateien sehr zuverlässig reparieren. Ausserdem stehen damit den E-Mails alle Auswertungsfunktionen einer Datenbank zur Verfügung – komfortabler geht es kaum. Nachteil: *FileMaker* wird benötigt und die Einrichtung ist nicht so ganz einfach. Aber mit der folgenden Anleitung sollte es klappen.

Wählen Sie aus den Möglichkeiten jene aus, die Ihnen am besten behagt.

E-Mails in FileMaker archivieren

1. Kopieren Sie den Ordner *Archivieren in FileMaker* von der CD, die diesem Buch beiliegt, auf Ihre Festplatte.
2. Legen Sie nun das Skript *Archivtransfer* in den Ordner *Entourage Skript Menu Items.* Sie finden diesen Ordner im Pfad *Benutzer/Benutzername/ Documents/Microsoft-Benutzerdaten/.* Alle anderen Skripte lassen Sie bitte an Ort und Stelle.
3. Wenn Sie jetzt sowohl die Datenbank *Entourage Archiv* wie auch *Entourage* öffnen, können Sie über das Skript-Menü der beiden Programme E-Mails zum Archivieren an *FileMaker* senden, Sie können aber auch E-Mails aus dem Archiv an *Entourage* senden respektive *Entourage* beantworten oder weiterleiten.

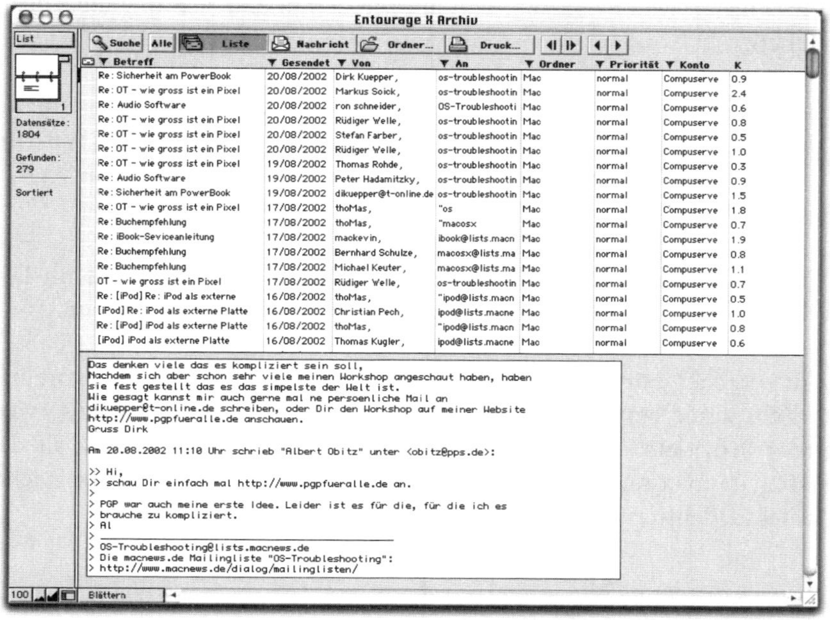

In *FileMaker Pro* lassen sich die E-Mails dann sicher und komfortabel verwalten – und bei Bedarf auch wieder an *Entourage* zurücksenden. Bei uns funktioniert das sogar problemlos zwischen *Entourage X* und *FileMaker Pro* unter *Classic.*

Bugs – Fehler im Programm

Entourage basiert wie auch schon der Vorgänger *Outlook Express* auf dem einst hochgelobten *Claris Emailer.* Und wer Claris-Programme kennt, der weiss, dass sie neben vielen anderen Ausstattungsmerkmalen vor allem immer einen grossen Vorzug hatten: eine extrem hohe Datensicherheit. So habe ich weder in *Claris Emailer* noch in *FileMaker Pro* jemals auch nur annähernd so tiefe Überlegungen hinsichtlich der Datensicherung angestellt wie in anderen Programmen und doch niemals Daten verloren.

Im *Claris Emailer* wurden die einzelnen E-Mail-Ordner in separaten Dateien verwaltet, und selbst wenn eine dieser Dateien korrupt gewesen wäre (was mir nie passiert ist), so wären schlimmstenfalls die Mails aus diesem Ordner verloren gewesen.

Leider wurde dieses Konzept der separaten Dateien bei *Outlook Express* und damit nun auch bei *Entourage* aufgegeben: sämtliche Informationen und E-Mails werden in nurmehr zwei Dateien verwaltet. Und wenn eine davon defekt ist, sind praktisch alle Daten verloren.

Um möglichen Datenverlusten vorzubeugen empfiehlt sich deshalb folgendes Vorgehen:

- Erstellen Sie in regelmässigen Abständen – wir tun das täglich – eine Kopie des Ordners Office X-*Identitäten.* Ältere Kopien dieses Ordners werden gelöscht, dies aber erst, wenn feststeht, dass die aktuellen *Entourage*-Daten noch intakt sind.

In *Entourage* selbst wurden unter *Extras* | *Konten* | *Bearbeiten* die im Dialog abgebildeten Einstellungen (siehe nächste Seite, oben) vorgenommen.

Damit ist sichergestellt, dass auch bereits empfangene E-Mails eine voreinstellbare Zeitspanne lang – in diesem Fall sieben Tage – auf dem Mailserver des Internet-Providers verbleiben. Sollte sich die *Entourage*-Datenbank als defekt erweisen, dann können diese Mails wieder vom Server geholt werden, nachdem die defekte Identität durch eine (ältere) Kopie ersetzt worden ist.

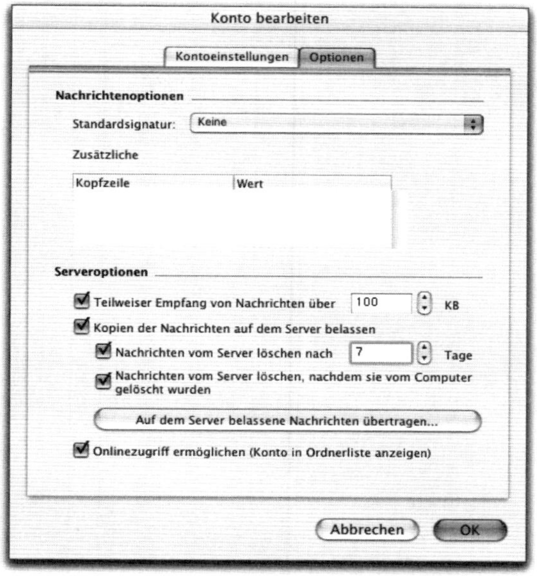

Mit dieser Einstellung werden die Nachrichten erst dann vom Mailserver gelöscht, wenn entweder die Zeitspanne verstrichen ist oder wenn die (unwichtigen) Mails auch in *Entourage* gelöscht wurden: Jedes Mal, wenn Sie Ihre E-Mail mit *Entourage* abholen, aktualisiert das Programm auch Ihr Postfach bei Ihrem Internet-Provider.

Problemlösungen

- Die Datenbank darf nicht grösser als 4 Gigabyte werden. Kleiner ist besser.
- Archivieren Sie regelmässig alle Mails, die Sie behalten möchten.
- Überflüssige Mails werden gelöscht.
- Starten Sie *Entourage* alle paar Tage oder Wochen (je nach Mailaufkommen) mit gedrückter *Wahl-Taste*. Dann wird die Datenbank neu angelegt und optimiert.
- Wählen Sie dabei gelegentlich die komplexe Neuerstellung – Datenbank und Nachrichten-Datei werden noch effektiver neu organisiert und deutlich kleiner.

7 Daten organisieren und austauschen

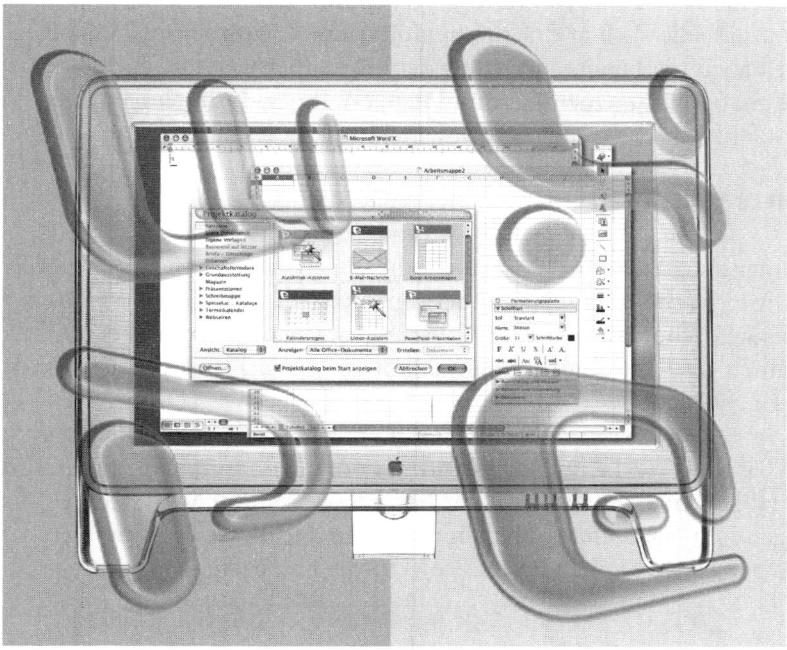

Daten organisieren und austauschen

Sowohl das Betriebssystem des Macintosh als auch *Office* stellen Ihnen eine ganze Reihe Hilfsmittel zur Verfügung, um Ihre Ideen zu sammeln, zu strukturieren und schliesslich in eine präsentationsreife Form zu bringen. Einige *Office*-Hilfen haben Sie bereits im ersten Kapitel kennen gelernt, doch wie sich das Ganze am besten zu einem Verbund fügt, der Ihnen optimales Arbeiten ermöglicht, soll hier noch einmal zusammenfassend vorgestellt werden.

Daten organisieren

Am Anfang steht üblicherweise die Recherche. Das heisst, Sie machen sich kundig, sammeln schon einmal erste Ideen, Skizzen und Fakten. Vielleicht fallen Ihnen sogar schon einzelne Formulierungen, ja ganze Textteile ein. All das will gesammelt und geordnet werden, damit es übersichtlich parat ist und nicht verloren geht.

Legen Sie zuallererst einen **Projektordner** an, in den Ihr gesamtes gesammeltes Material kommt. Gedankensplitter beispielsweise können Sie dann ganz hervorragend im *Notizzettel* festhalten und, wenn Sie diesen Text markieren, problemlos per *Drag&Drop* in Ihrem Projektordner ablegen.

Gleichzeitig sollten Sie sich eine *Word*-Datei anlegen und die wiederum bevorzugt in der Gliederungsansicht benutzen. So können Sie schon einmal die erste Grobstruktur erstellen und im Laufe der Zeit immer weiter ausfeilen.

Der *Notizzettel*: Kleine gelbe (oder blaue, rote, grüne…) Zettelchen, die überall auf dem virtuellen Schreibtisch rumkleben und im Aussehen den echten Post-It-Klebeblättchen sehr nahe kommen. Nützlich für schnelle Randnotizen, die ständig im Auge behalten werden sollen. Per Doppelklick auf die Titelleiste klappt das Fenster zu.

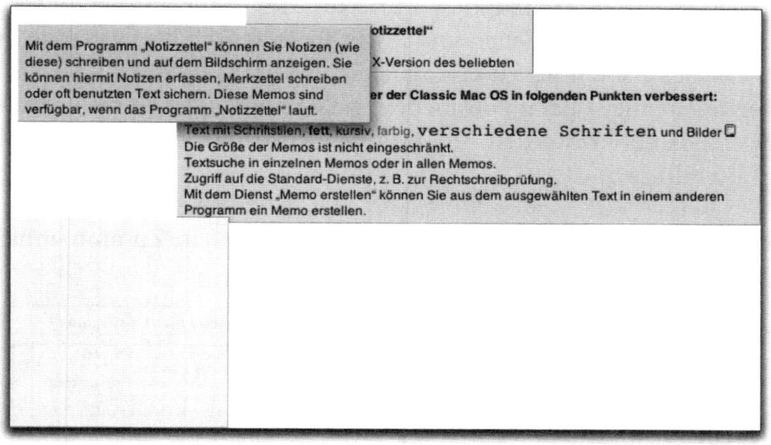

Gegenüber dem klassischen Mac OS hat sich der Notizzettel weiterentwickelt und beherrscht jetzt auch:

- verschiedene Schriften mit Schriftstilen wie fett, kursiv und farbig.
- Einfügen und Anzeigen von Bildern.
- unbegrenzt grosse Memos.
- Textsuche in einzelnen oder allen Memos.
- Zugriff auf Standarddienste wie etwa die Rechtschreibprüfung.

Ich möchte Ihnen hier einige Beispiele für den Nutzen und die Verwendung von *Notizzettel* geben, die Ihnen vielleicht eine willkommene Anregung sind:

- Wird ein Notizfenster geschickt platziert, bleibt immer eine Ecke sichtbar und es kann durch Klick sehr schnell geöffnet werden. Sie haben damit immer ein Mini-Textprogramm im Zugriff.
- Nach dem Notieren genügt der Wechsel zu einem anderen Programm, um die Notizen zu speichern. Keine lästige Nachfrage, kein Vergessen des Sicherns.
- Die unterschiedlichen Farben der Notizzettel helfen beim Organisieren. Gelb für Eiliges, Grün für Ideen, Rot für Erledigungen…
- *Notizzettel* beherrscht *Drag&Drop* – das bedeutet, dass sich Textpassagen innerhalb einer Notiz schnell umstellen lassen. Einfach markieren und mit der Maus verschieben.

- Markierte Texte können aber auch in andere Notizzettel und «fremde» Programmfenster kopiert werden. Der markierte Text wird mit gedrückter Maustaste in ein anderes sichtbares Fenster gezogen – und der Text wird an der Mausposition eingefügt.
- Mit Hilfe von *Drag&Drop* können die Notizen zudem direkt als «Text-Clip» abgelegt werden: Text markieren und mit der Maus auf den Schreibtisch oder in einen Ordner ziehen und loslassen. Praktisch, um Ideen im passenden Ordner erst einmal zu sammeln.
- Ideen, die ja meist dann kommen, wenn's gerade nicht so recht passt, können schnell notiert werden – in die grosse Textverarbeitung werden sie später übernommen.

Für ebenso produktivitätssteigernd halten wir in diesem Zusammenhang das Hilfsprogramm *EZNote*.

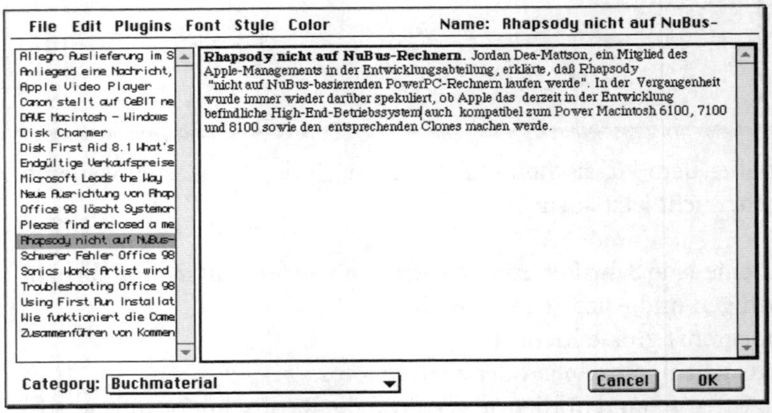

EZNote ist derzeit leider nur in einer *Classic*-Version erhältlich, der Autor hat aber eine OS X-Version in Aussicht gestellt (`http://www.northcoast.com/~jvholder`). Das ist eine Super-Zwischenablage für Texte, mit der Sie per definierbarer Tastenkombination markierte Texte als Datei sichern können. Zur besseren Strukturierung können die Notizen gleich in Ordner wie «Ideen», «Internet» etc. abgelegt werden. Auf Tastendruck hin lassen sich die Textschnipsel wieder aufrufen, manipulieren (beispielsweise lassen sich überflüssige Leerzeichen und Zeilenende-Markierungen schnell entfernen) und in ein Programm einsetzen, als kämen sie aus der Zwischenablage.

Material ordnen, ergänzen und ausfeilen

Im nächsten Schritt überführen Sie all Ihre Schnipsel in das Zieldokument. Die kleinen Clips ziehen Sie dazu einfach in das geöffnete Dokumentenfenster. Das Gleiche geht auch mit Daten aus anderen Programmfenstern – denn selbstverständlich verstehen sich auch diese auf *Drag&Drop*.

Berücksichtigen Sie dabei auch die Tatsache, dass Daten, die Sie solchermassen per Ziehen und Ablegen in ein anderes Dokument überführen, in etwa an der Stelle abgelegt werden, wo sich der Mauszeiger befindet.

Nachdem Sie all Ihre Splitter in einem Dokument gesammelt haben, wird es darum gehen, das Ganze nochmals gegenzulesen, zu überarbeiten und gegebenenfalls weiter zu vervollständigen.

Vom Chaos in die Ordnung

Das Wichtigste bei jedem kreativen Prozess ist letztlich übrigens – das mag erstaunlich klingen – eine vernünftige Ordnung und Struktur. Das musste ich bei einem umfangreichen Manuskript zu einem Buch feststellen, das zu etwa drei viertel fertig war (dachte ich). Doch so recht schlüssig war es nicht. Also habe ich erst einmal alles, was ich bis dato geschrieben hatte, komplett beiseite gelegt und ganz von vorn begonnen – mit einem neuen Konzept, sprich einer neuen Gliederung und Struktur.

Das Ganze kostete mich noch einmal zwei Tage, war aber jede Minute der Arbeit wert, denn mit diesem Gerüst in Händen wurden mir auch Zweck und Ziel viel klarer, und die folgende Arbeit ging fast wie von selbst.

In diesem Zusammenhang ist *Word* mit seiner phantastischen Gliederungsfunktion erwähnenswert. Zu Beginn eines neuen Projektes ist heute das Erste, was ich erstelle, eine Gliederung und damit eine Struktur für meine Arbeit.

Die mag sich mit dem Fortschreiten des Projektes durchaus noch verändern – aber sie gibt mir immer Halt und Sicherheit. Ein Gerüst, das beim Bau des Gebäudes hilft und sich dabei jederzeit den Erfordernissen des Baumeisters anpassen lässt.

Dokumentenorientiert arbeiten

Hier einige weitere Tipps, die sich direkt oder indirekt aus eben Gesagtem ergeben und sich bei mir sehr bewährt haben:

- Schaffen Sie sich einen Ordner (oder besser noch ein Laufwerk), der ausschliesslich für all Ihre Daten – gleich welcher Art (Bilder, Illustrationen, Texte, Kalkulationen...) – bestimmt ist. Das unbedingt zu empfehlende Backup der ansonsten unwiederbringlichen Daten wird so wesentlich erleichtert und Sie gehen sicher, dass alle wichtigen Dateien erfasst werden.
- Mit Hilfe von Aliasdateien können Sie diese Daten dann zusätzlich an beliebigen anderen Orten organisieren. Etwa in einem Ordner *Heute zu erledigen.*

- Der Macintosh erlaubt dokumentenorientiertes Arbeiten. Das bedeutet, Sie müssen nicht erst ein Programm starten und dann die Daten laden, sondern es genügt ein Doppelklick auf eine beliebige Datei, um das zugehörige Programm automatisch zu starten.
- Nutzen Sie das, arbeiten Sie dokumentenorientiert, denn in der Regel interessiert ja nicht das Programm als solches (Spiele ausgenommen), sondern vor allen Dingen die Daten, die damit bearbeitet werden sollen. Will heissen: Wichtiger als eine schön geordnete Programmvielfalt ist eine sinnvolle und übersichtliche Organisation Ihrer Daten.

Office-Organisation

Auch *Office* unterstützt Sie beim Organisieren: Unter *Voreinstellungen…* | Register *Allgemein* | *Liste zuletzt geöffneter Dateien* legen Sie fest, wie viele Dokumente (maximal neun) im Menü *Datei* aufgelistet werden sollen. Diese Liste wird von den *Office*-Programmen ständig aktualisiert und enthält immer die Dokumente, an denen Sie zuletzt gearbeitet haben.

In *Word* geht noch mehr: Das Menü *Arbeit* hält Dokumente dauerhaft bereit: Mit dem Befehl *Zum Arbeitsmenü hinzufügen* wird das aktuelle Dokument in die Liste dieses Menüs aufgenommen und kann jederzeit wieder abgerufen werden.

HEISSER TIPP

Im Menü *Arbeit* können Sie beispielsweise Dokumente mit bestimmten Vorlagen wie zum Beispiel Briefköpfe, Unterschriften, häufig benötigte Grafiken usw. aufnehmen und dann jederzeit schnell wieder auf die entsprechenden Dokumente zugreifen. Mit Kopieren und Einsetzen lassen sich einzelne Elemente problemlos in das aktuelle Dokument einfügen.

RAFFINIERT

Um eine überflüssige Datei aus diesem Menü zu entfernen, müssen Sie nur die Tastenkombination *Befehl-Wahl-Bindestrich* (-) drücken und mit dem fetten Balken auf die fragliche Datei klicken.

Aber Achtung: Damit können Sie jeden Menübefehl eliminieren – nicht nur jene des Menüs *Arbeit*. Ausgeschaltet wird der fette Balken automatisch, wenn ein Menübefehl gelöscht wurde, ansonsten mit der *ESC-Taste*.

Ideen wiederfinden

Bei fleissigen Schreiberlingen nimmt die Zahl der Texte beständig zu, die Übersicht ab. Nicht selten kommt es vor, dass man sich zwar dunkel erinnert, schon einmal etwas zu diesem Thema verfasst zu haben, aber in welchem Zusammenhang das nun genau war, in welchem Ordner die Datei zu finden ist, oder gar, wie der Dateiname lautete – all das liegt lang zurück.

Da es aber um ein bestimmtes Thema geht, ist es relativ einfach, ein weitgehend eindeutiges Stichwort zu benennen, das so häufig wiederum nicht vorkommen kann. Es gilt also, den gesamten Datenbestand nach diesem Stichwort zu durchforsten.

Wenn Sie im Menü *Datei* den Befehl *Öffnen...* aufrufen, so finden Sie in der Dialogbox ein wenig unscheinbar auch den Knopf für *Datei suchen...* Wenn Sie dann *Erweiterte Suche...* anklicken, erscheint folgende Dialogbox:

Hier können Sie verschiedene Suchoptionen einstellen, etwa welches Laufwerk durchforstet werden bzw. ob im Dateinamen oder im Dateitext nach einem Begriff gesucht werden soll. Sie können Dateien, die vor oder nach einem bestimmten Datum gespeichert worden sind, ein- oder ausschliessen, ja Sie können sogar Suchläufe speichern und immer wieder erneut aufrufen.

Eine insgesamt feine Sache – von der wir trotzdem eher abraten, denn die Funktion ist langsam und unübersichtlich und findet – warum auch immer – nicht immer alle Vorkommen zuverlässig.

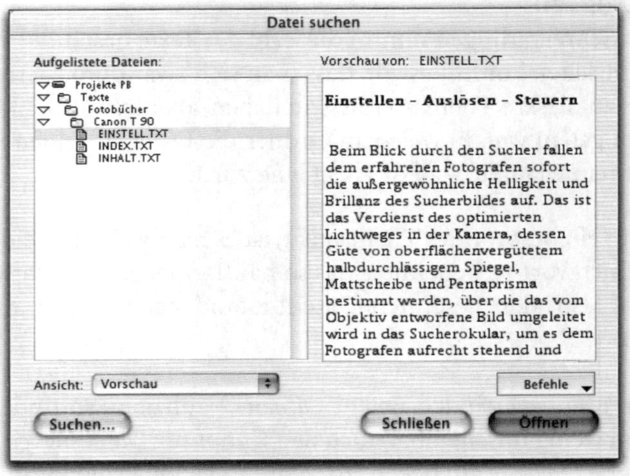

Suche ich nach Inhalten, benutze ich gerne das Suchprogramm *EasyFind.* Es ist ziemlich schnell und durchsucht gnadenlos alles. So lassen sich auch *Word*-Dokumente und viele andere Formate wie etwa *FileMaker*-Datenbanken durchsuchen, in denen der Text (weitgehend) als Klartext vorliegt.

VORSICHT FALLE

Aufgrund des einheitlichen Datenformats mit der Windows-Version folgt der interne Zeichensatz der *Office*-Programme leider den Windows-Konventionen. Und das bedeutet, dass Umlaute und Sonderzeichen (inklusive des Leerzeichens!) anders abgelegt werden als im Macintosh-Zeichensatz. Und *EasyFind* unterstützt leider keine Wildcards (Platzhalter für einzelne oder mehrere Zeichen = ?, *).

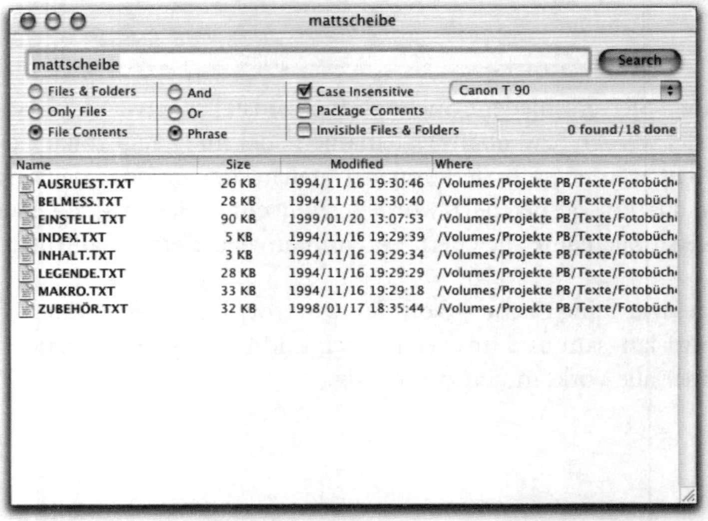

Doch auch das ist zu meistern: Statt nach *Anwenderlösung* suche ich einfach nach *Anwenderl* oder greife zu einem Begriff ohne Umlaute – und finde meine Textstelle ebenso.

Fazit: Bei logischer und dokumentenorientierter Ordnung auf der Festplatte kommt man auch ohne (Platz und Zeit fressende) Indizierung und mit einfachsten Suchhilfen sehr schnell zum gewünschten Ergebnis.

Daten austauschen

Zwischenablage

Das Clipboard – die Zwischenablage – ist seit Urzeiten ein typisches Element des Macintosh, das sich erstaunlicherweise nicht weiterentwickelt hat: Es bleibt diversen Utilities von anderer Seite vorbehalten, mehrere Zwischenablagen zu realisieren.

Die Zwischenablage ist ein temporärer Speicherort für die Objekte, die Sie ausschneiden oder kopieren. Beim nächsten Ausschneiden oder Kopieren wird der alte Inhalt überschrieben. Und sie wird automatisch geleert, wenn Sie den Computer ausschalten.

Systemweit haben Sie mit den Befehlen *Befehlstaste-C* (*Kopieren*), *Befehlstaste-X* (*Ausschneiden*) und *Befehlstaste-V* (*Einfügen*) Zugriff auf die Zwischenablage, die sich auch Textstile und -formatierungen merkt. Das ist manchmal ebenso hilfreich, wie es ein anderes Mal (und bei uns sehr oft) hinderlich ist. *Office* aber kann auch unformatierten Text einfügen, was den Vorteil hat, dass der eingefügte Text genauso formatiert ist wie der Text an der Einfügestelle.

HEISSER TIPP

Beachten Sie den Befehl *Inhalte einfügen...* aus dem Menü *Bearbeiten*, mit dem die Eigenschaften beim Einfügen festgelegt werden können (formatiert, unformatiert, RTF...).

1. Markieren Sie die Daten (Tabellenausschnitte, Diagramme, Text, Bild...) im Ursprungsprogamm (wo die Daten herkommen). Rufen Sie den Befehl *Kopieren* aus dem Menü *Bearbeiten* auf.
2. Wechseln Sie zum *Office*-Programm.
3. Rufen Sie den Befehl *Inhalte einfügen...* aus dem Menü *Bearbeiten* auf und wählen Sie die gewünschte Einfüge-Form.

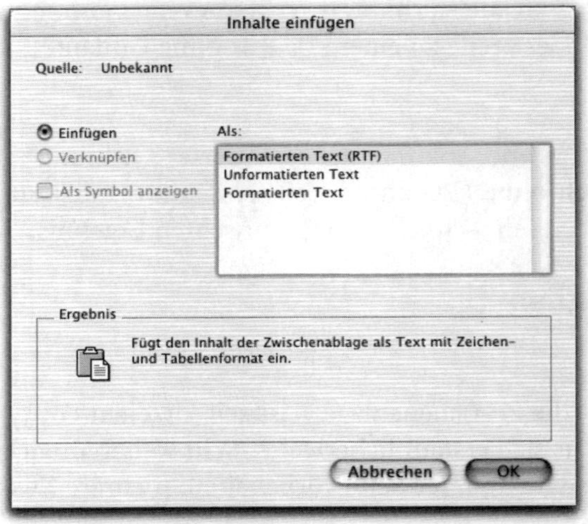

Wenn die Daten von einem anderen Office-Programm (*Excel*, *PowerPoint*) kommen, können Sie festlegen, ob die Daten eingefügt oder verknüpft werden sollen – siehe dazu weiter hinten unter «OLE».

Office -Zwischenablage

Wohl jeder hat sich beim Ordnen und Ändern von Dokumenten schon eine Zwischenablage gewünscht, die sich mehr als einen Eintrag merken kann. Nur dann ist es möglich, die Daten erst einmal auszuschneiden und dann wieder schön ordentlich in der passenden Reihenfolge zusammenzuführen.

Die *Office-Zwischenablage* realisiert das innerhalb der *Office*-Suite für die Programme *Word*, *Excel* und *PowerPoint*. Sie wird über den Menübefehl *Ansicht | Office-Zwischenablage* respektive per Druck auf den Knopf *Office-Zwischenablage* auf der Symbolleiste *Standard* aufgerufen. Mit ihr haben wir bis jetzt nur die besten Erfahrungen gemacht. Ein Nachteil ist, dass sie nur zwischen den *Office*-Programmen funktioniert. Da aber ganz hervorragend.

MERKET AUF!

Die *Office-Zwischenablage* ist beim Ausschneiden und Kopieren nur in Funktion, wenn sie sichtbar ist. Was aber einmal gespeichert wurde, merkt sie sich auch, wenn sie ausgeblendet wird.

Und sie versteht sich auf *Drag&Drop* – Elemente können zwischen Dokumentfenstern und der Zwischenablage hin- und hergeschoben werden.

Multiple Zwischenablage

Mehrere Zwischenablagen sind sehr praktisch, wenn Sie Teile eines Dokuments in neuer Reihenfolge organisieren oder ein neues Dokument mit Elementen aus verschiedenen Anwendungen (Text, Grafik, Bild) zusammenstellen möchten.

SMART DISC

Soll das systemweit geschehen, dann kommt man mit der *Office-Zwischenablage* nicht weiter, denn die funktioniert nur zwischen den *Office*-Programmen. Hier sind andere Utilities gefragt. Schauen Sie sich dazu die Programme *CopyPaste-X* und *XShelf* auf unserer *SmartDisc* an.

Drag&Drop

Drag&Drop – Ziehen und Ablegen – ist sehr nützlich, die Handhabung logisch: Ein Element wird aktiviert und anschliessend mit der Maus verschoben – egal, ob es sich um Texte, Bilder, Töne oder QuickTime-Filme handelt.

Von *ClipArt* wird eine Grafik in die Textverarbeitung gezogen, ein Text kommt vom *Notizzettel* dazu, ein Film vom Schreibtisch. Damit ist *Drag&Drop* beim Organisieren von Daten, speziell beim Sammeln und Aufbereiten unterschiedlicher Informationen oder Textstücke, sehr hilfreich.

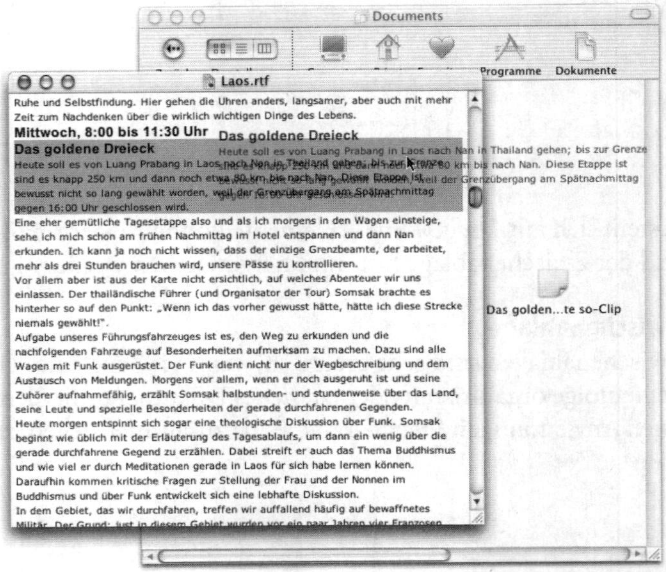

Wird ein Element auf den Schreibtisch gezogen, entsteht automatisch eine neue Datei, *Clip* genannt. Solche Dateien lassen sich mit einem simplen Doppelklick betrachten, ohne dass dazu eine Anwendung geöffnet werden muss. Ein Clip lässt sich wiederum in eine beliebige Anwendung verschieben, die sich auf *Drag&Drop* versteht.

- Ganz einfach und eigentlich auch ganz logisch: Clips (Texte, Bilder, Movies), die Sie per *Drag&Drop* angelegt haben, können umbenannt werden!
- Haben Sie es schon bemerkt? Clips (Texte, Bilder, Movies), die Sie per *Drag &Drop* einfügen, werden dort abgelegt, wo Sie die Maus loslassen. Auf diese Weise können Sie Clips gleich in Ordnern unterbringen oder an die richtige Stelle in einem Dokumentfenster legen.
- Markierte Daten können in jedes Fenster gezogen werden – ob das der Finder ist oder das Fenster eines anderen Programms (wenn sich auch das Zielprogramm auf *Drag&Drop* versteht).

- Wenn Sie in *Office* markierte Daten in ein anderes Fenster desselben Programms ziehen, werden sie immer kopiert.
- Halten Sie dagegen die *Befehls-* und *Wahl-Taste* beim Ziehen gedrückt, erscheint ein Kontextmenü, nachdem Sie sich zum Zielort begeben haben:

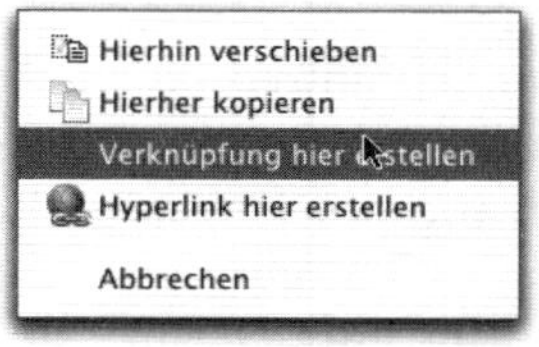

Hier können Sie entscheiden, ob Sie kopieren oder bewegen möchten. Das Bewegen ist besonders dann hilfreich, wenn Sie aus ungeordneten Elementen ein Dokument erstellen: Was bereits verwendet wurde, verschwindet automatisch aus der Materialsammlung.

Sie können beim Kopieren/Bewegen auch Verknüpfungen über das Kontextmenü anlegen. Eingefügt wird ein Verweis auf das ursprüngliche Element. Ändern Sie etwas am Ursprung, so ändert sich auch das verknüpfte Element. (Drücken Sie zweimal *Wahl-F9*, um zu aktualisieren).

OLE

Neben *Drag&Drop* wird innerhalb der *Office*-Suite auch Microsofts eigene Technologie OLE (Object Linking and Embedding = Verbinden und Einbetten von Objekten) unterstützt. 403

Wenn Sie beispielsweise den Teil einer *Excel*-Tabelle kopiert haben und dann in einem *Word*-Dokument im Menü *Bearbeiten* den Befehl *Inhalte einfügen...* anwählen, so können Sie sich zwischen *Einfügen* und *Verknüpfen* entscheiden.

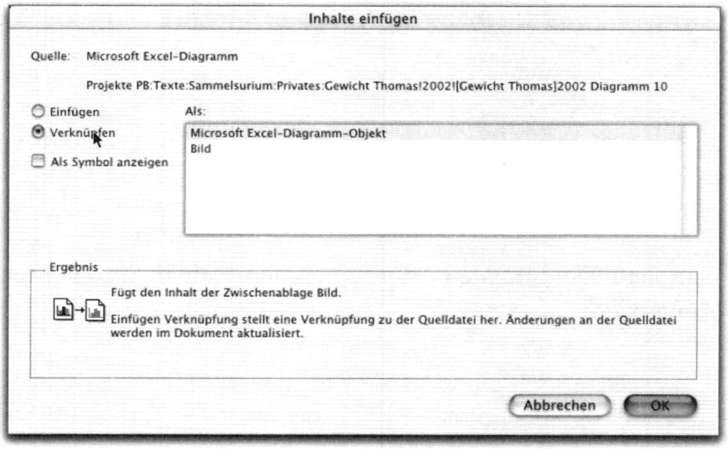

Beim *Einfügen* wird der Ausschnitt zu einem neuen Element des aktuellen Dokumentes, der aber jederzeit durch Doppelklick editiert und geändert werden kann. Das Element existiert aber nur in dem Dokument, in das es eingefügt wurde.

Wählen Sie dagegen *Verknüpfen* an, so bleibt der Bezug zur Originaldatei erhalten (in diesem Fall eine *Excel*-Tabelle), und wenn Sie etwas an der Originaldatei verändern, wird sich auch die eingefügte Tabelle verändern.

Auf Doppelklick in das *Word*-Dokument wird sinnigerweise auch *Excel* samt der Quelldatei geöffnet. Wird das Ursprungsdokument gelöscht, wird die Verknüpfung wertlos.

Wählen Sie *Einfügen* und *Bild*, so wird die Tabelle bzw. das Diagramm als Grafik eingefügt, und auf Doppelklick hin wird der Grafikeditor von *Word* geöffnet.

Hyperlinks

Sie können Daten auch als Hyperlink einfügen (*Bearbeiten | Als Hyperlink einfügen*). Das bedeutet, an der aktuellen Cursorposition wird ein Verweis auf eine Dokumentenstelle, ein Dokument oder die Internet-Adresse erstellt. Auf einen Klick hin können Sie nun jederzeit wieder in besagtem Dokument nachlesen bzw. wird der Webbrowser gestartet.

Um auf komplette Dokumente Bezug zu nehmen, wählen Sie den Menübefehl *Einfügen | Hyperlink…*

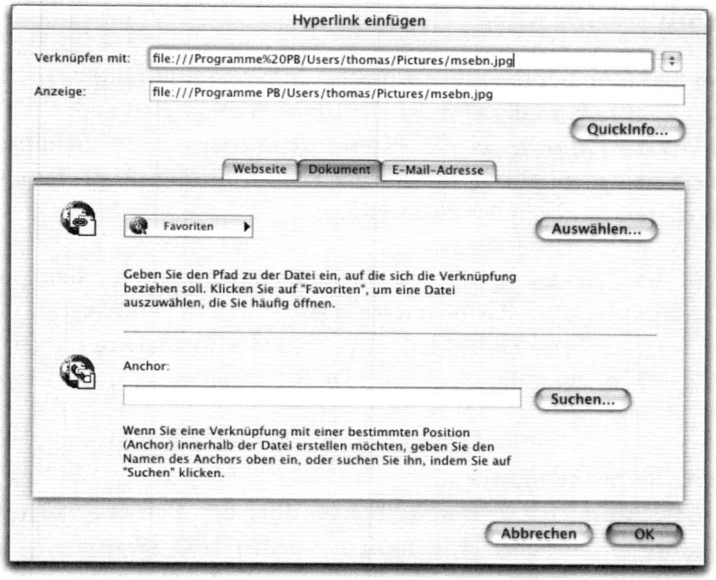

Es empfiehlt sich, als Beschreibung für den Hyperlink kurze Textteile, ein wichtiges Stichwort etwa, zu wählen.

Daten einfügen

Das Menü *Einfügen* von *Office* hält weitere Möglichkeiten bereit, Daten und komplette Dokumente ins aktuelle Dokument einzufügen. Beispielsweise können Bilder aus einer Datei oder aus Scannern und Kameras importiert werden, Dateien und *QuickTime*-Movies lassen sich einlesen.

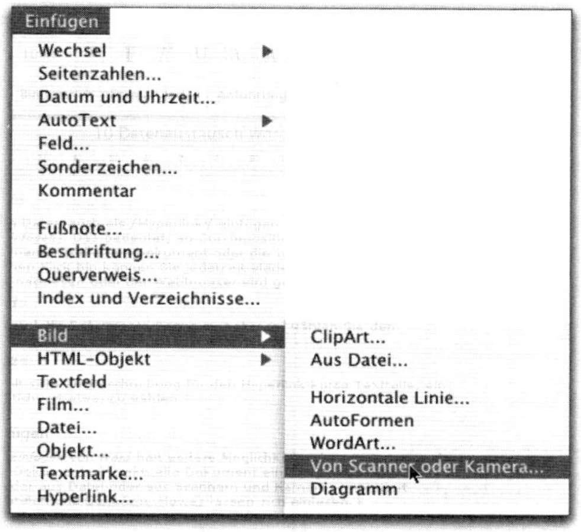

Dokumente austauschen

Bei einem Dokumententausch ist zunächst mit dem Empfänger zu klären, was er einlesen kann. Aber auch der Datenaustausch mit vielen anderen Programmen ist dank der *Office* beigelegten Konvertierer möglich. Bei nicht unterstützten Konvertierungen kann stattdessen das Konvertierungsprogramm *MacLinkPlus* zum echten Helfer in der Not werden.

Letztlich ist noch zu klären, wie die Daten übergeben werden sollen: per Datenträger, E-Mail oder über das Netzwerk. Da der Macintosh ganz im Gegensatz zum Windows-Rechner DOS-Medien problemlos formatieren, lesen und beschreiben kann, müssen die Medien im DOS-Format angelegt und beschrieben werden.

Office-Dokumente senden

Zwischen *Word* und *PowerPoint* können – über den Befehl *Senden* im Menü *Datei* – ganze Dokumente ausgetauscht werden. Von *Word* kann das aktive Dokument zu *PowerPoint* geschickt werden, und umgekehrt.

Nach dem Erstellen einer Gliederung (nur Überschriften werden versandt, Standardtext bleibt unberücksichtigt) wird so aus *Word*-Texten auf einen Befehl hin die Grundlage für eine Präsentation gelegt.

Office-Dokumente austauschen

Geht es darum, *Office*-Dokumente mit anderen *Office*-Benutzern auszutauschen, so ist das in der Regel überhaupt kein Problem. *Office* kann alle wichtigen älteren *Office*-Formate einlesen und auch schreiben, egal, ob sie vom Macintosh oder einem DOS-Rechner stammen.

Office 95 (Windows) wie *Office 4.2* (Macintosh) beispielsweise legen ihre Daten im Format *Word 6.0/95* respektive *Microsoft Excel 5.0/95-Arbeitsmappe* ab. *Office 97* und *2000* (Windows) sowie *Office 98* und *2001* (Mac) benutzen ebenfalls das gleiche Datenformat, so dass solche Dateien auf dem jeweils anderen Rechner direkt eingelesen werden können – sogar das gemeinsame Arbeiten an einer *Word-* oder *Excel*-Datei ist möglich (per *Extras | Dokumente zusammenführen…*).

Besonders einfach haben Sie es seit 1998 mit den Datenformaten: Da seit *Office 98* das Datenformat nicht mehr verändert worden ist, lesen sämtliche *Office*-Programme von Microsoft wie *Word 98, Word 2001* oder *Word X* alle aktuellen und älteren *Word*-Dokumente problemlos ein – und das geht auch rückwärts (ein mit *Word X* gespeichertes Dokument kann von *Word 98* problemlos gelesen werden). Gleiches gilt für die etwa zeitgleich erschienenen PC-Versionen (*Word 2000*) und folgende – die brauchen aber die Endung «.doc», damit sie das *Word*-Dokument erkennen.

Lediglich mit älteren PC- oder Mac-Versionen von *Word* und Konsorten gibt es kleinere Probleme: Die alten Programme können die neueren Dokument-Versionen nicht einlesen. In dem Fall muss in einem älteren Format gespeichert werden. Wählen Sie dazu den Menübefehl *Datei | Speichern unter…* und geben Sie das Dokumentformat vor:

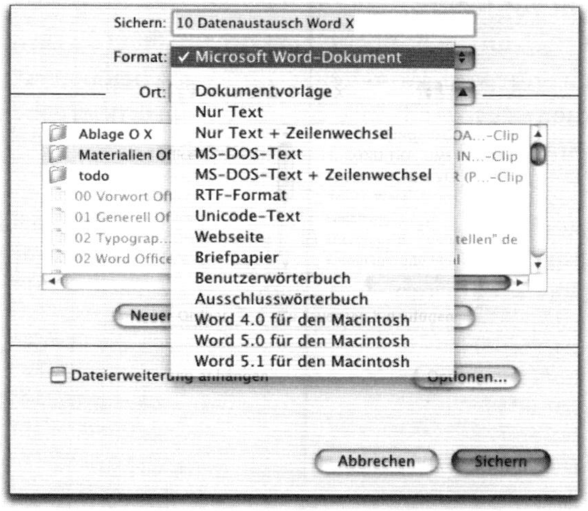

Umgekehrt ist es wieder kein Problem: Die neuen *Office*-Versionen können auch ältere *Office*-Dokumente einlesen.

Alles, was bei einer Weitergabe an Windows zu tun ist: Benennen Sie die Datei mit der richtigen Endung, denn nur dann erkennen Windows und sein Benutzer das zugehörige Programm: *text.doc* – die Endung «.doc» (inklusive des Punkts!) signalisiert Windows, dass es sich um ein *Word*-Dokument handelt. Sinngemäss wählen Sie für *Excel* Dateinamen wie *kalkulation.xls* und Präsentationen für *PowerPoint* benennen Sie *present.ppt*, während Diaschauen *diaschau.pps* benannt werden.

Diesen Austausch mit Windows-Rechnern macht *Office* einfach, denn im Dateidialog findet sich das Ankreuzfeld *Dateierweiterung anhängen*, womit dann automatisch für die notwendigen Anhängsel wie «.doc», «.xls» und «.ppt» gesorgt wird.

MERKET AUF!

Erhalten Sie selbst *Office*-Dokumente von Windows, so gibt es damit bis auf eine Ausnahme keine Probleme. Lediglich Sammelmappen (die *Word*-, *Excel*- sowie *PowerPoint*-Daten enthalten können) müssen Sie mit dem *Sammelmappen-Dokumenttrenner* aufteilen, bevor Sie gelesen werden können. Das Programm finden Sie im Ordner *CD-Zugaben*, installieren können Sie es, indem Sie es einfach auf Ihre Festplatte ziehen. Es extrahiert die Einzeldokumente aus der Sammelmappe, ohne diese zu beeinträchtigen.

Dokumentformat vorgeben

Bevorzugen Sie eher ungewöhnliche Datenformate, etwa das universelle RTF-Format, das nicht nur von *Word* gelesen und geschrieben werden kann, oder weil die Dokumente generell an ein älteres Word übergeben werden, dann können Sie das Standard-Speicherformat vorgeben.

Unter *Voreinstellungen…* | *Speichern* | *Datei speichern als* lässt sich die Version vorgeben, in der gesichert werden soll. Hier sehen Sie auch in einem Pop-Up, welche Formate die Programme verstehen:

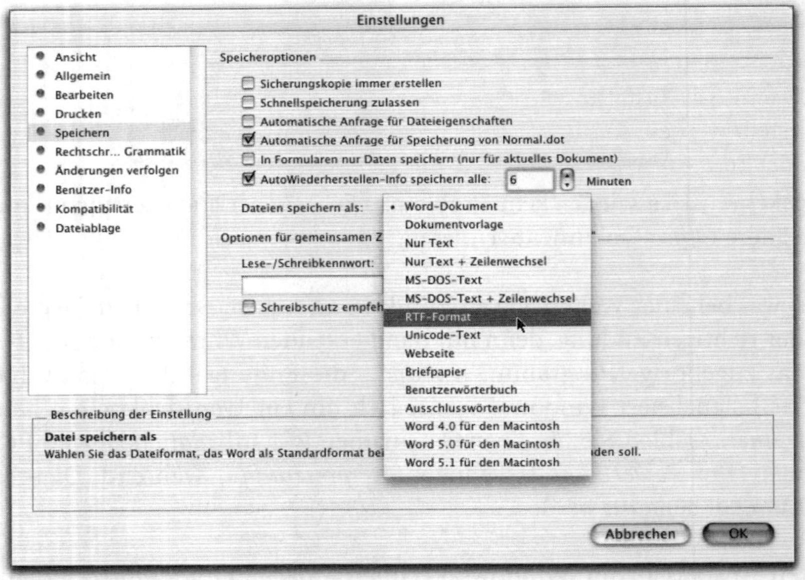

HEISSER TIPP

Sie können aber auch den *Word 97-X-Konverterinstaller* an Besitzer älterer *Word*-Versionen weitergeben; die können sich dann einen Konvertierer installieren und damit auch neuere *Word*-Dokumente einlesen. Sie finden ihn im Pfad */Volumes/Microsoft Office X/Value Pack/Gemeinsame Anwendungen/Textkonverter/Word 97-X-Konverterinstaller/*.

Dokumente importieren

Mit *Word* werden bereits eine ganze Reihe Konverter mitgeliefert, und diese Dokumente lassen sich über das Menü *Datei | Öffnen...* einlesen. Eventuell müssen Sie im Dateidialog bei *Zeigen:* auf *Alle lesbaren Dokumente* umschalten:

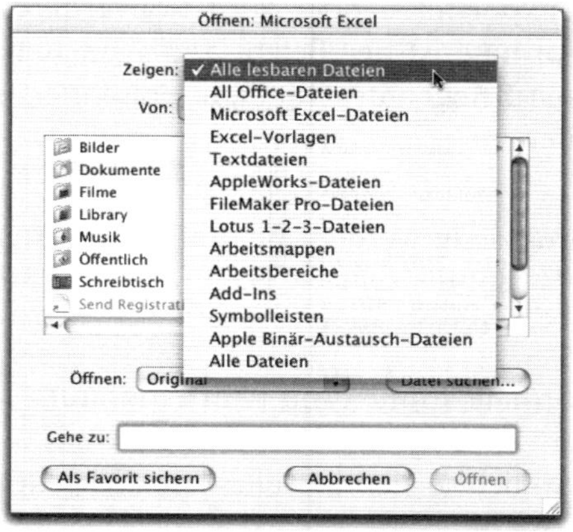

Mit der Option *Alle Dateien* können sie alles, aber auch wirklich alles öffnen.

Dokumente bereinigen

Wenn Sie einen fremden Text einlesen, tauchen nicht selten Zeichen auf, die auf der Macintosh-Tastatur kein Gegenstück haben und deshalb nur als Kästchen dargestellt werden. In diesem Fall können Sie diese Zeichen aktivieren und mit *Kopieren* und *Einsetzen* in den *Ersetzen*-Dialog übernehmen.

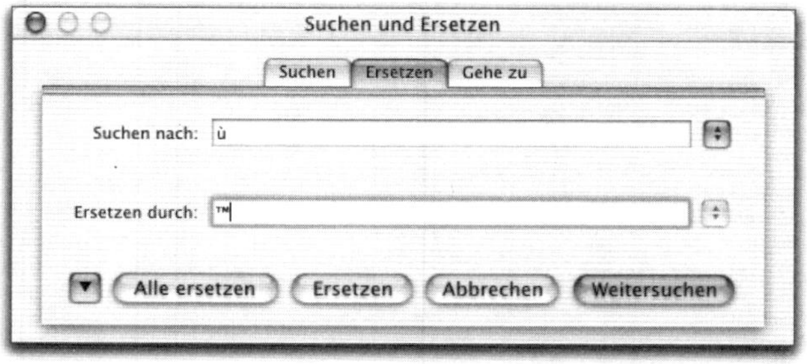

Nehmen wir an, ein Wort heisst statt «Acme™» fälschlicherweise «Acmeù». Kopieren Sie das «ù» und setzen Sie es im *Suchen/Ersetzen*-Dialog nach folgendem Kriterium ein: Suche nach «ù», ersetze durch «™».

RAFFINIERT

Die Tastenkombination für Sonderzeichen bekommen Sie heraus, wenn Sie *Einfügen | Sonderzeichen...* aufrufen und dort auf ein Zeichen klicken: Umgehend wird der notwendige Tastendruck angezeigt. So können Sie die Sonderzeichen per Tastenkombination im *Ersetzen*-Dialog eingeben.

Der Zeichensalat hat wenigstens eine gute Seite: Falsche Zeichen werden fast immer auf dieselbe Weise falsch dargestellt.

Dokumente exportieren

Der Schlüssel zum Exportieren oder zum Konvertieren von *Office*-Dokumenten in andere Formate ist der Befehl *Speichern unter…* aus dem Menü *Datei.* Wenn Sie diesen Befehl aufrufen, dann präsentiert sich Ihnen die ganze Liste der Möglichkeiten.

MERKET AUF!

Standardmässig werden nicht alle Konverter installiert. Weitere finden Sie auf der *Office*-CD.

Viele weitere Dateiformate können mit dem Programm *MacLinkPlus* konvertiert werden. *Word* zu *WordPerfect*, *ClarisWorks* zu *Word…* Das ist dann was für die Poweruser, die wirklich so ziemlich alles lesen respektive schreiben können müssen.

Office-Dokumente als E-Mail versenden

Wenn Sie ein *Office*-Dokument an eine E-Mail anhängen möchten, so ist das besonders einfach: Im Menü *Datei* finden Sie den Befehl *Senden an | E-Mail-Empfänger…* und können so das gerade aktive Dokument direkt an ihr E-Mail-Programm übergeben.

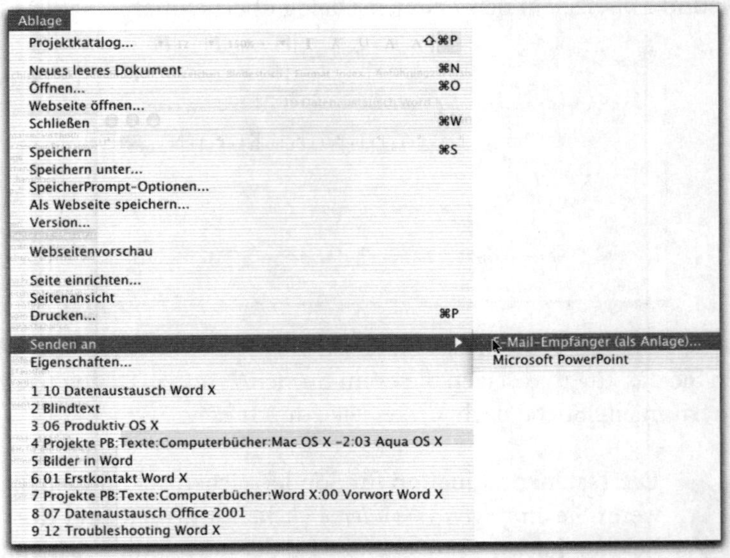

Das wird nötigenfalls aufgestartet, die Datei gleich angehängt, und Sie müssen jetzt nur noch den Empfänger und eventuell eine kurze Nachricht eintippen.

Welches E-Mail-Programm dabei benutzt wird, legen die Einstellungen fest, die Sie im *Internet Explorer* unter *Explorer | Einstellungen...* im Abschnitt *Protokollhilfsprogramme* festgelegt haben.

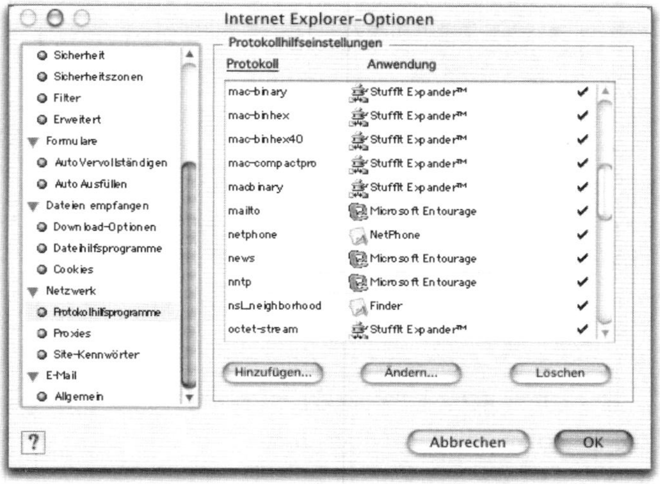

FileMaker -> Excel

RAFFINIERT

Raffiniert ist der Import von *FileMaker*-Datenbanken in *Excel*. Dazu ziehen Sie die Datenbank in ein *Excel*-Fenster oder wählen den Menübefehl *Datei | Öffnen* und die Option *Alle lesbaren Dateien* oder *FileMaker Pro-Dateien*. 411

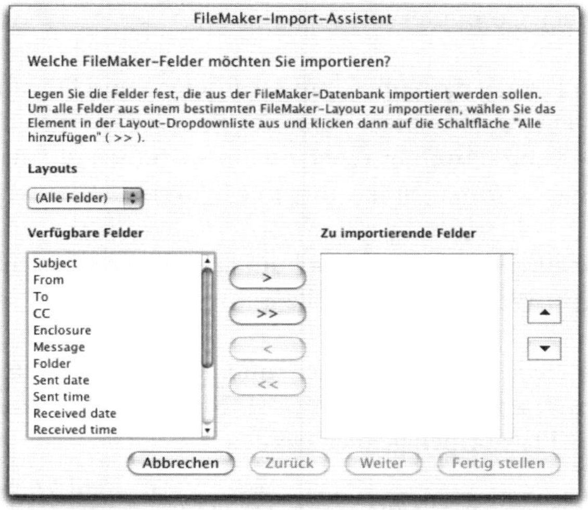

Der Datenbank-Assistent taucht auf und Sie können Felder und Bedingungen definieren.

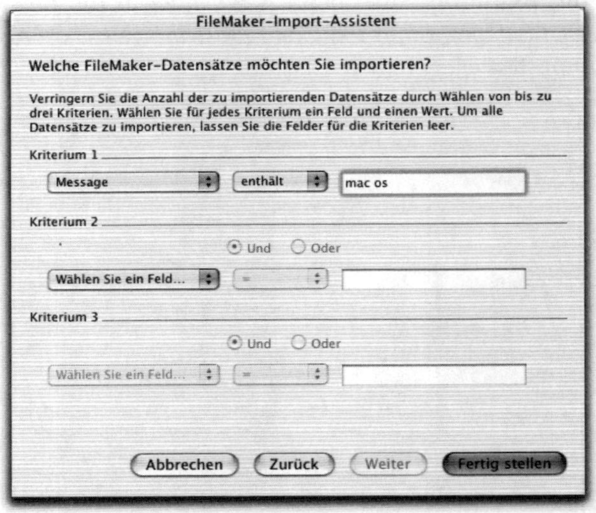

Dann wird die Datenbank in *Excel* überführt.

Plattformunabhängige Dokumente

HTML

HTML (Hypertext Markup Language) ist das Dokumentenformat des Internets und damit ein internationaler, plattformübergreifender Standard, der von jedem Computer dieser Welt verstanden wird, auf dem ein «Browser» (ein Programm zum Zugriff auf das Internet) läuft. Und das gilt für so gut wie jeden aktuell erhältlichen Computer.

Vermehrt gehen Firmen dazu über, ihre Anleitungen und Dokumentationen als HTML-Dokument zu verbreiten, denn der Browser kann solche Dokumente auch «offline» – ohne aktiven Internetanschluss – öffnen und darstellen (inklusive verschiedener Schriften, Stile – und mit Bildern).

Ideale Voraussetzungen für all die Dokumente, die gestaltet auf nahezu allen Computern dieser Welt erscheinen sollen.

Zusätzlicher Vorteil: Konvertierungen und Formatanpassungen (für DOS, Windows, Unix…) entfallen. Das fertige HTML-Dokument kann ohne Änderungen auf allen Plattformen gelesen werden.

Aus *Office* heraus lassen sich die Daten im HTML-Format und damit vorbereitet fürs Internet sichern: Menü *Datei | Als Webseite speichern…*

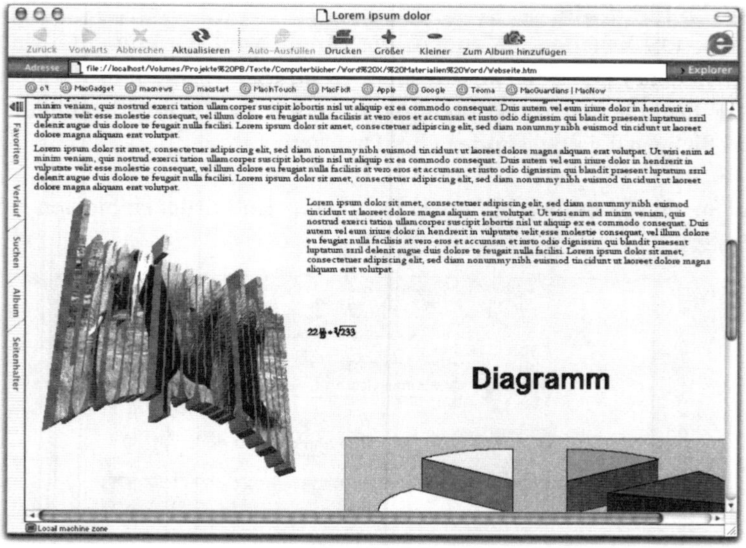

In *Word* beispielsweise können Tabellen einfach und schnell erstellt und dann ebenso einfach als HTML-Datei gesichert werden. Damit wird natürlich ein ausgewachsenes HTML-Gestaltungsprogramm nicht etwa überflüssig, aber mit *Word* können Standarddokumente schnell ins Netz gebracht werden.

So lassen sich aus *Word* heraus vorliegende Datenbestände relativ schnell und einfach der Allgemeinheit zur Verfügung stellen.

Mit dem Menübefehl *Ansicht* | *HTML-Quelle* können Sie auch den Quellcode einsehen und ändern.

HEISSER TIPP

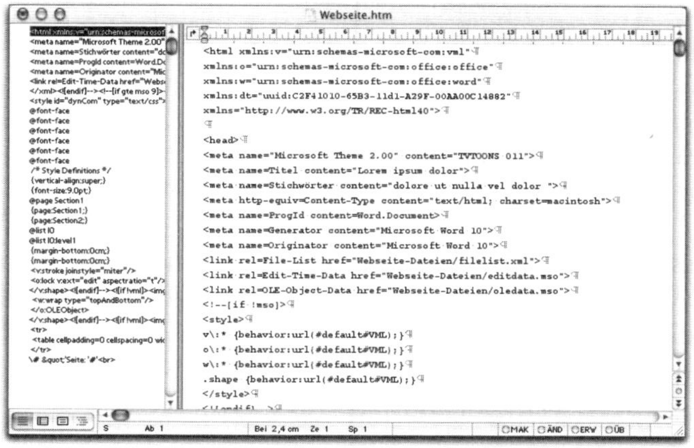

Ausgabe als PDF-Datei

Unter Mac OS X haben Sie zudem die Möglichkeit, Dokumente, statt sie zu drucken, in eine PDF-Datei auszugeben. Wenn Sie aus einem Programm heraus eine PDF-Datei erstellen möchten, dann finden Sie die entsprechende Option nicht im Sichern-Dialog, sondern bei Drucken:

Wählen Sie den Menübefehl *Datei | Drucken...* und drücken Sie den Knopf *Als PDF sichern...*

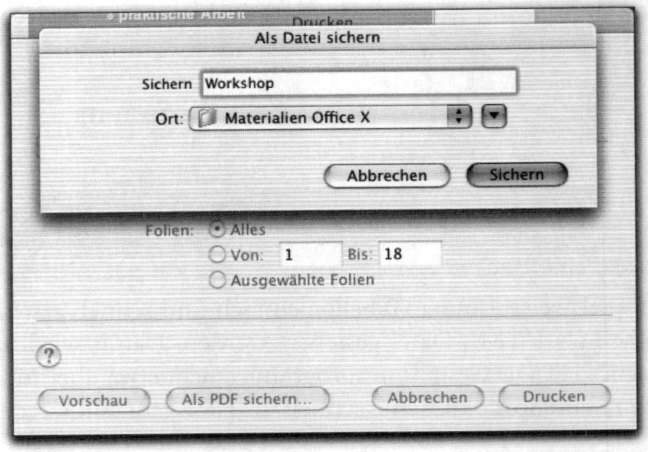

PDF ist deshalb so interessant, weil es sich dabei um einen plattformunabhängigen Standard handelt. Der *Acrobat Reader* wird für alle wichtigen Plattformen angeboten und kostenlos verteilt. Somit kann eine PDF-Datei auf praktisch jedem Computer dieser Welt gelesen werden – und das genau in der Gestaltung und mit den Bildern, die Sie vorgesehen haben. So lässt sich «Gedrucktes» wie Handbücher, Prospekte usw. auf Speichermedien (CD, Zip etc.) oder per E-Mail verteilen.

Das Format *PDF* wird zunehmend sogar in der Druckvorstufe eingesetzt: Vermehrt stellen sich Druckbetriebe und Belichtungsservices auf dieses Format ein, und wenn Sie das richtige PDF abgeben, kommt auch der richtige Ausdruck zustande. Selbst der Farbdruck via PDF wird immer realistischer, wenn er auch noch nicht ganz unproblematisch ist.

Doch dieses Ansinnen hiesse die PDF-Implementierung von Mac OS X überfordern. Der PDF-Druck basiert laut Apple im Wesentlichen auf den (alten) PDF-Spezifikationen 1.2 und 1.3. «High-End-PDFs», wie sie zum Beispiel von *Adobe Acrobat* bzw. dem *Acrobat Distiller* erzeugt werden, sind damit nicht möglich.

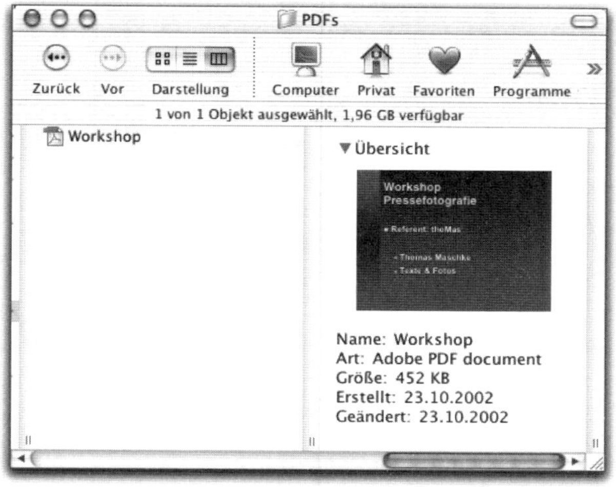

Was aber nicht heisst, dass das unter Mac OS X prinzipiell unmöglich ist: Dazu bedarf es dann allerdings des kostenpflichtigen *Acrobat* samt *Distiller*, der *PostScript* in bestes PDF zu überführen vermag. Eine kostenlose Alternative dazu ist *GhostScript*.

8 Office automatisieren

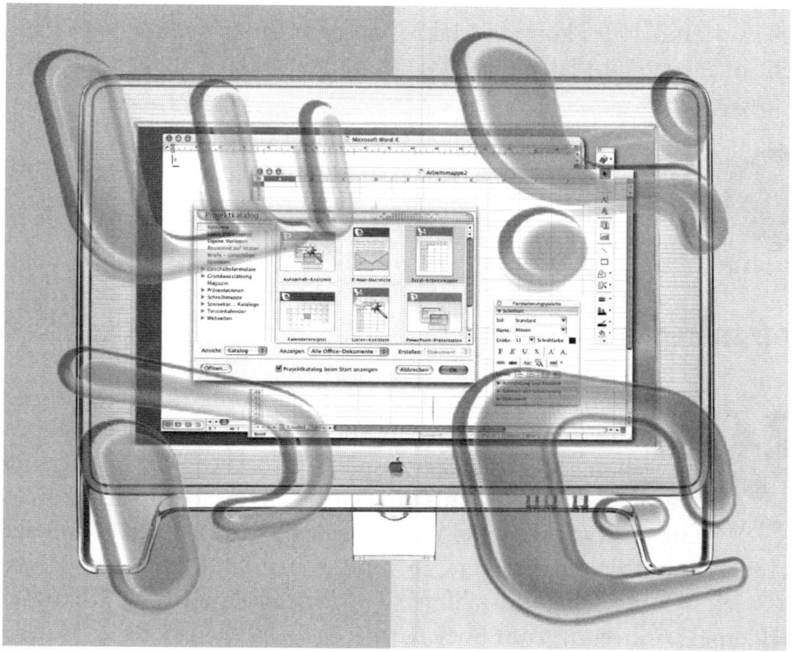

Office automatisieren

Makros sind kleine Steuerungs-Programme, die, einmal erstellt, immer wieder ablaufen können. Wiederkehrende Tätigkeiten lassen sich damit automatisieren. In *Excel* und *Word* können Makros aufgezeichnet, geändert und gestartet werden, in *PowerPoint* lassen sich Makros nicht aufzeichnen, wohl aber aufrufen und ändern.

RAFFINIERT

Makros lassen sich per Tastenkombination *Befehl-Punkt* abbrechen, wenn sie irrtümlich gestartet wurden – sofern Sie schnell genug tippen.

Makros sparen Zeit und Nerven

POWER USER

Spätestens jetzt sollten Sie unserer bereits mehrfach ausgesprochenen Empfehlung folgen und sich auf der *Office*-CD ein wenig umsehen. Da finden Sie beispielsweise das harmlos klingende Dokument *Beispielmakros für Word* – das es aber in sich hat. Ziehen Sie das Dokument einfach auf Ihre Festplatte und doppelklicken Sie darauf. Daraufhin startet *Word* auf und es erscheint eine Makroleiste, mit der Sie viele schöne Dinge installieren können: umfangreiche Dokumentstatistiken, eine Erinnerung zum Speichern (*SpeicherPrompt*), Sichern der *AutoKorrektur*-Einträge…

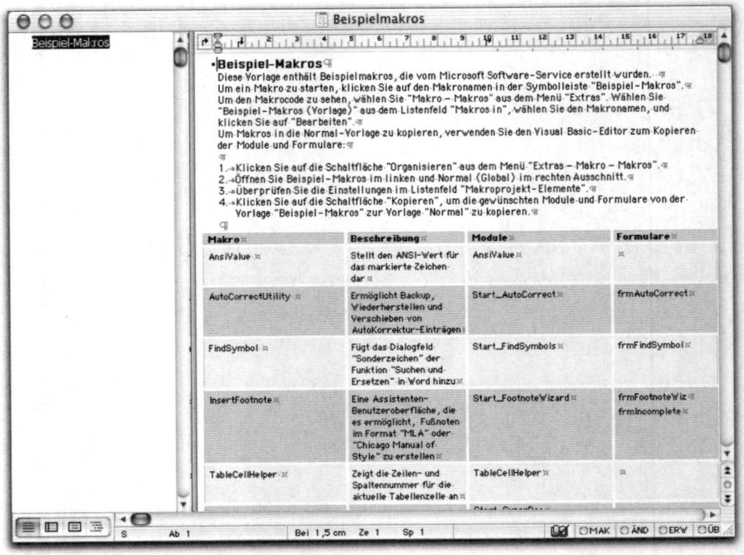

Makros lassen sich aber auch selbst schreiben, und, noch einfacher, aufzeichnen. Mehr dazu erfahren Sie im Kapitel zu *Word* unter dem Abschnitt *Makros sparen Sucharbeit*

Makro aufzeichnen

1. Starten Sie den Makrorekorder im Menü *Extras | Makro | Aufzeichnen...* (es genügt auch ein Klick auf *MAK* in der Statusleiste am unteren Bildrand). Vergeben Sie einen Namen für dieses Makro und legen Sie fest, ob Sie es auf der Symbolleiste unterbringen oder per Tastatur aufrufen möchten.

Im Makronamen dürfen keine Leerzeichen und Sonderzeichen vorkommen!

MERKET AUF!

2. Der Makrorekorder läuft, und Sie können nun die ganze gewünschte Prozedur durchlaufen.

3. Im Menü *Extras | Makro | Aufzeichnung beenden* oder mit dem kleinen Schaltknopf des Makrorekorder-Fensters schalten Sie dann die Aufzeichnung ab.

Fertig. Künftig können Sie dies Makro per Tastenkürzel oder über die Symbolleiste aufrufen.

Jedem Makro können Sie nachträglich ein (neues) Tastenkürzel zuweisen: Menü *Extras | Anpassen...*, Knopf *Tastatur...*, *Kategorien: Makros*, Makro anklicken und dann in der Box *Neue Tastenkombination drücken* eine Tastenkombination vergeben.

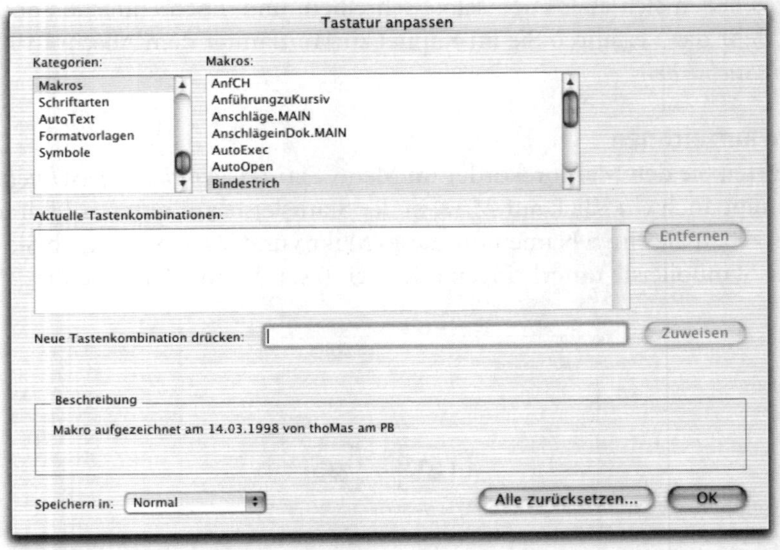

Sie können Makros von hier aus aber auch in eine sichtbare Symbolleiste ziehen.

BEDENKEN SIE!

Es ist sinnvoll, die geplante Sequenz zunächst einmal im Probelauf auszuprobieren und dann erst den Makrorekorder aufzurufen.

Beispiel: Das Makro *Ersetze Minuszeichen durch Gedankenstrich* soll aufgezeichnet werden. Der Probelauf wird gestartet: *Bearbeiten | Ersetzen…* aufrufen, *Suchen nach*: Minuszeichen, *Ersetzen durch*: Gedankenstrich eingeben (der Gedankenstrich verbirgt sich hinter *Wahl-Taste*–Bindestrich). *Weitersuchen.*

Aber was ist das? Die *Ersetzen*-Funktion schlägt auch bei «Word-Dokument» zu.

Das soll nicht sein. Doch was unterscheidet den Gedankenstrich vom Bindestrich? Erstmal sind ja beide als Minuszeichen eingetippt. Wie also erhalte ich richtig: «…in einem Word-Dokument – entscheidend sind hier…»?

Des Rätsels Lösung: Die Leerzeichen sind mit zu berücksichtigen! Deshalb *Suchen nach*: Leerzeichen-Minuszeichen-Leerzeichen; *Ersetzen durch*: Leerzeichen-Gedankenstrich-Leerzeichen eingeben. Und schon klappt es.

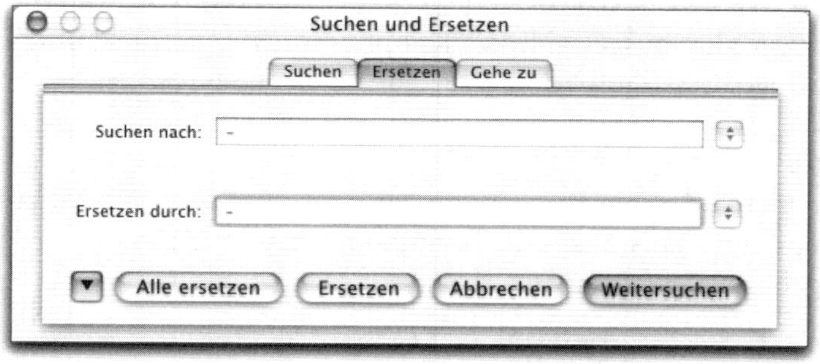

Nach erfolgreichem Probelauf können Sie das Makro aufzeichnen.

Was sonst noch so alles mit Makros realisierbar ist, werden Sie sehen, wenn Sie sich einmal die mitgelieferten Beispielmakros anschauen.

Makros verwalten

Makros werden bei *Word* in der Regel mit der Formatvorlage *Normal* gespeichert und stehen damit jederzeit zur Verfügung. Sie können aber auch über *Extra* | *Makro* | *Makros…* | *Organisieren* an andere Dokumente gehängt werden.

Excel dagegen hängt sie an die jeweilige Arbeitsmappe an. Sowie diese Arbeitsmappe geöffnet wird, stehen die Makros auch allen anderen Arbeitsmappen zur Verfügung.

RAFFINIERT

Damit Sie alle wichtigen Makros immer parat haben, können Sie sie in ein Makro-Dokument kopieren, das Sie dann entweder bei Bedarf öffnen oder aber gleich in den Ordner *Start* im *Office*-Ordner legen.

Wenn Sie ein Makro in ein (ansonsten leeres) Dokument kopieren und dieses im Pfad */Programme/Microsoft Office X/Office/Start/Word/* respektive */Excel/* sichern, wird es als Startmakro dann aktiviert, wenn das Programm aufgestartet wird.

Auch bei *Word* hat das einen Vorteil gegenüber der Speicherung in *Normal*: Makros können aktiviert und deaktiviert werden (einfach aus dem *Start*-Ordner bewegen), ohne die Formatvorlage zu beeinflussen.

- Umbenennen lassen sich Makros, wenn unter *Extra* | *Makro* | *Makros…* | *Organisieren…* das gewünschte Makro ausgewählt und der Knopf *Umbenennen…* gedrückt wird.

- Löschen lassen sich Makros, indem unter *Extra | Makro | Makros...* das gewünschte Makro ausgewählt, der Knopf *Löschen...* gedrückt und die Sicherheitsabfrage bestätigt wird.

Mini-Makro

Eine zwar nicht sehr mächtige, dafür aber praktische kleine Makrofunktion bietet *Office* von Haus aus: Die Tastenkombination *Befehl-Y* wiederholt die letzte Eingabe.

Textpassagen oder auch Aktionen – je nachdem, was der letzte Befehl enthielt – können damit beliebig oft an anderer Stelle wiederholt werden. Hilfreich vor allem bei den Dingen, die sich nicht über die Zwischenablage kopieren lassen: Änderungen in Schrifttyp, -stil,- grösse etc.

Doch Achtung: Sobald ein anderer Befehl eingegeben wird, ändert sich auch das «Makro».

Böse Makros

Erstmals mit *Word 6.0* kam eine völlig neue Virengeneration auf den Macintosh: Makroviren. Diese Viren warten mit zwei bis dato völlig unbekannten Gemeinheiten auf, die sie besonders gefährlich machen:

1. Diese Viren können sich in und über Dokumente verbreiten.
2. Diese Viren breiten sich über Betriebssystemgrenzen hinweg aus.

Makroviren werden mit den Dokumenten all der Programme transportiert, die Makros und eine Makrosprache unterstützen. Das trifft auf *Word* zu.

Sie verbreiten sich überall da, wo ein solches Dokument geöffnet wird. Das ermöglicht es erstmals, dass ein Virus, der unter Windows entwickelt wurde, sich auf dem Macintosh breit macht.

Das Problem der Makroviren ist seit *Word 98* nicht mehr ganz so evident, wie es einst war, lässt sich doch in den Voreinstellungen der jeweiligen Programme ein Makrovirus-Schutz aktivieren. Zu finden im Menü *Extras* unter *Voreinstellungen...*, auf der Registerkarte *Allgemein.*

MERKET AUF!

Doch Achtung: Der Schutz ist nicht sehr umfassend ausgefallen. Das Einzige nämlich, was bei aktiviertem Makroviren-Schutz passiert: Vor dem Öffnen eines *Office*-Dokuments wird der Anwender gegebenenfalls darauf hingewiesen, dass Makros eingebettet sind. Über deren Nützlichkeit – oder Schädlichkeit – ist damit jedoch noch gar nichts gesagt...

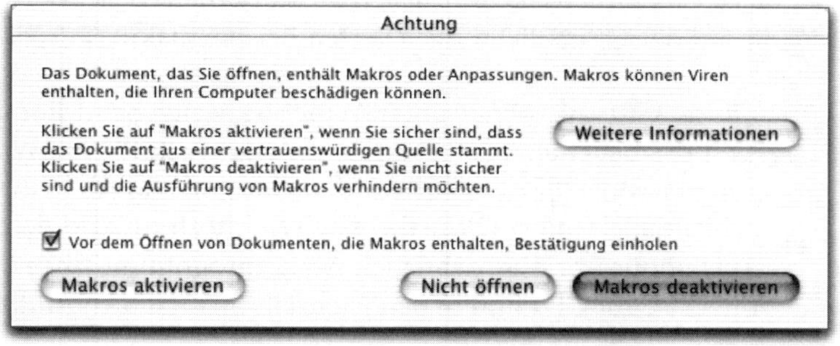

Um Makroviren zuverlässig zu erkennen und zu vernichten, benötigen Sie ein spezielles Antiviren-Programm wie beispielsweise *Norton AntiVirus.*

Automatische Makros

Neben «normalen» Makros kennt *Word* auch automatische Makros, die zu bestimmten Gelegenheiten ausgeführt werden. Wann das jeweils geschehen soll, bestimmt die Benennung des Makros:

AutoExec	Wird beim Start von *Word* ausgeführt.
AutoOpen	Wird beim Öffnen eines Dokuments ausgeführt.
AutoNew	Wird beim Anlegen eines neuen Dokuments ausgeführt.
AutoClose	Wird beim Schliessen eines Dokuments ausgeführt.
AutoExit	Wird beim Beenden von *Word* ausgeführt.

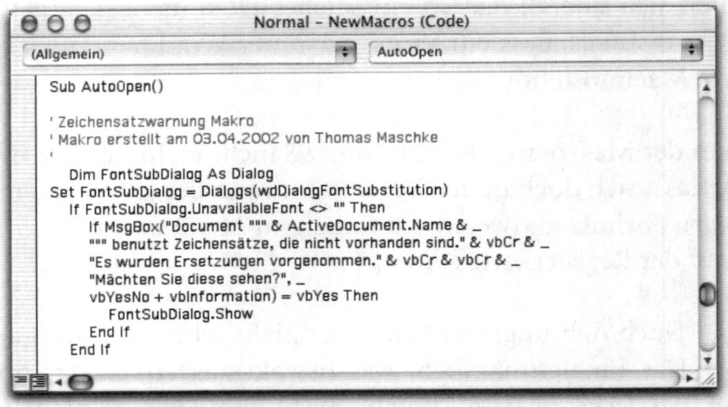

Beispiele finden Sie weiter hinten in diesem Kapitel.

Professionelles Makro

Was sonst noch so alles mit Makros realisierbar ist, werden Sie sehen, wenn Sie sich einmal die auf der *Office*-CD mitgelieferten Beispielmakros anschauen.

HEISSER TIPP

Office X ist mit *Office* unter Windows weitgehend kompatibel. Und das bedeutet, dass Makros, die eigentlich für die Windows-Version von *Office* erstellt worden sind, mit hoher Wahrscheinlichkeit auch unter *Office* für den Macintosh funktionieren. Und der Fundus ist riesig, denn viele Makroprogramme finden sich im Internet, auf CDs und in den Fachzeitschriften für Windows.

Wenn Sie ein Makro aufzeichnen, wird das per Mac Visual Basic for Applications (VBA) aufgezeichnet, der mächtigen Makrosprache zur Automatisierung und Steuerung.

- Wenn Ihr Dokument ein Makro enthält und Sie den Befehl *Makro | Makros... | Bearbeiten...* aufrufen, können Sie sich die Syntax dieser Makrosprache ansehen und das Makro ändern.
- Makros aus anderen Dokumenten können Sie in *Word* über den Befehl *Makro | Makros... | Organisieren...* in ein Dokument oder eine Dokumentvorlage übernehmen.

Das Schreiben von Makros ist eine Sache für Programmierer. Hier soll nicht näher darauf eingegangen werden, da es dem normalen Anwender völlig reicht, ab und an eigene Makros aufzuzeichnen (dazu sind keine Programmierkenntnisse erforderlich) beziehungsweise fertige Makros zu übernehmen.

Ob Sie in Visual Basic selbst programmieren möchten, müssen Sie selbst entscheiden. Die Sprache ist recht komplex. Das wird denjenigen allerdings, der bereits Programmiererfahrungen fundierterer Art hat, kaum abschrecken. Alle anderen aber sollten lieber die Finger davon lassen, sich stattdessen mit dem Makrorekorder begnügen und, wo das nicht reicht, sich einmal in den vielen Newsgroups und auf den Internet-Sites umschauen. Dort sind eine ganze Menge bereits fertig programmierter VBA-Programme zu finden.

Ein Kollege von mir hat das so ausgedrückt: «Obwohl ich nicht unbeträchtliche Programmiererfahrung mit einer grossen Anzahl Sprachen habe, habe ich beschlossen, dass ich in diesem Leben keine Zeit habe, mich mit dem Programmieren von *Word* herumzuschlagen. Wenn Sie das tun möchten, nur zu, und Gott schütze Sie.»

Makro-Anregungen

Ein paar Anregungen haben wir aber doch noch für Sie. Hier sind noch ein paar nützliche Tipps und ein paar hilfreiche Makros:

Makros definieren

Um die folgenden Makros für sich nutzbar zu machen, gehen Sie wie folgt vor:

1. Rufen Sie das Menü *Extras | Makro | Makros...* auf und tippen Sie oben in das Feld bei *Makroname* einen neuen Namen, zum Beispiel «Hyperlink»:

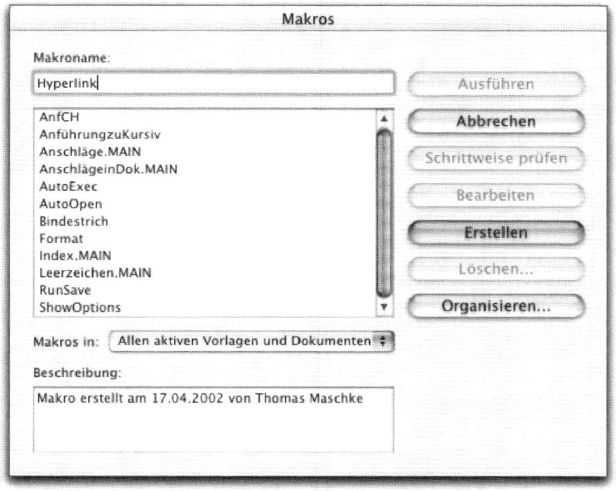

2. Klicken Sie auf *Erstellen* und tippen Sie den kurzen Makrotext weiter hinten in diesem Buch ab (oder kopieren Sie ihn: Sie finden die Dateien auf unserer *SmartDisc*).

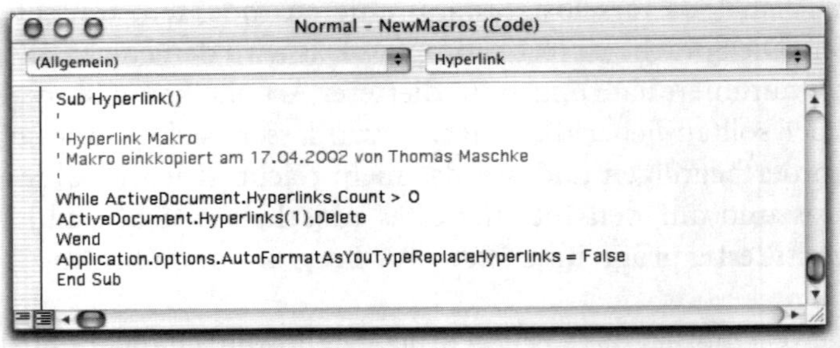

Im Menü *Testen* können Sie unter dem ersten Menüpunkt *Kompilieren* überprüfen, ob Sie alles richtig abgetippt haben.

3. Mit *Befehl-Q* gelangen Sie zurück zu *Word* und müssen jetzt das Makro noch auf eine Symbolleiste legen oder eine Tastenkombination dafür vergeben.
4. Dazu rufen Sie das Menü *Extras | Anpassen…* auf und wählen entweder auf der Registerkarte *Befehle* den Unterpunkt *Makros* aus oder aber klicken auf den Knopf *Tastatur…* und wählen hier die Kategorie *Makros.*

Im rechten Fenster *Makros* können Sie dann das eben erstellte Makro *Hyperlink* aufrufen und entweder auf eine beliebige sichtbare Symbolleiste ziehen oder aber eben eine Tastenkombination dafür vergeben.

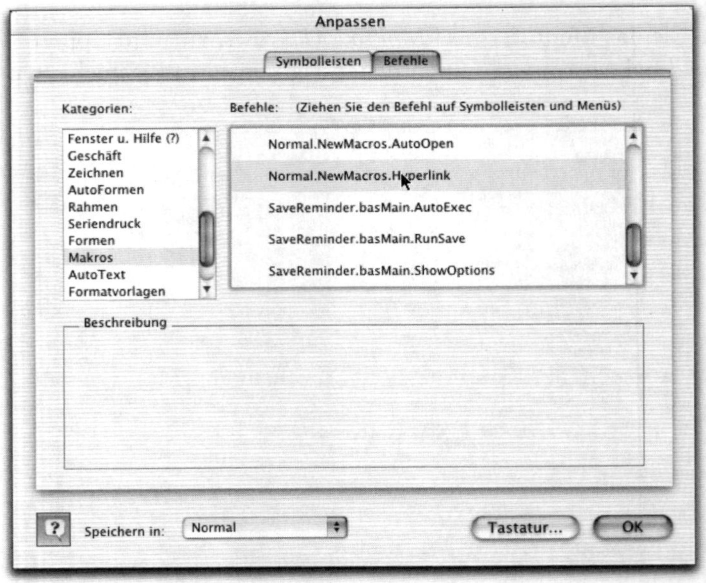

Benötigen Sie das Makro nur selten, können Sie sich dies auch sparen. Jedes definierte Makro können Sie auch über *Extras | Makro | Makros…* anwählen und mit einem Klick auf den Knopf *Ausführen* starten.

Befehlsumfang herausfinden

Zunächst möchten wir aber wissen, was wir da eigentlich einstellen können und wollen:

1. Rufen Sie *Extras | Makro | Aufzeichnen...* auf. Der Makrorekorder erscheint, Ihre Aktionen werden aufgezeichnet.
2. Wählen Sie den Befehl *Word | Voreinstellungen... | Allgemein* und klicken Sie irgendeine Option an.
3. Stoppen Sie den Makrorekorder und schauen Sie sich den Code im VBA-Editor an (*Extras | Makro | Makros...*, Knopf *Bearbeiten*). Das wird etwa so aussehen:

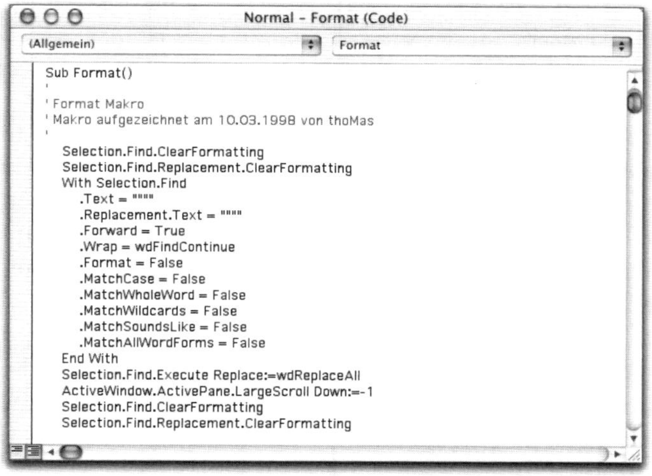

Selbstverständlich können Sie so beliebige Aktionen – nicht nur die Voreinstellungen – aufzeichnen und den daraus resultierenden VBA-Code ansehen und übernehmen.

POWER USER

So können Sie sich beispielsweise den Befehl *Ablage | Drucken... | Markierung* aufzeichnen und als Knopf in eine Symbolleiste legen. Per Knopfdruck wird künftig das Markierte ausgedruckt.

Makro AutoOpen

Ein Makro, das *AutoOpen* benannt wird, wird jedes Mal ausgeführt, wenn ein Dokument geöffnet wird. Es kann dazu dienen, Voreinstellungen festzulegen, die anders nicht definiert werden können – oder die nicht dauerhaft gespeichert werden.

Erstellen Sie ein neues Makro: *Extras* | *Makro* | *Makros…* mit dem Namen *AutoOpen*. Nun kopieren oder tippen Sie die Befehle ein und bestätigen beim Beenden von *Word* die Rückfrage, ob die Dokumentvorlage unter dem Namen *Normal* gespeichert werden soll. Künftig wird das Makro *AutoOpen* bei jedem Öffnen eines Dokuments ausgeführt. Es könnte in etwa so aussehen:

```
Sub AutoOpen()
ActiveWindow.View.Type = wdNormalView
With Options
.Pagination = True
.EnableSound = True
End With
Application.GoBack
End Sub
```

In diesem speziellen Fall werden Dokumente immer in Normalansicht geöffnet, der *Seitenumbruch im Hintergrund* und *Feedback mit Sound* eingeschaltet und der Cursor da platziert, wo Sie zuletzt an diesem Dokument gearbeitet haben. Der Befehl *Application.GoBack* merkt sich aber nicht nur die Cursorposition: Wenn Sie vor dem Speichern eine Auswahl markiert hatten, wird auch diese wieder angezeigt.

Selbstverständlich lassen sich viele weitere Befehle einfügen, die beispielsweise die Silbentrennzone festlegen oder auf neue oder alte Rechtschreibung umschalten. Wie Sie den Befehlsumfang von VBA feststellen, davon war eben die Rede.

Makro «AutoNew»

Genauso wie ein Makro *AutoOpen* können Sie ein Makro *AutoNew* definieren, das dann die enthaltenen Makrobefehle auf alle neu erstellten Dokumente anwendet.

Makro «Zeichensatzwarnung»

Ein heisser Kandidat für *AutoOpen* ist auch das Makro *Zeichensatzwarnung*, das Sie aus dem Beispieldokument *Makrotexte* von der *SmartDisc* kopieren können. Normalerweise ersetzt *Word* nicht vorhandene Zeichensätze beim Öffnen eines Dokuments still und leise. Hier ein Makro, das sich meldet, wenn Zeichensätze ersetzt werden:

```
Private Sub Document_Open()
Dim FontSubDialog As Dialog
Set FontSubDialog = Dialogs(wdDialogFontSubstitution)
If FontSubDialog.UnavailableFont <> «« Then
If MsgBox(«Document «««« & ActiveDocument.Name & _
«««« benutzt Zeichensätze, die nicht vorhanden sind.» & vbCr & _
«Es wurden Ersetzungen vorgenommen.» & vbCr & vbCr & _
«Mächten Sie diese sehen?», _
vbYesNo + vbInformation) = vbYes Then
FontSubDialog.Show
End If
End If
End Sub
```

Es sollte etwa so in *AutoOpen* eingebunden sein:

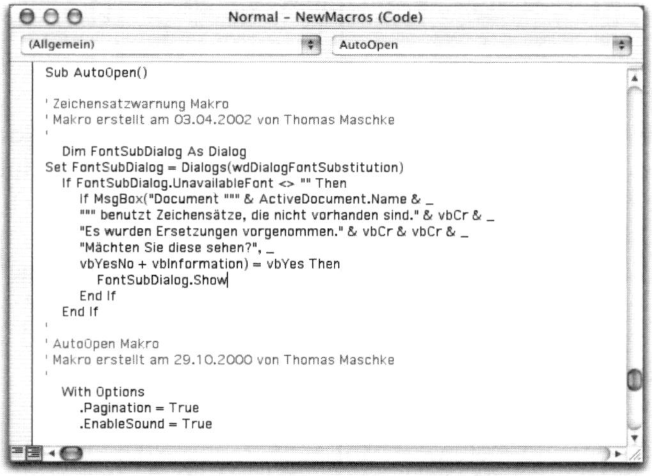

429

Das Makro weist auf fehlende Zeichensätze hin:

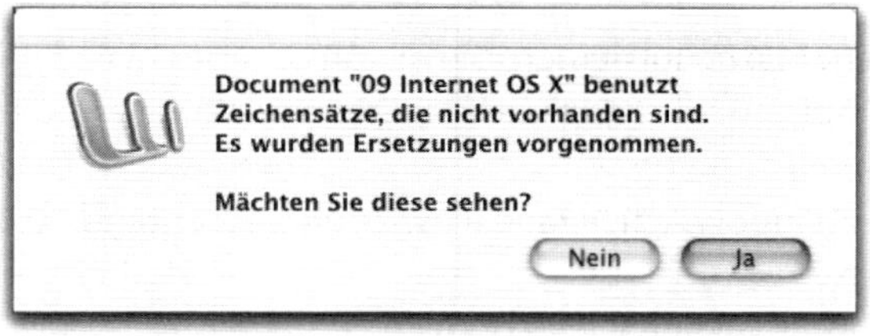

Sie können die Ersatzfonts wählen und sogar permanent umwandeln:

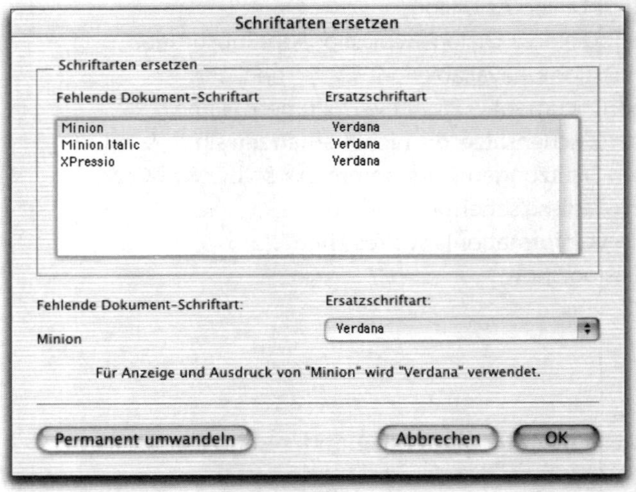

Makro zum Ein- und Auszoomen

Über den Menübefehl *Ansicht | Zoom...* oder auch über die Symbolleiste *Format* können Sie die Darstellungsgrösse recht schnell ändern. Noch schneller geht es über die Tastatur. Dazu benötigen Sie ein Makro, das Sie eintippen oder aus dem Beispieldokument *Makrotexte* von der *SmartDisc* kopieren können.

Um die Ansicht pro Aufruf des Makros um 20% zu vergrössern, geben Sie Folgendes ein:

```
Sub Einzoomen()
Dim ZP As Integer
ZP = Int(ActiveWindow.ActivePane.View.Zoom.Percentage * 1.2)
If ZP > 200 Then ZP = 200
ActiveWindow.ActivePane.View.Zoom.Percentage = ZP
End Sub
```

Und mit diesem Makro verkleinern Sie die Ansicht pro Makroaufruf um 20%:

```
Sub Auszoomen()
Dim ZP As Integer
ZP = Int(ActiveWindow.ActivePane.View.Zoom.Percentage * 0.8)
If ZP < 10 Then ZP = 10
ActiveWindow.ActivePane.View.Zoom.Percentage = ZP
End Sub
```

Durch Anpassen der Werte «* 1.2» respektive «* 0.8» können Sie den Zoomfaktor auch anders einstellen: «1.1» und «0.9» etwa zoomen um jeweils 10% grösser oder kleiner.

So richtig nützlich wird das Ganze aber erst, wenn Sie den beiden Makros Tastenkürzel zuweisen: Menü *Extras | Anpassen...*, Knopf *Tastatur...*, *Kategorien: Makros* , Makro anklicken und dann in der Box *Neue Tastenkombination drücken* eine Tastenkombination vergeben. Sie können Makros von hier aus aber auch in eine sichtbare Symbolleiste ziehen.

Unter *Excel* sehen dieselben Makros so aus:

```
Sub Einzoomen()
Dim ZP As Integer
ZP = Int(ActiveWindow.Zoom * 1.2)
If ZP > 200 Then ZP = 200
ActiveWindow.Zoom = ZP
End Sub
```

Mit diesem Makro verkleinern Sie die Ansicht pro Makroaufruf um 20%:


```
Sub Auszoomen()
Dim ZP As Integer
ZP = Int(ActiveWindow.Zoom * 0.8)
If ZP < 10 Then ZP = 10
ActiveWindow.Zoom = ZP
End Sub
```

Via Menübefehl *Extras | Makro | Makros... | Optionen...* können Sie den beiden Makros Tastenkürzel zuweisen. Sie können ein Makro auch auf eine Symbolleiste legen (Abbildungen hierzu siehe bitte nächste Seite):

1. Suchen Sie unter *Extras | Anpassen... | Befehle* die *Makros.*
2. Ziehen Sie einen Knopf auf eine Symbolleiste und schliessen Sie den Dialog.
3. *Control-Klicken* Sie auf den Knopf und wählen Sie *Eigenschaften...* Hier können Sie nun Benennung und Darstellung ändern:
4. Durch erneutes *Control-Klicken* und Wahl des Befehls *Makro zuweisen* schliesslich können Sie dem Knopf das Makro mitteilen und künftig per Knopfdruck auslösen.

zu 1.

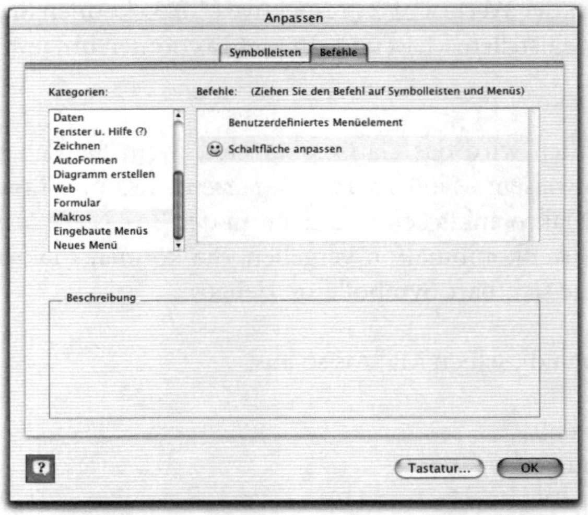

zu 3.

zu 4.

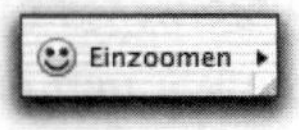

Hyperlink-Makro

Mit folgendem kurzen Makro können Sie alle Hyperlinks aus einem Dokument entfernen; gleichzeitig wird die automatische Umformatierung von Hyperlinks damit ausgeschaltet:

```
Sub Hyperlink()
While ActiveDocument.Hyperlinks.Count > 0
ActiveDocument.Hyperlinks(1).Delete
Wend
Application.Options.AutoFormatAsYouTypeReplaceHyperlinks = False
End Sub
```

Index

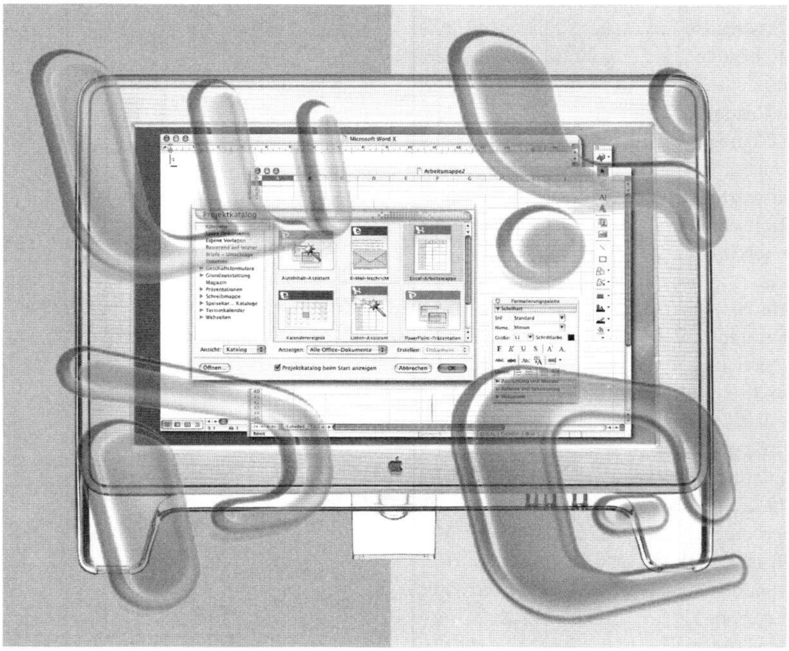
Microsoft Word X
Arbeitsmappe2
Projektkatalog
Ansicht: Katalog
Anzeigen: Alle Office-Dokumente
Projektkatalog beim Start anzeigen
Öffnen...
Abbrechen
OK

A

B

C

D

E

F

G

H

I

J

K

L

M

N

O

P

Q

R

S

T

U

V

W

Z

Publishing & Design

Günter Schuler
Das Kreativ-Kochbuch zu Adobe Illustrator 10

576 Seiten, vierfarbig
mit CD-ROM (Mac/Win)

ISBN 3-908490-87-1
€ 59.90 (D) / CHF 99.–

Günter Schuler
Photoshop 6 – Das Kreativ Kochbuch

464 Seiten, vierfarbig
mit CD-ROM (Mac/Win)

ISBN 3-908491-38-X
€€€4.90 (D) / CHF 89.–

Günter Schuler
Type Design & Schriftfonts
Der Typo-Atlas
544 S., vierfarbig, 2. Aufl.,
mit CD-ROM (Mac/Win)
und Poster

ISBN 3-908490-28-6
€ 49.90 (D) / CHF 89.–

Marco Cattarozzi
Colormanagement mit ICC-Profilen in der Praxis
336 Seiten, vierfarbig
mit CD-Rom (Mac/Win)

ISBN 3-908490-91-X
€ 49.90 (D) / CHF 89.–

Martin Eckert
Das Profibuch zu Adobe InDesign 2
ca. 320 Seiten, vierfarbig
mit CD-ROM (Mac/Win)

ISBN 3-908491-91-6
€ 39.90 (D) / CHF 65.–

Prof. Dirk Slawski
Digitale Bildbearbeitung
336 Seiten,
mit CD-ROM (Mac/Win)

ISBN 3-908492-13-0
€ 49.90 (D) / CHF 89.–

Patrick Möller
Das Praxisbuch zu Photoshop Elements 2
ca. 300 Seiten, vierfarbig
mit CD-ROM (Mac/Win)

ISBN 3-908492-58-0
€ 39.90 (D) / CHF 65.–

Martin Eckert
Adobe Acrobat 5
288 Seiten
mit CD-ROM (Mac/Win)

ISBN 3-908491-04-5
€ 44.90 (D) / CHF 79.–

Anna Kobylinska und
Filipe Preiera Martins
PDF-Workflow
417 Seiten
mit CD-ROM (Mac)

ISBN 3-908491-99-1
€ 44.90 (D) / CHF 79.–

Filipe Pereira Martins und
Anna Kobylinska
Das Profibuch zu Adobe GoLive 5
480 Seiten, vierfarbig
mit CD-ROM (Mac/Win)

ISBN 3-908490-95-2
€ 50.65 (D) / CHF 89.–

Filipe Pereira Martins und
Anna Kobylinska
Das Profibuch zu Adobe GoLive 6
ca. 800 Seiten
mit CD-ROM (Mac/Win)

ISBN 3-908492-36-X
€ 49.90 (D) / CHF 89.–

Stefan Haase und
Birgit Schinkel
Corel draw 11
ca. 300 Seiten
mit CD-ROM (Mac/Win)

ISBN 3-908491-87-8
€ 29.90 (D) / CHF 49.–

Ralph Wittmann
Professionelle Planung und Durchführung von Internetprojekten
128 Seiten
mit CD-ROM

ISBN 3-908491-02-9
€ 25.10 (D) / CHF 45.–

Milan Krizanek
Dynamische Websites
608 Seiten
mit CD-ROM

ISBN 3-908491-06-1
€ 45.55 (D) / CHF 79.–

Willy Krieg
FrameMaker 6
240 Seiten, vierfarbig
mit CD-ROM (Mac/Win)

ISBN 3-908491-43-6
€ 24.95 (D) / CHF 39.–

J. Cibula, S. Kägi, S. Michel
Das Profibuch zu Macromrdia Flash MX
496 Seiten
mit CD-ROM (Mac/Win)

ISBN 3-908492-09-2
€ 44.90 (D) / CHF 79.–

Martin Vollenweider
Das SmartBook zu Dreamweaver MX

ca. 300 Seiten
mit CD-ROM (Mac/Win)

ISBN 3-908492-51-3
€ 29.90 (D) / CHF 49.–

Martin Vollenweider
Das SmartBook zu Macromedia Flash MX und Actionscript
304 Seiten
mit CD-ROM (Mac/Win)

ISBN 3-908492-50-5
€ 29.90 (D) / CHF 49.–

Uwe Mutz
Internet und Multimedia – das SmartBooks-Kompendium
288 Seiten
mit CD-ROM (Mac/Win)

ISBN 3-908492-61-0
€ 44.90 (D) / CHF 79.–

Jan Cibula und Simon Kägi
Flash 5 – Professionelles Design & ActionScripting
512 Seiten
mit CD-ROM (Mac/Win)

ISBN 3-908490-96-0
€ 50.65 (D) / CHF 89.–

Frank Schöttke
CINEMA 4D Release 7
256 Seiten, vierfarbig
Mit CD (Win/Mac)

ISBN 3-908491-74-6
€ 49.90 (D) / CHF 89.–

Patrick Möller
Paint Shop Pro 7
256 Seiten, vierfarbig
Mit CD (Win/Mac)

ISBN 3-908491-30-4
€ 45.55 (D) / CHF 79.–

Dr. Joachim Gartz
Das Insiderbuch zu Corel Bryce 5
304 Seiten, vierfarbig
mit CD-ROM (Mac/Win)

ISBN 3-908491-86-X
€ 49.90 (D) / CHF 89.–

Günter Schuler
Photoshop Filter Factory
240 Seiten
mit CD-ROM (Mac/Win)

ISBN 3-908489-49-0
€ 45.55 (D) / CHF 79.–

Publishing & Design

Mac-Fachbücher

Thomas Maschke
Hallo iBook!
448 Seiten
mit CD-ROM (Mac)
3. aktualisierte und erweiterte Auflage

ISBN 3-908492-01-7
€ 39.90 (D) / CHF 69.–

Thomas Maschke
Das SmartBook zu Mac OS X
640 Seiten
mit CD-ROM (Mac)

ISBN 3-908492-24-6
€ 39.90 (D) / CHF 69.–

Marc Buchser
Programmieren unter Mac OS X

448 Seiten
mit CD-ROM (Mac)

ISBN 3-908492-32-7
€ 39.90 (D) / CHF 65.–

Thomas Maschke
Hallo iMac
528 Seiten
vollständig überarbeitet und aktualisiert

ISBN 3-908492-28-9
€ 39.90 (D) / CHF 69.–

Thomas Maschke
Das PowerBuch zum Apple PowerBook
448 Seiten
mit CD-ROM (Mac)

ISBN 3-908491-57-6
€ 44.90 (D) / CHF 79.–

Martin Kämpfen
2002 Tipps & Trick Das Macintosh-Kompendium

688 Seiten

ISBN 3-908489-60-1
€ 49.90 (D) / CHF 89.–

Dirk Wenzel
FinalCut Pro 3
320 Seiten, vierfarbig
mit CD-ROM

ISBN 3-908491-12-6
€ 39.90 (D) / CHF 69.–

Dirk Wenzel
Vide-Publishing mit dem Macintosh
176 Seiten
mit CD-ROM Mac

ISBN 3-908491-42-8
€ 36.90 (D) / CHF 65.–

Thomas Maschke
«.mac»-Programme für den Macintosh
ca. 320 Seiten
mit CD-ROM (Mac)

ISBN 3-908492-46-7
€ 44.90 (D) / CHF 79.–

Dr. Peter Koch
Die besten Internet-rogramme für den Macintosh
480 Seiten
mit CD-ROM

ISBN 3-908491-09-6
€ 35.35 (D) / CHF 65.–

Martin Kämpfen
AppleWorks 6 für Mac OS Classic und Mac OS X

240 Seiten

ISBN 3-908491-90-8
€ 31.90 (D) / CHF 55.–

Thomas Maschke
Microsoft Office:mac v.X

448 Seiten

ISBN 3-908491-90-8
€ 39.90 (D) / CHF 65.–

Nicolaus Busch, Mara Busch und Dr. Christopher Busch
Das Grundlagenbuch zu FileMaker Pro 6
352 Seiten,
mit CD-ROM (Mac/Win)

ISBN 3-908492-42-2
€ 39.90 (D) / CHF 65.–

Dipl.-Ing Michael Heider
FileMaker Pro
Good Programming Practice
ca. 400 Seiten
mit CD-ROM (Win)

ISBN 3-908492-45-9
€ 49.90 (D) / CHF 79.–

Dipl.-Ing Michael Heider
FileMaker Pro
Good Programming Practice
560Seiten
mit CD-ROM (Win)

ISBN 3-908491-65-7
€ 49.90 (D) / CHF 79.–

Klaus Kegebein
Die besten Tipps und Tricks zu FileMaker Pro
224 Seiten
CD-ROM (Mac/Win)

ISBN 3-908489-87-3
€ 39.90 (D) / CHF 65.–

Christian Degen
AutoCAD 2002

672 Seiten
mit CD-ROM (Win)

ISBN 3-908491-13-4
€ 59.90 (D) / CHF 99.–

Peter Fischer
Informatik
Ein propädeutisches Lehr- und Übungsbuch
464 Seiten

ISBN 3-908491-49-5
€ 36.90 (D) / CHF 65.–

Peter Fischer
Lexikon der Informatik
566 Seiten
5. aktualisierte und erweiterte Auflage

ISBN 3-908492-22-X
€ 19.95 (D) / CHF 35.–

Frank Mühlenbrock
Datensicherheit im Unternehmen

ca. 300 Seiten

ISBN 3-908492-44-0
€ 49.– / CHF 79.–

Dr. Oliver Pott und Harald Zapp
Professionelle IP-Telefonie
2. Auflage
160 Seiten

ISBN 3-908492-47-5
€ 39.90 (D) / CHF 69.–

Oliver Pott
ADSL für KMU

ca. 200 Seiten

ISBN 3-908492-63-7
€ 19.90 (D) / CHF 29.95

S. Seufert/A. Back/ M. Häusler
E-Learning
Weiterbildung im Internet
208 Seiten

ISBN 3-908490-53-7
€ 36.50 (D) / CHF 55.–

Axel Wessendorf und Julia Peters
Effizientes Intranet
Vorsprung durch gute Firmenorganisation
128 Seiten
ISBN 3-907601-48-3
€ 12.90 (D) / CHF 19.–

Firmenausgaben

Personalisierte Bücher für Firmen, Hochschulen und Weiterbildungsinstitute

Weltweit setzen immer mehr führende Unternehmen «personalisierte Fachbücher» zu Schulungs- und Marketingzwecken ein, um Ihren Kunden die immer komplexer werdenden Dienstleistungen und Produkte verständlich, praxisnah und anwendergerecht zu erklären. Firmen wie Microsoft, Cisco, SAP, Oracle erstellen ganze Reihen von Anwenderbüchern, die einen wertvollen Nutzen für ihre Kunden darstellen.

Seit Jahren schon stellen wir ganz auf die Bedürfnisse unserer Industriekunden ausgerichtete Fachbücher sowie Sonderausgaben von bestehenden Werken her, welche diese erfolgreich in Marketing & Vertrieb einsetzen. Leicht verständliche und Anwender orientierte Bücher können einen erheblichen **Kundennutzen** bieten, und dem Unternehmen **Wettbewerbsvorteile** bringen. Der Kunde erhält das notwendige Know-how seitens des Herstellers/Dienstleisters und lernt die Produkte/Dienstleistungen gewinnbringend und effizient zu nutzen. Das steigert die Motivation und nicht zuletzt die **Kundenbindung.**

Zu unseren Kunden zählen Unternehmen aus den Bereichen IT (Software- & Hardwarehersteller, IT-Dienstleister), Telekommunikation (Telekoms, Internetprovider), Finanz- und Versicherungssektor (Banken, Onlinebroker, Versicherungsgesellschaften), Beratungsunternehmen sowie die grafische Industrie.

Aber auch Universitäten, Informatik-Fachhochschulen und privatwirtschaftliche Weiterbildungsinstitute (Computerschulung, WebPublishing, Grafik & Design) setzen Bücher von SmartBooks als Lehrmittel ein, anstatt diese selber zu entwickeln. Oft kann schon der Inhalt eines bestehendes Fachbuches mit relativ wenig Aufwand methodisch, didaktisch aufbereitet und als Lehrmittel eingesetzt werden.

Wünschen Sie weiterführende Informationen, Beispiele und Muster von personalisierten Fachbüchern? Unser Beratungs-Team steht Ihnen gerne zur Verfügung.

Smart Books Publishing AG

- z. Hd. Ralf Seelig, Leiter Corporate Publishing
- Dorfstrasse 147, CH-8802 Kilchberg
- Tel. 0041-1-716.14.24 • Fax 0041-1-716.14.25
- rseelig@smartbooks.ch • http://www.smartbooks.ch